周祖謨文集　第八卷

漢魏晉南北朝韻部演變研究

（第一分冊）

羅常培 周祖謨　著

中 華 書 局

圖書在版編目(CIP)數據

漢魏晉南北朝韻部演變研究. 第一分冊/羅常培,周祖謨著.
—北京:中華書局,2022. 12
（周祖謨文集）
ISBN 978-7-101-15093-3

Ⅰ.漢⋯　Ⅱ.①羅⋯②周⋯　Ⅲ.①漢語–音韻學–研究–漢
代②漢語–音韻學–研究–魏晉南北朝時代　Ⅳ.①H111②H113

中國版本圖書館 CIP 數據核字（2021）第 061026 號

書　　名	漢魏晉南北朝韻部演變研究(第一分冊)
著　　者	羅常培　周祖謨
叢 書 名	周祖謨文集
責任編輯	張　可
責任印製	管　斌
出版發行	中華書局
	（北京市豐臺區太平橋西里 38 號　100073）
	http://www.zhbc.com.cn
	E-mail:zhbc@zhbc.com.cn
印　　刷	三河市宏達印刷有限公司
版　　次	2022 年 12 月第 1 版
	2022 年 12 月第 1 次印刷
規　　格	開本/710×1000 毫米　1/16
	印張 20¾　插頁 4　字數 357 千字
印　　數	1–2000 册
國際書號	ISBN 978-7-101-15093-3
定　　價	98.00 元

周燕孙（祖谟）先生

1984年於日本京都大學

與夫人余淑宜女士

與魯國堯（左一）、王力（右二）、沙加爾（右一）等先生，於北大燕南園

《周祖謨文集》出版説明

　　周祖謨(1914—1995),字燕孫,北京人,我國傑出的語言學家,卓越的文獻學家、教育家。原北京大學中文系教授。歷任普通話審音委員會委員、中國語言學會常務理事、中國音韻學研究會名譽會長、北京市語言學會副會長等職。

　　周祖謨先生一生致力於漢語史與古文獻研究,出版學術著作十餘種,發表論文二百餘篇,涉及音韻、文字、訓詁、詞彙、方言、語法、詞典編纂、版本、目録、校勘、敦煌學、文學、史學等多個領域,而尤孜孜於傳統語言文字學典籍的校勘。作爲 20 世紀人文領域的一位大家,周祖謨先生根植傳統、精耕細作,對中國語言學的發展與進步產生了深遠的影響。

　　《周祖謨文集》共分九卷,涵蓋周祖謨先生論文結集、古籍整理成果及學術專著等。所收文集、專著保持周祖謨先生生前編訂成書的原貌,其他散篇論文新編爲《問學集續編》。收録論著均參考不同時期的版本細心校訂、核查引文,古籍整理成果後附索引,以便讀者使用。

　　《周祖謨文集》的出版工作得到了周祖謨先生家屬及社會各界人士的幫助和支持,在此謹致以誠摯的謝意。

中華書局編輯部

2020 年 12 月

本卷出版説明

　　本卷收入周祖謨先生與羅常培先生合作的學術專著《漢魏晉南北朝韻部演變研究》（第一分册）。

　　魏晉南北朝是漢語語音由上古時代的《詩經》音系向中古時代的《切韻》音系過渡的重要歷史時期，《漢魏晉南北朝韻部演變研究》即是研究這一時期漢語韻部的最早著作之一，原計劃分四册論述漢魏至陳隋八百二十多年間韻部演變歷程，1958 年科學出版社出版了第一分册。本書是填補空白、啟發後學的經典之作，也是研究漢語音韻不可或缺的重要資料。

　　2007 年中華書局再版本書時，增加了兩篇相關論文和一個根據周祖謨先生手校本整理的勘誤表。本次收入《周祖謨文集》，我們以中華書局 2007 年版爲底本錄入重排，除據 2007 年版勘誤表改正原文外，還修正了部分筆誤或排印所致的文字、標點錯誤，儘可能核對了書中引文，並統一了體例。

中華書局編輯部

2021 年 1 月

目　録

序

　　研究一種語言的歷史，首先要解決的問題是語音方面的問題，如果對語音發展的情況瞭解得不够清楚，在解決詞彙和語法方面的問題時必然會遇到很多的困難。因爲語言是一種體系，語音、詞彙、語法三方面互相聯係，互相制約，語音不僅是語言的特殊要素，而且也是任何語言存在的形式，我們無論研究哪一種語言現象，總會與語音發生聯係。所以通曉語音對於研究詞彙和語法都有極大的幫助。

　　漢語的歷史極其悠久，可是關於漢語語音的演變歷史至今還缺乏全面的瞭解。清人只着重在周秦音的考證，厚古薄今，對於後代語音的發展就很少研究。近人雖然對漢語音韻的演變歷史也做了一些研究工作，但枝枝節節，並没有觸及到根本的問題，有很多資料也没有做過全面的系統的整理。至於漢語語音内部發展的規律，那就很少有人注意到了。因此，由周秦音怎樣發展成爲現代普通話的語音始終還没有全面的探討。這一項工作不完成，其他方面的工作，如漢語的詞源學、詞彙學、方言學等，都會受到一定的影響。

　　本書所探討的問題是漢魏到陳隋之間（前 206—617）韻部演變的歷史。這一段時間很長，有八百二十多年之久，是漢語發展史中相當重要的時期。有很多歷史方面的問題與這一段時間内語言的發展有關係。要瞭解怎樣由《詩經》音變爲《切韻》音，也必須把這一段的歷史弄清楚才行。研究這一段時間内韻部演變的歷史，主要的憑藉應當是詩文的押韻。我們就以嚴可均所輯的《全上古三代秦漢三國六朝文》和丁福保所輯的《全漢三國晉南北朝詩》兩部書中所收的由漢到隋的詩文作品爲研究的主要資料。除詩文押韻的材料以外，我們還參考了其他有關的材料，如子書、史書中押韻的部分，字書、音義書中的反切以及訓詁書中有關語音的材料等都是。所有這些材料都是相當紛繁相當複雜的，就是同一時代的材料所表現的語音現象也並不是完全一致的，惟有即異以求同，找出其中的共同性，才能定出當時語音分韻的大類。在研究的過程中，我們一方面注意到材料中所反映的語言事實的普遍性，同時我們也注意到某些材料所反映出來的特殊現象。因此除了一般的考查以外，還做了一些個别材料的考查。這樣可以使我們對某一時期的語音情況瞭解得更全面一些。

根據以上所述的材料進行分析綜合,我們看出由漢初到隋末八百多年間韻部的演變大體可以區分爲三個時期:

(1)兩漢時期(前 206—207);

(2)魏晉宋時期(208—478);

(3)齊梁陳隋時期(479—617)。

南北朝時代,南北的語音不完全相同,詩文押韻中所反映出來的分韻情況是:北朝的北魏跟劉宋時代相近,北齊、北周跟齊梁時代相近。大體的情形如此。不過這樣分爲三個時期只是一個粗疏的分法,因爲前一個時期和後一個時期之間不是可以截然畫開的。每一時期內時代早的作家和時代晚的作家在押韻上並不完全相同,早期的接近於前一個時期,晚期的接近於後一個時期。前後時期之間是相連續的。但是不能因此就認爲不能分期,因爲每一個時期又各有它的特點,無容混淆。

簡單來説:兩漢音接近於周秦音,但部類的分合有不同,有些韻部裏的字類也有變動。如東漢時代"家、華"一類字不在魚部而歸入歌部,"奇、宜"一類字不在歌部而歸入支部,都跟周秦音不同。魏晉宋時期的語音更是變動較大的時期。三國時代陽聲韻的分類固然大體跟東漢相近,但陰聲韻和入聲韻則跟東漢相去較遠。有些韻部已開始分化,如之部之咍兩類字分化爲兩部,祭部祭泰兩類字分化爲兩部,都是很清楚的。晉代韻部的分類比三國時代更加細密。入聲韻和陽聲韻關係轉密,而與陰聲韻關係漸遠。例如三國時代脂質真三部,在晉代脂部分爲脂皆兩部,質部分爲質没兩部,真部分爲真魂兩部,質没跟真魂相配,而與脂皆的分化不同。到了宋代,陰陽入三聲大體都與《切韻》分韻的大類相同。在這一個時期之內變化很大。齊梁陳隋一百四十年間,陰陽入三聲的分類則更趨精細。例如歌戈與麻不同用,魚與模虞不同用,豪肴不與宵蕭同用,二等韻大部分都獨立成爲一部,而且陽聲韻與入聲韻也相配得非常整齊。這跟前一個時期又有所不同。

這三個時期既然各有它的特點,所以我們就分爲三部分來叙述,最後做總的討論。在這八百多年當中,語音的變化很大,材料也很多,我們的工作花費在整理材料的時間是比較多的,而深入研究的工作還做得很不夠。在這部書裏我們所提出的一些見解只能説是初步研究的結果,其中還有很多問題須要做進一步的研究和討論。

任何一門科學的發展都要依靠大家來動手,我們要完成漢語史的研究,就必須有更多的同志共同來努力。現在把這部書印出來,不僅希望得到同志們的指正和批評,同時還希望研究漢語史的同志就其中已經整理過的資料進行深入研究,做出更多的貢獻。

羅常培

1958 年 9 月 5 日

一、緒論

中國自殷代有書契記載以來到現在已經有三千七百多年了,我們要想把這樣長久時間内的語言歷史知道得很清楚,實在不是一件容易的事。一方面因爲語言是屬於社會現象之列的,語言的歷史和社會的歷史是分不開的,我們要瞭解漢語歷史的全部,還要把中國社會發展史研究清楚才行;另外一方面因爲語言不是單純的事,它包括語音、語法、詞彙各方面,内容非常複雜,不是輕易可以弄明白的。截至目前爲止,單就語音來説,我們所知道的還不頂多,至於語法、詞彙兩方面現在才有人開始着手進行研究,因此我們感覺到要瞭解漢語的歷史還須要作很多的研究工作。其中比較單純而又切要的是音韻歷史的問題。研究音韻歷史儘管也有很多的困難,例如要考察古音就不能離開文字和文字的記載,可是漢字本身不是拼音文字,它不能把不同時代不同地域的讀音表現出來,要從字形上去瞭解古代的讀音有時很難。説到文字的記載,雖然也有不少的資料,可是真正能夠完全代表實際語音的記録並不太多,因此,在進行研究時也會遇到很多的困難。但是我們一定要排除困難,儘可能地利用各種資料求得問題的解決。這樣做,漢語史的研究才能有新的發展。因爲語言就是一串含有意義的聲音,語音的問題沒有解決,語法、詞彙的研究就會受到一定的限制。所以要瞭解漢語的歷史,不能不先從歷史音韻的研究着手。

關於語音歷史的研究,清代學者曾經做了一些工作,他們所着重的是周秦時期語音的研究,用古代的韻文和諧聲文字來考究古韻的分部。但是他們的目的只在於讀通先秦古書,並非想要專門作漢語語音史的研究,所以周秦以後漢語語音的發展就很少留意。同時因爲他們缺乏表音的工具,只能作紙面上分部多寡的考證,不能進一步説明各部類的讀音。直到現代因爲受了外國語音學、語言學的影響,音韻歷史的研究才有了新的進展。我們對於周秦音和隋唐以後語音演變的情況比前人知道得清楚多了。

但是在整個兒語音史上還有很多問題沒有解決。譬如:由漢以後到南北朝這一個階段語音究竟怎樣? 由周秦音經過甚麽途徑才變成了隋唐音? 隋唐以前有哪些方音的區別？陸法言的《切韻》究竟代表哪一個時期的語音？還有，由漢到南北朝語音的發展可以分爲幾個時期？每個時期的特徵是甚麽？語言是隨着社會的發展而發展的，語音的發展跟人民的歷史有哪些關係？像這一類的問題還不曾有人作出明確的解答，足見語音史上的空當兒還很多。我們知道由漢初到隋末一共八百二十多年（前 206—617），不是一個很短的時期，在這一個時期内社會文化各方面的變動都很大，而且是承前啓後的時期，如記録語言的文字和文體等莫不如是，那麽，語音一定也不能例外。我們如果撇開這一段不談，就由《切韻》音跳到《詩經》音，那是很危險的。即便言有所中，兩者中間的脈絡是不能没有的。反過來説，假如我們能把這一段歷史弄清楚，不但周秦音和隋唐音中間的關係可以瞭解透徹，就是這一個時期内的訓詁音義和文學作品中的一些音韻問題也都可以迎刃而解了。所以研究這一段的歷史是一件很重要的事情。

　　清人在這一方面固然也做過一些工作，但是没有甚麽成績可言。例如顧炎武的《唐韻正》總算是取材很廣的一部書了，他爲證明古韻跟《廣韻》的讀音不同，除引羣經諸子屈賦爲證以外，而且引到漢魏以下直至唐初的韻文和很多史傳雜書的韻語，表面看起來似乎博大精深，事實上完全沿襲宋人吴棫《韻補》的辦法，累積許多的材料，用以表明某字與韻書讀音不同，而對於漢魏以下各時代的音韻流變並没有作精密的研究。即使偶爾説明一兩類字的音變情形，也是很粗疏的。顧氏以後，江永的《古韻標準》、段玉裁的《六書音均表》也常常提到漢魏以後的讀音，但是仍然没有脱去顧氏的成規。段氏《六書音均表》分古韻爲十七部，論到漢以後的讀音時他往往含混其辭地説“某某幾部漢以後多合用，不甚區分”，或者説“某某幾部三百篇及羣經屈賦分用畫然，漢以後乃多合用”，甚至於説“漢代用韻甚寬，離爲十七者幾不可别識”。這些話都是皮相之談。不論漢以後用韻如何寬泛，哪能全無界畫呢？總之這不過是爲證明周秦古韻分類的嚴整而附帶提到的話，並非有甚麽真知灼見要用來和周秦音作比較的。清代對於漢代語音真正做過一些工作的只有王念孫一個人。他在晚年曾經把西漢人的辭賦和《史記》《漢書》《淮南子》《素問》《新語》《易林》等書中的韻字都鈎稽出來，按照周秦古韻的部類列成韻譜跟合韻譜[①]，除了少數幾部書如《急就》《太玄》《法言》之外，西漢的材料幾乎網羅殆盡了。由此可以看出他的目的是

[①]　原書未刊，手稿本藏北京大學。詳見 1932 年北京大學《國學季刊》三卷一號陸宗達《王石臞先生韻譜合韻譜遺稿跋》。

想有系統地研究西漢的音韻，但只做到先按周秦古韻分部排比的工作，而沒有依據這些韻字本身押韻的實際現象來定韻部的分合，所以仍然是沒有完成的工作。王氏以外留心漢以後音韻的人，像張成孫摘記漢代韻文的韻字[①]，洪亮吉和胡元玉搜羅漢魏間古書注解中的音讀等[②]，也都僅僅是材料的纂録，並沒有甚麼大的貢獻。

　　到了近代對於這一段的歷史就很有人注意了。有論著的有三個人。首先我們要提到的是王越先生的《魏晉南北朝之脂支三部及東中二部之演變》和《漢代樂府釋音》兩篇文章[③]。前一篇據説是他所作三國六朝韻譜叙篇的一部分，篇幅很短，僅略述古韻支脂之三部和東中兩部在三國以後的流變。後一篇是爲解釋漢代樂府的韻脚而作。但是在序文裏曾經舉出漢代音韻和《詩經》韻部的不同，大體都是承襲清人舊説，發明不多。例如他説“陽唐庚時與東冬鍾江合，甚且出入青蒸侵咸諸韻”，又説“之部字有轉入尤部者，甚且與宵魚侯出入”，又説“支脂疆界不嚴，甚且通協之咍”，這一類的話都很含混，到底哪些字可以通協，甚麼人的作品如此，一共見到幾次，都沒有加以分辨，所以還不是可靠的結論。其次要舉出來的是王力先生的《南北朝詩人用韻考》[④]。這篇文章是從明張溥所輯的《漢魏百三名家集》中選録南北朝和隋初的四十九家的韻文作爲研究的資料，主要的目的在指明這一個時期内用韻的情形和《廣韻》分韻有甚麼異同。研究的方法是以個人作單位的，找出個人用韻的情形以後，再看他們之間的共同點，由共同點的異同再來畫分時期，這個方法是很好的。但是因爲應用的材料少，一切合韻的例子都擱置不談，所以僅達到預期的目的而止，沒有討論更多的問題。

　　另外在這一方面用力最大搜羅最廣的是于海晏先生的《漢魏六朝韻譜》[⑤]，這部書分《漢韻譜》《魏晉宋韻譜》《齊梁陳隋韻譜》三部分，取材以丁福保所輯《全漢三國晉南北朝詩》跟嚴可均所輯《全上古三代秦漢三國六朝文》之漢魏六朝部分爲主，除此之外還收的有《史記》《漢書》《淮南子》《春秋繁露》《急就》《太玄》《法言》《世説新語》《文心雕龍》等書，搜羅之富，可以説前所未有。但

是全書的缺點還很多。在摘舉韻字一方面,有的讀破句,有的不合韻例,這些可以不談,單就處理材料一方面來說,還缺乏整理的工夫。他的整理的方法是先把某個時期作品中押韻的字摘記下來,標出《廣韻》韻目,然後再看《廣韻》的哪幾韻在這一個時期內是常常通押的,於是定出一個粗疏的類別來,分別錄出,成爲"韻譜"。這種辦法只是完全依傍《廣韻》,既沒有類目的規定,又把合韻的例子混在一起,顯出叢雜督亂,而不得要領。雖然在時代上因爲前後現象的不同把自漢至隋分爲三個時期,但是同一個時期內有哪些作家用韻特殊? 同一個字在前後不同的時期內有甚麼聲音的轉變?《廣韻》一韻的字是否歸類一樣,有沒有值得注意的現象? 特殊的合韻例子應當怎樣去解釋? 還有,自漢至隋聲調的分類和隋唐韻書有甚麼不同? 這八百年間有沒有甚麼方音的分歧? 他對於這一類的事情都沒有顧到,儘管在卷首有韻部沿革總叙一節,但是不能籠罩那些散漫的材料。所以用力雖勤,而結果很差,這是很可惜的①。

　　總起來看,前人對於這一段的音韻歷史固然費了很多的心血去研究它,但是"篳路藍縷,以啓山林",所作的僅是一些初步開墾的工作,還沒有很多的建樹。最主要的原因是因爲材料太多,不是一個短時期所能整理清楚的;其次是因爲問題叢雜,沒有適當的方法去處理,自然難得要領。

　　現在我們根據這一個時期內的材料重新做一番研究,從歷史發展的觀點出發想考察下面幾個問題:

　　(1)由漢到隋音韻的歷史,可以分爲幾個時期? 每個時期的特徵是甚麼?

　　(2)周秦音經過怎樣的途徑才變成了隋唐音?

　　(3)隋以前有甚麼方音的區別?

　　(4)《切韻》究竟代表甚麼時代的語音?

　　(5)高本漢所擬的上古音、中古音是否可靠?

　　(6)由周秦到隋代"四聲"是怎樣演變的?

　　(7)漢魏晉南北朝的文學作品中有些問題可否由音韻上來解決?

　　(8)由漢到隋語音的轉變跟人民的歷史有哪些關係?

　　這裏所討論的只限於"韻"的問題。研究這些問題可以根據的材料很多,除韻文和子史的韻語以外,像漢魏間的聲訓,魏晉以後的字書音義等都可以作爲參考。不過材料愈多,駕馭愈難,有些特殊的材料是要個別處理的。因此現

---

① 錢玄同批評這部書説"雖超於吳才老,尚未至於顧寧人",是很確當的話。見《韻譜》前答書。

在但以嚴氏所輯《全文》和丁氏所輯《全詩》爲主，其餘的材料爲輔。

不過，這兩部大書所搜羅的材料都很豐富，運用起來仍然有很多的問題。例如作品的真僞，作者的年代，押韻的條例和韻脚有無譌字等問題都須要留意。舉例來説，譬如相傳的蘇武李陵的五言詩是後人依託的，我們就不能和其他西漢人的作品相提並論；還有像嚴輯《漢文》裏無名氏的《溢城井銘》《鍾山壙中銘》之類材料本身可能有問題，我們也不能作爲研究漢代音韻的根據。又如程曉，嚴氏列爲三國人，但是他的作品中有答傅玄的詩，那麼我們就應當把他算爲晉人①；王粲、應瑒等人嚴氏列爲後漢人，但是他們的詩賦多半是在曹魏時所作，因此也要歸入三國一個時期。這是作品的真僞和作者的年代問題。至於押韻的條例和句讀譌字的問題更多。在採擇韻字的時候，我們首先要理清作者用韻的規律，例如四句一韻，二句一韻，上下間韻，句中間韻和換韻的首句入韻或不入韻之類②；但是有時依例明明是應當入韻的字，然而在聲音上相差極遠，這就要考量了，其中可能句讀有誤或文字有誤，那還須要加一番校勘的工夫③。還有嚴氏輯録《全文》有時一篇是從好幾處搜集來的，片語單文都儘量按照文義補綴在一起，他説"合而訂之，可成完篇"④，這是一種不得已的辦法，但是從韻脚上來考察就有很多可疑的地方，也許還有脱文，也許這幾句根本不在這個地位，像這樣的情形就須要審慎，不妨寧缺勿濫。例如漢李尤《德陽殿賦》嚴氏據《文選》李善注補"曰若炎唐，稽古作先"兩句，"先"字應當是韻脚，但是未必就跟下文"楹、經"爲韻，所以只好割棄不取。這些都是審覈材料的問題⑤。

可是最主要的問題倒不在此，而是韻文所表現語音真確的程度問題。換句話來説，就是韻文用韻是否完全跟語音相合，它是一種甚麼性質？根據韻文來考察語音是否完全可靠？這個問題當然不是一個簡單的問題，然而我們首先要承認大部分的韻文是充分表現語音的真相的，因爲韻文本身須要讀得上口，如果根本讀不上口，那就失去了韻文的意義；尤其民歌大都是人民口頭創作，當然不會和語音不一致。所以用韻文做爲研究語音的資料是可以的。其中可以顧慮的是文人的作品有沒有擬古的作品。因爲文人一向是貴古賤今的，他們受了

---

① 《藝文類聚》《古文苑》都題作晉人。
② 詳見本書《兩漢詩文韻譜》前《兩漢詩文韻例》一節。
③ 詳見本書各譜所附韻字校勘記。
④ 嚴氏原書凡例語。
⑤ 其他問題統見本書《韻譜總説》。

古人的影響就會去摹擬古人,唐代韓愈的詩就是很明顯的例子,因此聯想到漢代的楊雄,晉代的陸機,恐亦不免。這誠然是一個難以解決的問題。其次可以顧慮的是同一個時代的作家用韻有寬有嚴,不很一致。例如東漢的張衡,曹魏時的王粲,晉代的張華,南北朝時的謝莊、謝朓、王融、沈約、常景、江總、顏之推等人用韻都比同時的人謹嚴,像東漢的班固,晉代的陸機,南北朝時的謝靈運、江淹、庾信等人就比較寬泛。這是怎樣的一個問題呢? 其中是不是方音上的不同? 就很費考較了。陳寅恪先生在《東晉南朝之吳語》一文裏論東晉以後的情形曾説①:

> 東晉南朝疆域之内,其士大夫無論屬於北籍,抑屬於吳籍,大抵操西晉末年洛陽近傍之方言,其生值同時,而用韻寬嚴互異者,既非吳音與北音之問題,亦非東晉南朝疆域内北方方言之問題,乃是作者個人審音之標準有寬有嚴,及關於當時流行之審音學説或從或違之問題也。

這種看法認爲同一時代内作家用韻的寬嚴互異是由於作家審音的標準有不同不能説不對。舉例來説:由晉張華批評陸機的文章“音楚”一件事就可以解釋明白爲甚麽張華用韻比陸機謹嚴了②。這當然可以解決一部分的問題。至於其中是不是還跟方音的異同有關,那還要從材料去確定,不宜輕易下斷語。除了以上兩項問題以外,作家會不會因爲受了意思的約束在押韻上也有很勉强的呢? 這又是一項問題。據我們想這是免不了的。例如晉陸雲作《九愍》,其中《悲郢》一章有這樣幾句:“君在初之嘉惠,每成言而永日;怨谷風之攸欷,彌九齡而未徹。願白獻於承閒,悲黨人之造膝,舒幽情其曷訴,卷永懷而淹恤!”③這裏“日、徹、膝、恤”四字是韻脚,但是“徹”字和“日、膝、恤”不是一韻,他寫信給陸機説:“徹與察皆不與日韻,思惟不能得,願賜此一字。”④足見他本人是知道的,可是因爲没有别的合適的字可用,所以陸機也没有能够給他改正。這正是作者有時勉强用一個字來押韻的例子,如果作者自己不説,我們就無從知道了。

　　由以上所説看來,一個時代的韻文對於當時語音所表現的真確程度有時是

---

①　載《史語所集刊》第七本第一分。
②　見陸雲《與兄平原書》,《全晉文》卷一百二,頁5上。《文心雕龍·聲律篇》説“張華論韻,謂士衡多楚”,也是本於陸雲的這封信。
③　見《全晉文》卷一百一,頁2上。
④　見《全晉文》卷一百二,頁6上。

不够的。在做爲研究語音的資料的時候,對於這些性質我們必須要認識清楚才不致爲其所誤。但是我們也不必過分擔憂,像文人擬古的作品和勉强湊韻的韻字,我們固然無法確切知道,可是只要另外還有很多和語音相合的資料,即便偶爾夾雜這一些東西是不會害事的;甚至於儘管作家用韻的寬嚴有時不一致,如果材料多的話,真正語音的現象自然也會透露出來,只要看我們整理材料的方法和解釋材料的觀點是否正確了。

本書在審覈材料和瞭解材料一方面已經注意了以上所說的問題,在整理材料一方面也盡力求其正確。韻譜是全書基本的部分,一切結論都是由這些實際的材料中得出來的。有一分材料,才說一分的話。在編定韻譜的時候最主要的工作是分別韻部。韻部的分合是從縱橫兩方面來考察的,橫的方面,在一個時代内應當根據各家用韻的一般現象來決定,縱的方面要照顧到前後時代的流變。其他所有個別的例子只可作爲"合韻"看待,另外處理。這就是段玉裁整理《詩經》韻部所說"不以本音蔽合韻,不以合韻惑本音"的辦法①。不過有時材料太少,不易下結論,有時材料太多,通合較廣,不易定分合;那麼在"考證"之外就要注意"審音"了。有了韻譜以後,再就作家的籍貫或特有的押韻現象來看方音的問題,並且進一步來考察由漢到隋音韻演變的途徑,構擬讀音。這是本書進行研究的步驟。

經過這一番研究以後,我們知道由漢到隋音韻的演變粗略地可以分爲三個大的時期:兩漢是一個時期,魏晉宋北魏是一個時期,齊梁陳北齊北周隋是一個時期。這跟于海晏先生的看法是相近的。但是每一個時期内前後時代韻部的分合並不完全一致。例如西漢與東漢,魏與晉宋,齊梁與陳隋,前後都略有不同。如果分得更細一點還是可以的。不過無論如何聲韻的轉變互有先後,參差不齊,並不是按照時代可以截然分之爲三的。如果單從大處着眼,這八百多年之間齊梁是最大的分野,齊梁以後和齊梁以前迥然不同。因爲由兩漢到魏晉宋六百八十年間(前206—478)聲韻總在隨着時代轉變,由齊梁直到隋末一百四十年間(479—617)變動就很小了。所以也可以分爲兩個大的段落。可是前六百多年裏兩漢時期去戰國不遠,後一百四十年裏和《切韻》相近,中間魏晉宋正是上承兩漢,下啓齊梁,而是轉變最厲害的一個時期;因此我們分爲三個時期也是很有理由的。底下我們按照這樣三個時期分別討論。

---

① 見《六書音均表》四《詩經韻分十七部表》。

二、周秦韻部與兩漢韻部的分合

周秦時代是很長的一個時期,春秋以前將近四百年(前1122—前723),自春秋到周末(前722—前256)是四百六十六年,自周末經過秦的統一到秦的滅亡(前255—前207)是四十八年。在這樣一個長久的時期裏語言可能是很複雜的。就以春秋時代而論,封建侯國很多,北自燕晉,南至吳楚,東自齊魯,西至秦郡,分立在黃河流域和長江流域的大國前後不下三十餘國,地域遼闊,風習不同,語言自然不能一致。當時列國角逐爭長,戰爭繁劇,會使語言逐漸趨於融合;但是到了戰國時期(前403—前221),各國的語言還有很大的出入。《荀子·榮辱篇》説:“越人安越,楚人安楚,君子安雅。”正可以看出當時方言還很分歧。所以在周秦時期中國各處的語言並不完全相同。現在所説的“周秦音”只是一個概括的名稱,用以代表公元前11世紀到公元前2世紀的上古音。

研究周秦古音所根據的主要材料有兩種:一種是周秦間的韻文,一種是《説文》的諧聲字。韻文以《詩經》篇什和《楚辭》中屈宋之作爲主,其次是銅器銘文和羣經諸子中的韻語。《詩經》是中國最古的詩歌總集,包括民歌和貴族的詩章。其中除《周頌》的時代較早外,其餘多半是西周末葉到東周中葉的作品。這些詩歌能夠真正代表當時口語的成分到底有多少,還是疑問,但是單從押韻的情形來看,跟傳世的銅器銘文和《楚辭》、羣經、諸子的用韻大體是一致的①。所以根據《詩經》來考察周代的古音是一個重要的起點。至於《楚辭》屈宋的作品和先秦諸子中的韻語,時代都比《詩經》晚,所表現的方音色彩很濃厚,也正是研究戰國時期古音的絶好資料。羣經的時代很複雜,其中除《周易》《尚書》《儀禮》中一部分較早外,其餘很多是晚周到漢初結集而成的書,跟戰國諸子的性質又稍有不同。

這一類韻文的材料數量很多,但是用作韻脚的字終屬有限,很多的字是不曾用作韻脚的。因此就要利用《説文》的諧聲字了。因爲從《詩經》的韻字來

---

① 銅器銘文有韻的文字很多,詳見王國維《兩周金石文韻讀》和郭沫若《金文叢考》中的《金文韻讀補遺》。

看,凡是聲旁相同的諧聲字百分之九十是在一起押韻的,所以我們可以根據諧聲的聲旁來斷定那許多不曾用作韻腳的字應當屬於哪一類。還有,韻文的押韻往往有一些參差不齊的現象,如果遇到不能解决的問題,應用諧聲字系統和韻文互相比證的方法,有時也可以迎刃而解。所以諧聲字也是研究上古音的重要材料。《説文》裏所收的諧聲字儘管有一些字是漢人所造的,然而大部分還是先秦古書裏所有的,以此做爲研究的根據,並没有很大的問題①。

　　清代的學者根據以上所説的兩種資料來研究周秦古音,自段玉裁分古韻爲十七部以後,戴震、王念孫、孔廣森、江有誥幾家續有修訂,在韻類的分辨上已經建立了很好的基礎。王氏晚年定古韻爲二十二部②:

1	東			
2	冬			
3	蒸			
4	侵			
5	談			
6	陽			
7	耕			
8	真			
9	諄			
10	元			
11	歌			
12	支	紙	忮	錫
13			至	質
14	脂	旨	鮨	術
15			祭	月
16				盍
17				緝

①　不過諧聲字也不是一個單純的音韻系統,因爲造字的時代有先後,造字的人所根據的方音有異同,其中自然發生許多分歧的現象(參看清丁履恒《形聲類編》卷四《形聲餘論》),因此諧聲字所代表的語音系統和《詩經》時代的語音未必完全相同,在利用來考證古音的時候就不能看得過於呆板。

②　見王氏《詩經羣經楚辭合韻譜》手稿(北京大學藏)和陸宗達《王石臞先生韻譜合韻譜稿後記》(北大《國學季刊》五卷二號)。

18	之	止	志 職
19	魚	語	御 鐸
20	侯	厚	候 屋
21	幽	有	黝 毒
22	宵	小	笑 藥

這種分法已經很精細，一般討論周秦古音的人都以此爲根據①，可是按照諧聲的條理其中十三、十四兩部還應當重新分劃一下。因爲王氏《古韻譜》內脂部所包括的《廣韻》脂微齊支灰咍皆諸韻字在《詩經》押韻上似乎通用不分②，在諧聲上實際不同。簡單來説：微灰咍三韻和脂皆兩韻合口是一類，脂皆兩韻開口和支齊兩韻是一類③。因此近人主張把脂部分爲脂微兩部：前者爲微部，跟入聲術韻相承；後者爲脂部，跟入聲質韻相承④。現在把入聲韻跟陰聲韻分開，排列如下：

1 之	11 蒸	21 職
2 幽	12 冬	22 沃
3 宵		23 藥
4 侯	13 東	24 屋
5 魚	14 陽	25 鐸
6 歌		
7 支	15 耕	26 錫
8 脂	16 真	27 質
9 微	17 諄	28 術
10 祭	18 元	29 月
	19 談	30 盍
	20 侵	31 緝

這樣一共分爲三十一部。其中陰聲韻歌部沒有相承的入聲韻，入聲韻盍緝兩部沒有相承的陰聲韻，大體上分配得很整齊⑤。這是經過許多人的考訂，從考古審音兩方面所得的比較可信的類別，我們可以根據這種類別來説明周秦音和兩漢

---

① 也有人把陰聲韻支脂之魚侯幽宵七部的入聲韻獨立，分爲二十九部，見黃永鎮《古韻學源流》（商務版）。
② 《古韻譜》見《高郵王氏遺書》（排印本，四川成都嚴氏又有翻刻本）。
③ 僅有極少數的例外。
④ 詳見王力《上古韻母系統研究》（《清華學報》十二卷三期）。
⑤ 祭月兩部前人定爲一部，現在把去入兩類分立。沃部即王念孫所稱的毒部。

音的異同。

　　研究兩漢音可以根據的材料有三種:(1)韻文,(2)聲訓,(3)後漢人著述中的音讀。韻文包括詩文和子史中的韻語,這是最基本的材料。聲訓的材料除散見經子注文者以外[1],班固的《白虎通義》和劉熙的《釋名》要算是頂重要的兩部書了。至於漢人的音讀,其中包括讀若、直音、反切三類,讀若一類以《説文》爲大宗,其他兩類都散見在子史的注字裏[2]。這三種材料中聲訓和音讀都是輔佐的資料,内容比韻文的押韻要複雜得多,運用起來也比較困難,所以我們還要以韻文的材料爲基礎。韻文的材料中詩文用韻較嚴,子史用韻較寬,二者不宜相混。在兩漢的材料中,西漢的材料較少,人數和地域都有限;東漢的材料較多,但是因爲聲音正在逐漸轉變,現象也很錯綜,甚至於一個人的作品在用韻上也不一致。所以在進行研究的時候,都有一些困難。尤其是兩漢辭賦的句讀和韻例都非常複雜,必須考索清楚才能得出正確的結論。要想打破這種困難,就必須有實事求是的精神和歷史發展的觀點才行。

　　清人在討論周秦古音的書裏也常常談到兩漢音和周秦音的分別,他們的話大半都是不切實際的,一則因爲他們並没有精密地考察過全部的材料,偶爾見到一兩點就隨便下斷語;一則因爲他們缺乏歷史的觀點,不分時代的先後,把西漢東漢都混爲一談。例如段玉裁在《六書音均表》裏説"第二(宵)第三(幽)第四(侯)第五(魚)漢以後多四部合用,不甚區分",又説"第十二、十三、十四三部(真文元)《三百篇》及羣經屈賦分用畫然,漢以後用韻過寬,三部合用"[3];孔廣森在《詩聲類》裏説"陽之與東若魚之與侯,自漢魏之間魚侯溷合爲一,東陽遂亦溷合爲一,似《吴越春秋》《龜策傳》往往有之"[4]。這些話其中都有一部分是不正確的。單憑粗淺的觀察印象來談自然容易流於錯誤。還有王念孫、張惠言兩家搜集了很多漢代韻文中的韻字,但是完全株守周秦古韻的部類來作歸類的標準,於是有很多在漢人本爲一部的字都認爲是合韻了。這樣除了有漢人用韻過寬的感覺,還能有甚麽新的發現呢? 由此看來歷史發展的觀點是非常重要的,論周秦音固然不可以和兩漢音相混,論兩漢音也不可以和周秦音相混。僅就兩漢四百年而論(由漢初到獻帝劉協建安十二年,前206—207),東漢和西漢

---

① 這一部分的材料,清張金吾《廣釋名》搜集最豐富。

② 詳見清洪亮吉《漢魏音》。

③ 以上兩條均見《六書音均表》一。

④ 孔廣森的話見《詩聲類》卷三。

也不盡相同,必須分別看待。

　　根據我們整理兩漢詩文韻字的結果,兩漢音和周秦音頗有不同,主要的不同有兩方面:(1)韻部的分合不同,(2)同部之內的字類有變動。

　　韻部分合的不同,在西漢時期最顯著的是魚侯合爲一部,脂微合爲一部,真文合爲一部,質術合爲一部。其次是歌與支、幽與宵通押較多,但是彼此之間仍然保存分立的形勢。其餘各部大都和周秦音的類別相同。這樣陰陽入三聲共有二十七部。至於字類上的變動,在詩文用韻裏表現得較清楚的是之部尤韻一類的"牛丘久"等字和脂韻一類的"龜"字開始轉入幽部。另外,魚部的麻韻字如"家、華"之類有轉入歌部的趨勢,蒸部的"雄"字有轉入冬部的趨勢,都漸漸和周秦音不同。

　　到了東漢時期,韻部的部數和西漢相同,但是魚部麻韻一系的字(家、華)轉入歌部,歌部支韻一系的字(奇、爲)轉入支部,蒸部的東韻字(雄、弓)轉入冬部,陽部庚韻一系的字(京、明)轉入耕部,這都是很大的變動。就這幾點來看東漢音事實上和西漢音並不完全相同。

　　不過在整個音韻史上,西漢和東漢還是很相近的,所以我們劃爲一個時期。現在我們把兩漢的韻部和代表周秦音的《詩經》韻部比較一下,自然可以明瞭前後的異同。

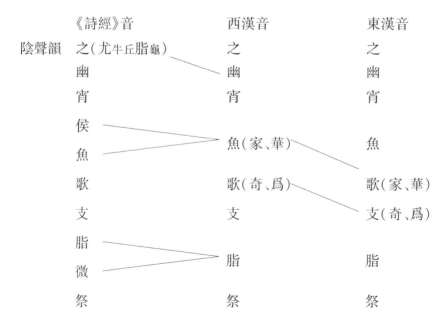

	《詩經》音	西漢音	東漢音
陰聲韻	之(尤牛丘脂龜)	之	之
	幽	幽	幽
	宵	宵	宵
	侯	魚(家、華)	魚
	魚		
	歌	歌(奇、爲)	歌(家、華)
	支	支	支(奇、爲)
	脂	脂	脂
	微		
	祭	祭	祭

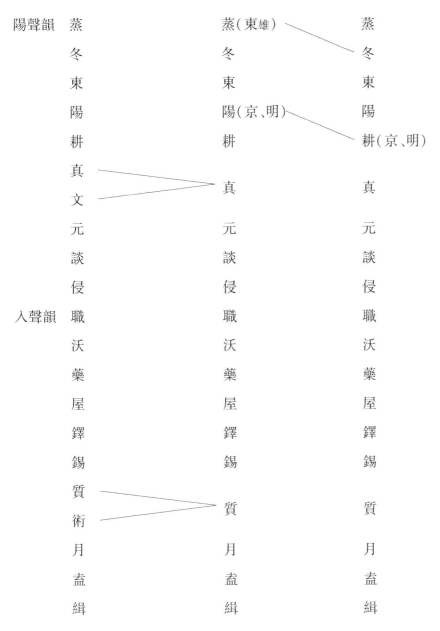

這個韻表是根據兩漢許多韻文材料,經過分析綜合而概括出來的,它可以代表兩漢四百年間(前 206—207)分韻的一個大類,猶如《詩經》韻部可以做爲周秦音的代表一樣。當然,各地的方言在韻部的分類上也可能有些不同(後面還要談到這個問題),但是相差不會很遠。

我們有了這一張韻部分合表以後,在讀兩漢詩文的時候就有很大的便利。有些古書或文學作品的時代不十分明確的也可以根據這個韻部表加以確定。因爲一個時代的作品,自有它一定的思想、風格、詞彙和音韻,作者儘管託古或擬古,在語音上總會有漏洞的,所以根據語音史來辨別真僞也是一種辦法。另外從語音史研究的本身上來説,由上面的比較表也可以解決前人討論上古音的一些糾紛的問題。例如東冬分爲兩部是孔廣森的發明,王念孫年登八十的時候還不肯承認他的説法是確當的[1],但是我們現在從兩漢音的分類上很清楚地可以知道孔廣森的分法是正確的。又如上古音四聲的分別,前人的意見頗不一致,顧炎武認爲古人四聲一貫,段玉裁認爲古有平上入而無去,王念孫、江有誥認爲古人實有四聲,特與後人所讀不盡相同[2],異説歧出,莫衷一是。但是現在從漢人用韻來看,陰聲韻除祭部只有去聲以外,其餘各部都是平上去三聲具備的;陽聲韻除蒸冬兩部只有平聲以外,其餘也是如此。最值得注意的是在《詩經》音中與陰聲相承的入聲韻在兩漢時期大體都和陰聲韻的去聲分用,《詩經》音的祭部在兩漢時期也是去入分用的。由此可以證明江有誥的説法是對的。下面我們分部加以説明。

---

[1] 見江有誥《音學十書》卷首 22 頁《王石臞先生來書》。
[2] 見江氏《音學十書·唐韻四聲正》。

三、兩漢韻部分論

1. 陰聲韻

之　部

《詩經》音之部包括下面幾類字：

之　《廣韻》之止志三韻字。

咍　《廣韻》咍海代三韻的一部分，如該台來才哉臺災，海在，再態菜代等字。

灰　《廣韻》灰賄隊三韻的一部分，如灰恢媒梅栖，悔，佩晦等字。

皆　《廣韻》皆怪兩韻的一部分，如豺，戒誡械怪等字。

尤　《廣韻》尤有宥三韻的一部分，如尤郵謀牛丘罘，有支久疚婦負右，囿富舊等字。

侯　《廣韻》厚韻母畝等字。

脂　《廣韻》脂旨至三韻的一部分，如龜，丕否鄙，備等字。

真敏　《廣韻》軫韻敏字。

凡在諧聲上和"台枲來才弋臺里貍思絲其臣而兹甾司辭牟之疑能目矣止齒已己耳士喜子史吏事采友丕宰鄙寺乃再菑某母佩亥婦負又有右尤丘牛郵友久龜"等字有關係的都屬於這一部。

　　兩漢這一部大體和《詩經》音相同，惟有尤韻一類裏面"牛、丘、久、疚、舊"幾個字和脂韻一類的"龜"字都歸入幽部。"牛、丘"兩個字在兩漢詩文裏都和幽部字通押，沒有例外[1]。"久"字在詩文裏見到七次，其中只有東方朔的《七諫·怨世》裏以"久色侍菜志識代志置侍思事"爲韻（《漢文》25/2下），其餘都跟幽部字押韻。從"久"得聲的"疚"字，張衡《東京賦》和"酒叟壽"押韻，也歸幽部。

---

[1] 在《史記》褚少孫補《龜筴列傳》裏有"牛謀期來"在一起押韻的一個例子。在崔篆《易林》裏"牛丘"與之部字在一起押韻的較多，也有和幽部魚部合韻的。

"舊"字見到四次：

　　韋　孟《在鄒詩》：舊朝(朝，宵部字)(《漢詩》2/2 上)①

　　韋玄成《戒子孫詩》：事舊(《漢詩》2/8 上)

　　崔　瑗《郡太守箴》：舊守(《後漢文》45/3 下)

　　張　衡《西京賦》：衰郛舊(《後漢文》52/6 下)

除韋玄成用"舊"字和本部字叶韻外，崔瑗、張衡都用它跟幽部字叶韻。"舊"從"臼"得聲，蔡邕《題曹娥碑後》曾以"婦臼"爲韻(《後漢文》79/8 下)，"臼"是幽部的字，"婦臼"相押是之幽兩部合韻，我們不能根據這個例子來斷定"舊"字在兩漢仍然和《詩經》一樣屬於之部。

　　至於脂韻的"龜"字，《詩經》音是屬於之部的，在兩漢詩文裏就變到幽部裏去了。如：

　　楊　雄《荆州箴》：調茅龜饒(饒，宵部字)(《漢文》54/2 下)

　　班　固《幽通賦》：周幽龜謠條流(謠，宵部字)(《後漢文》24/10 上)

　　崔　駰《達旨》：龜流憂求(《後漢文》44/4)

　　張　衡《西京賦》：魼龜牛秋(《後漢文》52/10)

這些例子裏"龜"字都跟幽部字相叶，它的聲音已經和《詩經》不同，我們應當把它歸入幽部②。

　　以上所説是《詩經》音屬於本部的字在兩漢有轉入幽部的。另外還有《詩經》音屬於幽部的字，到兩漢轉入本部的，那就是"軌"字。在《詩經》裏"軌"字一見，和"牡"字叶韻，"軌、牡"都是幽部字，其他從"九"得聲的像"仇、究"等字也屬幽部。但是在兩漢韻文裏"軌"字都跟之部上聲字叶韻，如：

　　楊　雄《博士箴》：軌士(《漢文》54/8 下)

　　崔　篆《慰志賦》：軌齒子(《漢文》61/7 上)

　　傅　毅《洛都賦》：軌士(《後漢文》43/1 上)

　　傅　毅《明帝誄》：有母耳軌(《後漢文》43/6 下)

　　班　固《幽通賦》：已汜趾軌(《後漢文》24/10 上)

　　蔡　邕《釋誨》：止紀否已軌恥(《後漢文》73/7 下)

　　蔡　邕《陳寔碑》：止否淄恥軌(《後漢文》78/3 上)

---

① 　括號内斜綫前的數字是卷數，斜綫後的數字是頁數。

② 　《淮南子·説山篇》"龜狸"叶韻，"龜"在之部。在《史記》褚少孫補《龜筴列傳》裏"龜"字有一處跟幽部字叶韻："留囚龜求"，有兩處同之部字叶韻："龜期""謀治埃時來龜哉"。

由此可證"軌"字已經轉入本部①,這正是晉以後轉入脂部的一個過程,很值得我們注意。

　　另外須要特別指出的是"郵、負、敏、氂"幾個字也應當屬於本部。"郵"字僅見於班倢伃的《自悼賦》(《漢文》11/7 上),她用"時思詩郵周茲滋災求幽郵流期休"這些字在一起叶韻,其中"周求幽流休"幾個字都是幽部字,這裏當然是之幽合韻,但是"郵"字究竟是屬於之部呢,還是屬於幽部呢? 這個問題很容易解決。因爲"郵"字是"過郵"的意思,和"尤"字通用,"尤"字是屬於本部的字,所以"郵"字也當在本部。"負"字僅見於王延壽《魯靈光殿賦》(《後漢文》58/2 上),以"拄湊句據負注赴趣"叶韻,"拄湊"等字都是魚部字,"負"字的部類就很難定。《詩經》音"負"屬於之部,晉以後屬於幽部。可是這個字和"婦"字"丕"字在漢代是聲音相近的字,《史記》高祖本紀"常從媼武負貰酒","負"和"婦"是音義相通的;《書·金縢》"是有丕子之責於天","丕"《史記·周公世家》作"負"。"婦、丕"在漢代都是之部字,"負"字也應當屬於之部②。"敏"字見於《郭輔碑》,以"祉敏似止在祀"叶韻(《後漢文》106/5 下),應當屬於之部。這和《詩經》音是相同的。另外在《漢書·雋疏于傳》以"敏理仕"叶韻,《宣元六王傳》以"子敏理軌里"叶韻,也可以證明"敏"字當在本部。一直到三國的時期還是如此③。"氂"字僅見於《魏郡輿人歌》,以"氂災時茲"爲韻,氂《廣韻》音毛,古代當有氂字一音,《禮記·經解》"差若豪氂","豪氂"就是"毫釐",依照《輿人歌》押韻的情形,"氂"字是可以歸入本部的。

幽部,宵部

《詩經》音幽部包括下面幾類字:

　　豪　《廣韻》豪晧號三韻的一部分,如牢曹陶騷,晧老道草造好考,報好等字。

　　肴　《廣韻》肴巧效三韻的一部分,如包茅膠,飽卯,孝等字。

　　蕭　《廣韻》蕭篠嘯三韻的一部分,如蕭條聊,鳥蓼,歊等字。

---

① 班固《漢書·宣元六王傳》"子敏理軌里"等字叶韻,也是同樣的例證。楊雄在《太玄》裏"軌"字押韻的情形就比較分歧了。

② 崔篆《易林》屯之恒、師之姤、泰之同人、損之復都以"負子"叶韻,"子"是之部字。又離之同人、旅之明夷以"負咎"叶韻,"咎"是幽部字。

③ 見何晏《景福殿賦》、嵇康《琴賦》。但是《釋名·釋言語》説"敏,閔也,進叙無否滯之言也,故汝潁言敏如閔也",是"敏"字自漢末已經有和"閔"字相同的讀法。

尤　《廣韻》尤有宥三韻除少數字歸之部以外,其餘都在本部。

幽　《廣韻》幽黝幼三韻的字。

侯　《廣韻》厚韻的叜字牡字,候韻的茂字戊字。

宵　《廣韻》宵韻的茇字,椒字。

脂　《廣韻》脂韻的逵字,旨韻的軌字,簋字。

凡在諧聲上和"九州求流休舟憂游曹攸秋皋翏咼髟卯丣留周矛柔包匋孚壽幽酉酋臭叜牢爪叉丩囚秀冒好報手老牡畳雔帚首道守缶由戊丑考保篙劉肘受棗韭臼咎草昊孝鳥彪牟蒐牖早討幼叚就奧埽"等字有關係的都屬於這一部。

《詩經》音宵部字包括以下幾類:

豪　《廣韻》豪晧號三韻的一部分,如高勞豪毛刀桃,倒潦,盜悼到懆暴等字。

肴　《廣韻》肴巧效三韻的一部分,如郊巢,效教罩等字。

蕭　《廣韻》蕭篠嘯三韻的一部分,如堯苕僚,皎,弔等字。

宵　《廣韻》宵小笑三韻的字。

凡在諧聲上和"毛尞小少票麃暴夭敫卓勞交高喬刀召到兆苗岙要爻教巢弔堯盜兒梟號了叉焦朝料表杳幽焱杲翟"等字有關係的都屬於這一部。

　　兩漢的韻文這兩部雖然通叶的例子很多,但是其間仍然有分野。首先我們看到這兩部彼此通叶的多半是兩部中所屬《廣韻》蕭宵兩韻的字,例如幽部的"條、調",宵部的"搖、朝、少、表、廟、妙"之類都是,尤其宵部的"少"字"表"字幾乎完全和幽部通押;另外兩部中的豪韻一類的平去兩聲字就很少在一起押韻,只有幽部的豪韻上聲字"老、道、草、保"之類跟宵部的豪韻宵韻上聲字在一起押韻;從這一點就可以看出幽宵兩部的分野。其次我們看到幽部和之部有時通押①,但是宵部和之部通押的例子就沒有,由此也可以知道這兩部是有分別的。

　　但是這兩部和《詩經》音仍然有不同的地方。《詩經》音屬於幽部的"軌"字在兩漢音已轉入之部,《詩經》音之部的"牛、丘、龜、久、疚、舊"一些字在兩漢則轉入幽部,這在前面已經說過了。《詩經》音宵部押韻的例子在四聲上的分別是不甚嚴格的,所以段玉裁誤爲只有平聲一類,但是在兩漢韻文裏宵部平上去三聲分別很嚴,和《詩經》就很不相同了。

---

① 幽部字和之部通押的固然多半是尤韻系的字,但是仍然有豪韻系的字,如"陶、遭"之類。

　　還有兩漢韻文裏幽部豪韻一類的上聲字和尤韻一類的上聲字是不常在一起押韻的,這種現象在《詩經》裏表現得還没有這樣顯著,這正是幽部豪韻系和尤韻系漸漸離析的開端,到三國以後豪肴蕭幾韻便都併入宵部了。可是在于海晏的《漢魏六朝韻譜》裏把這一部豪韻系的上去聲字就一律歸入宵部,恐怕也不妥當,因爲平聲没有併,單併上去聲,是不合適的;同時我們看到班固《幽通賦》以“道茂”爲韻(《後漢文》24/10 上),邊讓《章華臺賦》以“考道肘草老”爲韻(《後漢文》84/11 下),胡廣《侍中箴》以“道右首”爲韻(《後漢文》56/7 下),闕名《費鳳別碑》以“紀道舅好喜”爲韻(《後漢文》103/7 下),例子雖少,但是很重要,如果當作合韻來看,那就把問題放走了①。

魚　部

《詩經》音魚部包括以下幾類字:

模　《廣韻》模姥暮三韻字。

魚　《廣韻》魚語御三韻字。

虞　《廣韻》虞麌遇三韻的一部分,如夫娛吁虞芋膚,羽雨宇甫父武輔,賦懼等字。

麻　《廣韻》麻馬禡三韻的一部分,如牙爪家華邪葭巴,馬者野夏下寫舍寡,夜射暇稼等字。

凡在諧聲上和“且者父甫于夸夫牙叚家車巴吴虍盧古居瓜烏於與卸射去亞魚舍余素瞿賈莫庶度羸巨矩壺奴圖乎土無毋巫疏馬吕鹵下女處羽雨五吾予午許户武鼠黍禹鼓夏宁旅寡圉魯兔初步互股社如虖蠱”等字有關係的都屬於這一部。

　　這幾類字在西漢時期和《詩經》一樣是在一起押韻的,但是還跟《詩經》的侯部字合用,没有顯著的分别。《詩經》音的侯部包括以下兩類字:

侯　《廣韻》侯厚候三韻字。

虞　《廣韻》虞麌遇三韻的一部分,如愚隅芻株濡榆摳趨駒,主愈數,樹附務等字②。

---

① 詩文以外的材料可以證明“道、寶、造、蚤、稻、抱、考、禱”等字應當屬於本部的例子倒很多。如褚少孫補《史記·龜筴列傳》“受寶”爲韻,“道紂咎寶留”爲韻;楊雄《太玄·永》“道咎”爲韻,《玄圖》“友道守”爲韻,《玄攤》“造醜”爲韻;《易林》坤之漸“蚤道憂好”爲韻,需之豐“好壽”爲韻,小畜之坎“酒禱”爲韻,履之歸妹“茂稻”爲韻,大有之井“道守咎”爲韻,臨之蒙“酒禱考”爲韻,坎之震“酒抱”爲韻。這些都值得我們注意。

② “務”字列爲侯部字,從王念孫《六書音均表書後》説。

凡在諧聲上和“婁句朱禺區侯几殳需須俞芻后取後臾口尌厚主毒走斗奏豆付孜具扁”等字有關係的都屬於侯部。

魚侯兩部合用是西漢時期普遍的現象，這是和周秦音最大的一種不同。作家之中除僅僅存下一兩篇文章的不算以外，像賈誼、韋孟、嚴忌、枚乘、孔臧、淮南王劉安、司馬相如、中山王劉勝、東方朔、王襃、嚴遵、楊雄、崔篆這些人的作品，沒有不是魚侯兩部同用的。惟有劉向、劉歆父子所作似乎和《詩經》的部類相同，然而也很難確定。如：

> 劉 向《九歎·怨思》：鄹榆（侯部）語去（魚部）
>
> 　　《愍命》：夫廬（魚部）腐訮（侯部）
>
> 　　《遠逝》：梧湖（魚部）顧故（魚部）
>
> 　　《憂苦》：楚宇（魚部）
>
> 　　《離世》：慕故（魚部）
>
> 　　《惜賢》：暮度（魚部）
>
> 劉 歆《遂初賦》：攄居（魚部）扶吾（魚部）都紆（魚部）

這些例子魚侯兩部分別得很清楚。但是劉向的作品裏也有魚部字和幽侯兩部通叶的例子，如《九歎·遠遊》以“浮霧舉”爲韻，“浮”是幽部字，“霧”是侯部字；足證魚部和侯部聲音是相近的。還有像《九歎·逢紛》以“芼露”爲韻，《遠逝》以“珠旄”爲韻，“芼、旄”都是宵部字，音同調不同；既然魚部的“露”字可以跟宵部的“芼”字叶韻，侯部的“珠”字也可以跟宵部的“旄”字叶韻，更可以證明魚侯兩類聲音必然相近了。還有劉向和淮南王劉安、中山王劉勝都是同宗，劉安、劉勝比劉向早一百多年，他們的文章裏已經魚侯合爲一韻[①]，那麼劉向的時候更不會魚侯是兩類完全不同的聲音了。因爲他的文章裏用韻表現得很特殊，所以特別提出來說明一下。

《詩經》音魚侯兩部到了西漢合爲一部固然是一個大的轉變，可是到了東漢又和西漢不同了。東漢魚侯也是合爲一部的，但是魚部麻韻一系的字已轉到歌部去了，這也是一大轉變。不過像班固、張衡、崔駰等人仍然有跟本部相叶的例子。如：

> 班 固《十八侯銘》：徒邪都家（王吸）（《後漢文》26/6 上）
>
> 　　雅旅下後（靳歙）（《後漢文》26/5 上）

---

① 在《淮南子》裏魚侯兩部也是合用的。例如：《兵略篇》“後伍”爲韻，《原道篇》“御霧”爲韻，“步驟”爲韻，《覽冥篇》“度數”爲韻。

　　　《東都賦》:武雅(《後漢文》24/7 上)

　　　《幽通賦》:寡禦予(《後漢文》24/9 下)

張　衡《思玄賦》:迓夜塗路布(52/4 下)

　　　《西京賦》:馬寡鹵(52/10 下)者睹五土苦(52/11 下)

　　　《東京賦》:固塗庫暇(53/1 下)

　　　《七辯》:愕暇素顧(55/1 下)

崔　駰《安封侯詩》:馬駑(《漢詩》2/9 下)

這裏面的"家雅下野寡馬者迓夜暇"一類的字都跟本部字押韻,和西漢的情形一樣。但是這一類字的聲音已經開始轉變了。以"家、華"兩個字做例,班彪《北征賦》"娑那加他邪圖峨家波"叶韻,張衡《西京賦》"家過加"叶韻,"家華何"叶韻,班固《答賓戲》"波華"叶韻;"家、華"都和歌部通叶,足見這一類麻韻字也漸漸讀同歌部了。不過在開始演變的時候,文人用韻常有不一致的現象,有的規摹前代,有的根據當時的讀音,所以參差不齊。尤其是大家,這種現象格外顯著①。

　　另外我們還可以看出一種事實,"家、華"一類平聲字在西漢已經有和歌部押韻的例子,但是"馬、下、寡、雅"一類的上聲字就絕對沒有這種例子②,到了東漢還是不十分多,直到魏晉以後才完全和歌部字押韻,足見上聲字可能有它的特殊性,變動沒有平聲那樣快。

　　還有一種事實我們須要留意,就是"野"字和"車"字的讀音問題。"野"字在東漢除馮衍、李尤、趙壹作品裏和歌部押韻外,其餘像班固、張衡、崔瑗、王延壽等都和魚部字押韻。如:

班　固《西都賦》:表暑野布(表,宵部字)(《後漢文》24/5 上)③

張　衡《思玄賦》:野渚予佇女(《後漢文》52/3 上)

崔　瑗《河隄謁者箴》:柱滸野(45/3 下)

王延壽《魯靈光殿賦》:序魯宇輔野(58/1 下)

馮　衍《顯志賦》:禍野(20/3 上)

---

① 班固《漢書·敍傳》《溝洫志》"渠家"爲韻,《古今人表》"舉下敍"爲韻,《張周趙任申屠傳》"古下緒"爲韻。

② 直到《易林》裏還是如此。《易林》裏魚歌兩部合韻的例子很少,只有"家"字有合韻的例子,如師之萃"啞家和"爲韻,蠱之解"家和"爲韻。

③ 班固《漢書·敍傳》《匈奴傳》以"武恕野"爲韻。

李　　尤《舟楫銘》：野可(50/11下)

趙　　壹《窮鳥賦》：野下者左我可墮火(82/9上)

這種分在兩部押韻的情形一直到魏晉還是如此，我們猜想在東漢的時候可能有兩種讀音。《廣韻》"野"字一音"承與切"，在語韻；一音"羊者切"，在馬韻，也許就是有這樣的分別。音墅代表古音，音冶代表今音，或者是讀書音和口語音的不同①。因此我們把它兼收在魚歌兩部。至於"車"字在西漢是魚部字，但是在東漢有的跟魚部字押韻，有的就跟歌部字押韻。跟魚部字押韻的，如：

崔　　駰《東巡頌》：騶徒車旟(旟，宵部字)(《後漢文》44/6下)

張　　衡《西京賦》：徒狐騟猵鼯輿車且(52/10上)

馬　　融《廣成頌》：爼衢廚車(18/12下)

桓帝時童謠：枯姑胡車胡　逋徒車(《漢詩》5/6下)

跟歌部字押韻的，如：

黄　　香《九宫賦》：車蛇(42/7上)

李　　尤《九曲歌》：斜車(《漢詩》2/11上)

張　　衡《西京賦》：甌車葩蛇(52/11上)

蔡　　邕《協和婚賦》：車跎華(69/3下)

古樂府《相逢行》：車家(《漢詩》4/4下)

古樂府《長安有狹斜行》：斜車家(《漢詩》4/4下)

古樂府《孤兒行》：芽瓜車家多(《漢詩》4/7上)

這種情形和"野"字一樣，我們想"車"字在當時也是有兩種讀音的。漢末劉熙《釋名·釋車》說："車古者曰車，聲如居，言行所以居人也；今曰車，聲近舍，車舍也，行者所處若居舍也。"這是一個很好的證明②。《廣韻》"車"字一音九魚切，在魚韻；一音尺遮切，在麻韻，東漢時期也許就有這種區別了。音居代表古音，音尺遮切代表今音，也就是讀書音和口語音的不同。文人押韻常常不拘一格，所以有分歧的現象，有時同一個人的作品也不完全一致，"車"字就是一個很好的例子，從東漢直到齊梁以下都是如此。但是民間的作品就不然了，從東漢直到齊梁都是按照口語音尺遮反來押韻的，在上面所舉古樂府的例子就是很

① 晉人有讀"野"音與的。《周禮·秋官·職方氏》"其澤藪曰大野"，《釋文》"野"如字，劉昌宗音與(《周禮音義》下十上)，徐邈以汝反。

② 《詩經·召南·何彼襛矣》，《釋文》引吳韋昭《辨釋名》："車古皆音尺奢反，後漢以來始有居音。"這種說法和劉熙不同。

清楚的證明。這一點是我們研究語言史和古典文學的人應當特別注意的。依照上面的討論，本書韻譜裏就把"車"字兼收在魚歌兩部了。

歌部，支部

歌部和支部在《詩》韻裏是分割很清楚的兩部。歌部包括以下幾類字：

歌　《廣韻》歌哿箇三韻字。

戈　《廣韻》戈果過三韻字。

支　《廣韻》支紙寘三韻的一部分，如爲奇皮宜離施池危，佗靡，嵩議等字。

麻　《廣韻》麻馬禡三韻的一部分，如麻加沙蛇嗟差，瓦，駕等字。

脂　《廣韻》至韻地字。

凡在諧聲上和"它咼爲皮可何哥离離也施危我義羲加多宜奇差麻靡虧麗羅罷化左禾垂吹沙瓦隋坐果蕊臥戈那"一類字有關係的都屬於歌部[1]。支部包括以下幾類字：

齊　《廣韻》齊薺霽三韻的一部分，如圭攜，帝鬄等字。

佳　《廣韻》佳蟹卦三韻字。

支　《廣韻》支紙寘三韻的一部分，如支枝提卑斯知篗，是氏，刺易等字。

凡在諧聲上和"支斯圭厲卑知虒氏是此只解束帝易厄奚兒規買"一類字有關係的都屬於支部[2]。

但是在晚周的時候歌部字已經有跟支部相通的例子，如《楚辭·九歌·少司命》"離知"爲韻，《老子·能爲》"離兒疵爲疵知"爲韻，《反朴》"雌谿谿離兒"爲韻，《莊子·在宥》"知離"爲韻，《韓非子·揚權》"地解"爲韻，《呂氏春秋·精諭》"疵知窺離"爲韻[3]，這些例子裏"離、地"兩個字都跟支部字通押。

到西漢時期歌支兩部相叶更爲普遍，幾乎支部的字都跟歌部字押韻。如：

平聲：

枚　乘《七發》：枝 離 谿（《漢文》20/5 上）

---

[1]　危聲段玉裁歸支部，此從江有誥、張惠言、朱駿聲。麗聲段玉裁、張惠言歸支部，此從江有誥、朱駿聲。案《詩》韻不見"麗"字，就漢人用韻情形來看，麗聲當屬歌部。

[2]　此聲段玉裁、王念孫歸脂部，此從孔廣森、江有誥。

[3]　此類韻例並見江有誥《音學十書·先秦韻讀》。"地"字《詩·小雅·斯干》跟"裼"字叶韻，"裼"也是支部字。

　　　司馬相如《子虚賦》:隄騰施鵝加池(《漢文》21/2 下) 崍陂波(21/4 上) 雞鸊
(21/5 下)

　　　中山王劉勝《文木賦》:崖枝雌啼儀知斯(12/6 下)

　　　東方朔《七諫·哀命》:知離(25/4 上)

　　　劉　向《九歎·愍命》:柴荷(35/7 上)

　　　楊　雄《蜀都賦》:峗倚崎施倚岈崒(51/1 下) 蛇鱺(51/2 上) 多梔蘺斯(51/2 下)

　　　楊　雄《甘泉賦》:施沙厓(51/5 下) 峨厓(51/6 上)

　　　楊　雄《羽獵賦》:池河崖陂(51/8 下) 碕螭蟻(51/9 上)

　　　楊　雄《光禄勳箴》:籬岐(54/5 下) 差鼙(54/5 下)

　上聲:

　　　司馬相如《子虚賦》:靡豸①(《漢文》21/4 上)

　　　王　褒《洞簫賦》:迤睨(42/2 上)

　　　楊　雄《解難》:此彼(53/4 上)

　去聲:

　　　司馬相如《子虚賦》:化義帝(21/6 上)

　　　楊　雄《博士箴》:化易(54/8 下)

以上"枝岐�雞隄厓崍此眦雌柴帝啼知斯鱺螭鼙豸睨易崒懈鸊"等字《詩》韻都
是屬於支部的,現在都跟歌部通押②。支部字單獨押韻的比較少,在韻文裏有下
面五個例子:

　　　劉　歆《遂初賦》:卑鞿(《漢文》40/2 上)

　　　王　褒《四子講德論》:帝智(42/8 下)

　　　劉　向《九歎·愍命》:嬖智(35/6 下)

　　　劉　向《高祖頌》:系帝(37/9 上)

　　　武帝太初中謠:鬵帝(《漢詩》5/5 上)

根據這些材料來看,西漢時期歌支兩部的讀音是很接近的,很像是併爲一部。
但是歌部字可以跟魚部字押韻,而支部字絶不跟魚部字押韻,足見歌支兩部還

---

① "豸"字段氏、朱氏都列在支部,江有誥列在脂部。案司馬相如《上林賦》云"陂池貏豸","貏豸"是疊韻
　詞,"貏"從卑得聲,"卑"是支部字,"豸"應當列在支部。還有古書所記獸名有叫"獬豸"的,"獬豸"也是
　疊韻詞。

② 歌支通押的例子在漢人的著作裏還有很多。例如:《淮南子·主術篇》叶"規離",楊雄《法言·淵騫》叶
　"規隨",《易林》乾之渙叶"隨罷雌",需之无妄叶"珪河",困之坎叶"河漄他",艮之大有叶"知頗",《素
　問》二十四之三叶"堤離"。

不能就做爲一部看待。所以我們還把它分爲兩部。

可是,到了東漢,歌部和支部有了新的變化。魚部的麻韻一系的字併到歌部裏來(見上文20頁),而歌部的支韻一系的字併入到支部裏去。這是一個很大的轉變。東漢的支部裏面包括《廣韻》支佳兩韻和齊韻從奚從是從兒從巂從圭從殹從帝從奎諸聲的字,而且《詩經》音屬於脂部的"爾"字"累"字和從爾從累得聲的字從東漢開始也轉入支部[①]。例如:

張　衡《西京賦》:馳彌卑(《後漢文》52/11上)

古　詩:綺爾被解此(《漢詩》3/8上)

班　固《幽通賦》:誼避累(《後漢文》24/10下)

這一點也和《詩經》音不同。

還有"蛇"字在語言上代表兩個語詞,一個是"龍蛇"的"蛇",一個是"委蛇"的"蛇",在西漢都屬於歌部。如:

劉　向《九歎·遠逝》:和虵鵝披(《漢文》35/4下)(佩蒼龍之蚴虬兮,帶隱虹之逶虵。)

楊　雄《反離騷》:蛇歌(52/6上)(既亡鸞車之幽藹兮,焉駕八龍之委蛇。)

這兩個"委蛇"的例子都和"龍蛇"的"蛇"韻類相同。可是到東漢就不同了。凡是"龍蛇"字都屬於歌部,"委蛇"字都屬於支部,分別畫然,無一例外。現在我們就同一個人的作品來做比較:

黄　香《九宫賦》:車蛇(《後漢文》42/7上)(左青龍而右觜觿,前七星而後騰蛇。)

黄　香《九宫賦》:池歷釵袿蛇奇(《後漢文》42/7上)(戴嵬岌而帶繚繞,曳陶匏以委蛇。)

張　衡《西京賦》:歌葭阿娥蛇(52/10下)(驚蜩蛃,憚蛟蛇。)

張　衡《西京賦》:颬車葩蛇(52/11上)(蟾蜍與龜,水人弄蛇。)

張　衡《西京賦》:差離羆篪蛇麾纚(52/10下)(女娥坐而長歌,聲清暢而蝼蛇。)

張　衡《南都賦》:螭艦蛇池陂涯(53/7下)(巨蚌函珠,駮瑕委蛇。)

這是很有趣味的現象。《廣韻》裏面"蛇"字有食遮反一音,在麻韻,訓"毒蟲",

① 西漢劉歆《甘泉宮賦》"梯依棲瀰泥"押韻(《漢文》40/3上),"瀰"在脂部。王褒《聖主得賢臣頌》"累指"押韻(《漢文》42/9下),"累"在脂部。

又有弋支切一音,在支韻,訓"蝛蛇",正是這種的區別①。既然文義不同,聲音也不同,所以本書就把它兼收在歌支兩部。

脂　部

《詩經》音脂部包括的字類很多,依照江有誥的分法有脂微皆三韻和咍灰齊支等韻的一部分:

　　　　脂夷微衣皆懷咍哀灰回齊妻支爾

相承的入聲韻有質術櫛物迄没屑七韻和黠韻的一部分:

　　　　質日術出櫛瑟物弗迄乞没忽屑血黠八

但是王念孫認爲這一部的去聲和入聲有一部分字在《詩經》裏是獨用的,應當分出來獨立成爲一部。包括從"至致疐壹質吉七日疾悉栗泰畢乙失八穴屑必宓血匹即節徹設"一類的字和"閟實逸一抑"等字。這一部只有去入,而無平上,王氏稱它爲至部②。他曾經把這種分法告訴江有誥,但是江有誥並没有聽從他的話,還是合爲一部。他答覆王念孫説③:

　　　　論古韻必以《詩》《易》《楚辭》爲宗。今此部於《詩》《易》似若可分,而《楚辭》分用者五章……合用者七章。……《楚辭》而外,則尤犬牙相錯,平側不分,其不能離析者一也。質術二部《詩》中與祭部去入合用十一章……亦無平側賓主之辨,其不能離析者二也。

我們看江有誥舉《楚辭》的例子來證明先秦以上脂至兩部不分,這話對《楚辭》來說是對的,對《詩經》來說就是錯的,因爲《楚辭》和《詩經》的時代不同。時代不同,聲音就不一定相同。如果專就《詩經》音來講,王念孫的説法是很正確的。不過從諧聲跟陰陽對轉的關係來看,脂部的平上聲也還可以分爲兩部。簡單說起來,脂皆兩類的開口和齊支是一部,脂皆兩類的合口和微灰咍是一部。前一部我們稱爲脂部,後一部我們可以稱爲微部。王念孫所分的至部應當是脂部的去聲和入聲。這一點在近人的著作裏已經考察得很清楚了(見上文10頁)。這樣在陰陽入對轉的關係上可以配合得很好:

---

① 不過在魏晉之間也有不守這種區別的。如魏文帝曹丕《臨渦賦》叶"渦波迤和柯華"(《三國文》4/2上),卞蘭《許昌宮賦》叶"峨蛇阿波華多"(《三國文》30/12),陸機《答賈謐詩》叶"峨和蛇華"(《晉詩》3/10下),蛇都是委蛇字,就都跟歌部字押韻。
② 王説見《經義述聞》卷三十一"古韻二十一部"條。又見《與江晉三書》《與丁若士書》。
③ 見江有誥《音學十書》卷首《復王石臞先生書》。

脂——質——真

微——術——文

現在我們把脂微兩部的字類寫出來。脂部字包括以下幾類：

脂　《廣韻》脂旨至三韻的一部分，如夷私咨尸脂耆伊眉尼遲葵，矢几美履旨視比水，利二四至次目季等字。

皆　《廣韻》皆駭怪三韻的一部分，如皆諧階，楷，屆等字。

齊　《廣韻》齊薺霽三韻的一部分，如泥犀妻迷，米弟體禮濟，細計戾惠詣瞖等字。

支　《廣韻》支紙寘三韻的一部分，如紕，爾邇灑等。

凡在諧聲上和"夷伊師私耆犀眉皆齊妻西尼稽氏比米次利几美矢死履兕旨弟豐葵示至致利二自四棄戾細計惠季貳"等字有關係的都屬於脂部。微部的字包括以下幾類：

微　《廣韻》微尾未三韻字。

脂　《廣韻》脂旨志三韻的一部分，如遺悲追誰綏繠唯，位肆冀器暨鼻，萃類遂等字。

咍　《廣韻》咍海代三韻的一部分，如開哀闓，愷，槩慨愛逮等字。

灰　《廣韻》灰賄隊三韻的一部分，如枚推崔雷回，罪餒，內退對配䐺昧等字。

皆　《廣韻》皆怪兩韻的一部分，如乖懷衰，壞喟等字。

支　《廣韻》支紙寘三韻的一部分，如委衰萎燬等字。

戈　《廣韻》戈果兩韻的蓑倭火等字。

凡在諧聲上和"衣希幾斤祈非飛肥妃微歸韋軍威委開哀枚追佳蓷雷衰鬼魏回畏乖褢豈尾畾罪毀火帥气既豙鼻畁類讆卒遂祟位費未貴卉胃尉叔隶愛肆冀退內隊配對"等字有關係的都屬於微部。

以上是但就諧聲來分的。在《詩經》裏雖然分別的不大嚴格，有時脂微通叶，但是兩部分用的例子還是佔多數，其間仍然有分野。在羣經《楚辭》裏也是如此。另外應當指出的一種現象，就是微部和歌部有時在一起押韻，但是脂部和歌部押韻的幾乎沒有。從這一點也可以看出它們之間的讀音多少是有區別的[1]。

---

[1]　例如：《易》艮六二叶"腓隨"，家人象傳叶"義謂"；《禮記·樂記》叶"和畏"，《月令》叶"味和氣"；《楚辭·九歌·東君》叶"雷蛇懷歸"，《遠遊》叶"妃歌夷蛇飛佪"。

　　可是到了兩漢時期脂微兩部除了上聲有一點兒分用的跡象以外,平去聲完全同用,沒有分別①。至於入聲,也是如此。江有誥不立至部固然和《詩經》不合,但是和兩漢的詩文是相合的。我們舉至部"至"字來看:

　　　　司馬相如《子虛賦》:刜至(《漢文》21/2 上)　隸至(21/3 下)

　　　　王　　襃《四子講德論》:至比(42/8 下)

　　　　馬　　融《樗蒲賦》:帥沸雄至潰悴(《後漢文》18/5 上)

這幾個例子裏"至"字都跟王氏脂部字通押②。

　　王氏所分脂至兩部的入聲質術兩部,漢代也是通用爲一類的,這在後面質部下再談,現在單舉去入通叶的例子來看:

　　　　王　　襃《洞簫賦》:愲惠棄肆遂昧黱失氣類頴貴(《漢文》42/2 上)

　　　　杜　　篤《論都賦》:渭類實溉遂(《後漢文》28/3 下)

　　　　張　　衡《東京賦》:戾洎質贄二(《後漢文》53/3 上)

　　　　禰　　衡《鸚鵡賦》:彎瑟類頴淚欷(《後漢文》87/2 上)

上列"失、實、質、瑟"等字都是王氏所分至部的入聲字,它們也跟王氏脂部的去聲字叶韻。由此可證江氏不分脂至兩部正跟漢代韻文相合。

　　我們再從陰陽對轉的關係來看,上面所說《詩經》音脂微兩部的陽聲韻真文兩部在兩漢時期也是合爲一部的,結果,陰陽入三聲的演變完全一致:

　　　　脂⎫　　　　　質⎫　　　　　真⎫
　　　　微⎭　　　　　術⎭　　　　　文⎭

這是值得注意的現象。

　　江有誥《諧聲表》內脂部有"火"字,"火"字在兩漢著作裏或跟脂部字押韻,或跟歌部字押韻,在韻文裏只見於東漢趙壹的《窮鳥賦》,叶"野下者左我可墮火","火"字已經讀入歌部,所以歸入歌部③。

---

①　上聲分用最顯著的是脂部的齊皆一類的上聲字,如"啓、第、禮、體、楷、濟"等。在西漢時期脂微兩部的平聲固然合用,但從別方面的材料來看還是微部字跟歌部合韻的多,而脂部就很少。譬如《易林》脂微平聲和歌部合韻的有二十三個例子,其中有十八個例子是微部字,五個例子是脂部字,就是很好的參考。

②　別方面的材料,像《太玄·格》叶"利至",《易林》師之臨叶"至利",損之蠱叶"驥至",也可以供參考。

③　從別的材料可以證明,"火"字從西漢就漸漸開始和歌部字叶韻。例如楊雄《太玄·成》叶"火禍","禍"是歌部字。《易林》裏"火"字有和本部字押韻的,例如:"火死"見乾之小過,"濟火"見需之大有,"火尾"見泰之旅;但是也有和歌部字押韻的,例如:"水火禍"見泰之履,"坐火禍"見大有之節,"火禍"見頤之旅。

祭　部

《詩經》韻類中祭部和脂部段氏《六書音均表》立爲一部，戴震、王念孫、江有誥都分爲兩部，這是很正確的。這一部沒有平聲字和上聲字。王念孫《古韻譜》裏所列的《詩經》韻字有去聲，又有入聲，去入兩聲是合寫在一起的。事實上去聲字獨用的例子很多，應當跟入聲分開。王氏最初受段玉裁的影響認爲古無去聲，等到晚年確定古有去聲以後，才把這一部的去聲稱之爲"祭"，這一部的入聲稱之爲"月"。

現在所定這一部專指去聲而言，其中包括以下幾類字：

泰　《廣韻》泰韻字。

夬　《廣韻》夬韻字。

祭　《廣韻》祭韻字。

廢　《廣韻》廢韻字。

怪　《廣韻》怪韻的一部分，如介界芥拜齂等字。

霽　《廣韻》霽韻的一部分，如契薊慧蠆等字。

凡在諧聲上和"大兊貝外會帶蠆厲賴祭蓋乂艾叡害介匃曷葛埶屬世曳列制折筮卪契市最寽夬昏歲喙彘發拜毳敝彗芮衛吠裔泰"等字有關係的都在這一部。兩漢韻文和《詩經》的字類完全相同。

2. 陽聲韻

蒸　部

蒸部《詩經》音包括以下幾類字：

登　《廣韻》登等嶝三韻字。

蒸　《廣韻》蒸拯證三韻字。

耕　《廣韻》耕耿諍三韻的一部分，如宏閎弸泓等字。

東　《廣韻》東韻弓雄夢等字。

凡在諧聲上和"登朋曾升滕弅朕興夌亙丞承徵兢厶厷冰馮乘仍再蠅曾夢弓雄"等字有關係的都在這一部。

西漢韻文大體和《詩經》相同，只有東韻的"雄"字在西漢末年已經開始轉變。楊雄《羽獵賦》叶"窮雄溶中"(《漢文》31/8下),"窮、中"都是冬部字,"溶"是東部字。又武帝時《紫宮謠》叶"雄宮","宮"也是冬部字①。但是同類的"弓"字和"夢"字還在本部,没有變動。例如枚乘《七發》叶"乘弓"(《漢文》20/6上),楊雄《甘泉賦》叶"繩夢"(《漢文》51/5上),"乘、繩"都是本部字,那麽"弓、夢"兩個字也應當歸在本部了②。可惜材料太少,不能做肯定的説明。

到了東漢時期"雄"字的部類表現得較爲清楚,班固《西都賦》以"雄陵中"爲韻③,邊讓《章華臺賦》以"終風中雄隆"爲韻,足證"雄"字已轉入冬部。至於"弓、夢"二字,詩文中没有用作韻脚的,只有從弓得聲的"穹"字見於崔瑗《和帝誄》,跟"宮、窮"押韻。據此推想"弓"字恐怕也同樣轉到冬部去了。因爲冬蒸兩部聲音相近,"雄"字既然有了轉變,"弓、夢"兩個字也可能同樣有轉變。

東部,冬部

《詩經》韻類東冬分爲兩部是孔廣森的發現。段玉裁、江有誥對於他這種創見都很佩服,王念孫晚年也把東冬分立爲兩部,足見各家的意見是一致的。孔廣森在《詩聲類》裏説:

> 《唐韻》平聲一東三鍾四江,上聲一董二腫三講,去聲一送三用四絳,古音合爲一部。其偏傍見《詩》者有從東從同從丰從充從公從工從冡從囪從众從龍從容從用從封從凶從邕從共從送從雙從尨十有九類④。

> 《唐韻》平聲二冬,上聲二腫之半,去聲二宋,古音合爲一部。其偏傍見《詩》者有從冬從衆從宗從中從蟲從戎從宮從農從夅從宋十類⑤。

他又説:

> 東爲侯之陽聲,冬爲幽之陽聲。今人之溷冬於東,猶其併侯於幽也。

---

① "雄"字在西漢初期(公元120年以前)還是有跟本部字押韻的。例如《淮南子·覽冥篇》"陵雄"爲韻,《兵略篇》"應雄應勝"爲韻,都是很清楚的例證。但是到了西漢末年就有了轉變。楊雄《羽獵賦》以"窮雄溶中"爲韻,《法言·淵騫篇》以"容工農逢雄"爲韻,"雄"字兩用,都不在本部。西漢末年《易林》裏"雄"字或叶侵,或叶東,或叶陽。如謙之需叶"林雄",蠱之无咎叶"吟雄",兑之節叶"瘠雄",這是叶侵的;需之離叶"雄東",大壯之睽叶"公雄",節之夬叶"雄公",這是叶東的(《易林》東冬不分);咸之坎、晉之噬嗑並叶"强雄",這是叶陽的。

② "弓"字在《呂覽·本生》叶"中"。這是一個很早的變動。"夢"字《淮南子·覽冥篇》叶"萌騰"二字,《繆稱篇》叶"應"字,仍在本部。

③ 班固《漢書·酷吏傳》"雄中"爲韻。

④ 見《詩聲類》卷四,1頁。

⑤ 見《詩聲類》卷五,1頁。

蒸侵又之宵之陽聲。故幽宵之三部同條,冬侵蒸三音共貫也①。

江有誥説:

東每與陽通,冬每與蒸侵合,此東冬之界限也②。

根據他們的説法來看兩漢的韻文也是完全相合的。兩漢的韻文裏儘管有一些東冬相押的例子,但是兩部分用的現象十分顯著。例如司馬相如的韻文裏只見冬部字互相叶韻,而没有東部字,蔡邕作品很多,只見東部字互相叶韻,而没有冬部字,張衡的作品裏兩部字都有,而且很多,可是東冬合韻的只有兩個例子。這都是值得我們注意的。再從這兩部跟其他部分合韻的情形來看,東部跟陽部叶韻的很多③,冬部跟蒸部侵部叶韻的也很多,但是冬部很少跟陽部通押,東部很少跟蒸部侵部通押,這是很大的區別,跟江有誥所説的完全一致。所以我們把東冬分爲兩部。東部包括下列三類字:

　　東　《廣韻》東董送三類字的一部分,如東同公工蒙,動總,送控等字。

　　鍾　《廣韻》鍾腫用三韻字。

　　江　《廣韻》江講絳三韻字的一部分,如厖邦雙巷等字。

凡在諧聲上和"東重同丰奉夅逢充公工巩空冢肉恩从龍童容用甬庸封凶匃兇夒邕雍共送雙尨庬冡蒙豐茸"有關係的字以及"叢春嵩孔竦宂弄巷"等字都屬於東部。

　　冬部包括以下三類字:

　　冬　《廣韻》冬宋兩韻字。

　　東　《廣韻》東送兩韻的一部分,如中沖蟲終崇戎躬宫融濃等字。

　　江　《廣韻》江絳兩韻的一部分,如降字。

凡在諧聲上和"中躬宫蟲冬夅降隆農宋戎宗衆"等字有關係的都在冬部。《廣韻》東部"雄"字《詩經》音屬蒸部,東漢時期轉入冬部。

陽　部

《詩經》音陽部包括以下三類字:

　　陽　《廣韻》陽養漾三韻字。

　　唐　《廣韻》唐蕩宕三韻字。

①　見《詩聲類》卷五,5頁。

②　見江氏《音學十書》卷首《復王石臞先生書》。

③　《淮南子》和《易林》東陽合韻的例子特别多。

庚　《廣韻》庚梗敬三韻的一部分,如京明兄英兵庚行卿横彭盟衡亨,永景丙梗,更競泳等字。

凡在諧聲上和"王行衡坐网岡黄易兄永方旁皇亢兵光京羊羕襄庚康唐鄉卿上置强兄桑爽沘彭央昌明兩倉相亯向尚象皿孟卬丙更慶亡巟喪長良量章商羹競香鬯望"一類字有關係的都在這一部。

　　西漢韻文本部字都在一起押韻,是和《詩經》一樣的。惟有庚韻一類字,像"京明行兄"等字偶爾和耕部字押韻。到了東漢,這一類字大半都轉入耕部,惟有"行"字或跟本部叶,或跟耕部叶[1],没有一定的屬類,只可兩部兼收。這種轉變正是東漢音和西漢音不同的一點。不過在東漢一個時期內也還有少數用陽唐韻字和這一類庚韻字在一起通押的例子,甚至於同一個人的作品有時這樣押,有時那樣押,没有一定[2],這正代表轉變時期不規律的現象。等到三國以後這種現象就很少了。

耕　部

　　這一部《詩經》音包括四類字:

青　《廣韻》青迥徑三韻字。

清　《廣韻》清靜勁三韻字。

庚　《廣韻》庚梗敬三韻的一部分[3],如平鳴生甥驚鎣,敬等字。

耕　《廣韻》耕韻的一部分,如丁嚶爭等字。

凡是在諧聲上和"丁成亭正生令盈鳴殸壬廷呈熒青鼎名平寧嬰粵敬冥爭幵并頃貞霝巠井耿同幸晶省夐贏"一類字有關係的都屬於這一部。

　　西漢的韻文這一些字全在一起押韻,和《詩經》相同。到東漢時期陽部庚韻一類的字都轉到本部來,就和《詩經》不同了。

真　部

　　《廣韻》真諄臻文殷魂痕幾韻《詩經》音分爲真文兩部,這是段玉裁的創見,王念孫、江有誥都認爲他的見解是正確的。《詩經》音真部包括下列幾類字:

先　《廣韻》先銑霰三韻的一部分,如天千西年堅賢顛淵玄,電甸等字。

真　《廣韻》真軫震三韻的一部分,如人仁臣申神身信新因賓陳鄰頻,盡引,進訊慎等字。

臻　《廣韻》臻韻的一部分,如蓁榛莘等字。

諄　《廣韻》諄準稕三韻的一部分,如旬均詢鈞,閏等字。

凡在諧聲上和“天田千因人臣身真秦民凡粦頻寅賓囟旬辛新申勻閻進臤玄引印閵”一類字有關係的都屬於真部。至於文部則包括的字類較多:

痕　《廣韻》痕很恨三韻字。

魂　《廣韻》魂混慁三韻字。

殷　《廣韻》殷隱焮三韻字。

文　《廣韻》文吻問三韻字。

真　《廣韻》真軫震三韻的一部分,如辰巾塵貧困,畛忍閔閥,胤吝等字。

諄　《廣韻》諄準稕三韻的一部分,如春屯倫純淳循,準,順等字。

臻　《廣韻》臻韻詵侁等字。

先　《廣韻》先銑霰三韻的一部分,如先典殄甈犬殿荐等字。

山　《廣韻》山襉兩韻的一部分,如艱鰥盼等字。

仙　《廣韻》仙韻的川字,穿字。

凡在諧聲上和“先辰困屯春門殷分艮尊昏孫西垔免奔賁君員粦昆辜川云存巾侖董文軍斤刃典丏熏盾豚參舜寸曑塵殿本允胤坤穿順”等字有關係的都屬於文部。

這兩部的分別在《詩經》裏是比較嚴格的,真與耕近,文與元近,這是最顯著的界畫[1]。但是在《楚辭》和晚周諸子裏這兩部通用的例子就多起來了。例如:

《楚辭》　分陳(天問)　真墳(天問)　鰥親(天問)　天問鄰(遠遊)

《老子》　玄玄門(體道)　川鄰(顯德)

《莊子》　身存(至樂)　分神(達生)　存神根天(知北遊)　川天(列御寇)

《管子》　神門(形勢)　神門(權脩)　靭神(制分)　先信(勢)　神存(內業)

《荀子》　天年神魂(致士)　先信(天論)　先門信分(天論)　陳銀門分(成相)　存陳(賦篇)　神雲(賦篇)　神文分存鄰(賦篇)

《韓非子》　根鄰存(初見秦)　君臣(揚權)

---

① 見段氏《六書音均表》三《古十七部合用類分表》。江有誥《音學十書》卷首《復王石臞先生書》也說:“真與耕通用爲多,文與元合用較廣,此真文之界限也。”

這些都是真文通叶的例子。到了兩漢時期這兩部就變得完全合用了,這和陰聲韻脂微合爲一部是相應的。

這一部在兩漢和元部通押的例子也非常之多,所以段玉裁說漢以後用韻過寬,真文元三部合用①。這話本來不十分錯,可是細心考查起來,漢人用韻真文合爲一部,但是真文與元並沒有完全混爲一部。我們看到下面幾種事實:

(1)真部和元部都有很多獨自押韻的例子;

(2)真部字和耕部字押韻②,元部字很少單獨和耕部字押韻;

(3)真部字有時和侵部字押韻,元部字沒有這種情形;

(4)真部字和元部字押韻大半都是平聲字,上聲和去聲極少;

(5)真部字和元部字押韻,其中的元部字大半是《廣韻》元韻山韻仙韻先韻的字,尤其是元山兩韻字特別多。但是寒桓兩韻字最少。

從這種事實我們可以知道真元兩部是有界畫的。真元兩部的聲音可能是有相近的地方,但是並非元部全體的字和真部音都相近,其中也有程度上的不同,所以元部元山仙等韻和真部通叶的例子較多。段玉裁的話是很籠統的,根據分析的結果我們仍然要把真元分爲兩部才對,這無形中倒跟江永、戴震分真諄臻文殷元魂痕寒桓删山先仙十四韻爲兩部的說法相合了。根據古人韻文分析韻部本來是很煩難的事情,戴震曾經說:

　　　　審音本一類,而古人之文偶有相涉,有不相涉,不得舍其相涉者而以不相涉爲斷;審音非一類,而古人之文偶有相涉,始可以五方之音不同斷爲合韻③。

這誠然是名言。但是戴氏過於側重《切韻》的韻序,反與《詩》韻不合。所以論《詩經》音當宗段說,論兩漢音則不能但以"用韻過寬"一句話輕輕放下就算完事。江永也曾經說過:

　　　　漢魏以後樂府詩歌,兩部(真元)紛然雜用者甚多,自《楚辭》濫觴之源既流後,則茫無厓畔矣④。

這與實際的情形並不相合。于海晏在編定韻譜的時候,這兩部也分立,不過他在《韻部沿革總叙》裏說:

----

① 見《六書音均表》一《第十二部第十三部第十四部分用說》。

② 《淮南子》《易林》裏這類的例子最多。

③ 見《答段若膺論韻書》。

④ 見《古韻標準》卷一平聲第四部55頁。

　　兩漢三國元寒桓删山仙與真諄臻文欣魂痕疆界靡漫,區處特難,段氏論"漢以後用韻過寬,三部合用",實亦有見於此。然探其導源之異,衍其支流之遠,仍存其分立之勢,以覘其泛濫之一斑。

我們認爲真元兩部分不分要看押韻的實際情況來定。真元兩部在兩漢韻文裏並非漫無疆界,所以不能不分,倒不是有意"存其分立之勢"。

元　部

　　《詩經》音元部包括以下的字類:

　　寒　《廣韻》寒旱翰三韻字。

　　桓　《廣韻》桓緩換三韻字。

　　删　《廣韻》删潸諫三韻字。

　　山　《廣韻》山產襉三韻的一部分,如山間簡幻等字。

　　元　《廣韻》元阮願三韻字。

　　仙　《廣韻》仙獮線三韻。

　　先　《廣韻》先銑霰三韻的一部分,如肩燕涓霰見宴等字。

凡在諧聲上和"元原爰冤夗宛叩單童番樊絲反婉萬曼執乾虜憲建寒雁彦產安晏侃干旱難奴戔贊散丹旦看丸萑莧免官冊釁算爨象斷屵段般半扶盬款卯删姦鮮山閒柬卷宦班閑幻泉全旋亘塵專袁裏展奐報善然扇扁雋矞罋次延焉凸衍畵連邊面辡便弁虔緜件肩見肙燕"一類字有關係的都屬於這一部[1]。

　　兩漢的韻文這一部和《詩經》是相同的。

談部,侵部

　　《廣韻》侵覃談鹽添咸銜嚴凡九韻,《詩經》音分爲侵談兩部。侵部包括以下幾類字:

　　覃　《廣韻》覃感勘三韻字。

　　侵　《廣韻》侵寑沁三韻字。

　　咸　《廣韻》咸豏陷三韻的一部分,如咸陷等字。

　　凡　《廣韻》凡范梵三韻字。

　　談　《廣韻》談韻三字。

---

[1]　"扁"字段玉裁《六書音均表》列在真部,但兩漢韻文中如"篇翩編徧"等字皆與元部字相押,故列入元部。

東　《廣韻》東韻風字。

凡在諧聲上和"心壬𡈼林今金念㝢冘南咸覃凡男彡尋音兓朁侵突錦三甚品稟審參琴森"等字有關係的都屬於侵部。談部包括以下幾類字：

添　《廣韻》添忝㮇三韻字。

談　《廣韻》談敢闞三韻字。

嚴　《廣韻》嚴儼釅三韻字。

鹽　《廣韻》鹽琰豔三韻字。

銜　《廣韻》銜檻鑑三韻字。

咸　《廣韻》咸豏陷三韻的一部分，如讒斬監等字。

凡在諧聲上和"炎甘兼詹𢦏猒函臽弇僉甛芟閃冉敢嚴广斬奄染欠占毚"等字有關係的都屬於談部[①]。

兩漢韻文中用談部字做韻脚的很少，平聲只有一個"讒"字，另外有幾個上去聲的字。侵部用作韻脚的雖多，但是不見去聲字，上聲字也很少。從分部上來説，這兩部的分别還是和《詩經》一樣的。

3. 入聲韻

職　部

《詩經》音職部包括以下幾類字：

德　《廣韻》德韻字。

職　《廣韻》職韻字。

屋　《廣韻》屋韻的一部分，如服牧伏福彧等字。

麥　《廣韻》麥韻的一部分，如麥革馘等字。

凡在諧聲上和"北式畐異食戠仄陟直嗇畟息意弋式匿亟棘或國德則賊革彧力黑色塞艮克麥导伏牧墨"一類字有關係的都屬於這一部。

兩漢的韻文本部字都在一起押韻，和《詩經》音的部類一樣。

屋部，沃部

《廣韻》屋沃燭覺四韻《詩經》音分爲屋沃兩部。屋爲侯部入聲，與東部對

① "占毚"兩個字歸在談部從江有誥説。

轉;沃爲幽部入聲,與冬部對轉。這已經成爲定論了①。沃部王念孫稱爲毒部,
因爲"沃"字從夭得聲,歸在宵部,和幽部不相應,所以選用本部的"毒"字做標
目。現在爲了容易瞭解,仍用沃部的名字。

《詩經》音屋部包括三類字:

屋　《廣韻》屋韻的一部分,如屋谷木卜鹿族沐獨讀穀僕楸等字。

燭　《廣韻》燭韻字。

覺　《廣韻》覺韻的一部分,如角濁渥椓岳嶽捉剝等字。

凡在諧聲上和"谷角族屋獄哭足束敕賣辱曲玉殼蜀木彔粟業豕卜支局鹿禿"一
類字有關係的都屬於屋部。《詩經》音的沃部包括四類字:

沃　《廣韻》沃韻字。

屋　《廣韻》屋韻的一部分,如六陸復腹軸逐匊淑育祝畜蹙燠蕭夙宿穆
　　等字。

覺　《廣韻》覺韻的一部分,如學覺等字。

錫　《廣韻》錫韻的一部分,如戚迪寂等字。

凡在諧聲上和"六夵蕭叔戚畜祝匊學竹復肉告育毒夙倜奧逐孰穆目"一類字有
關係的都屬於沃部。

在兩漢韻文裏這兩部字仍然分用,和《詩經》相同。

藥　部

藥部就是宵部的入聲。《詩經》中宵部入聲字有跟平聲去聲字在一起押韻
的,所以段氏《六書音均表》沒有把入聲字分列出來②。但是實際上入聲和平上
去三聲並非毫無界限,王念孫別立藥部一目完全是對的。藥部就江有誥所舉,
包括以下幾類:

鐸　《廣韻》鐸韻的一部分,如樂鑿鶴等字。

藥　《廣韻》藥韻的一部分,如藥籥躍綽虐削爵等字。

沃　《廣韻》沃韻的一部分,如沃熇等字。

---

① 《廣韻》屋沃燭覺四韻段玉裁《六書音均表》統列爲幽部入聲,王念孫首先發現其中有的字應當屬於侯部,
見《經義述聞》三十一《與李方伯論古韻書》。後來孔廣森做《詩聲類》也把屋沃燭覺四韻分爲兩類,一承
幽,一承侯;孔氏又分東冬爲兩部,與侯幽對轉,比王氏所定更爲精密。

② 段氏不但遷就一二例外而且株守諧聲,所以不肯分列入聲爲一類。只重考古,不重審音,所以生出這種
毛病。段氏《答江晉三論韻書》極言宵部古音無入,未免強辭奪理。

覺　《廣韻》覺韻的一部分,如較駁藐濯等字。

錫　《廣韻》錫韻的一部分,如翟的溺櫟激等字。

凡在諧聲上和"樂暴夭卓龠翟爵交虐高繫勺崔弱敫雀"一類字有關係的都屬於這一部。

兩漢韻文裏這一部的字完全獨用,只是沒有看到沃韻字而已。

鐸　部

《詩經》音鐸部包括下面幾類字:

鐸　《廣韻》鐸韻字。

藥　《廣韻》藥韻的一部分,如著略若掠却嚯縛矍等字。

陌　《廣韻》陌韻字,如白伯柏柞逆客格宅澤赫索虢等字。

昔　《廣韻》昔韻字一部分,如石尺席昔炙亦奕繹舄夕籍等字。

麥　《廣韻》麥韻獲字。

凡在諧聲上和"各洛石夕乍庶席隻夔舄若虡屰罢谷槀昔毛戟炙白霍尺百赤赫咢壑㝈霋專亦索虢夔"一類字有關係的都屬於這一部。

兩漢韻文這一部和《詩經》相同。

錫　部

《詩經》音錫部包括三類字:

錫　《廣韻》錫韻的一部分,如歷析錫狄擊績剔鬲鷊等字。

昔　《廣韻》昔韻的一部分,如易益辟壁脊迹積碧適等字。

麥　《廣韻》麥韻的一部分,如責厄摘脈策册劃隔等字。

凡在諧聲上和"易益析束責商辟鬲脊狄厄昊亦厤役册毄畫鬩辰"一類字有關係的都屬於這一部。

兩漢韻文這一部也和《詩經》相同。

質　部

《廣韻》質術櫛物迄沒屑七韻《詩經》音分爲質術兩部。質部和脂部相承[1],術部和微部相承。質部包括以下幾類字:

---

[1]　質部和脂部相承,從諧聲上來看,至:室,壹:懿,必:毖,閟,癸:闋:騤,自:替,這些都是很明顯的例證。"疾"字疑從矢矢亦聲。

屑　《廣韻》屑韻的一部分,如結血節鐵。

質　《廣韻》質韻字。

術　《廣韻》術韻恤潏遹等字。

櫛　《廣韻》櫛韻字。

黠　《廣韻》黠韻的一部分,如八黠劼等字。

職　《廣韻》職韻的即抑二字。

凡在諧聲上和“至質日一乙失匹七桼吉壹栗畢必宓瑟悉疾實逸抑八穴屑即戌血設徹別疐閉”一類字有關係的都屬於質部①。術部包括以下幾類字:

没　《廣韻》没韻字。

術　《廣韻》術韻字。

質　《廣韻》質韻筆弼二字。

迄　《廣韻》迄韻字。

物　《廣韻》物韻字。

凡在諧聲上和“出卒内尣勿弗聿叟矞骨屈突率兀乞孛曰鬱”一類字有關係的都屬於術部。

質術兩部的分別在《詩經》裏是很嚴格的,晚周諸子裏雖然偶有通叶,如《管子·心術下》“失物”爲韻,《荀子·天論篇》“物失”爲韻,但是還不很多。到了兩漢的時期就不同了,這兩部完全合用,没有分別②。

月　部

月部是王念孫立的名稱,就是祭部的入聲,戴震稱爲遏部。這一部《詩經》音包括以下幾類字:

曷　《廣韻》曷韻字。

末　《廣韻》末韻字。

鎋　《廣韻》鎋韻字。

黠　《廣韻》黠韻的一部分,如拔札察戞忦殺等字。

月　《廣韻》月韻字。

薛　《廣韻》薛韻字。

屑　《廣韻》屑韻截楔齧蔑絜等字。

---

① 王念孫所定至部内尚有“設徹別”三字,漢代“設別”二字歸入月部。

② 惟有《史記》和《淮南子》分别很嚴。

凡在諧聲上和"曷達末昏發兌友叕月伐戉舌列桀雪威辥執害介欮厥粵孑刺奪折櫱刷絕劣歲寽劋辥祭臬戌首乙罰"一類字有關係的都屬於這一部。

　　兩漢韻文這一部和《詩經》音相同。

盍部，緝部

　　《廣韻》入聲緝合盍葉怗洽狎業乏九韻《詩經》音分爲盍緝兩部。盍部包括以下幾類字：

　　　盍　《廣韻》盍韻字。
　　　葉　《廣韻》葉韻字。
　　　怗　《廣韻》怗韻的一部分，如協挾褋鞢等字。
　　　業　《廣韻》業韻字。
　　　狎　《廣韻》狎韻字。
　　　洽　《廣韻》洽韻的一部分，如夾插霎箑等字。
　　　乏　《廣韻》乏韻字。

凡在諧聲上和"盍枼聑疌聶疌妾巤涉業曄甲劫法夾舌帀乏劦"一類字有關係的都屬於盍部。緝部包括以下幾類字：

　　　合　《廣韻》合韻字。
　　　緝　《廣韻》緝韻字。
　　　洽　《廣韻》洽韻的一部分，如洽恰袷等字。
　　　怗　《廣韻》怗韻的一部分，如墊墊等字。

凡在諧聲上和"合隰沓眔龖譶立邑入集十習及急咠戢廿執溼"一類字有關係的都屬於緝部。

　　在兩漢韻文裏這兩部的分別還是很清楚的，盍部的韻字雖然不多，但是大類都和《詩經》一樣。

四、兩漢韻部之間通押的關係

前一章已經把兩漢韻部的分類做了概括的説明,那是根據全部韻文的材料分析綜合的結果,每一部押韻的例子都在後面的《兩漢詩文韻譜》裏寫出來了。分部是按照大多數的材料所表現出來的最大的共同性來確定的,不過古人押韻的情形很複雜,就現在的分部來説,不同部的字在一起押韻的例子還很多,這可能是由於作者的方音本爲一部,所以在一起押韻,也可能是因爲作者在押韻上很難做到不超出同一部的範圍,隨着文意,只要兩部字音相近也就在一起通押,推想這兩種情況可能都有。但不論屬於哪一種情況,凡在一起通押的聲音必然相近,聲音不相近的也絶不會在一起相押。這種異部通押的例子,在後面的《韻譜》裏都與本部字相押的例子分開來寫,統稱爲"合韻"①。

《韻譜》中"合韻"的材料很重要。根據這種材料,一方面可以瞭解各部之間聲音的遠近,凡是兩部字通押較多的,聲音一定相近,凡是很少在一起相押的,聲音一定相差較遠;另外一方面還可以進一步從通押的關係上推測各部的讀音。所以把"合韻"的材料單提出來加以考查和説明是有必要的。現在把兩漢分爲兩個時期來講:

1. 西漢時期

爲了便於瞭解起見,我們可以根據《韻譜》中的合韻材料把西漢時期各韻部通押的關係列爲下表(見 42 頁)。

從這幾個表裏已經可以看出各部之間通押的關係②,但還須要做一些細緻的説明。

就陰聲韻來看,之幽宵魚歌支脂祭八部在通押的關係上顯然可以分爲兩組:之幽宵魚爲一組,歌支脂祭爲一組。前一組之與幽、幽與宵通押的例子比較

---

① "合韻"的名字創於段玉裁。
② 表內所列只是兩部通押的例子,三部或三部以上通押的例子不在內。

多一些,魚部跟之幽宵三部也都有一些通押的例子,所以爲一組。其中之幽兩部通押的字,之部多半是之韻和尤韻的字,幽部多半是尤韻字。

a. 陰聲韻部[①]

	之	幽	宵	魚	歌	支	脂	祭	職	藥	鐸	屋	錫	質	月	真
之		8		2			2		2							
幽	4		15	6												
宵		3		2							1					
魚	3	5	5		1						8	4				
歌			9			15	10									
支				8			3						1			
脂	8			18	6			3						1		2
祭				2		12									3	

b. 陽聲韻部

	蒸	冬	東	陽	耕	真	元	談	侵	幽
蒸		1		1					3	
冬			3	1					1	
東		11		1					1	1
陽	1	1	10		5				1	
耕	3			8		7				
真				4			39	1	2	
元						12				
談			1						1	
侵			1				1	1		

---

① 這個表要横着看,表中的數字代表合韻譜中所列通押例子的數目。例如之部合韻譜裏之幽合韻的有 8 個例子,之魚合韻的有 2 個例子,之脂合韻的有 2 個例子,之職合韻的有 2 個例子,所以第一行就有 8,2,2,2 幾個數字。這種列法是與合韻譜相對照的。假如我們要知道之幽合韻和幽之合韻一共的數目,只要把第一行"之"跟"幽"相對的 8 加上第二行"幽"跟"之"相對的 4 就是總數,那就是 12。以下各表都一樣。

c. 入聲韻部

	職	沃	藥	屋	鐸	錫	質	月	盍	緝	魚	祭	真
職		2		2	2	2				5			
沃	2												
藥	1	1											
屋	2	6	2						1				
鐸			4	4							1		
錫													
質	1							8	1			3	1
月							1					3	
盍													
緝	1						2		2			1	

例如：

　　賈　　誼《鵩鳥賦》：浮休舟浮憂疑(《漢文》15/3 上)

　　東方朔《七諫·哀命》：憂尤(《漢文》25/4 上)

　　王　　褒《四子講德論》：獸茂母(《漢文》42/8 下)

　　楊　　雄《甘泉賦》：芝虬(《漢文》51/4 上)

　　楊　　雄《揚州箴》：謀籌(《漢文》54/2 下)

足見這兩部的之尤兩韻的字讀音最相近。幽宵兩部通押主要是蜀人，如司馬相如、王褒、楊雄等人的文章裏都有這種例子。宵部字跟幽部字通押的主要是宵韻字。在這一組裏，之與宵兩部沒有通押的例子。魚部與之幽宵三部通押的例子當中，魚部很少有麻韻的字在內，只是在司馬相如的韻文裏有兩個例子有麻韻字。如：

　　司馬相如《上林賦》：閒陽(《漢文》21/4 上)

　　司馬相如《子虛賦》：邪呆諸(《漢文》21/3 上)

由此可見魚部的麻韻字跟魚部的其他類字讀音有一些不同。魚部的麻韻字有一些跟歌部字在一起押韻，例如：

　　司馬相如《子虛賦》：池移華沙(《漢文》21/1 下)歌和波遮歌(21/5 下)

　　東方朔《誡子》：華和多蛇化家(《漢文》25/12 上)

　　王　　褒《僮約》：蹉鵝茶荷(《漢文》42/12 上)臥罵(同前)

楊　　雄《逐貧賦》:退加砂家羅呵何(《漢文》52/4 上)

韋　　孟《諷諫詩》:過霸(《漢詩》2/2 上)

但魚部其他幾類字,如"徒都居輿"等,就絕不與歌部字相押。這些與歌部相押的麻韻字也只限於平聲字和去聲字,上聲字未見。

　　陰聲韻第二組歌支脂祭四部,支祭兩部完全沒有通押的例子,可知這兩部的讀音相去較遠。歌支兩部通押很多,這在前面已經說過了。歌支通押中在字類上也有一些分別。歌部跟支部支韻一系押韻的字大體都是歌部的支韻字,歌部跟支部佳韻一系押韻的字大體都是歌部的歌韻字和麻韻字[①]。這裏就表現出歌部的支韻字和歌部的歌麻兩韻字有分別,同時也表現出支部的支韻字和支部的佳韻字有分別。歌部的支韻字既然跟歌部的歌麻兩韻字有分別,到東漢時期歌部的支韻字就都轉到支部去了。

　　歌部除了跟支部字有通押的例子以外,歌部字還有跟脂部字押韻的例子。歌脂押韻在《楚辭》《莊子》《荀子》裏已經有這種現象。例如:

《楚辭·九歌·東君》:雷蛇(委蛇)懷歸

《莊子·山木篇》:離毀挫議虧("合則離"五句)

《莊子·漁父篇》:哀威和(故強哭者雖悲不哀)

《荀子·成相篇》:罷私施移(曷謂罷五句)儀爲移師(君法儀五句)

在西漢韻文裏歌脂兩部相押是比較常見的一種現象。司馬相如、東方朔、王褒、劉向、楊雄等人的作品裏都有這種例子。例如:

司馬相如《子虛賦》:離夷莎(《漢文》21/4 上)危坻(同前)

司馬相如《大人賦》:馳離離魁(《漢文》21/7 下)夷師危歸(同前)

司馬相如《封禪文》:哀危祇遺(《漢文》22/8 上)

王　　褒《甘泉宮賦》:靡巍(《漢文》42/11 上)

王　　褒《青鬚髯奴辭》:眉姿脂綏垂(《漢文》42/12 下)

劉　　向《九歎·惜賢》:斐峨蠡嵯(《漢文》35/5 上)

劉　　向《九歎·憂苦》:離哀(《漢文》35/6 下)

劉　　向《九歎·遠遊》:逶巍(《漢文》35/8 上)馳指(同前)

楊　　雄《甘泉賦》:威危馳回葰蛇妃眉資(《漢文》51/5 下)

楊　　雄《酒賦》:眉危懷徽輴泥夷(《漢文》52/5 上)

---

① 　參看前面已經舉過的例子。

楊　　雄《解嘲》:隨奇隤爲(《漢文》53/3下)

從這些例子裏我們可以看出一件事實,就是歌脂通押中的歌部字差不多都是支韻字。由此我們更可以瞭解:歌部支韻字與支部支韻字以及脂部字聲音都比較接近。

　　脂部除與歌部支韻字通押外,也有一些與支部字及之部字通押的例子。脂部去聲字跟祭部通押的例子較多。這種與祭部通押的脂部字幾乎都是屬於《詩經》音微部的字,如"慨濞碎墜潰涙惠遂位氣隊內憒喟醉崇戾位"等等。這些字一定跟祭部字讀音比較接近。例如:

賈　　誼《旱雲賦》:慨濞碎墜戾潰逝穢焆憒害涙惠遂位氣敗(《漢文》15/1上)

韋　　孟《諷諫詩》:衛墜(《漢詩》2/1下)

司馬相如《子虛賦》:枻蓋貝籟喝沸會礚外燧隊裔(《漢文》21/2下)

東方朔《旱頌》:憒害(《漢文》25/11下)

劉　　向《九歎·愍命》:喟儕(《漢文》35/7上)

楊　　雄《羽獵賦》:內外(《漢文》51/7下)

楊　　雄《雍州箴》:戾沛(《漢文》54/3下)

這裏字下加點的都是祭部字。從這些例子我們就可以完全瞭解脂祭之間的關係。脂部去聲字中如"至利自次二器計繼"等字是不跟祭部字押韻的。歌支脂祭四部中祭部跟歌支兩部關係比較疏遠。祭部跟歌部押韻的只有兩個例子。

　　陰聲韻各部通押的關係大體如此。《韻譜》裏陰聲韻一部分按照之、幽、宵、魚、歌、支、脂、祭的次序排列,就是根據這種通押的關係來確定的。

　　陰聲韻跟入聲字押韻的例子並不很多。之、宵、魚、支、脂、祭幾部去聲字都有跟入聲字押韻的例子,其中只有魚部、祭部跟入聲押韻的例子稍多一些。在《詩經》音裏魚與侯是分用的,到西漢時期,魚侯合用極其普遍,所以我們把魚侯合爲一部。但入聲鐸屋兩部並不相混,所以仍然分爲兩部。魚本與鐸相承,侯本與屋相承,現在把魚侯合爲一部,這樣在陰入相承的關係上就顯得不很整齊了。如果我們從魚侯與入聲鐸屋的押韻情形來看,也可以瞭解魚侯的確關係很密。例如:

司馬相如《子虛賦》:堊坿(《漢文》21/1下,字下加點的是入聲字,堊鐸部字)

王　　褒《四子講德論》:射鏃處騖欲拊兔仆寇(《漢文》42/9上,鏃欲屋部字)

王　　褒《僮約》:穫芋轑(《漢文》42/12上,穫鐸部字)

楊　　雄《羽獵賦》:與隃觸玃遽注怖胆玃聚(《漢文》51/8下,觸屋部字,玃玃鐸部字)

　　　　楊　　雄《解難》：鼓斷後睹(《漢文》53/4下,斷屋部字)

這表明魚部去聲字也可以跟屋部字相押,侯部去聲字也可以跟鐸部字相押。足見魚部侯部是可以合爲一部的。魚部去聲與鐸屋兩部押韻的例子當中没有麻韻字。

　　祭部跟入聲字押韻的例子當中,有跟月部押韻的,也有跟質部押韻的(參看上面所列的陰聲合韻表和入聲合韻表)：

　　　　司馬相如《哀秦二世賦》：瀬世勢絶(《漢文》21/6下)沫逝(同前)

　　　　司馬談《論六家要指》：竭敝(《漢文》26/4下)

　　　　劉　　向《九歎·惜賢》：血廢(《漢文》35/5下)

　　　　劉　　向《九歎·遠遊》：折蔽(《漢文》35/8下)

　　　　楊　　雄《冀州箴》：替弊(《漢文》54/1上)

　　　　楊　　雄《廷尉箴》：害割殺泰敗謁(《漢文》54/6下)

　　　　楊　　雄《將作大匠箴》：世泄室卒(《漢文》54/7下)

這裏面“絶竭折割殺謁”都是月部字[1],“血替泄室卒”都是質部字。質月兩部音近(韻尾都是-t),所以祭部既跟月部通押,又跟質部通押。

　　根據上面所説的陰聲韻各部之間通押的關係和陰聲韻跟入聲韻通押的關係,可以初步粗疏地推斷陰聲韻各部的讀音情况如下：

　　(1)之幽宵魚(麻韻在外)一組元音相近,魚部麻韻一系字元音接近於歌部的歌麻兩韻字。

　　(2)歌支脂祭一組元音相近,歌部支韻字和支部關係最近,脂部一部分近於歌部支韻字,一部分近於祭部。

　　(3)近人考訂《詩經》音之幽宵魚幾部的尾音是-g,從西漢人的押韻情况來看,魚部的麻韻字可能已經没有-g尾,魚部其他類字的去聲還有-g尾。

　　(4)支部《詩經》音收-g,脂部、祭部《詩經》音收-d。從西漢人的押韻情况來看,支部可能已經没有-g尾,脂部除屬於《詩經》音微部的一些去聲字外可能也失掉了韻尾-d,祭部可以肯定地説還有-d尾。

　　至於陰聲韻各部的元音留待《總論》部分再詳細討論。

　　西漢陽聲韻蒸冬東陽耕真元談侵九部可以分爲三類,蒸冬東陽耕五部韻尾輔音是-ng,真元兩部韻尾輔音是-n,談侵兩部韻尾輔音是-m。

　　收-ng的幾部中東冬兩部與耕部都没有通押的例子。東冬、陽東、耕陽通押

---

① 編者注：上舉司馬相如《哀秦二世賦》“沫”也是月部字。

的比較多。東冬兩部通押見於東方朔、嚴忌、王褒、劉向、楊雄、劉歆幾家的韻文裏。東方朔是平原厭次人，嚴忌是會稽人，劉向父子是沛人，王褒、楊雄都是蜀人。東冬相押可能是方音中讀音相同[1]。陽東相押在周代銅器銘文裏是比較常見的，《老子》裏也很多。西漢韻文中陽東相押的例子比較多的是東方朔、楊雄兩家。在個別的方言中這兩部的元音可能比較接近[2]。至於耕部和陽部相押，一共有十幾個例子，足見這兩部很有分別。像"京明兄慶"一類字在西漢時期一般都跟陽部字在一起押，到東漢時期才轉入耕部[3]，可是在西漢時期這類字已經有與耕部押韻的例子。例如：

　　韋　孟《諷諫詩》：城生耕寧京征平(《漢詩》2/1下)

　　韋玄成《自劾詩》：兄形聲京(《漢詩》2/7下)

　　韋玄成《戒子孫詩》：盛慶(《漢詩》2/8上)

　　班倢仔《自悼賦》：靈庭明成(《漢文》11/7上)

韋孟父子是魯國人，班倢仔是樓煩人，我們推想這類字在魯國和樓煩可能已經轉入耕部，所以跟耕部字押韻，這幾個例子跟其他陽部字與耕部字因音近通押的例子不同。

　　收-n的真元兩部彼此通押的例子極多，這是漢代韻文中極普遍的現象。元部跟真部通押的字大部分都是《廣韻》元山仙先幾韻的字。這幾韻的字一定跟真部字的讀音比較接近，所以常常通押。另外，真部還有一些跟耕部通押的例子。如賈誼、嚴忌、枚乘、司馬相如、王褒各家的作品裏都有這種例子[4]。真耕兩部的韻尾是不同的，在個別的方言中也許耕部韻尾-ng有讀-n的，但真耕通押，在元音方面一定是比較接近的。我們發現凡跟耕部字通押的真部字一般都是屬於《詩經》音真部的字，如"真人神身天鱗親臣濱民秦年"之類，很少是屬於《詩經》音文部的字。例如：

　　賈　誼《弔屈原文》：生身(《漢文》16/7上)

　　嚴　忌《哀時命》：真清身聲情名榮逞正成生年(《漢文》19/4下)

　　枚　乘《七發》：鶡纓鳴鱗苓莖天(《漢文》20/5下)

　　司馬相如《子虛賦》：騁形精恩(《漢文》21/6下)

---

① 《淮南子》《易林》中東冬爲一部。見《個別方言材料的考查》一章。

② 陽東兩部通押最多的是陸賈《新語》和《淮南子》，見後面75頁。

③ 漢末劉熙《釋名》代表的北海音這些字仍然在陽部。見後面101頁。

④ 《淮南子》中也很多。

司馬相如《封禪文》：民秦聲(《漢文》22/6下)替神尊榮民(同前22/7上)

王　襃《四子講德論》：嬰親(《漢文》42/5下)名文緡(同前42/7上)

這些例子中只有"恩尊文緡"等字是《詩經》音的文部字，其他都是《詩經》音的真部字。由此可以看出"神身天人真秦"等字跟耕部字元音相近，《廣韻》痕、魂、殷、文等韻字跟耕部字聲音較遠。

　　收-m的侵談兩部，侵部字多，談部字少。司馬相如和王襃的文章裏侵部有跟冬部押韻的例子，如：

司馬相如《子虛賦》：蔘風音宮窮(《漢文》21/4下)

王　襃《洞簫賦》：淫摻音風窮(《漢文》42/2下)

"宮窮"都是冬部字。由此可證侵冬兩部元音相近。侵部字與蒸部、東部押韻的例子不多，主要是一個"風"字，而且僅見於楊雄的韻文裏。

楊　雄《甘泉賦》：乘風澄兢(《漢文》51/4上)

楊　雄《解難》：風升閎絃蒸(《漢文》53/4上)

楊　雄《元后誄》：崩心音勝(《漢文》54/10下)

楊　雄《尚書箴》：聰恭風(《漢文》54/4下)

這可以看出在楊雄的語音裏"風"字可能由-m尾變爲-ng尾，但其他作家的韻文裏仍讀-m。另外，東方朔文中侵部字有跟東部字押韻的一個例子，劉向文中談部字也有跟東部字押韻的一個例子：

東方朔《七諫·怨思》：容心深林(《漢文》25/3下)

劉　向《九歎·逢紛》：容讒(《漢文》35/2上)

"容"是東部字。東冬兩部有些方言是很相近的，冬可以跟侵押，所以有些方言東也跟侵押，甚至於跟談押。這種例子並不表示侵談兩部的尾音有了改變。

　　侵談兩部除了與收-ng尾的字有通押的例子以外，還有極少數與收-n尾的字通押的例子：

唐山夫人《安世房中歌》：心申親轃(《漢詩》1/3上)

無名氏《鐃歌·遠如期》：陳紛心(《漢詩》1/11上)

王　襃《洞簫賦》：耽還(《漢文》42/2下)

王　襃《四子講德論》：陳賢廉(《漢文》42/8上)

這裏面"心"和"耽"是侵部字，"廉"是談部字；其他一些字除"還"是元部字外，其餘都是真部字。唐山夫人里貫不詳，王襃是蜀郡資中人。在西漢時期是否有一些方言侵談兩部的尾音-m已經變爲-n，還不清楚，但是這幾個例子是值得注意的。

總起來看,陽聲韻部-ng、-n、-m 三類的分別很清楚。根據上面所説的各部通押的情形,我們推測:

(1)東冬兩部的元音比較接近,但是有些方言可能讀爲一部。東冬的分別在於冬接近於侵蒸,東則接近於陽。

(2)耕陽兩部的分別很清楚。耕部的讀音跟真部的"天年人親民秦"一類字比較接近。陽部"京明兄慶"一類字接近於耕部。

(3)真部字特別是痕魂欣文臻幾韻的字跟元部的元山仙先幾韻字讀音很相近。

(4)侵部的"風"字有的方言讀爲-ng 尾。

另外,在西漢的韻文裏我們還看到有陽聲韻和陰聲韻、入聲韻押韻的幾個例子,這是比較特殊的。

東方朔《七諫·謬諫》:不量鑿而正枘兮,恐榘矱之不同;不論世而高舉兮,恐操行之不調。(《漢文》25/5 上,"同、調"押韻。同,東部字;調,幽部字。)

王　襃《洞簫賦》:沌頹(《漢文》42/2 下)

楊　雄《少府箴》:殷遲(《漢文》54/7 上)

劉　向《九歎·惜賢》:鬱悆(《漢文》35/5 下)

東方朔以"同調"爲韻,前人以爲是模倣屈原《離騷》,我們認爲東方朔可能是因爲自己的語音東幽兩部元音相同,又受了《楚辭》的影響,所以用"同、調"兩字相押[1]。前人的説法恐怕只有一半對。王襃以"沌、頹"爲韻,楊雄以"殷、遲"爲韻,劉向以"鬱、悆"爲韻,足以説明脂真質三部陰陽入對轉的關係。楊雄在《少府箴》裏可能是讀"殷"音如"衣"。"衣"是脂部字。

下面我們要看一下入聲韻各部通押的情況。入聲韻職沃藥屋鐸錫質月盍緝十部可以分爲三類,職沃藥屋鐸錫六部韻尾輔音是-k,質月兩部韻尾輔音是-t,盍緝兩部韻尾輔音是-p。

收-k 的幾部入聲韻幾乎都有彼此通押的例子。職部與沃部、藥部、屋部、鐸部、錫部在楊雄的韻文中都可以通押,這是比較突出的現象。董仲舒、司馬相如和王襃押韻的尺度也比較寬。例如:

董仲舒《士不遇賦》:邈速徒木覺禄辱角逼俗束谷(《漢文》23/1 上,屋沃職藥魚合韻,徒魚部字)

---

[1]　"同調"二字都是定母字。

司馬相如《子虛賦》:縞縠曲谷(《漢文》21/2 上,屋藥合韻)

司馬相如《子虛賦》:谷閭屬宿(同上 21/4 上,屋沃鐸合韻)

司馬相如《子虛賦》:略獲櫟若藉剢伏藉澤(同上 21/5 下,鐸藥職合韻)

司馬相如《子虛賦》:服郁爍藐側(同上 21/6 上,藥職合韻)

王 褒《四子講德論》:虐賊伏毒足族(《漢文》42/8 下,屋沃藥職合韻)

職沃藥屋鐸幾部相押,與陰聲韻之幽宵魚幾部相押是相應的。魚部去聲字可以
跟鐸部字押韻,也可以跟屋部字押韻,入聲方面鐸屋兩部也可以通押。例如:

王 褒《四子講德論》:斬射(《漢文》42/6 上)腋木略(同前 42/7 下)

王 褒《聖主得賢臣頌》:樸咢(《漢文》42/9 下)

楊 雄《宗正卿箴》:族伯籍錯(《漢文》54/5 下)

字下加點的都是屋部字。《詩經》音鐸部與陰聲韻魚部相承,屋部與侯部相承,
漢代魚侯合用不分,則鐸屋兩部通押,音必相近。

　　入聲韻收-t 的兩部是質部和月部。質部跟月部通押的例子比較多。凡是
跟質部通押的月部字大半都是薛韻字。例如:

王 褒《洞簫賦》:溢鬱律譎折溢滅出(《漢文》42/1 下)

王 褒《四子講德論》:溢發(《漢文》42/7 上)

劉 向《九歎·遠遊》:滅日(《漢文》35/8 上)

楊 雄《解謿》:實熱室(《漢文》53/3 上)烈律(《漢文》53/3 下)

楊 雄《尚書箴》:哲慄密舌折(《漢文》54/4 下)

字下加點的字除了"發"字是月韻字以外,其他都是薛韻字。

　　入聲韻收-p 的兩部是盍部和緝部。這兩部通押的例子不多,只見於王褒的
作品裏:

王 褒《洞簫賦》:法合雜獵擸(《漢文》42/1 下)

王 褒《四子講德論》:入法(《漢文》42/8 下)

盍部在楊雄的韻文中有與屋部字、質部字押韻的例子:

楊 雄《甘泉賦》:節業(《漢文》51/9 下,節質部字)

楊 雄《反離騷》:捷足(《漢文》52/5 下,足屋部字)

另外緝部有與職部、質部、祭部押韻的例子:

緝:職

李延年《歌》:立國國得(《漢詩》2/7 上)

司馬相如《子虛賦》:魶翼(《漢文》21/3 下)

　董仲舒《士不遇賦》:黑訥惑(《漢文》23/1 上)

　楊　　雄《上林苑令箴》:殖給(《漢文》54/9 上)

緝:質

　劉　　向《九歎·遠逝》:集日(《漢文》35/4 下)

　劉　　向《九歎·思古》:泣戾(《漢文》35/7 上)

緝:祭

　司馬相如《封禪文》:際答(《漢文》22/8 上)

緝與職、質押韻可能由於元音相同或相近。"際答"押韻,"際"與"合"義同,"合"爲緝部字。用"合"則非合韻。

　　總起來説,從入聲各部合韻的關係來看,-k、-t、-p 三類的分别很清楚。在元音方面職緝兩部的元音可能相同,質部和月部的薛韻字元音一定很相近。

2. 東漢時期

　　根據後面《兩漢詩文韻譜》中的合韻材料,我們可以把東漢時期各韻部通押的關係列爲下表:

　a. 陰聲韻部

	之	幽	宵	魚	歌	支	脂	祭	職	鐸	屋	錫	月	質	真
之		14		4			4		1						
幽	11		13	15											
宵		4		5											
魚	8	12	9		19					1	2				
歌			4			4				1					
支	1			5			14					2			
脂	7			1	20			3					1	9	3
祭						11							7	2	

　b. 陽聲韻部

	蒸	冬	東	陽	耕	真	元	談	侵	歌
蒸			1		4				3	

續表

	蒸	冬	東	陽	耕	真	元	談	侵	歌
冬	3		3	1					1	
東	1	16		1					1	
陽	2	1	15		38					
耕		2	1	8		5				
真					7		63		2	
元						37		2		1
談							1			
侵		2			2			1		

c. 入聲韻部

	職	沃	藥	屋	鐸	錫	質	月	盍	緝	幽	宵	魚	祭	脂
職		2		1			4			8	1				
沃	1		1												
藥	2	1			1	1						1			
屋	3	7											1		
鐸	4	1	3	3		4			1	2				1	
錫					4		1								
質	1							5							1
月			1				8		2					6	
盍															
緝									2						

　　上面所列的合韻表跟前面所列的西漢時期的合韻表大體是相同的。現在就一些比較重要的現象加以說明：

　　陰聲韻魚部的麻韻字轉入歌部，歌部的支韻字轉入支部，這是東漢跟西漢最大的不同。陰聲韻之幽宵魚四部在東漢時期的韻文裏都有互相通押的例子。之魚兩部相押，主要是上聲字。之部有“否友有母右負副”一些字，這些字都是《廣韻》尤侯韻一系的字。例如：

　　崔　駰《扇銘》：子否暑（《後漢文》44/11下）

蔡　　邕《釋誨》：藪友有(《後漢文》73/7 下)

馬　　融《長笛賦》：右後(《後漢文》18/2 上)

馬　　融《樗蒲賦》：副距數(《後漢文》18/4 下)

無名氏《京兆謠》：虎吐茹母父(《漢詩》5/9 上)

無名氏《南陽諺》：父母(《漢文》5/11 上)

無名氏《古詩爲焦仲卿妻作》：母取(《漢文》4/12 上)戶語母府取語(同前)後
　　　　　　　　　　　　　　口語去府負(同前 4/12 下)

"友右有"一類字也往往與幽部字相押,足見這一類字跟之部其他字有一些
分別。

　　幽宵兩部通押,幽部字大部分都屬於效攝字,蕭韻字較多;宵部字則以宵韻
字居多。例如:

　　平聲:

　　班　　固《幽通賦》：周幽龜謠條流(《後漢文》24/10 上)

　　堂谿協《開母廟石闕銘》：優擂休疇條朝(《後漢文》54/10 下)

　　王　　逸《九思·守志》：遙嶢條鴞怊(《後漢文》57/5 下)

　　馬　　融《長笛賦》：蒯嗃調摽(《後漢文》18/2 上)

　　上聲:

　　班　　固《竹扇賦》：妙篠(《後漢文》24/11 上)

　　崔　　駰《達旨》：表寶道(《後漢文》44/4 下)

幽宵兩部通押,兩部效攝字漸趨接近。

　　幽魚兩部通押,幽部字大部分是尤韻字,魚部字大部分是屬於《詩經》音侯
部的字(包括侯虞兩韻)。例如:

　　平聲:

　　梁　　鴻《適吳詩》：流浮隅休(《漢詩》2/8 下)

　　張　　衡《歸田賦》：丘流鉤鰡(《後漢文》53/9 下)

　　王　　逸《九思·悼亂》：夫挐絢蒭拘囚居(《後漢文》57/4 下)

　　馬　　融《廣成頌》：舟幬流謳浮游(《後漢文》18/12 上)

　　闕　　名《李翊碑》：侯嵎疇儒休殊於夫(《後漢文》102/10 下)

　　無名氏《步出夏門行》：廬居扶隅俱遊榆趺(《漢詩》4/5 上)

　　上聲:

　　崔　　駰《酒箴》：酒缶後(《後漢文》44/10 上)

李　　尤《平樂觀賦》:擾受虬走耦首皐缶(《後漢文》50/3 上)

蔡　　邕《五靈頌》:獸乳就狩(《後漢文》74/3 上)

這裏面字下加點的都是《詩經》音的侯部字,字下加圈的都是《詩經》音的魚部字。由此可以看出幽部尤韻字跟魚部中屬於《詩經》音的侯部字讀音比較接近。到了魏晉以後,之幽兩部的尤韻字和魚部的侯韻字(不包括虞韻字)合爲一部,幽宵兩部的效攝字合爲一部。從以上所説的三點來看,東漢時期已經有了這樣的端緒了。

　　魚部跟宵部字押韻,宵部字多半都是宵韻字。魚部跟歌部字押韻,歌部字都是麻韻一系的字,如"邪家雅寡馬野社迤夜舍暇"等字都是。其中又以上聲字居多。這些字在西漢時期本屬魚部,所以到東漢時期還有些人跟魚部字相押。這跟歌部支韻字轉入支部以後,仍有人用支韻字和歌部字押韻一樣。

　　陰聲韻歌部跟支部有押韻的例子,但歌部跟脂部相押的很少。脂部跟支部相押,在西漢時期已經有這種例子,可是不多,到了東漢時期這種例子就特別多起來,這是一種新起的現象。如馮衍、杜篤、傅毅、班固、崔駰、王逸、劉梁、馬融、李尤、桓麟、徐淑、胡廣、王延壽、蔡邕這些家的作品裏都有脂支通押的例子,只有張衡不如此。由這種情形來看,脂支兩部讀音一定比較接近。

　　脂部字不僅跟支部字押韻,而且也還有跟之部字押韻的例子。例如:

王　　逸《機婦賦》:時絲脂之(《後漢文》56/1 下)

皇甫規《女師箴》:機慈思(《後漢文》61/7 下)

邊　　讓《章華臺賦》:臺階萊能(《後漢文》84/12 上)

蔡　　邕《答卜元嗣詩》:辭希歸(《漢詩》2/13 上)

孔　　融《六音詩》:非歸哀來(《漢詩》2/15 上)

闕　　名《張壽碑》:臺微畿饑(《後漢文》101/4 上)

無名氏《古詩爲焦仲卿妻作》:歸哀來(《漢詩》4/13 下)

從這幾個例子可以看出脂部的灰咍韻字和皆韻字已經跟之部的灰咍韻字讀音接近,脂部的微韻字也跟之部的之韻字比較接近。這都是東漢晚期的現象。

　　脂部跟祭部也有一些押韻的例子。脂祭通押,主要是杜篤、班固、傅毅、馬融、皇甫規等人,這可能是陝西、甘肅的方音現象①。例如:

杜　　篤《論都賦》:内外裔(《後漢文》28/4 上)

---

① 杜篤、班固、傅毅、馬融都是關中人,皇甫規是安定朝那人。

班　固《東都賦》：説氣世(《後漢文》24/8 上)

班　固《答賓戲》：外内歲世(《後漢文》25/4 下)會勢貴頞世賴(同前 25/5 上)

班　固《典引》：昧契綴(《後漢文》26/6 下)

傅　毅《七激》：歲悴(《後漢文》43/4 下)

皇甫規《女師箴》：邁帶外退(《後漢文》61/7 下)

脂祭通押中的脂部字跟西漢時期相同,主要是灰脂微幾韻的合口去聲字。

東漢時期的韻文裏陰聲韻和入聲韻相押的例子中除脂部與質部、祭部與月部押韻的例子較多外,其餘如魚部與鐸部屋部、支部與錫部等押韻的例子都只有一兩個。脂質通押中,脂部字大部分還是灰脂微幾韻的合口去聲字。例如:

杜　篤《論都賦》：渭類實溉遂(《後漢文》28/3 下)

崔　駰《太尉箴》：率尉(《後漢文》44/8 上)

王　逸《荔支賦》：味氣出貴(《後漢文》57/2 上)

張　衡《西京賦》：醉萃屈絉遂貴(《後漢文》52/8 下)

張　衡《東京賦》：戾洎質贄二(《後漢文》53/3 上)

蔡　邕《胡廣黃瓊頌》：類懿位絉彎蔚貴遂二(《後漢文》74/1 下)

禰　衡《鸚鵡賦》：彎瑟類頸淚欷(《後漢文》87/2 上)

從這些例子中可以看出脂質兩部之間的關係。

根據以上所説的陰聲韻各部通押的關係來看,脂與支通押的例子特別多是值得注意的現象。推想支部的-g 尾已經變爲-i,脂部除了合口去聲一些字以外-d 尾也變爲-i。祭部的-d 尾並没有變。

東漢時期陽聲韻通押的關係大體跟西漢時期相同。收-ng 的幾部除了東冬兩部不跟耕部通押外,各部彼此都有相押的例子。其中東冬、陽東、陽耕押韻的比較多。東冬通押的例子在杜篤、傅毅、班固、崔駰、李尤、張衡、崔瑗、馬融、邊韶、劉琬、胡廣、禰衡一些作家的文章裏都有,足見東冬音近。陽東通押,見於班固、崔駰、王逸、崔瑗、馬融、蔡邕等人的作品,但例子並不很多。陽耕通押的例子雖然多,但很多例子中的耕部字是"明英京橫衡羹迎兄彭兵亨"等庚韻字,這些字在西漢時期本屬陽部,到東漢時期這些字在不同的方言中的讀音可能有不同,所以雖然一般歸入耕部,可是還有跟陽部押韻的例子。

陽聲韻真元兩部是收-n 的,這兩部通押的例子非常多,其中的元部字主要還是元山仙先幾韻字,這跟西漢没有分別。另外,真部字也有跟耕部字押韻的。例如:

班　固《西都賦》：庭羣聞文(《後漢文》24/4 上)

崔　駰《東巡頌》：倫勳鈞辰庭(《後漢文》44/6 上)

皇甫規《女師箴》：坤君分刑(《後漢文》61/7 上)

闕　名《元賓碑》：倫臣庭勳昆(《後漢文》99/7 下)

闕　名《衡方碑》：純人經呈平聞(《後漢文》101/5 上)

闕　名《楊著碑》：君瑩仁文(《後漢文》101/6 下)

這裏的真部字絕大部分都是《詩經》音的文部字，跟西漢時期不同。

　　陽聲韻侵談兩部是收-m 的，談部字在韻文中應用的很少，侵部字比較多。侵部有跟蒸、冬、東幾部通押的，有跟真部通押的。跟蒸冬東幾部通押的例子不多，主要是"風"字。例如：

馮　衍《顯志賦》：岡紘風崩(《後漢文》20/2 上) 風陵(同前 20/3 下)

班　固《東都賦》：雍風徵躬稜(《後漢文》24/7 下)

杜　篤《論都賦》：京風陵隆(《後漢文》28/2 上)

傅　毅《竇將軍北征頌》：風鋒降(《後漢文》43/6 上)

馬　融《長笛賦》：工鐘容隆風降興重同終(《後漢文》18/2 下)

趙　壹《迅風賦》：風充中終(《後漢文》82/8 上)

崔　駰《大將軍西征賦》：風中雍宗(《後漢文》44/1 下)

邊　讓《章華臺賦》：終風中雄隆(《後漢文》84/11 下)

禰　衡《顏子碑》：蹤容沖風雍窮(《後漢文》87/3 上)

這些例子都説明"風"字在東漢時期已經有些方言讀爲-ng 尾。到魏晉以後就轉入冬部了。

　　侵部字跟真部字押韻在韻文中有下面幾個例子：

馮　衍《顯志賦》：勤心(《後漢文》20/2 上)

傅　毅《七激》：深岑斤(《後漢文》43/4 上) 陰林根(同前 43/4 下)

李　尤《函谷關賦》：咽年君文勳循門琛奔論坤(《後漢文》50/1 下)

字下加點的都是侵部字。侵真押韻這也是一種方音現象。有些方言侵部韻尾-m 可能已經變爲-n，不過我們還不能十分肯定。同樣，談部也有跟收-n 尾的字押韻的例子：

鄭　衆《婚禮謁文贊》：謙僭(《後漢文》22/5 上)

崔　瑗《東觀箴》：漢萬鑒(《後漢文》45/3 上)

"謙、鑒"都是談部字，其他都是元部字。這裏如果不是談部的韻尾有變化，那就是談部的元音與元部相近。

談到韻尾,我們推想在東漢時期可能有某種方言-ng、-n、-m 三類韻都是鼻化元音。因爲我們看到下面兩個例子:

《辛通達李仲曾造橋碑》:民君申□神金元仁民陵□□深人湛愍艱瑗屯孫安遷昆年(《後漢文》100/4 下,金深湛爲侵部字,陵爲蒸部字,其他爲真部或元部字。)

《薛君碑》:君功分承真堅遵敦聞勳成仁清旻營君𥘉親呻乾宅辛庭歎名南塵聲英愃歡顛身(《後漢文》100/3 上,功東部字,承蒸部字,南侵部字,成清營庭名聲英爲耕部字,其他爲真部或元部字。)

這種例子雖不多見,但很重要。除了説韻尾都是鼻化元音以外,很難有更好的解釋。

另外,陽聲韻和陰聲韻有少數押韻的例子:

歌:元

王　逸《九思・悼亂》:猿蛇(《後漢文》57/4 下)

脂:真

杜　篤《祓禊賦》:回魂(《後漢文》28/1 上)

崔　瑗《河堤謁者箴》:衰遲埋(《後漢文》45/3 下)

由這兩類例子可以知道歌元兩部、脂真兩部有些字的元音是相同或相近的。

至於入聲韻各部通押的情形,東漢跟西漢大體相同。收-k 的幾部即職沃藥屋鐸錫六部都有彼此通押的例子,幾乎難以看出界限。西漢時期鐸與職沃錫沒有通押的例子,到東漢就有了。鐸錫在一起押韻的還比較多。例如:

傅　毅《舞賦》:客策迫(《後漢文》43/3 上)

傅　毅《七激》:畫澤(《後漢文》43/5 上)

王　逸《九思・遭厄》:厄汩易閴石(《後漢文》57/4 上)

班　固《竇將軍北征頌》:易澤帛襗役(《後漢文》26/2 上)

史　岑《出師頌》:易逆戟(《後漢文》49/10 下)

崔　寔《大赦賦》:迹惕赦(《後漢文》45/9 上)

馬　融《長笛賦》:迫積(《後漢文》18/2 上)昔惕(《後漢文》18/3 上)

字下加點的都是錫部字。從這些例子可以看出鐸部陌昔兩韻字和錫部昔錫兩韻字的讀音接近起來。

在東漢時期收-k 的幾部還常常跟收-p 的緝部和盍部通押。這種例子,主要見於杜篤、傅毅、班固的文章裏。例如:

（1）杜　　篤《書撞賦》：德飾立息側式（《後漢文》28/4 下）

　　傅　　毅《明帝誄》：國集墨極（《後漢文》43/6 下）

　　班　　固《西都賦》：殖邑國（《後漢文》24/3 上）

　　班　　固《東都賦》：邑翼國（《後漢文》24/7 上）

　　班　　固《奕旨》：級服陟（《後漢文》26/8 下）

　　班　　固《答賓戲》：石蛤（《後漢文》25/5 上，石鐸部字）

　　崔　　瑗《司隸校尉箴》：直應及（《後漢文》45/4 上）

（2）班　　固《典引》：業作（《後漢文》26/7 下）

　　班　　固《西都賦》：樂屬爵擢閣（《後漢文》24/4 上，屬屋部字）

第（1）類是職部或鐸部字跟緝部字相押，第（2）類是鐸部或藥部字跟盍部字相押。這些人的作品裏緝盍兩部沒有跟收-t 的質月兩部相押的例子，這是值得注意的。

　　入聲韻質月兩部相押的例子，見於杜篤、傅毅、班固、馬融的文章裏，這幾個人都是關中人。另外質部和月部字還有跟其他韻押韻的例子：

（1）職：質

　　張　　衡《東京賦》：福洫職敕德刻息（《後漢文》53/2 下，洫《廣韻》在職韻，自張
　　　　　　衡起可能已不讀爲質部字）

（2）月：盍

　　張　　衡《西京賦》：桀豁列業轍月（《後漢文》52/8 上）

　　張　　衡《舞賦》：絶雪□滅輒（《後漢文》53/10 上）

（3）月：藥

　　崔　　駰《東巡頌》：激烈（《後漢文》44/6 下）

（4）月：質：緝

　　闕　　名《柳敏碑》：□闕弼栗立（《後漢文》101/8 上，立緝部字）

（5）月：錫

　　崔　　瑗《司隸校尉箴》：許辟迸役（《後漢文》45/4 上）

從這幾類例子可以看出質職緝三部的元音比較接近，月盍兩部的元音比較接近。

　　在入聲韻通押的例子裏還有少數-k、-t、-p 三類通押的例子。例如：

　　杜　　篤《論都賦》：邑劣絶術易國襲出卒（《後漢文》28/2 上，邑襲爲緝部字，術
　　　　　　出卒爲質部字，易爲錫部字，國爲德部字）

　闕　　名《費鳳碑》：玉室職貸則德絜爵物禄畜虐邑伏洽歿漉贖（《後漢文》
　　　　　　　103/5下，玉禄漉贖爲屋部字，室物歿爲質部字，絜爲月部字，爵虐
　　　　　　　爲藥部字，畜爲沃部字，邑洽爲緝部字）

這在押韻上是很特殊的。可能在漢代某一種方言中所有入聲的韻尾（包括-k、
-t、-p 三類）都已經失去，或變爲-ʔ。也可能是押韻上的一種特殊的風格，凡是
入聲字都可以在一起押，不拘泥於韻尾的異同。這些都還不能確定。

　　以上把兩漢時代陰陽入三類韻部通押的情況做了一些舉要性質的説明，要
知道更詳細的情形須要參看後面《兩漢詩文韻譜》中各部的合韻部分。在編定
韻譜的時候，最複雜、最困難的部分是合韻，但這種合韻的材料非常重要，有很
多韻部讀音的問題和方音的問題都可以從合韻材料中看出一些端倪來，後面還
會談到這些問題。

五、漢代四聲的類別

四聲這樣一個名稱是從宋齊的時候才有的,但是字音有聲調的區別從上古時代已經就如此。我們看《詩經》裏面平聲字跟平聲字押韻,上聲字跟上聲字押韻,就可以知道古人作詩對於聲調的分別已經很注意,只是還没有四聲的名稱。

至於上古音是不是有四個聲調,古音聲調的分別跟後世韻書所分是否相同,清代的學者很注意這方面的問題。清初顧炎武著《音學五書》認爲古詩用韻四聲一貫,本無平上去入之分,並且説入爲閏聲,可轉爲平上去。他在《音論》裏説:

> 四聲之論雖起於江左,然古人之詩已自有遲疾輕重之分,故平多韻平,仄多韻仄。亦有不盡然者,而上或轉爲平,去或轉爲平上,入或轉爲平上去,則在歌者之抑揚高下而已。故四聲可以並用。

顧氏分辨《詩經》韻部本來不够精確,他以所定古韻十部來看《詩經》的押韻,自然認爲《詩經》裏面平仄通協的很多,但事實並不如此。後來江永著《古韻標準》對顧氏入轉平上去的説法很不同意[1],可是仍然承用了顧氏古四聲可以並用的説法。

江永之後,段玉裁就有了一種新的説法。他認爲古音是有聲調的區別的,但古音的聲調跟後代的韻書有不同。《六書音均表·論古四聲》説:

> 古四聲不同今韻,猶古本音不同今韻也。考周秦漢初之文,有平上入而無去。洎乎魏晉,上入聲多轉而爲去聲,平聲多轉爲仄聲,於是乎四聲大備,而與古不侔。有古平而今仄者,有古上入而今去者,細意搜尋,隨在可得其條理。今學者讀三百篇諸書,以今韻四聲律古人,陸德明、吳棫皆指爲協句,顧炎武之書亦云平仄通押,去入通押,而不知古四聲不同今,猶古本音部分異今也。明乎古本音不同今韻,又何惑乎古四聲不同今韻哉。

---

[1] 《古韻標準》卷四入聲第一部總論説:"入聲與去聲最近,詩多通爲韻;與上聲韻者間有之,與平聲韻者少,以其遠而不諧也。韻雖通,而入聲自如其本音,顧氏於入聲皆轉爲平、爲上、爲去,大謬。"

段氏這種説法可以説是一大發明。他説古音已分平上入三聲是對的,至於説古音無去聲,跟《詩經》押韻還不完全相合。

段氏這樣説自然有他的根據,他考證古音,一方面根據《詩經》押韻,一方面根據文字諧聲。在《詩經》裏《廣韻》去聲字有跟平聲、上聲字押韻的,也有跟入聲字押韻的。從文字諧聲來看,陰聲韻的去聲跟入聲韻相關的較多,陽聲韻的去聲跟平聲、上聲牽連的較多,凡去聲跟平聲、上聲相關的,段氏以爲古讀平上,跟入聲韻相關的,段氏以爲古當讀入,因此確定古音没有去聲。

但是我們考察《詩經》押韻,去聲字固然有跟平、上、入三聲相押的例子,可是去聲跟去聲自協的還是很多。如之魚脂元幾部的去聲字都獨成一類,不可以説古音就一定没有去聲。另外再從諧聲來看,去聲字也有不跟其他聲調發生關係的。例如東部的"弄",元部的"貫亂見建算",脂部的"四胃類對",祭部的"外敗帶繼貝介",支部的"解",歌部的"坐臥"等等都很難説它不是去聲。古韻各部聲調的類別不必一定都一樣,有些韻部没有去聲,有些韻部就可以有去聲,我們必須根據韻文所反映的情況來定,不能專憑諧聲。段氏斷言古音無去,不能説没有問題。

段氏之後,孔廣森作《詩聲類》又一反段氏之説,認爲古音有去而無入,這種説法跟段氏的説法同樣與《詩經》押韻不符。

到後來江有誥研究《詩》韻和諧聲才發現古音實際是有四聲的,不過字的聲調古人所讀不都跟《廣韻》相同。有韻書讀上聲、去聲而古讀爲平聲的,有韻書讀平聲、去聲而古讀爲上聲的,也有韻書只有一種讀法而古人有兩種讀法的。他的《唐韻四聲正》就是專門説明古今字音在聲調上的異同的一部書。江有誥分《詩經》韻部爲二十一部,他指出:二十一部之中四聲具備的有之幽宵侯魚支脂七部;有平上去三聲而無入聲的有歌元文耕陽東談七部;有平聲上聲而無去聲入聲的有侵部;有平去二聲而無上聲入聲的有真部;有去聲入聲而無平聲上聲的有祭部;有平聲而無上去入三聲的有中蒸兩部;有入聲而無平上去三聲的有葉緝兩部[1]。

江有誥確定古四聲具備,這是段氏之後更進一步的發展。王念孫晚年也完全同意江有誥的説法[2]。王氏分古韻爲二十二部,其中至部有去入二聲,江有誥

---

[1] 見《唐韻四聲正》卷首。

[2] 見王念孫道光二年(1822)《與丁履恒書》(丁履恒《形聲類編》卷首)和道光三年(1823)《答江有誥書》(見江有誥《唐韻四聲正》卷首)。

至部字歸入脂部,與《詩經》音不合。除江有誥、王念孫都主張古有四聲以外,夏燮作《述韻》也同樣認爲古有四聲①。

夏燮論證古有四聲主要是根據《詩經》的押韻。他從三點來證明古有四聲②:

(1)古人的作品,一章之内連用好幾韻,四聲不相雜協;

(2)《詩》中一章之内同爲一部的韻字四聲分用不亂;

(3)同爲一字,分見數處,聲調相同,是古人一字的聲調大致有定。

夏燮分辨《詩經》韻部的四聲類别跟江有誥所説幾乎完全相合。關於《詩經》音的四聲問題,經過江有誥、王念孫和夏燮的研究可以説已經有定論了。

如果我們本着前人分析《詩經》押韻的辦法來研究兩漢的韻文,很容易可以看到漢人對聲調的分别一般是很細緻的。平聲字和上聲字跟入聲字在一起押韻的極少見,去聲字和入聲字在一起押韻的爲數也不多,而且只限於少數幾部字。平聲與上聲,上聲與去聲相押的雖然有一些,但也不很多。因此我們在研究漢代韻文的押韻的時候,不能不分辨四聲。例如賈誼《弔屈原賦》:

　　般紛紛其離此尤兮,亦夫子之辜也,歷九州而相其君兮,何必懷此都也?鳳凰翔於千仞兮,覽德輝而下之,見細德之險徵兮,遥曾擊而去之。彼尋常之污瀆兮,豈能容夫吞舟之巨魚?橫江湖之鱣鯨兮,固將制於螻蟻。

其中“辜、都、下、去、魚、蟻”是韻脚。依照這篇賦以四句換韻的例子來看,“辜都”與“下去”雖然都是魚部字,但是平上是分用的。張成孫的《諧聲譜》把它做爲一韻來看待,是不妥當的。又如枚乘《七發》“海涘止”與“來怠持”分用(《漢文》20/7 上),司馬相如《上林賦》“扈野”與“櫧櫨邪閭”分用(《漢文》21/4 下),賈誼《鵩鳥賦》“夏舍暇”與“故度去”上去分用(《漢文》15/2 上),司馬相如《上林賦》“去獸兔耀宙”與“羽虡”及“處仆”上去分用(《漢文》21/5 上),王褒《僮約》“脯笋”與“具竇鬥”及“酒口斗偶”平上去分用(《漢文》42/12 上),楊雄《甘泉賦》“亂曰”以下四句換韻,“卉對”與“依迡”平去分用(《漢文》51/6 上),這些都表明四聲是要加以區别的。

現在我們把陰聲韻、陽聲韻、入聲韻分爲三類。根據漢人押韻的情況,可以看出陰聲韻除祭部只有去聲外,其餘各部都具備平上去三聲;陽聲韻冬部只有平聲,蒸部有平聲去聲而無上聲,侵部有平聲上聲而無去聲,其他各部都具備平

---

① 夏燮《述韻》刻於道光二十年(1840)。

② 見《述韻》卷四。

上去三聲。現在列表如下：

a. 陰聲韻

之	幽	宵	魚	歌	支	脂	祭
平	平	平	平	平	平	平	○
上	上	上	上	上	上	上	○
去	去	去	去	去	去	去	去

b. 陽聲韻

蒸	冬	東	陽	耕	真	元	談	侵
平	平	平	平	平	平	平	平	平
○	○	上	上	上	上	上	上	上
去	○	去	去	去	去	去	去	○

這跟江有誥、夏燮所論《詩經》音的四聲情況大體相同。陰聲韻上去聲字在韻文中出現的比較多，特別多的是之部、魚部、脂部。陽聲韻上去聲字除元部以外都不很多。到魏晉以後陽聲韻的上去聲字就多起來了[①]。

　　在漢代的韻文裏平上去三聲字的分類跟後世韻書中所分差不多都相同，只有一部分字跟韻書不一樣。例如：

之部　"怠"韻書作上聲，漢代韻文讀平聲。"司"韻書作平聲，漢代有去聲一讀。"喜"韻書作上聲，漢代有去聲一讀。

魚部　"顧"韻書作去聲，漢代有上聲一讀。"居"韻書作平聲，漢代有去聲一讀。"舉"韻書作上聲，漢代有去聲一讀。

歌部　"化、議"韻書都讀去聲，西漢也讀平聲。

陽部　"享、養、饗、朗"韻書都讀上聲，漢代讀平聲。

真部　"震、訊、運"韻書都讀去聲，漢代也讀平聲。

元部　"翰、患、憲、獻、歎"韻書都讀去聲，漢代讀平聲的居多。

這種聲調與韻書不同的字在江有誥《唐韻四聲正》裏差不多都已經舉出來了，在這裏也就不須要一一列舉了。

---

① 詳見第二分册。

六、漢代的方音

1. 楊雄《方言》和漢代方言的地理區域

從周秦到兩漢間漢語發展的情況來看,我們不難看到有兩種事實。一種是從春秋戰國時代起在黃河流域一帶已經有了區域較廣的共同語,到漢代這種共同語逐漸發展爲全民的語言。一種是在語言逐漸趨於一致的過程中方言的分歧仍然存在。

春秋戰國時代是列國爭霸的局面,由於政治、經濟、文化各方面的影響和戰爭的頻仍不斷,黃河流域一帶華夏諸族的語言已經日益接近而且形成一種區域性的共同語[①]。我們可以從一些歷史事實來看。孔子可以周遊列國,晉重耳可以齟口四方,墨子可以止楚攻宋,蘇秦張儀可以遊説各國,這些事實都表明當時地域比較接近的各國在語言上一定已經有很大的一致性,尤其是書面語言更是如此。這是一種事實。但是這不等於説各國就沒有自己的方言。從《孟子》"有楚人欲其子之齊語也"一章和《戰國策·秦策》所説"鄭人謂玉未理者曰璞,周人謂鼠未腊者曰朴"的一些話可以知道四方的語言至少在詞彙和語音上是有很大的差別的。所以《禮記·曲禮下》説:"五方之民,言語異聲。"這又是一種事實。

戰國之後,經過秦的統一,到了漢代,中國成爲一個中央集權的封建大國,漢語的統一性更加強了,甚且形成爲全社會性的部族語言。但是根據許多文獻材料來看,不同的方言仍然存在,不過方言的數目可能比春秋戰國時代稍稍減少,方言之間的分歧點可能有不同程度的改變罷了。我們研究漢語史的中心任務是要説明漢語由上古以迄現代是怎樣發展、怎樣豐富起來的,可是在語言發展的歷史上方言與共同語、方言與方言的交互影響的關係很大,因此方言的研

[①] 《論語·述而篇》説:"子所雅言,《詩》、《書》、執《禮》皆雅言也。""雅言"就是正言的意思。清人認爲"雅言"就是當時流行的"官話"。參看周祖謨《從文學語言的概念論漢語的雅言文言古文等問題》,《北京大學學報》第一期,1956年,129—130頁。

究是研究漢語史重要題目之一。

　　就現代漢語而論,以北方話爲基礎的民族共同語(普通話)已經形成了,可是方言依舊存在,方言與方言之間最大的分歧就在於語音。我們可以設想得到在兩漢時期方言在語音的差異性可能更大。我們從許多材料綜合出兩漢音的一個總的部類是非常必要的,有了這樣一個概括性比較大的部類才能說明兩漢音在大的方面跟周秦音怎麼不同,跟魏晉以下的音又怎麼不同,所以說很必要。但同時也不宜忽略方音。不同的方音在整個語言的發展上都會有一定的作用。

　　我們要研究兩漢的方言和不同方言中特殊的語音現象所能依據的材料有下列幾種:

　　(1)漢代的著作中關於方言方音的記載。例如楊雄的《方言》和漢代經籍學家所作的經書及子書的注解。

　　(2)富有方言性的著作。例如《淮南子》裏有很多押韻的文句,史游的《急就篇》、崔篆的《易林》全部都是韻語,可以考查出一些方音現象。

　　(3)不同地區的作家的作品。同一時代內有些作家的作品流傳較多,可以根據作家的里貫來看他們在作品裏所反映出來的方音現象。

　　(4)字書和訓詁資料書。例如許慎的《說文解字》中的讀若、劉熙《釋名》中的聲訓等都是很有用的資料。

　　這些資料講分量不爲不多,但是有些材料很零散,有些材料經過爬梳分析之後能夠充分反映出方音現象的地方還不夠多,另外也有些材料比較龐雜,不易下結論。現在寫下來的只是一些初步考查的結果。

　　研究漢代方言,首先要知道漢代方言在地理上分布的情況。可惜在這一方面古人並沒有給我們遺留下來詳細明確的記載。要考查這一個問題惟一可以憑藉的資料就是《輶軒使者絕代語釋別國方言》。這一部著作,一般簡稱爲《方言》,相傳是西漢末年楊雄(前53—18)所作。其中所載都是漢代不同方域的詞彙,包括個別的方言、通行區域較廣的方言和一般流行的普通話。凡說"某地語"或"某地某地之間語"的,都是方言,凡說"通語、凡語、凡通語、通名"或"四方之通語"的都是普通話。方域的稱謂或用秦以前的國名、地名,或用漢代通用的地名。東起東齊海岱,西至秦隴涼州;北起燕趙,南至沅湘九嶷;東北至北燕朝鮮洌水之間,西北至秦晉北鄙,東南至吳越東甌,西南至梁益蜀漢。地域包括極廣,幾乎囊括漢代的全部版圖。

　　從其中所舉的方域來看,有的一個地方單舉,有的幾個地方並舉。依理推之，凡是常常單舉的應當是一個單獨的方言區域，凡是常常在一起並舉的應當是一個語言比較接近的區域。根據這樣的情況，我們可以粗疏地知道漢代方言在詞彙方面比較接近的有以下幾個大的地區：

1. 秦晉，隴冀，梁益①；
2. 周鄭韓，趙魏②，宋衛；
3. 齊魯，東齊，青徐；
4. 燕代，晉之北鄙，燕之北鄙；
5. 陳楚江淮之間；
6. 南楚；
7. 吳越。

這些地區的分割當然非常籠統，但從這個粗疏的分類中也可以看出在西漢時代"關西"跟"關東"不同，"陳楚江淮之間"與"周鄭、齊魯"不同，而"燕之北鄙"以及"南楚、吳越"等又都是比較特殊的方言。這對於我們瞭解漢代的方音無疑問是很有幫助的。假如我們再看一看東漢人的著作，也同樣可以印證這樣一個分割是比較可信的。

例如何休的《公羊傳》注裏曾經提到"齊、魯、關東、關西、宋魯之間、齊魯以北、冀州"等地方言；鄭玄《周禮》注曾經提到"齊、蜀、楚、燕、河間以北、關東、東萊、沛國、南陽、秦、齊魯之間"；《儀禮》注還提到"江淮之間、萊易之間"；《禮記》注還提到"越、冀部、南方"等地的方言；高誘的《淮南子》注曾經提到"楚、河東、燕、江淮間、青州、幽州、兗州、秦、三輔、雒下"等地的方言；劉熙的《釋名》裏曾經提到"青徐、兗冀、齊魯、關東、關西、宋魯、并冀、南方、江南、汝潁、幽州"等地的方言。這些都可以證明上面所列的一些區域方言是有差別的③。

《方言》這一部書是記載漢代方言詞彙的書，對於我們研究漢語詞彙發展的歷史啓發很大，至少我們可以看到全民的語言是怎樣吸收不同的方言詞彙而豐富起來的，但是在方音的異同上並沒有給我們很多的提示。我們要瞭解漢代不同方言的語音情況須要從其他方面的材料去找。

---

① "梁益"在西南，但書中"秦晉"與"梁益"常常並舉。
② "趙魏"在書中常常並舉，但"宋魏"也常常合稱，所以與"宋衛"列在一起。
③ 這裏没有舉許慎的《説文解字》，因爲《説文》裏面講到方言的材料大部分都跟楊雄《方言》相同。只有"河朔、益州部、三輔、淮南、淮陽、南陽、九江、宏農、荊巴間、南昌"等名不見《方言》。

2. 漢代古書注解中所指出的方音現象

最重要的材料是東漢時期許多古典文獻學家在古書的注解和訓詁書當中所指出的一些方音現象。例如：

《春秋公羊傳》隱公五年何休注云：“登來讀言得來，得來之者，齊人語也。”又莊公二十八年何休注：“伐人者爲客，讀伐長言之，齊人語也；見伐者爲主，讀伐短言之，齊人語也。”

《禮記·檀弓》“何居”，鄭玄注：“居讀爲姬姓之姬，齊魯之間語助也。”又《檀弓》“咏斯猶”，鄭玄注：“猶當爲搖，聲之誤也。秦人猶搖聲相近。”《禮記·中庸》“壹戎衣”，鄭玄注：“衣讀如殷，聲之誤也。齊人言殷聲如衣。今姓有衣者，殷之胄與。”《禮記·郊特牲》“汁獻涗於醆酒”，鄭玄注：“獻讀當爲莎，齊語聲之誤也。”

《詩經·匏葉》“有兔斯首”，鄭玄箋：“今俗語斯白之字作鮮，齊魯之間聲近斯。”

《吕氏春秋·慎大篇》“夏民親郼如夏”，高誘注：“郼讀如衣，今兖州人謂殷氏皆曰衣。”

《淮南子·本經篇》“牢籠天地”，高誘注：“牢讀屋霤，楚人謂牢爲霤。”

《釋名·釋天》：“天，豫司兖冀以舌腹言之，天顯也，在上高顯也。青徐以舌頭言之，天坦也，坦然高而遠也。”又：“風，兖豫司横口合脣言之，風汜也，其氣博汜而動物也。青徐言風，蹙口開脣推氣言之，風放也，氣放散也。”

《釋名·釋親屬》：“兄荒也，荒大也，故青徐人謂兄爲荒也。”

《釋名·釋言語》：“敏閔也，進叙無否滯之言也，故汝潁言敏曰閔也。”又：“厚後也，有終後也，故青徐人言厚曰後也。”又：“貴歸也，物所歸仰也，汝潁言貴聲如歸往之歸也。”

《釋名·釋飲食》：“豉嗜也，五味調和須之而成，乃可甘嗜也，故齊人謂豉聲如嗜也。”

《釋名·釋樂器》：“人聲曰歌，歌柯也，所歌之言是其質也，以聲吟詠有上下，如草木之有柯葉也，故兖冀言歌聲如柯也。”

《釋名·釋疾病》：“癬徙也，浸淫移徙處日廣也，故青徐謂癬爲徙也。”

《漢書·尹賞傳》“寺們桓東”，如淳注：“陳宋之俗言桓聲如和，今猶謂之和表。"①

這些材料都是很真實的記載。從這些例子裏可以看出幾種值得我們注意的現象②：

（1）陽聲元部真部（文部）有些字齊魯青徐之間沒有韻尾輔音-n③。例如"癬"讀爲"徙"，"鮮"聲近"斯"，"殷"讀如"衣"。

（2）幽宵兩部秦地聲音相近。

（3）"風"上古音的聲母是 b'，韻尾是-m，在東漢時期兗豫司沒有變，所以《釋名》說橫口合唇言之；青徐則變爲 Φ-ŋ，所以《釋名》說跟口開唇推氣言之。

（4）寒部字"桓"有韻尾-n，可是陳宋之間讀爲"和"，則沒有-n 尾。

（5）東漢時期青徐人讀"兄"爲陽部聲音，沒有轉入耕部，與《詩經》音相同。

（6）"敏"從每聲，在之部，汝潁言"敏"如"閔"，"閔"真部字，此爲《切韻》"敏"歸入軫韻的最早的方音。

（7）齊人讀"忮"爲"嗜"，"忮、嗜"都是禪母字，但"忮"爲支部字，"嗜"爲脂部字，是支脂兩部音近。

根據這幾種漢代的方音現象來看，漢代的方音有很多跟《詩經・國風》中所反映出來的方音現象是一致的。例如：

《陳風・東門之枌》二章："穀旦於差，南方之原，不績其麻，市也婆娑。""原"爲元部字，"差麻娑"是歌部字，"原"與"差麻娑"相協，"原"可能沒有-n尾，與如涫所說陳宋之間"桓"讀爲"和"的話相合。

《豳風・七月》四章："四月秀葽，五月鳴蜩"。"葽"爲宵部字，"蜩"爲幽部字，"葽蜩"押韻，也與漢人所說秦人猶搖聲近的話相合。

由此可以推知《詩經》中清人所指出的一些合韻的例子，其中可能有很多依當地的方音讀起來是相協的。即如《邶風・新臺》一章"泚瀰鮮"三字押韻，"鮮"與支部字"泚"、脂部字"瀰"押韻，是"鮮"無韻尾輔音-n；《鄘風・蝃蝀》二章"雨母"二字押韻，是之魚兩部音近；《秦風・小戎》二章"中驂"押韻，三章"膺弓縢興音"押韻，《豳風・七月》八章"沖陰"押韻，是侵部字韻尾-m 讀爲-ŋ。

_____

① 如涫，魏馮翊人，此所云"陳宋之俗言桓聲如和"當有所本。
② 這裏暫不討論關於聲母和聲調的問題。
③ 許慎《說文解字》中"盻讀若攜手、莙讀若威、昕讀若希、扁讀若捶擊之捶"也都是同類的例子。

諸如此類都很值得我們注意。

　　這是漢代古典文獻學家在古書注解中給我們的一些啓示。不過要瞭解漢代方音的情況還須要做進一步的考查。

七、個別方言材料的考查

要瞭解一個時代不同的方音情況,可以按照詩文作家不同的籍貫分地來研究他們的作品,以考查其中所反映出來的方音情況,另外還可以選擇一些富有方言性的著作進行個別的考查,這樣可能有更多的發現。

兩漢時代的作家很多,其中辭賦詩文一類的作品流傳下來比較多的有十幾家。西漢的司馬相如、王褒、楊雄等都是蜀郡人,東漢的杜篤、馮衍、班固、傅毅、馬融等都是關中人,他們的作品流傳下來的都很多,爲了明瞭蜀音和關中音的特點,可以特別提出來加以研究。東漢的張衡和蔡邕也是很重要的作家,張衡是南陽人,蔡邕是陳留人,南陽、陳留都屬於今之河南。這兩個人的押韻情況也須要加以研究。

除了這些作家的作品以外,兩漢時代還有很多對於考查方音有幫助的著作。現在選擇了幾種有代表性的書:西漢時期有《淮南子》《急就篇》《易林》,東漢時期有《論衡》《釋名》。《淮南子》代表江淮音,《易林》代表涿郡音,《論衡》代表會稽音,《釋名》代表青徐音,《急就篇》可能是關中音。現在就把這些材料表現出的語音特點分述如下:

1. 淮南子

《淮南子》是西漢時淮南王劉安(? —前122)及其門客所作。從《原道篇》至《要略》止,共有二十一篇,這是漢代子書中比較繁富的一部書。高誘注叙曾經説:"其義也著,其文也富。"這部書雖然不一定都是劉安一人所作,可是纂集編定,必然成於劉安,《要略》有"若劉氏之書"一語,是其明證。

劉安是厲王子,高祖孫,他的語音可能就是沛縣一帶的方音。《淮南子》這部書内押韻的文字很多,而且韻部很整齊。前人曾經説"淮南多楚語"。從詞彙方面來看,確是如此。如《要略》中的"精摇、畛挈"就都是楚語(見高誘注)。再從押韻方面來看,《詩經》中虚詞多半不作韻脚,而《楚辭》則每每虚詞入韻,

《淮南子》亦然。由此可以推想《淮南子》所代表的語音可能就是當時江淮一帶的楚音。所以我們特別提出來做爲研究西漢方音的材料之一,就其中有韻的部分加以研究。

清代的學者對於這一部書很重視,所做的校勘工作很多,而成就最大的是王念孫。他在《讀書雜志》裏所記關於《淮南子》的音義訓解方面的發明極多。他不僅校勘《淮南子》,並且研究《淮南子》的韻文部分,編成一本《淮南子韻譜》①。這本韻譜始終没有刻板,所以很少有人知道。本書所附的《淮南子韻譜》就是根據他的原稿本改編的。

王氏原譜先列陽聲韻,次列陰聲韻,而入聲韻則分列於有關的陰聲韻之後。其次序如下:

(1)東,蒸,侵,談,陽,耕,真,諄,元;

(2)歌,支錫,至,脂術,祭,葉,緝,之職,魚鐸,侯屋,幽,宵。

在韻字的分部來説,他完全按照早年所定的《詩經》韻部來分的,並非按照《淮南子》本身所反映出來的韻部分類來編定的。這是一個很大的缺點。其次,一部之内没有細心辨別四聲。陽聲韻只有一類,上去二聲字與平聲字雜厠在一起。陰聲韻脂之魚侯幽五部上聲與平聲分列,歌宵二部上聲字則與平聲同列;至於去聲,則歌宵二部亦與平聲同列,支脂祭三部去入合一,之侯幽三部上去爲一,魚部平去爲一。足見分別甚爲淩亂。再則一部之内本部字相押及本部字與別部字相押者都合寫在一起,没有另外分開,只用朱筆在別部字的旁邊加上一些標識而已②。

從這三點來看,這本《淮南子韻譜》還不是王氏晚年的定稿,一則東冬未分,一則去聲不單列爲一類,可能是受了段玉裁《六書音均表》的影響,因此很不完密③。王氏始終没有把這本書刻出來,恐怕也是由於原作須要改動的地方很多,必須重新編訂才行。

現在我們根據王念孫所標舉出來的《淮南子》的有韻部分加以研究,發現《淮南子》的押韻跟西漢韻文一般押韻的情況不同。陰聲韻分爲九部,陽聲韻分爲九部,入聲韻分爲十一部。今列表如下:

---

① 北京大學藏。

② 合韻字旁加丨。

③ 王氏晚年始從孔廣森之説分《詩經》音東冬爲二部。古有去聲一類亦晚年始確定。

陰聲韻			入聲韻			陽聲韻		
之部	上	去	職　部			蒸部	（上）	去
(謀龜牛有右母畝阜富均在本部)			(伏牧服在本部)			(雄字在本部)		
幽部	上	去	沃　部					
宵部	上	去	藥　部					
魚部	上	去	鐸　部			陽部	上	去
(車家等字在本部,《詩經》音侯部字在本部)						(行兵明等字在本部)		
			屋　部			東部	上	去
						(《詩經》音冬部字在本部)		
歌部	上	去						
(奇宜等字在本部)								
支部	（上）	去	錫　部			耕部	上	去
脂部	上	去	質　部			真部	（上）	（去）
微部	上	去	術　部			文部	（上）	去
祭部(去聲)			月　部			元部	上	去
			盇　部			談部	（上）	去
						(只去聲"澹氾"一例)		
			緝　部			侵部	（上）	（去）
						(風字在本部)		

這裏面陰聲韻除祭部外,其他各部大體都有平上去三聲分用的例子,只有支部沒有上聲的例子。陽聲韻陽東耕元各部都有平上去三聲分用的例子,蒸文兩部有平去二聲的例子,真侵兩部只有平聲的例子,談部只有去聲的例子。

從這樣一個韻部的分類來看,顯然跟《詩經》音差不多,只有《詩經》音的東冬兩部、魚侯兩部在《淮南子》合爲一部。

《詩經》音冬部字在《淮南子》中押韻的例子有十九處,其中:

(1)冬部字獨用的有四處:

降窮(原道)中窮(同前)宗窮(主術)窮宮(説林)

(2)冬部字與東部字合用的有十二處:

窮功(原道)容宗(時則)終宗通(覽冥)用中(精神)宗通(同前)肎亡中(本經,亡陽部字)窮通(主術)公通忠(齊俗)同通宗窮(詮言)窮同通(同前)從窮用沖(同前)中窮攻(兵略)

(3)冬部字與侵部字合用的有兩處:

南眾蟲(原道)心中(泰族)

(4)冬部字與蒸部字合用的有一處:

冬繩(覽冥)

這裏東冬兩類字合用的例子很多,足證東冬爲一部。其次《淮南子》中東部字與陽部字通押的比較多,而"窮"爲冬部字,也跟陽部字在一起押韻。例如:

橫窮剛忘(氾論)窮行(兵略)明䖟窮霜行(修務)

這也可以説明冬東兩類爲一部。

至於《詩經》音魚侯兩部在西漢合爲一部,這是一般的現象,在《淮南子》裏這類例子也很多。例如:

平聲:

間竽濡(説山)

上聲:

土走處(原道)下土野與後(同前)斗所(天文)後所與(詮言)雨下圍偶緒(兵略)虎走(同前)武取(同前)後雨鼓緒(同前)後伍(同前)馬炬狗俎(説山)狗雨(同前)鼠瘻齲(同前)武走(説林)楚予後呂距走處楚(人間)

去聲:

故遮候寠(詮言)慮鬥(兵略)

凡字下加點的,《詩經》音都屬於侯部,這些都是魚侯合爲一部的例證。

《淮南子》的押韻,東冬合爲一部,在西漢韻文中是一個特點。除此之外,脂、微、真、文、質、術,各分爲二,也是一個特點。《淮南子》中質部字與術部字没有相押的例子,界限很分明;真文兩部字雖有通押的例子,可是真部字很少與元部字通押,文部字絶不與耕部字通押,而真與耕通押者有二十七八處之多,文與元通押者有七處,這就是真、文兩部很大的分野。至於脂、微兩部,平聲字雖有少數通押的例子,可是上去聲分别很清楚,根據材料也應當分爲兩部。這樣陰陽入三聲恰好是相應的。

另外,從後面所列韻譜中合韻方面的材料來看,比較值得注意的是下面幾點:

(1)陽聲韻與陰聲韻押韻的例子有三處:《本經篇》"調通"相押,《説林篇》"酸和"相押,《詮言篇》"議患"相押。後兩個例子是一類。

《本經篇》説:"故至人之治也,心與神處,形與性調,靜而體德,動而理通。隨自然之性,而緣不得已之化,洞然無爲,而天下自和,憺然無欲,而民自樸,無機祥,而民不夭,不忿爭,而養足。"

《説林篇》説:"百梅足以爲百人酸,一梅不足以爲一人和。"

《詮言篇》説:"爲善則觀,爲不善則議;觀則生貴,議則生患。"

"調通"相押,"調"爲幽部字,"通"爲東部字,此與《楚辭·離騷》"同調"爲韻相同[1]。這應當是楚方言的一種現象。楚方言東幽兩部元音可能相近。《説林篇》"酸和"相押,"酸"爲元部字,"和"爲歌部字,《詮言篇》"觀議患"相押,"議"爲歌部字,"觀患"爲元部字。這又跟前邊所説"陳宋之俗言桓聲如和"相同。《淮南子》裏有這樣的例子,可能代表的是陳楚江淮之間的語音。

(2)陰聲韻去聲字和入聲韻相押的有之部、魚部、支部、脂部、祭部。

之職相押的,如:

覆載(原道)德服職代德(覽冥)事福(氾論)德事載(詮言)伏意備(兵略)

魚鐸相押的,如:

素白(原道)露澤(同前)格度(詮言)舍斥處(兵略)

魚屋相押的,如:

慕欲(精神)數樹欲(繆稱)欲助(兵略)斲具鬥(説林)構哭(同前)務族(要略)

支錫相押的,只有一例:

恚積(原道)

脂質相押的,也只有一例:

挃至(兵略)

祭月相押的比較多,如:

廢泄昧(原道)廢裂(時則)發歲(齊俗)世穢絕(兵略)跋發外掘外蔽(説林)滅大(人間)達世(修務)

由此不僅可以看出陰聲韻與入聲韻相承的關係,同時可以看出陰聲韻韻尾輔音-g、-d 可能還没有失落。

(3)陰聲韻魚部字與之部字有相押的。例如:

倨盱牛(覽冥)野圄宇雨父女志(俶真)下母古户寡(修務)

魚部字與之部字相押在周秦韻文中不多見,在兩漢韻文中值得注意的有下面幾個例子[2]:

_____

[1]　《楚辭·離騷》:"曰勉陞降以上下兮,求榘矱之所同;湯禹嚴而求合兮,摯咎繇而能調。"西漢東方朔《七諫·謬諫》:"不量鑿而正柄兮,恐榘矱之不同;不論世而高舉兮,恐操行之不調。"也是以"同調"相押,前人認爲東方朔是模倣《離騷》,我們認爲那也是東方朔本人的方音,不能單純認爲是模倣。

[2]　《易林》中這種例子很多,後面專有一節來談《易林》。

西漢：

司馬相如《子虛賦》"虛騃騏"押韻；

王　褒《洞簫賦》"子父"押韻；

枚　乘《七發序》"處母父所厚暑"押韻；

東漢：

堂谿協《開母廟石闕銘》"治隅祺之"押韻；

無名氏《古詩爲焦仲卿妻作》"戸語母府取語"相押；

謠諺《南陽諺》"父母"相押。

司馬相如和王褒都是蜀人，枚乘是淮陰人，堂谿協是潁川人。根據上面的材料，推想漢代四川和江淮汝潁之間之魚兩部的元音可能比較接近，而《淮南子》魚之相押也正是江淮音。

（4）陽聲韻陽部協東部、耕部協真部特別多。陽東相押，《詩經》中沒有例子；耕真相押《詩經》中例子也不多。這兩種現象，從戰國以後才多起來。《老子》中陽東相押的較多，《莊子》《楚辭》中耕真相押的較多。這都説明了陽東相押、耕真相押這兩種現象是楚方言的特點。《淮南子》裏陽東、耕真相押之多，尤爲突出①。猜想陽東兩部的元音必相近②，耕真兩部的元音也一定很相近，甚至於耕部的韻尾輔音也讀如真部(-n)，不過我們還不能確定。

説到陽東相押，在陸賈《新語》裏這種現象也很突出。陸賈是楚人，《新語》一書是漢高祖劉邦叫他寫的。從前有人懷疑這部書是僞造的，近人已經有考證，認爲這部書並非僞書③。根據《新語》來看，下面的例子很值得我們注意：

1. 沖容忠窮(《術事》卷上/7頁)④

2. 忠亡(同上)

3. 中傍宗用(《資質》下/1)

4. 亡行疆量長方功望陽殃光方亡張萌(《道基》上/4)

明亡功疆長方(《道基》上/6)

王公王同商常殃羌同同凶亡綱將望功王藏王良通明良方行(《術事》上/6)

良方功長羊方容亡(《輔政》上/8)

────────────

① 《易林》也是如此。

② 楊雄《方言》卷一"黨、曉、哲，知也，楚曰黨"。"黨"也就是現在所説的"懂"。

③ 詳見余嘉錫《四庫提要辨證》。

④ 《新語》篇名頁數據《四部叢刊》影印明弘治刊本。

亡傷僵揚同工量長觴光庠莊鱅堂芳通揚楊(《資質》下/1)

5. 通傷疆生成卿梁(同上)

從這些例子我們很清楚地可以看到《新語》的押韻表現出東冬是一部,陽東兩部音很相近。

在《新語》裏,耕真相押也正跟《淮南子》一樣。例如:

田形(《術事》上/6)

聲情輕貞賢信冥秦形傾情刑榮(《輔政》上/8)

聲民庭聽征鳴田親(《至德》下/4)

這都是耕真押韻的例子,其中也不雜一個文部字。《新語》跟《淮南子》的分韻正可以相印證①。

(5)在陽聲韻裏,值得我們注意的還有閉口韻的讀音問題。"風"字在《淮南子》裏仍歸侵部,可是侵部字有跟蒸部東部押韻的例子。如:

心蒸(本經)南衆蟲(原道)心中(泰族)

其中的東部字都是屬於《詩經》音冬部的字,由此可以看出侵部與蒸部東部的元音是接近的。不過根據這幾個例子我們還不能確定侵部的韻尾是否由-m變爲-ng。

(6)入聲韻職部跟術部有通押的例子,職部還有跟盍緝兩部押韻的例子。在韻尾方面要求並不很嚴格。

根據以上所説的事實,我們可以初步確定《淮南子》的分韻所代表的方音應當是陳楚江淮一帶的音。主要特點是:(1)東冬爲一部,(2)脂微、真文、質術諸部分用,(3)陽東音近,(4)耕真音近,(5)陰聲韻之魚支脂祭各部去聲字與入聲字通押。

2. 急就篇

漢代有許多童蒙習誦的識字書,如《蒼頡》《訓纂》《凡將》《急就》之類都是見於《漢書·藝文志》的。其中有的是四字句,有的是七字句,四字句在先,七字句在後。像《蒼頡篇》就是四字句,《凡將篇》就是七字句②。這些字書都是韻

---

① 陽東相押,西漢時代東方朔和司馬相如、楊雄、王褒等也是如此,後面還要談到。

② 《蒼頡篇》已亡。許慎《説文解字叙》引有"幼子承詔"一語,郭璞《爾雅注》引有"考妣延年"一語,新疆和居延所出漢簡中也有《蒼頡》佚文,都是四言。《凡將篇》,司馬相如作,今亡。《説文》"唪"下注引司馬相如説"淮南宋蔡舞唪喻",段玉裁以爲可能出自《凡將篇》。又《文選·蜀都賦》晉劉逵注引《凡將》"黃潤纖美宣制襌"一語,《藝文類聚》卷四十四引《凡將》"鐘磬竽笙筑坎侯"一語,都是七言。

語。傳留下來的只有《急就篇》一種。

《急就篇》,《漢書·藝文志》說是漢元帝時(前 48—前 33)黃門令史游所作。這部書是以七言爲主的。開篇就說:

急就奇觚與衆異,羅列諸物名姓字,分別部居不雜廁,用日約少誠快意,勉力務之必有喜。

其中也有一部分是三言或四言的。如敘述姓名一節說:

宋延年,鄭子方,衛益壽,史步昌,周千秋,趙孺卿,爰展世,高辟兵……

這一段都是三言的。七言、三言是漢代歌辭常用的句法。例如《漢郊祀歌》的《練時日》《天馬》《華爗爗》等都是三言:

練時日,候有望,熚膋蕭,延四方……

天馬徠,從西極,涉流沙,九夷服……

華爗爗,固靈根,神之斿,過天門……

這可以說明這種通俗字書跟當時詩歌在句法上的關係。《急就篇》能够流傳下來可能有兩種原因:一則因爲裏面都是一些日常應用的詞彙,通俗易曉,便於實用,所以易於流傳[①],一則因爲從東漢以後直至隋唐書家寫本很多,民間傳習不絕,所以沒有散佚。

這本書雖然是漢代童蒙習誦的書,内容很簡單,可是對於研究語言史很有價值。一方面我們可以知道當時一般通用的詞彙,一方面還可以藉助原作的押韻考察當時的語音。漢代文人的作品,不免有摹擬古音的地方,可是這本書爲兒童習誦所作,一定要與當時的實際語音相合,所以有提出加以說明的必要。

史游是什麼地方的人,已無可考。在這裏,《急就篇》只能做爲一種方音材料來看待。現在根據顏師古注本把全書的韻脚寫出來:

(1)異字廁意喜

(2)章方昌卿兵房强明良郎常横傷當央慶兄湯光陽章張王皇倉唐楊桑談讓莊將長妨梁羌忘臧黄衡箱芳羊剛鴦卿昌房陽

(3)奴屠都胡渠餘徐蘇胡奢期於如疏吾朝餘

(4)訖物

(5)爵樂鶴濯礿

(6)碰縼鮮蟬綩錢連便全纏遷銓緣

---

①　羅振玉所印《流沙墜簡》裏有漢人所寫的《急就篇》斷簡。

（7）秔羹薑醬香藏霜餳糧

（8）君帬褌縛緣紃巾人倫貧民親臣鄰銀

（9）鏊鐎鉏銚鐈

（10）窠篝籔

（11）盌舳簪

（12）壺盧纑

（13）家斜蠚鰕

（14）僮杠幢總工箌同雙龍甕容凶

（15）箏鳴聲庭醒令生形清腥程輕

（16）紐耳齒肘手髃

（17）主乳呂柱聚

（18）鉤鍱鈝枝

（19）輚輭衡棠韁錫煌蒼堂京梁牆方箱壞揚封

（20）鋤租杷樗扶驢超瑜豬雛駒趨芻

（21）雉尾死視兕麞履

（22）脹盲痕響病讓眼匠

（23）邪胡蘆華吾樓牙瓜枯盧

（24）恐奉寵踊腫冢

（25）訖出

（26）論文身聞倫分人君勳軍臣神民親馴新因淵均存人先文鄰軫臀牽真憐堅年論髡然山先根

（27）曹聊流膠牢號求留仇

（28）觸獨讀曲燭禄蜀録辱

（29）盛令寧平榮成生丁

這些韻脚爲數並不很多。陰聲韻有之幽宵魚脂五部字，陽聲韻有東陽耕真元五部字，入聲韻有質藥屋三部字。根據這些材料，首先可以證明我們就西漢詩文押韻的材料所歸納出來的韻部跟《急就篇》是相合的。如魚侯爲一部，上面（10）（17）（20）（23）四例表現得很清楚。從（3）（13）（20）（23）四例可知麻韻"奢杷家斜鰕邪華牙瓜"等字均在魚部。又如從（2）（7）（19）（22）四例來看，陽部包括"卿兵明橫慶兄衡蟇京"等庚韻字，從（8）（26）兩例來看，真文爲一部，也都跟西漢韻譜所定相合。

其次有三點值得我們注意：

（1）之魚幽宵四部元音相近。上面的韻字裏魚之通押者一見（例［3］），宵魚通押者三見（例［3］［9］［20］），幽宵通押者一見（例［27］），幽部與之魚通押者兩見（例［16］［17］）。

（2）真元兩部聲音相近，真元通押者兩見（例［8］［26］）。

（3）第（2）例中“談”字和陽部字押韻，韻尾可能不是-m。

根據這三點，我們猜想《急就篇》所代表的方音可能是關中的音。東漢的關中人杜篤、班固、傅毅、馬融的韻文中所表現出來的方音現象跟《急就篇》非常相近[①]。特別是魚宵通押的例子，在他們的韻文很多，《急就篇》中有三處魚宵通押，這是最值得注意的現象。

3. 司馬相如、王褒、楊雄的韻文

司馬相如、王褒、楊雄都是西漢的辭賦家。司馬相如和楊雄是成都人，王褒是資中人，成都和資中都屬於蜀郡。這三個人的辭賦流傳下來的相當多，而且篇幅都很長，根據他們押韻的情形可以看出一些蜀方音的現象。現在分述如下：

（1）陰聲韻各部通押的關係

陰聲韻之幽宵魚四部中幽宵兩部通押的例子較多，這兩部的聲音必然相近。但還不能確定幽宵是否爲一部。幽部字跟之魚兩部都有相押的例子，但幽部字大半都是尤韻一類的字。之、幽（尤）、魚的元音可能比較接近。

魚部的麻韻字有跟歌部字相押的例子，可知魚部麻韻字讀音與歌部接近。

歌部除與支部通押外，還跟脂部通押。與脂部通押的字多半都是支韻一類的字，這是值得注意的一點。脂部字與支部通押的一些例子裏多半都是脂韻一類的字。由此可以看出歌（支）、支（支）、脂（脂）的元音比較接近。

脂部與祭部通押的字都是未韻或隊韻的字，可見脂部的微韻一類跟脂韻一類的元音不同。脂韻一類近於支部，微韻一類近於祭部。

（2）陰聲韻與入聲韻押韻的關係

陰聲韻只見魚部、宵部、支部、脂部、祭部五部與入聲相押。魚部與入聲押韻的較多，或與屋部字押韻，或與鐸部字押韻。例如：

---

① 杜篤、班固、傅毅、馬融等人押韻的特點見下面89—93頁。

魚:屋

　　司馬相如:榛朴(子虛賦)

　　王　　褒:射鑛處鶩欲拊兔仆寇(四子講德論)

　　楊　　雄:鼓斲後睹(解難)趣欲(羽獵賦)

魚:鐸

　　司馬相如:埊垿(子虛賦)庶獲(同前)澤護慕(封禪文)

　　王　　褒:穫芋轂(僮約)

　　楊　　雄:庶獲(長楊賦)恪作祚(徐州箴)

其他各部,宵部與藥部押韻的一見(司馬相如),支部與錫部押韻的兩見(司馬相如、楊雄),脂部與質部押韻的一見(王褒)。祭部與入聲通押較廣,與月部、質部、緝部都有一些通押的例子。例如:

祭:月

　　司馬相如:瀕世勢絕(哀秦二世賦)沫逝(同前)

　　楊　　雄:害割殺泰敗謁(廷尉箴)

祭:質

　　楊　　雄:替弊(冀州箴)世洫室卒(將作大匠箴)

祭:緝

　　司馬相如:際答(封禪文)

　　楊　　雄:轄礏岋外(羽獵賦,轄礏是月部字)

　　從這些陰聲韻與入聲韻相押的關係來看,可以有兩種解釋:一種是陰聲韻跟入聲韻元音相同或相近,所以通押;一種是陰聲韻跟入聲韻不僅元音相同或相近,而且有相近的韻尾輔音。如果陰聲韻跟入聲一樣也具有韻尾輔音,西漢蜀方言魚宵支脂祭各部是否都有收尾,也很難定。但從魚祭兩部與入聲通押次數之多來看,魚部(除去麻韻字)有-g,祭部有-d,似乎可以確定。祭緝相押的兩個例子也可以說明祭部是有收尾的。

　　(3)陽聲韻各部通押的關係

　　陽聲韻東冬兩部王褒和楊雄的韻文裏通押的比單獨應用的多,這兩部可能就是一部。例如:

　　王　　褒:中窮從鄘宮(九懷匡機)從同聰衆(四子講德論)隆功(聖主得賢臣頌)

　　楊　　雄:窮雄溶中(羽獵賦)鍾窮(甘泉賦)降隆東雙功龍融頌雖蹤從(河東賦)恭降(宗正卿箴)衆公(元后誄)崇庸從(同前)

另外,在楊雄的《太玄經》裏也有七八處東冬合用的例子。下至東漢時,廣漢人李尤所作的韻文裏東冬也合用不分。東冬兩部不分,可能是蜀方言的一般現象。惟有司馬相如的韻文裏不見有東冬合用的例子。

真部字跟元部的山韻、元韻、仙韻字在司馬相如、王褒、楊雄的文章裏常常相押,楊雄作品裏尤其多。由此可見真元兩部比較接近。耕部字與真部字在司馬相如和王褒的文章裏偶爾有通押的例子,但爲數不多。

在陽聲韻裏還有侵談兩部的押韻情形是值得我們注意的。

侵部字在司馬相如的文章裏有與冬部相押的例子。如《子虛賦》以"蓼風音宮窮"爲韻,《長門賦》以"心音宮臨風淫陰音襜闇吟南中宮崇窮音"爲韻。其中"宮、窮、中、崇"都是冬部字,"襜"是談部字,"闇"是真部字。從這兩個例子可以看出司馬相如侵冬兩部的讀音是相近的。王褒的《洞簫賦》以"淫摻音風窮"爲韻,跟司馬相如相同。

在楊雄的作品裏,侵部字不僅與冬部字通押,而且與蒸部字通押。例如:

侵:冬

　　陰融(太玄,進)陰宮(太玄,沈)深崇中(太玄,玄瑩)[1]

侵:蒸

　　乘風澄兢(甘泉賦)風升閎紘蒸(解難)

　　崩心音勝(元后誄)

　　淫朋(太玄,周)陰應(太玄,應)

從這些例子可以看出冬蒸兩部與侵部讀音都比較接近。至於侵部的韻尾-m 是否有改變,尚不能定。

至如談部,韻字較少。王褒《四子講德論》以"陳賢廉"爲韻,楊雄《太玄》少卦以"淵箴"爲韻。"廉、箴"是談部字,"陳、賢、淵"都是真部字。由此可以看出這些字的元音是相近的。談部字的韻尾是-m,真部字的韻尾是-n,我們還不能根據兩個例子就斷定談部的韻尾-m 已經變爲-n。

(4)入聲韻各部通押的關係

入聲韻收-k 的幾部,如職屋沃藥鐸等,彼此都有一些通押的例子,但很少與收-t 的一類如質部、月部等在一起押韻。楊雄《解嘲》"逸七國"爲韻,以質部字與職部字相押,是不多見的。足見各家對於-k、-t 收尾分辨得比較嚴。

---

[1]　《太玄經》據四部叢刊影印明翻宋本。

收-t 的入聲韻質部和月部在王襃與楊雄的作品裏都有通押的例子①。楊雄的《太玄》裏也有不少這類的例子。例如：

　　　折抈括血(太玄,羨)一達(銳)出達(達)達屈(同前)
　　　奪必(度)舌聿(飾)雪劌(窮)日割(割)

由此可知質、月兩部讀音相近。

　　　入聲緝、盍兩部王襃《洞簫賦》和《四子講德論》都通押②。司馬相如、楊雄的韻文裏緝部有與職部通押的例子，是職緝兩部元音相近。盍部字楊雄有與屋部字相押例，又有與質部字相押例：

　　　捷足(反離騷)節業(甘泉賦)

"足"是屋部字，"節"是質部字，與盍部韻尾都不同，可能因爲元音相近所以在一起押韻。

　　　古人押韻不一定都很謹嚴，我們只能從多數的例證上來看當時語音的情況，有些特殊的例子，就很難下什麼判斷。例如《古文苑》有楊雄《太玄賦》一篇③，入聲-k、-t、-p 三類完全通押：

　　　伏域燭及日滅極族集焫裂甲俗滅谷岳足石宿樂曲渴蹶(踟蹰)極

這種押韻的情況是否反映入聲韻尾輔音已經失落呢？恐怕不是。這只能説作者所要求的只在於這些字音都是入聲而已，同時還反映出"焫"和"蹶"可能都有韻尾輔音。"焫"爲祭部字，有-d，"蹶"爲魚部字，有-g。

　　　總起來看，西漢時蜀方言的特點是：(1)幽宵兩部音近，(2)魚部除麻韻字外可能有-g 尾，(3)祭部字可能有-d 尾，(4)東冬兩部合用不分，(5)真元兩部音近，(6)侵部字和冬部字元音相近，(7)入聲韻質月兩部音近。

4. 易林

　　　《易林》是一種占卜書，全書十六卷，依《易經》六十四卦著爲繇辭，每卦六十四首，全書共四千九十六首。這部書舊本題名《焦氏易林》，相傳爲漢焦延壽(贛)所作。延壽爲漢昭帝時人，但是在《漢書》裏只談到京房治《易》，從梁人焦延壽學(見《京房傳》和《儒林傳》)，並沒有提到焦氏作《易林》。據清代牟庭相、翟

---

① 　見《兩漢詩文韻譜》24.2 質部合韻譜上。
② 　見《兩漢詩文韻譜》27.2 緝部合韻譜上。
③ 　李善《文選注》也引到這篇文章。見《琴賦》注和陸機《日出東南隅行》注。

云升和近代學者所考訂,《易林》一書不是焦延壽所作,而是王莽時崔篆所作①。

崔篆爲涿郡安平人,事蹟見《後漢書》卷八十二《崔駰傳》。駰爲篆之孫。《崔駰傳》説:

> 篆王莽時爲郡文學,以明經徵詣公車,太保甄豐舉爲步兵校尉,篆辭曰:"吾聞伐國不問仁人,戰陳不訪儒士,此舉奚爲至哉?"遂投劾歸。莽嫌諸不附己者多以法中傷之,篆兄發以佞巧幸於莽,位至大司空。母師氏,能通經學百家之言,莽寵以殊禮,賜號義成夫人,金印紫綬,文軒丹轂,顯於新世。後以篆爲建新大尹。篆不得已……乃遂單車到官。……建武初,朝廷多薦言之者,幽州刺史又舉篆賢良。篆自以宗門受莽僞寵,慚愧漢朝,遂辭歸不仕。客居滎陽,閉門潛思,著《周易林》六十四篇,用決吉凶,多所占驗。

由此可知《易林》實爲崔篆所著②,著書年代可能在西漢之末及東漢之初。

《易林》這部書所有的繇辭都是四言韻語,雖然其中有一小部分是前後重複的,但在數量上已經可觀。這是研究漢代音韻一部比較整齊的資料。現在我們所看到的《易林》傳本有三種:

(1)黄丕烈《士禮居叢書》所刻校宋本;

(2)《四部叢刊》所印元本;

(3)明正統道藏本。

宋本、元本爲十六卷,與《隋書·經籍志》和《新唐書·藝文志》相合;明本則分爲上下經,上下各爲五卷。明本無注,元本有注,無撰人姓名,疑爲宋人所作③。黄丕烈所刻校宋本只有正文,而失録注文,據陸貽典跋,宋本也同樣是有注文的④。

這三種本子文字互有不同。三者之中宋元本比較接近。舉《乾卦》繇辭爲例:

> 乾之小畜宋本元本均作"據斗運樞,順天無憂,與樂並居",明本在"順天無憂"下有"所行造德"一句。

> 乾之泰宋本作"不風不雨,白日皎皎,宜出驅馳,通理大道"。明本同。元本"通理"作"通利"。

> 乾之謙宋本作"山險難登,澗中多石,車馳轄擊,載重傷軸,儋負善躓,跌

---

① 詳見余嘉錫《四庫提要辨證》子部《易林》條。
② 丁晏在《易林釋文》序中不承認是崔篆所著的話,證據並不充分。
③ 注文中引及《禮部韻》毛居正説。
④ 見黄刻本卷末。

踒右足”。元本同。末二句明本作“擔載差躓，踠跌右足”。

　　　乾之隨宋本作“乘龍上天，兩蛇爲輔，湧躍雲中，遊觀滄海，安樂長處”。元本“湧躍”作“踊躍”，明本作“踴躍”。末一句元本同，明本作“民樂安處”。像這種文字上的異同很多，錯字比較少的還是元刻本。

　　《易林》這部書可以做爲考證古音的材料，從清初顧炎武作《唐韻正》起就已經注意到了，後來王念孫曾經鉤稽全書所有的韻字寫爲《韻譜》和《合韻譜》。

　　　王氏的書只有稿本，並没有刻本①。原著依照《詩經》音的韻部來排比《易林》的韻字，可是《韻譜》和《合韻譜》分部不同，對於四聲的分類也不同。《韻譜》是按二十一部來分的，而《合韻譜》是按二十二部來分的。二十一部，東冬爲一部，二十二部則分東冬爲二。《韻譜》中陰聲韻原來没有去聲一類，在《合韻譜》裏則又分出去聲一類。前後兩部分出入很大。由此可知原著還不是一部寫定的稿本。現在我們又根據王氏的稿本按照《易林》本身押韻的情況重新校訂，編成韻譜。在板本上主要根據元刻本。

　　《易林》中的繇辭以四句爲一首的居多，押韻的格式則不相同。主要有下列幾種：

　　1. a：a：a：a

　　　乾之訟：“罷馬上山，絕無水泉，喉焦脣乾，舌不能言。”

　　2. a：a：b：b

　　　解之渙：“春草萌生，萬物敷榮，陰陽和調，國樂无憂。”

　　3. a：b：b：b

　　　晉之臨：“羔羊皮弁，君子朝服，輔政扶德，以合萬福。”

　　4. a：a：b：a

　　　訟之萃：“褰衣涉河，水深漬罷，賴幸舟子，濟脱無他。”

　　5. a：b：a：b

　　　同人之革：“山陵四塞，遏我徑路，欲前不得，復還故處。”

　　6. a：b：c：b

　　　萃之離：“泰山幽谷，鳳凰游宿，威儀有序，可以來福。”

　　《易林》的繇辭也有完全不押韻的，也有開始兩句有韻，下文没有韻的。因

---

① 　王氏遺稿爲北京大學所藏。

此我們也不能强以原來無韻的爲有韻,那樣就很難找出一個分韻的系統來①。

根據我們研究的結果,我們發現《易林》的分韻跟西漢的韻類相似,但是紛撓錯雜,很不整齊。現在就我們所看出的現象簡要叙述如下:

Ⅰ.陰聲韻

(1)之部與《詩經》音所包括的字類相同。如"尤牛郵丘有母友右祐久灸否負婦富謀畝怪駭敏"等字都在本部。

但之部字與幽魚兩部通押的例子很多。之部與幽部通押者,幽部字平聲多半是尤韻一類,上聲則無此界限,像"道草寶老"等一類豪韻字與之部上聲字相押的也很多。

(2)西漢一般韻文中幽宵兩部字雖然有通押的例子,然而界限還比較清楚,《易林》裏宵部字獨用的比較少,幽宵兩部通押的比較多,而且宵部的豪肴宵蕭四韻字跟幽部的豪肴宵蕭四韻字都同樣有資格跟"之姬災"或"居虚車"押韻。由此可知幽部的效攝字已跟宵部字讀音相近。

(3)《詩經》音魚侯兩部在西漢韻文裏已經合爲一部,《易林》的押韻也是如此,侯部獨用的例子很少。"家車"一類的麻韻字全在本部,與歌部通押的很少,這跟西漢一般韻文的押韻也是相合的。

(4)歌部字在《易林》裏包括"罷危宜隨池徙被義施"一類支韻字,但這類字跟歌戈麻三韻字不同,歌戈麻三韻字很少跟支脂兩部字押韻,而這類字每每跟支脂兩部字押韻,是讀音有不同。

(5)支脂兩部字在《易林》裏有通押的例子,但兩部界限還很清楚。脂部與祭部可以通押,而支部不與祭部通押。

總起來看,陰聲韻在《易林》裏之魚幽宵四部爲一組,歌支脂祭四部爲一組。這兩組的元音和韻尾一定有很大的分别,幽宵兩部、之魚兩部通押極廣,也都是《易林》的特點。

Ⅱ.陽聲韻

(1)西漢韻文押韻東冬兩部是有分别的,在《易林》裏則東冬兩部合爲一部。東部和其他陽聲韻押韻很廣泛。除與陽部通押極多外,還與蒸侵談耕真元等部字押韻。東部與真部、元部押韻是比較特殊的現象。

---

① 後面所附《易林韻譜》所收例子非常謹慎,遇十分可疑的例子不收。十分可疑的例子爲數不多,不收這種例子對於我們考訂《易林》韻類並没有什麽妨害,而且有好處。

（2）《易林》裏蒸部字除與東部字有通押的例子以外，還跟侵部、陽部、耕部、真部通押。“雄”字或與侵部押韻，或與東部押韻。

（3）侵部字與別部字通押的範圍很廣，與東蒸陽真耕等部都有通押的例子，這是比較難以理解的一部。但從這種通押的廣泛情形來看，作者可能不很注意韻尾是否相同，也可能是侵部的韻尾-m 已經有了改變，我們還不能下肯定的斷語①。

（4）談部字《易林》中没有獨用的例子，與真元押韻者一見，與東部押韻者一見。

（5）《易林》陽部包括“明兄行慶”等字，與西漢韻文一般情形相同。但陽部與東部相押者多，與耕部相押者少，陽部與東部元音當比較接近。耕部與真部元部有通押例，與東部相押者較少。

（6）《詩經》音真文兩部在《易林》中分別已經不顯著，不過與元部通押的例子極多，而大部分都是《詩經》音文部的字，而以痕魂韻的字居多，由此還可以看出屬於《詩經》文部字的元音跟元部是比較接近的。

總起來看，《易林》中陽聲韻東陽蒸侵談是一組，耕真元是一組。陽聲韻韻尾-ng 跟-n 雖然可以通押，但是-ng 跟-ng、-n 跟-n 相押的居多數，仍然有一定的界限。-m 尾問題還不很清楚。在押韻上東冬爲一部，陽東、真元通押的例子很多，這都是《易林》的特點。

Ⅲ. 入聲韻

（1）《易林》入聲韻押韻的現象相當混亂。職部與質緝屋沃鐸諸部押韻的例子都非常多，其中與職部相押次數最多的是質部質韻字。這説明職部與質部質韻字的元音相近或相同。

（2）質部除與職部押韻外，又與緝部、月部押韻。質部字《詩經》音和兩漢韻文包括“節結穴”一類字，《易林》相同。

（3）屋沃兩部兩漢韻文中分別很清楚，《易林》中屋沃兩部都有獨用的例子，但屋沃通押的例子還很多，而且兩部字都跟職部通押，數量都相當多。由此可知屋沃已經非常接近。

（4）錫部除與月部有通押例子外，與其他各部通押者極少。

（5）緝部除與職部通押外，尚與質部押韻，是緝職質三部元音相近。盍部

---

① 因爲後漢末劉熙《釋名・釋天》説：“風，兖豫司冀橫口合唇言之。風，氾也，其氣博氾而動物也。”《易林》作者爲涿郡人，如《釋名》所説，推想西漢時幽冀語音“風”當有-m 尾。但後漢崔駰《大將軍西征賦》“風中雍宗”爲韻，似乎“風”字已由-m 尾變爲-ng 尾。

與職屋鐸質四部都有通押的例子,然盍鐸通押的較多,兩部元音可能比較相近。

總起來看,入聲韻在押韻的遠近關係上職質屋沃藥鐸緝盍爲一組,錫月爲一組。就韻尾方面來看,-p、-t、-k 三類韻都可以相押,可能由於作者對於韻尾方面的要求並不十分嚴格,所以不加分別,有如陽聲韻-m、-n、-ng 三類通押一樣。入聲韻藥鐸爲一部,屋沃爲一部,這應當説是《易林》的特點。

Ⅳ.陰陽入三聲的關係

(1)陰聲韻跟相承的入聲韻押韻出現次數稍多的有之部、脂部、祭部。之部的平上去三聲都有與職部押韻的例子。脂部與質部押韻則集中在去聲"匱祟位退類潰遂卉"一類字(都是《詩經》音的微部字)。祭部有些與月部押韻的例子。這幾部與相承入聲押韻的陰聲韻可能還有韻尾輔音。

除了上面所説的三部,魚部、幽部兩部也有一些與入聲韻押韻的例子,但數量不多。

魚部:

(a)秙縛(訟之巽)鵲暮(隨之泰)暮赦(遯之損)柝護懼(損之姤)

(b)怒午庫谷拒野(既濟之家人)墓舍覺(屯之解)溝襦軸(需之革)溝軸(暌之履)

幽部:

(a)手毒(无妄之乾)就復(无妄之賁)

(b)足谷(履之泰)鹿屋谷(噬嗑之兑)好欲(暌之姤)足草(歸妹之姤)

魚部(a)類是魚鐸押韻的例子,(b)類是魚屋押韻的例子,屋部字包括《詩經》音沃部字在内。幽部(a)(b)兩類是幽屋押韻的例子,(a)類入聲是《詩經》音沃部字,(b)類入聲是《詩經》音屋部字。根據這些例子我們現在還不能肯定魚幽兩部有無韻尾輔音。

(2)《易林》裏陽聲韻跟陰聲韻也有間或通押的例子。比較可靠的有下面一些:

蒸部:

恒來(既濟之節)(蒸之)

東部:

雛貢(訟之既濟)走恐後(中孚之剥)(東魚)

陽部:

傷家(大過之大有)狼旅陽(无妄之復)(陽魚)

真部：

　　門微(大有之復) 悲門(未濟之蒙)（真脂）

元部：

　　（a）禍全(需之大有) 泉禍(歸之未濟) 池患(大畜之既濟) 陂連(明夷之中孚)（元歌）

　　（b）怨鴟患(復之渙) 微患(既濟之蒙)（元脂）

　　（c）散竄(益之噬嗑) 賴殫(漸之震)（元祭）

這些例子對於我們斷定韻類的元音可以有一些幫助,但不能説這些陽聲韻没有韻尾輔音。

（3）陽聲韻與入聲韻押韻的例子極少。比較可靠的例子只有賁之既濟以"得仍"爲韻。

根據上面所説,我們可以把《易林》的韻部列爲下表：

a.陰聲韻　之　幽　宵　魚　歌　支　脂　祭

b.陽聲韻　蒸　東　陽　耕　真　元　談　侵

c.入聲韻　職　屋　沃　藥　鐸　錫　質　月　盍　緝

Ⅴ.四聲

（1）陰聲韻七部除祭部只有去聲外,其餘幾部都具備平上去三聲字。

（2）陽聲韻蒸部只見平聲字,其他各部除東侵談三部只見平上聲字外,如陽耕真元四部平上去三聲均有例字。但一般説起來,上去二聲字見用的都比較少。

就以上五項所説來看,《易林》和西漢韻文不同的地方很多。幽宵一部,東冬一部,屋沃一部,藥鐸一部,都是分韻上的不同。至於之魚相押,東陽相押,真元相押,以及入聲-k、-t、-p 三類分辨不嚴之類(如職屋、職質、職緝都可以通押),也表現得非常特殊。其中如東冬爲一部,東與陽通押極廣,都跟《淮南子》相同。《易林》用韻雖然紛撓錯雜,很不整齊,但是經過整理分析之後,也得出一個系統來了。這對於我們考察漢代語音很有幫助。

崔篆是崔駰的祖父,崔駰有文章傳下來,崔駰的兒子崔瑗也有文章傳下來。崔駰、崔瑗的文章押韻的情況也跟《易林》押韻非常接近。我們可以舉一些例子來看①：

（1）之魚幽宵通押例

---

① 參看《兩漢詩文韻譜》。

殊陶凝優(幽之魚,崔駰《達旨》)騶徒車旒(魚宵,《東巡頌》)子否暑(之魚,《扇銘》)酒缶後(幽魚,《酒箴》)表寶道(幽宵,《達旨》)杼禦舉楚趙脯女武序(魚宵,同前)

（2）東冬陽通押例

行農(冬陽,崔駰《東巡頌》)寵廣遑傷(東陽,崔瑗《竇夫人誄》)豐融(東冬,《張平子碑》)

（3）真元通押例

淵乾源(崔駰《達旨》)官賢(同前)奮權(同前)芸椽穿酸(《博徒論》)婚玄盤(《七依》)羣屯震人輪雲津奔弦鈞山人(同前)樽存歡(《樽銘》)淳敦繁(崔瑗《南陽文學頌》)神臣焉人(《竇大將軍鼎銘》)

（4）元談通押例

漢萬鑒(崔瑗《東觀箴》)

（5）入聲通押例

得實學國薔(職質沃鐸,崔駰《達旨》)德國迪(職沃,《縫銘》)直慝及(職緝,崔瑗《司隸校尉箴》)訐辟逖役(錫月,同前)

（6）魚部包括麻韻字

馬弩(崔駰《安封侯詩》)柱滸野(崔瑗《河隄謁者箴》)

（7）陽部包括庚韻字

羹方漿嘗(崔駰《七依》)揚明(同前)橫匡(《河南尹箴》)衡陽(《車左銘》)

根據這些例子來看,崔駰、崔瑗父子的押韻和《易林》押韻在許多方面都相合,由此更可以證明《易林》是崔篆所作。前人從書中所提到的史實和古代文獻中引到《易林》的繇辭證明今本《易林》爲崔篆所作①,現在又從《易林》押韻和崔駰、崔瑗的韻文證明前人的考證完全是正確的②,清人如丁晏、劉毓崧等硬認爲《易林》是焦贛所作的説法就更不能成立了。《易林》既然確定爲崔篆所作,那麼《易林》所代表的方音就是幽州冀州的方音了。

5. 班固、傅毅等的韻文

東漢有許多作家都是陝西人。班彪、班固是扶風安陵人,傅毅、馬融是扶風

---

① 如《易林》中提到"安民呼沱"是王莽時期的史實。又如《東觀漢記》引到《周易林》的繇辭和趙璘《因話録》所引到的崔羣以家《易林》占卜的繇辭都跟今本《易林》相合。

② 崔篆本人除《易林》外,只有短短一篇《慰志賦》流傳下來。《慰志賦》押韻很簡單,不能跟《易林》相證。

茂陵人,馮衍、杜篤是京兆杜陵人。他們的作品合起來數量很多,我們可以看一看他們的作品在押韻上有哪些特點。

(1)陰聲韻之幽宵魚四部元音比較接近。之幽兩部各家都有通押的例子,但幽部字主要是尤韻字。魚部西漢包括麻韻字,東漢則轉入歌部,而班固韻文中此類麻韻上聲字仍與魚部相押。其他各家則無此現象。班固、傅毅、馬融、杜篤的作品裏都有魚宵通押的例子:

杜　　篤:郊都(論都賦)腴殊要誅餘(同前)

班　　固:謡廬(幽通賦)符昭(漢書叙傳)夭楚昭(同前)霧妖(同前)殊禺甌區符驕(同前)禹叙武舉表(同前)趙主(同前)序表旅(同前)表署野布(西都賦)處表(幽通賦)

傅　　毅:鋪鑣(洛都賦)

馬　　融:郊苗虞(廣成頌)

同時又有魚幽通押的例子:

杜　　篤:耇壽(首陽山賦)

班　　固:衢無幽(東都賦)補道茂(幽通賦)署孝(西都賦)虞周(答賓戲)

馬　　融:舟幬流謳浮游(廣成頌)

但魚部與之部押韻的很少。由此我們可以知道幽部一部分(尤韻)跟之部接近,一部分(豪宵)跟宵部接近,魚部跟宵部音近,而跟之部較遠。

(2)脂部與之部很少通押,只班固《典引》以“備魏”押韻一例。脂部有跟支部通押的例子:

杜　　篤:崖支題犀璃觿(論都賦)衰違危師維眉微非威姿(同前)

馮　　衍:披悲(顯志賦)

傅　　毅:偉麾(洛都賦)

班　　固:規齊(十八侯銘酈商)羆威飛垂(又傅寬銘)威奇姿(奕旨)

馬　　融:崖磑危枝頹(長笛賦)枳虢兕狶(廣成頌)

脂部的去聲字則跟祭部通押:

杜　　篤:內外裔(論都賦)

傅　　毅:歲悴(七激)

班　　固:説氣世(東都賦)外內歲世(答賓戲)會勢貴頹世賴(同前)昧契綴(典引)

這些跟祭部通押的例子基本上都是屬於《詩經》音微部的字。

脂部去聲和祭部又都有跟入聲月部押韻的例子,班固、馬融是其代表。推想脂部去聲跟祭部元音相近①。

（3）陽聲韻東冬兩部杜篤、傅毅、班固均有通押例，但班固冬部與蒸部相押者多，如《靈臺詩》"徵躬"爲韻，《漢書·叙傳》"宗登"爲韻，"陵勝興雄終"爲韻，"終登宗"爲韻等，是冬部元音與蒸部相近。

（4）侵部"風"字，大部分的例子都跟收-ng尾的冬東蒸三部字押韻，而與侵部本部字相押的很少。例如：

杜　篤：京風陵隆（論都賦）

馮　衍：岡絃風崩（顯志賦）

傅　毅：風鋒降（竇將軍北征頌）

班　固：雍風徵躬稜（東都賦）

馬　融：工鐘容隆風降興重同終（長笛賦）

由此可知"風"字韻尾收-ng，已轉入冬部。又趙壹《迅風賦》"風充中終"爲韻，"風"字也收-ng。趙壹是漢陽西縣人（今甘肅天水縣西南），是秦隴語音相近。

至於侵部其餘的字則有跟真部字相押的。例如：

馮　衍：勤心（顯志賦）

傅　毅：深岑斤（七激）陰林根（同前）

班　固：淫紛文（漢書叙傳）秦心門信君（同前）恂心隣軍（同前）文深身臣倫（同前）

這些都是侵部字和真部字相押的例子。侵部字除了跟真部字押韻以外，班固《竇將軍北征頌》以"風陰淋農任心音潛參"爲韻，則與冬部字相押，不過僅僅一見。我們推想當時京兆、扶風的音侵部的"心深林陰"等字跟真部的"勤斤根文秦隣身"等字的讀音是相近的。侵部的韻尾是-m，真部的韻尾是-n，侵真兩部字在一起押韻，可能是作者在韻尾方面要求不嚴格，但也可能是侵部的韻尾不是-m，而是-n，或是一種鼻化韻，都很難説。

另外在王符的《潛夫論》卷十《叙録》一篇裏以"門權言遷心"爲韻（實邊第二十四）②，"心"與真部元部字相押，跟馮衍、傅毅、班固的押韻情形相同。王符是臨涇人，臨涇在今甘肅。這種侵真押韻的現象，到晉代皇甫謐、傅咸、辛曠等人的作品表現得更爲清楚③，這幾個人也都是甘肅人，我們推想漢代秦隴一帶的

① 也可能脂部有一部分去聲字跟祭部都有-d收尾。

② 《四部叢刊》本《潛夫論》卷十，四頁下。

③ 參看《魏晉宋詩文韻譜》。

語音侵部字的韻尾可能已有變動。

　　跟侵部相近的談部，韻文中所見到的押韻例字很少。杜篤《論都賦》裏“中巖窮戎通從”相押，“巖”是談部字，其他是東冬兩部字，杜篤讀談部字可能已不收-m。班固《幽通賦》裏“遠玷”相押，“遠”是元部字，“玷”是談部字，談元在一起押韻，可能因爲元音相近。

　　（5）“行京明”一類的字在西漢屬陽部，到東漢時一般都跟耕部字在一起押韻，可是有時還跟陽部字在一起押韻。馮衍、杜篤、班固、馬融都如此。“行京”兩個字幾乎游離於陽耕兩部之間，有時跟陽部字押，有時跟耕部字押，這正表示語音在轉變過程中所呈現的不穩定的現象。耕部字也有一些跟陽部通押的例子，足見陽耕兩部音近。

　　（6）真部與耕部相押者絕少，僅於班固文中一見，而真部與元韻相押者極多，由此可見真元兩部音近。

　　（7）入聲韻收-k的幾部職沃屋藥鐸都互相通押，這是一個特點，張衡、蔡邕絕不如此。惟錫部只與鐸部押韻，不與職沃屋幾部押韻。

　　質月兩部收-t的入聲韻，有時通押，但沒有跟收-k的入聲韻相押的例子，足見-k、-t兩類的分辨很嚴。

　　入聲收-p的緝盍兩部，杜篤、班固等都不跟收-t的入聲韻押韻，而跟收-k的入聲韻押韻。緝與職部字押韻，盍與鐸藥兩部字押韻：

　　緝職

　　　杜　　篤：德飾立息側式（書摅賦）

　　　傅　　毅：國集墨極（明帝誄）

　　　班　　固：殖邑國（西都賦）邑翼極（東都賦）立國（答賓戲）億邑域（竇將軍北征頌）級服陟（奕旨）翼克直服邑德（漢書敘傳紀八）

　　盍鐸藥

　　　班　　固：業作（典引）曄業作（漢書敘傳紀五）作業樂法（又志十）法略薄禄作（又傳五十三，禄屋部字）

這些例子都表明收-p的兩部都跟收-k的韻部通押。

　　總起來看，這幾家在押韻上表現出來的主要特點是：（1）陰聲韻魚宵兩部相押者較多；脂部一部分字如“悲齊威姿”等與支部音近，另一部分字如去聲“内氣貴”等與祭部音近。（2）陽聲韻冬蒸兩部音近；真元兩部音近；侵部“風”字韻尾爲-ng，侵部其他字跟真部音近。（3）入聲韻收-k的字可以通押，收-p的字也可以跟收-k 的字相押,但收-k 和收-p 的字不跟收-t 的通押。

6. 論衡·自紀篇

《論衡》的作者王充是會稽上虞人,生於東漢光武帝建武三年(27),卒於和帝永元年間(公元 90 年以後)①。我們很想知道當時會稽語音的情況,所以注意到他的書。《論衡》的《自紀篇》韻語部分最多,也恰好可以做爲我們研究的材料。

現在先把其中可靠的一些韻脚寫下來:

1. 公鍾
2. 恨倦(真元)
3. 文言安(真元)
4. 居虛
5. 文陳
6. 舌出缺屈(質月)
7. 危虧宜
8. 陳言(真元)
9. 天人
10. 時尤
11. 爲虧
12. 盈平名明人生成傷明(耕陽真)
13. 位避(脂支)
14. 易地
15. 行放
16. 子矣
17. 色得
18. 尊遷(真元)
19. 囊同(陽東)

20. 善顯
21. 白辱(?)
22. 退敗(脂祭)
23. 附去
24. 篇言
25. 雅野者
26. 酒脯(?)
27. 小少
28. 欻菜
29. 須陶牙武牢(魚幽)
30. 宜(?)葵厄希(脂支)
31. 辯淺
32. 智易
33. 宜差
34. 分門銓(真元)
35. 授取久(魚幽)
36. 是解
37. 爭定

38. 朴俗
39. 深沉
40. 文言(真元)
41. 雅睹者下
42. 鴻通
43. 得測
44. 人文然(真元)
45. 極覆(職沃)
46. 察轍
47. 言文(真元)
48. 母喜
49. 匿惑
50. 部餘(?)
51. 潔別察一(月質)
52. 醜部九(魚幽)
53. 雅者
54. 志字意
55. 事吏
56. 公通良(陽東)
57. 時思

58. 造睹曉(?)
59. 意怪
60. 同衆(東冬)
61. 合謠(?)
62. 黍序
63. 久口(魚幽)
64. 讀俗
65. 食服
66. 非誰
67. 然人(真元)
68. 言文(真元)
69. 好巧
70. 戾快(脂祭)
71. 味穢(脂祭)
72. 門言(真元)
73. 美毀
74. 辭枝(?)
75. 簡遠
76. 峭小
77. 半萬

————————
① 王充在《後漢書》卷七十九有傳。

78. 味穢（脂祭）	93. 貧篇言賢（真元）	108. 墨德	123. 生程銘
79. 好巧	94. 領省	109. 白泊	124 出（?）發達
80. 屈黜出	95. 小少	110 過累（?）	125. 牲人神全倫
81. 害貴（脂祭）	96. 舒餘	111. 彰窮雙（陽東冬）	賢雲山文（真
82. 市副忌字	97. 多呵	112. 細累（?）	元耕）
83. 迀舒	98. 沛大（?）	113. 佚歿札（質月）	126. 大割廢
84. 瑣酸（歌元）	99. 厚者（?）	114. 倉臧	127. 居輿如
85. 合入	100. 合立	115. 溢出	128. 害邁賴快
86. 形情	101. 魄斥	116. 志異	129. 際沛
87. 子母似好（之幽）	102. 事職	117. 遺階	130. 守酒保
88. 合襲業（緝盍）	103. 文言身（真元）	118. 異怪載	131. 導老後（?）
89. 通明章（陽東）	104. 淅迹色（錫職）	119. 門言賢（真元）	132. 期時
90. 省領	105. 善顯	120. 麟珍	133. 之灰
91. 珍神	106. 惡魄	121. 然産	134. 來材開該哉
92. 寡補下者	107. 德墨	122. 賢源根（真元）	（之脂）

這些韻脚數量雖然還不够多，但是也可以看出一些特點：

（1）魚部包括麻韻字。

（2）脂部脂韻一系字與支部支韻字音近，脂部去聲未韻字與祭部字音近；脂部“開”字與之部“來材該哉”韻同。

（3）真元兩部音近。

（4）東冬似爲一部。

（5）陽東兩部音近。

（6）入聲-k、-t、-p 三類有分別。

（7）“瑣酸”歌元兩部字通押與《淮南子》“酸和”相押相同。

這幾項都是比較明顯的。從這樣粗疏的觀察中也可以知道王充《論衡》中所表現出來的會稽音有些跟《淮南子》相近，有些跟《釋名》相近。

7. 張衡、蔡邕的韻文

張衡和蔡邕是東漢的兩個重要的作家，張衡是南陽西鄂人，蔡邕是陳留圉人。這兩個人的作品在押韻方面都相當整齊謹嚴，而張衡尤其精密，所以提出來特別討論。

（1）陰聲韻之支脂三部張衡分辨甚嚴，絕不通押，這是值得我們注意的一項。其次，之幽兩部通押和之魚兩部通押在班彪、班固、馮衍的作品裏都有這種例子，可是在張衡的作品裏絕不通押。

蔡邕的作品裏，支脂相押和脂之相押的各一見：

　　支脂：鵜雌兒斯（短人賦）

　　脂之：辭希歸（答卞元嗣詩）

之幽相押和之魚相押的也各有一例：

　　之幽：婦曰（題曹娥碑）

　　之魚（侯）：藪友有（釋誨）

從“婦曰”“藪友有”押韻來看，之部的尤韻字和幽部的尤韻字及魚部的侯韻字讀音相近。

（2）魚部在西漢時代包括麻韻字，在東漢時代魚部麻韻字則轉入歌部。張衡押韻，麻韻字平聲都與歌部相押，而上聲字則與魚部字相押，蔡邕則麻韻字一律跟歌部相押。

張衡歌魚相押的有兩處：（a）“羛羅齬波柯跪”（西京賦），（b）“葭華葩鵝鸕波”（南都賦），由此可知南陽音歌魚兩部元音必相近。魚部與宵部，張衡《西京賦》中也有兩處通押：“驅趨矯書初儲”“麇藪走取後”。這種歌魚、魚宵通押的例子，在蔡邕的韻文裏都沒有。

（3）陽聲韻東冬兩部張衡有少數通押例，但蔡邕分別較嚴。東陽兩部張衡不通押，蔡邕東陽通押只一見，都比較嚴格。又真元兩部張衡與蔡邕有少數通押例，而真耕兩部通押者絕少，只蔡邕《王子喬碑》以“筵陳煙庭民垠”爲韻。

（4）侵部字張衡蔡邕兩家都單用，絕不與其他韻部相通，即“風”字亦在侵部，不歸冬部，由此可知侵部韻尾-m 沒有變。蔡邕同郡人邊讓則“風”字一概與冬部字押韻，與蔡邕不同。邊讓是陳留浚儀人，在他的口裏“風”已經由-m 變爲-ng，侵部字張衡蔡邕仍讀爲-m 尾，這跟許慎的汝南音是一致的①。

（5）入聲韻-k、-t、-p 三類，張衡、蔡邕的押韻都比較嚴格，與班固等不同。質部“洫”字張衡已讀入職部，故與職部字相押（見《東京賦》）。但月部有兩處

---

① 見陸志韋《說文解字讀若聲訂》。

與盍部相押：

　　《西京賦》：桀豁列業轍月
　　　　　　　　　　　　　　　　　·

　　《舞賦》：絶雪□滅輒
　　　　　　　　　　　　·

這兩部的元音可能相同或相近。職部在這兩家的韻文裏絶不與緝部通押，可知職緝兩部的韻尾-k、-p 分別很清楚。

　　（6）陰聲韻與入聲韻相押者只脂質、祭月、祭質、魚屋數例。陰聲韻與陽聲韻相押者，只蔡邕《青衣賦》以"脣"字與脂部字押韻一例。

　　據此可知張衡、蔡邕分韻較嚴，與班固、馬融等不同。

8. 釋名

　　《釋名》是漢末劉熙所作的一部訓釋詞義的書。《宋館閣書目》題"漢徵士北海劉熙字成國撰"。劉熙，《後漢書》没有傳記，《三國志·吳志·程秉傳》説："（秉）避亂交州，與劉熙考論大義，遂博通五經。"《吳志·薛綜傳》説："（綜）少依族人避地交州，從劉熙學。"由此可知劉熙是漢末人，曾經避亂交州，以五經教授弟子。弟子中如程秉、薛綜、許慈等人都是很知名的①。

　　《世説新語·言語篇》王坦之令伏滔、習鑿齒論青楚人物，劉孝標注曾引伏滔論青土人物説："後漢時禰正平、劉成國，魏時管幼安、邴根矩，皆青土有才德者也。"伏滔以劉熙與禰衡、管寧、邴原相提並論，足見劉熙在漢末極有聲望。劉熙和鄭玄都是北海人，伏滔但舉劉熙，不舉鄭玄，可能因爲鄭玄年代比劉熙早，所以只舉時代較近的劉熙。這一段記載也可以幫助我們瞭解劉熙的年代。

　　《後漢書》不爲劉熙立傳，可是在《劉珍傳》裏説劉珍撰《釋名》三十篇，以辨萬物之稱號，因此從明代開始有人懷疑《釋名》不是劉熙所作②，而是劉珍所作。但《三國志·吳志·韋昭傳》説："昭在獄中上辭，有云：見劉熙所作《釋名》，信多佳者，然物類衆多，難得詳究，故時有得失。"由此來看三國時代已經有人稱《釋名》爲劉熙所作。因此錢大昕認爲："據《吳志·韋昭傳》，《釋名》確爲劉熙所撰無疑。承祚去成國未遠，較之蔚宗自然可信。"錢大昕的説法應當説是對的。不過有人認爲范曄是博綜羣書的一個人，像《釋名》這樣一部書的作者，他不應當弄錯；"疑此書兆於劉珍，踵成於熙"（如畢沅和嚴可均），但是又有人以

────────────

①　參看錢大昕《潛研堂文集》卷二十七《跋釋名》。

②　如鄭明選《秕言》。

爲"珍自有書,今已不傳"(如張穆和曾樸)。這些説法儘管各不相同,可是没有人認爲今本《釋名》完全與劉熙無關。

這一部書據我們看應當肯定地説是劉熙所作的書。理由有三點:

(1)本書題名作劉熙,序文開頭也説"熙以爲自古造化制器立象"云云,很清楚是劉熙,而不是劉珍。除非我們證明這篇序是假的。

(2)從韋昭以後引到《釋名》的書裏都稱爲"劉熙《釋名》"。

(3)最重要的一點是書中的内容跟劉熙的年代和里貫相合,而與劉珍的年代和里貫不相應。劉珍生當漢安帝時,安帝時無"司州"的名稱(見畢沅《釋名疏證序》),"司州"的名稱是漢建安以後才有的。其次,劉珍是蔡陽人,而劉熙是青州北海人,書中談到青徐語音的地方很多①,其他地點則談到的很少,足見作者是劉熙而不是劉珍。

作者的問題弄清楚以後,我們才能恰當地運用這一部分的材料來説明漢代的方音問題。

《釋名》是一部訓釋詞義的書,這在前面已經説過了。作者把當時日常應用的語詞分別加以詮釋,説明所以如此稱謂的緣由,性質跟班固的《白虎通義》很相似。劉熙在自序裏説:

> 夫名之於實,各有義類,百姓日稱而不知其所以之意,故撰天地、陰陽、四時、邦國、都鄙、車服、喪紀,下及民庶應用之器,論叙指歸,謂之釋名。

《釋名》解釋事物得名之由的方法,是從聲音上來推測的。例如《釋名·釋天》説:"日,實也,光明盛實也。"《釋山》説:"山,産也,産生物也。"被解釋的詞和解釋詞聲音是相近的。根據聲音去尋求意義,而下一個解説,這種辦法,稱爲"聲訓"。"聲訓"起源很早,西漢時期,今文經家所作的書,特別是屬於讖緯之學的一類書裏最喜歡從聲音上解説詞義。從語義學的觀點來看,其中主觀的成分是非常多的②,但做爲一種考證古音的材料來看,還是有用處的。《釋名》一書其中可能有些訓釋是採摭前人的,但極大的部分是劉熙自己作的。我們從他所立的訓釋當中可以看出當時青土方音的一個輪廓。

《釋名》的聲訓方式主要有五種:

(1)取同一韻部字爲訓,包括同音字在内。如老,朽也;爪,紹也;髭,姿也;

---

① 如第六章第二節所舉的例子都是。見67頁。

② 例如《釋名》説"山,産也,産生物也",《説文》就説"山,宜也,宜氣散生萬物"。足見詞的得名之由因訓詁家的想法不同,因人而異。

日,實也。

（2）取異部的雙聲字爲訓,如頤,養也;晷,規也;省,瘦也;禍,毁也。

（3）平上去三聲字取入聲字爲訓,或入聲字取平上去三聲字爲訓,其中以雙聲字居多;如消,削也;始,息也;愿,態也;肉,柔也。

（4）取陽聲韻字訓陰聲韻字,或陰聲韻字訓陽聲韻字,如水,準也;頹,傾也;癬,徒也。

（5）取同一字爲訓,但四聲讀法不同,如宿,宿也;濟,濟也;觀,觀也①。

根據這幾種不同的方式來看,從第一種方式我們可以知道很多字在劉熙時代韻部的歸類②。例如:

負,背也（之部）;火,化也（歌部）;河,下也（歌部）;
覆,孚也（幽部）;羹,汪也（陽部）;笄,係也（支部）。

從第三種方式,我們可以瞭解一些陰聲韻與入聲韻相配的關係。例如:

之：職　始,息也;亥,核也;簂,恢也;福,富也;墨,晦也。

幽：沃　脩,縮也;肉,柔也;麴,朽也;慼,遒也。

宵：藥　要,約也;消,削也;臞,蒿也。

魚：鐸　庶,樜也;竊,錯也;疏,索也。

侯：屋　頭,獨也③。

歌：鐸　罵,迫也④。

支：錫　姊,積也。

脂：質　私,恤也;寐,謐也。

祭：月　歲,越也;害,割也;瀾,竭也;継,制也;殺,竄也。

從第四種形式,我們可以窺看出一些陰陽對轉的關係和青徐的方音。

從第五種形式,我們可以認識到四聲改變和意義的關係⑤。

其中第二種形式對於我們瞭解古聲母幫助極大,如手,須也;出,推也之類。

---

① 《釋名·釋天》:"宿,宿也,星各止宿其處也。"案宿爲星宿字,《廣韻》音息救切,去聲;止宿之宿音息逐切,入聲。《釋水》:"濟,濟也,言源出河北濟河而南也。"案濟水之濟音子禮切,上聲,濟渡之濟音子計切,去聲。《釋宮室》:"觀,觀也,於上觀望也。"案樓觀之觀音古玩切,去聲,觀望之觀音古丸切,平聲。這種分別表現在《釋名》中的例子前人都沒有留意。如果認爲《釋名》中以同一字爲訓,聲音完全相同,那是錯誤的。
② 參看後邊所附的《釋名聲訓分韻表》。
③ 《釋名》魚部侯部分爲兩部。
④ 《釋名》歌部包括《廣韻》麻韻字在内。
⑤ 四聲改變以後就成爲另外一個詞。

對於我們考訂韻部的讀音也有一定的用處。

《釋名》的材料,肯定地説,是很重要的。爲了便於考察,把其中聲訓的材料依韻部分列如下:

釋名聲訓分韻表

這個表是根據《釋名》中的聲訓參照漢代韻部的分類和《釋名》本身分韻的類別來排的,材料中有些是屬於以雙聲爲訓的例子,與審辨韻部讀音也有關係,因此也一併記出,以做參考。但外面加括號( ),以示分別①。

在分韻排列中,凡韻部方面現象比較突出者(除去以雙聲爲訓的例子)皆分別列出,其他則係舉例性質,並非全部材料。

(1)之部

(暑規)	時期	載戴	祀已	子孳	巳已	己紀
霾晦	珥耳	晦灰	灾栽	屺圮	汈軌	汜已
海晦	沚止	齒始	(頤養)	愗忌	負背	背倍
趾止	蚩癡	(基據)	能該	持跱	(母冒)	似似
慈字	耳衈	醢晦	(晦冥)	(起啓)		

之:脂:來哀

之:職:亥核　婦服　始息

(2)幽部

秋緧	丑紐	卯冒	酉秀	戊茂	阜厚	道蹈
牟冒	(首始)	(手須)	老朽	脭靮	尻廖	抱保
蹈道	道導	孝好	舅久	嫂叟	友有	好巧
巧攷	浮孚	留牢				

幽:侯:洲聚　州注　丘聚　肘注　脋赴　勾聚　丘區

　　　　靮句　柳聚　鮑腐　鬂秀

幽:魚:糗麚　疏寮　麚朽

幽:宵:幼少

幽:沃:叟縮　脩縮　覆孚　宿星宿宿

---

① 有些材料並不容易劃分,這裏只是初步地做一些辨別而已。

（3）宵部

昊顥	曜燿	妖妖	磽堯	趙朝	毛貌	少小
超卓	操鈔	笑鈔	悼逃	爪紹	（號呼）	燥焦

宵:幽:窔幽　跳條　翱敖　隧翱　髦冒　高皋　簫梢

宵:藥:要約　消削

（4）魚部

暑煮	雨羽	雨輔	土吐	午仵	露慮	鹵爐
岵怙	岨臚	渚遮	梧忤	路露	涂度	徐舒
吳虞	膚布	距矩	胡互	股固	步捕	據居
撫敷	匍捕	癉忤	女如	姁忤	助午	麩齬
父甫	祖祚	姑故	夫扶	孤顧	武舞	語叙
序抒						

魚:鐸:庶摭　麤錯　疏索　鼓郭

（5）侯部

（霧冒）	（口空）	溝構	軀區	孺濡	者垢	后後
厚後	趣赴	走奏	駐株	竇數	耦遇	
醀投	奏鄒					

侯:屋:頭獨

侯:魚:候護　咐撫

（6）歌部

夏假	火化	（火毀）	河下	陂陁	阿何	坐挫
攎叉	寡踝	臥化	（禍毀）	嗟佐		

歌:鐸:罵迫

（7）支部

離麗	地諦	蹊徯	皮被	胑枝	騎支	脾裨
臂襟	髀卑	卦挂	企啓	跪危	提地	跐躧
誼宜	細眲	纚筵	笄係	（頍傾）	系繫	鞿解
（披擺）	（危阢）	（畫繪）				

支:脂:地底　髟姿　蹵底　驚昵　吹推　軹指　桅巍
　　　髓遺　是嗜　啓詣
支:錫:姊積　罶歷　易易
(8)脂部

　　氣愾　（水準）　未昧　癸揆　（雷硠）　曀翳　淮圍
　　濟濟　湄眉　　坻遲　體第　　肌懷　　眉媚　胃圍
　　臍劑　尾微　　姿資　懷回　　嚏疐　　耆指　弟弟
　　妹昧　妃菫　　季癸　姨弟　　禮體　　悌弟　懿優
　　非排　遲積　　哀愛　誰推　　脂砥　　階梯
脂:支:視是　批裨　宸倚　痍侈　宄佹　死漸
脂:祭:謐曳　鼻嚊
脂:質:寐謐　姪迭　鑪滑　彎拂
(9)祭部

　　兌說音悦　澮會　艾乂　毳芮　袂掣
祭:脂:敗潰
祭:月:歲越　害割　夬決　瀾竭
祭:質:肺勃
(10)蒸部

　　（陵隆）　（膺雍）　乘升　縢承
(11)東部

　　冬終　　（風放）　虹攻　冢腫　涌桶　嵩竦　踵鍾
　　竦從　　捧逢　　擁翁　仲中　（公君）恭拱　通洞
　　崇充　　絳工　　宮穹　江公　宋送　　邦封　膿醲
　　（項確）童重　　脣哐　容用　紅絳　（公廣）
(12)陽部

　　光晃　陽楊　丙炳　　庚更　霜喪　壤孃　　岡亢
　　康昌　莊裝　黨長　　行抗　兄荒　（章灼）羹汪
　　（盎溶）彭旁　（鞅嬰）鄉向　腸暢　望茫　　羊陽

王旺　　　良量

陽:魚:黨所

(13)耕部

景竟　（星散）（丁壯）靑省　涇俓　俓經　荊警
鄭町　頸俓　脛莖　聽靜　甥生　（名明）敬警
清青　（省瘦）貞定　鏡景

(14)真部

春蠢　旻閔　辰伸　申身　年進　雲運　電珍
昏損　氛粉　秦津　晉進　腎引　敏閔　艱根
巾謹　辛新　淪倫　郡羣　筋靳　津進　囷峻
鬢濱　臀殿　牽弦　眠泯　齔洗　親襯　孫遜
姻因　嬪賓　仁忍　信申　人仁
真:元:天顯　天坦　玄縣　艮限　巽散　寅演　震戰
量捲　鄰連　脣緣　吻免　奔變　引演　昆貫
袞卷　褌貫　網緍

(15)元部

乾健　寒扞　（霰星）山產　原元　川穿　澗間
瀾連　燕宛　縣縣　演延　汗旱　面漫　頩鞍
眼限　肝幹　腕宛　髖緩　摶團　妍研　偓安
觀翰　攀翻　踐殘　仙遷　慢漫　言宣　冠貫
觀觀　（旬乘）（癬徒）
元:真:咄吮　肩堅　鰥昆　亂渾　翦進　船循　疝詵
酸遜

(16)談部

坎險　濫衛　拈黏　攬歛　廉歛　胎衛
談:侵:儋任　檢禁　欠欽　甘含

(17)侵部

風氾　壬妊　祲侵　陰蔭　金禁　林森　頷含

　　　　貪探　　寝侵　　男任　　廩矜
侵:談:念黏　枕檢　　岑崟　　心纖　　飲奄　　衾廣　　吟嚴

(18)職部
　　　（慝態）　肋勒　（福富）（簎恢）（墨晦）　臆抑　（伏覆）
　　　側偪　　匐伏

(19)沃部
　　　黿跑　　礐學　　腹複　（覺告）　叔俶　　孰祝　　篤築
　　　（蹙逍）（叔少）（麴朽）（篴滌）（肉柔）
沃:屋:陸漉　掬局　　菊局　　祝屬

(20)屋部
　　　（木冒）　瀆獨　（目默）　足續　（仆踣）　屬續　（綠淥）
　　　縠堁
屋:沃:屋奧

(21)藥部
　　（樂哀樂樂）（礫料）　（臒蒿）

(22)鐸部
　　　石格　　膜幕　　額鄂　　脚却　　搏博　　拍搏　　踏藉
　　　薄迫　（伯把）（朔蘇）（掠狼）

(23)錫部
　　　辟析　　疫役　　嫡敵　　益阨　　嗌阨　　腋鐸　　脊積
錫:職:膈塞

(24)質部
　　　日實　　戌恤　　乙軋　　潏術　　骨滑　（膝伸?屈）（出推）
　　　抶鐵　　耋鐵　（匹辟）　筆述　（律累）
質:月:戌脱　疾截　　柿撥　　血滅

(25)月部
　　　月闕　　熱蓺　（雪綏）　霓齧　　蠚蠚　　扸泄　　發撥

|（撥播）|札截|埒脱|髮拔|舌泄|韡末|（緤制）|
|（殺竄）|達徹|||||

月：質：撮捽　　挈結　　説述　　刷率　　刷瑟　　札櫛

月：藥：潔碻

（26）盍部

|睫插|睫接|脅挾|甲闔|蹋楊|躡攝|妾接|
|業捷||||||

葉：職：法逼

（27）緝部

|隰墊|邑俋|（立林）|（入内）|

緝：葉：執攝　　襲匝

根據上表,再參照《釋名》書内所論到的方音現象,大體可以看出漢末青徐一帶方音的特點:

（1）陰聲韻之部内屬於《廣韻》灰咍韻的字跟之韻字不相混。"能"字在本部,韻母與"該"相同。"敏"字讀如"閔",歸真部。

（2）幽宵兩部豪肴宵蕭四韻字聲音相近。如"跳,條也""翱,敖也""隰,翱也""髦,冒也""高,皋也""蕭,梢也"都説明幽部效攝字已讀近宵部。魏晉以後就更顯明了。

（3）《釋名》中魚侯兩部有分,與東漢一般押韻的情況不同。在《釋名》的聲訓裏以侯部字訓釋幽部尤韻字的例子很多,足證侯部讀音與幽部尤韻一類字相近。

（4）陰聲韻支脂兩部字相訓釋的例子很多,支脂兩部字與之部字相訓釋的絶少①,可知支脂兩部音近,而與之部相去較遠。

（5）《釋名·釋車》説:"車,古者曰車,聲如居,言行所以居人也;今曰車,聲近舍。車,舍也,行者所處若居舍也。"韋昭《辨釋名》説:"車,古皆尺奢反,後漢以來始有居音。"韋昭的解説可能是對的,但從劉熙的話可以知道當時青徐音"車"音近"舍"（-a）。

（6）陽聲韻青徐音東冬爲一部,從"崇,充也""絳,工也""宋,送也""紅,絳

①　只"來哀也"一例。

也"幾個例子看得就清楚。"風"字兗豫司冀讀在侵部(-m),青徐則讀在東(冬)部(-ng)。

(7)"兄夐彭行"等字在東漢時期一般皆讀入耕部,《釋名》則仍在陽部。

(8)真部字與元部字相訓釋的例子很多,這在《釋名》裏是很突出的一種現象。由這一點可以說明真元兩部的元音是非常接近的。《釋名·釋疾病》說:"癬,徙也,浸淫移徙處日廣也,故青徐謂癬爲徙也。"案"徙"爲支部字,青徐謂"癬"爲"徙",與鄭玄所說齊魯間斯鮮聲近(《詩·匏葉》箋)相同。"癬"的韻母可能是鼻化音。

(9)侵談兩部字相訓釋的例子也很多,而不與其他陽聲韻相訓釋,可以說明這兩部韻尾是-m,而不是-ng 或-n。《釋宮室》說:"廩,矜也,寶物可矜惜者投之於其中也。"是"矜"字亦歸侵部①,韻尾爲-m。

(10)入聲韻沃部中屋韻字有以屋部字爲訓釋的,可能與屋部讀音接近。

9. 總的説明

根據上面所述關於個别材料的考查,我們可以知道兩漢時代不同的方言在韻部的分類上和韻部的讀音上都各有一些特點。《淮南子》所代表的方音是陳楚江淮之間的音,《易林》所代表的方音是涿郡的音,《釋名》所代表的方音是青徐的音。這三部書都是比較重要的資料。

就上面所説每種材料的特點綜合起來看,在分部方面主要的不同是東冬的分合,魚侯的分合和幽宵的分合。

(1)東冬兩部《淮南子》《易林》《釋名》都不分②。

(2)魚侯兩部在《易林》裏合用不分,可是在《釋名》裏魚侯的分别就表現得很明顯。

(3)幽宵兩部,《易林》《釋》有合爲一部的趨勢。司馬相如、王褒、楊雄以及班固、馬融等的韻文裏兩部通押的例子也比較多。

(4)《淮南子》裏脂微分爲兩部,真文分爲兩部,質術分爲兩部,這是很特殊的現象。

其次,在韻部讀音方面根據上面的考查所看出的一些不同方言的特點可以

---

① 西漢韋玄成《戒子孫詩》以"心矜"爲韻,"矜"即在侵部。韋玄成爲鄒人,與青徐地域接近。

② 東冬不分,在東方朔韻文中也有這種現象。

分爲兩類：一類是某兩部的讀音在某地比較接近，一類是某一部的字各地有不同的讀法。

某兩部讀音相近的一類，主要有下列一些現象：

（1）真元兩部讀音相近，這是很普遍的現象。除了《淮南子》以外，如《急就篇》《易林》《釋名》《論衡》以及楊雄、班固的文章都表現得很清楚①。

（2）陽東兩部讀音相近，這可以說是楚方言的一個特點，陸賈《新語》和《淮南子》陽東兩部字通押最多。但在東方朔的文章裏和《易林》裏陽東兩部字也常在一起押韻，下至東漢班固、馬融的文章以及王充的《論衡》也是如此②。足見陽東兩部讀音相近，區域相當廣。但《釋名》中陽東分別很清楚。

（3）耕真兩部通押，西漢時司馬相如、王褒韻文裏有幾處如此，但《淮南子》裏最多，東漢時許慎、堂谿協耕真兩部字也通押。耕真音近可能是汝潁江淮之間的方音特色。張衡文和《釋名》耕真兩部分別很清楚。

（4）之魚兩部通押，在韻文中不多見，西漢時司馬相如、王褒文中有少數通押的例子，但《易林》中這類的例子相當多，《淮南子》裏也有一些。西漢時江淮一帶和蜀郡涿郡之魚兩部的聲音可能比較接近。其他的地方就不如此。

（5）魚宵兩部音近，《急就篇》和班固文表現得很清楚。

（6）脂部脂韻字在司馬相如、王褒、楊雄的文章裏有與支部通押的例子，《易林》中稍多，杜篤、馮衍、班固、馬融文中也有一些，都表明脂支兩部音近。但表現得最明顯的是《釋名》。

這些現象對於我們瞭解漢人的讀音有很大的幫助。

談到個別一些韻部的讀音，從材料中所反映出來的還不夠多，比較明顯的是侵部字。侵部字在不同方言中的讀法是不同的。先說侵部的"風"字。"風"字在西漢的材料裏還看不到有甚麼分歧；到東漢，杜篤、班固等人讀爲-ng尾，崔駰、邊讓以及劉熙的《釋名》也都如此，可是張衡、蔡邕仍讀爲-m尾。這就有了不同。至於侵部其他的字在東漢時期陝西、甘肅人有一些跟真部字押韻的例子，蜀人李尤《函谷關賦》以"咽年君文勳循門琛奔論坤"押韻，也把侵部字和真部字通押，侵部字的韻尾可能有改動，但張衡、蔡邕文和《釋名》中侵部字的韻尾還是-m。

---

① 《論衡·自紀篇》真元兩部押韻的很多。如"恨倦""文言安""陳言""尊遷""分門銓""人文然""言文""然人""門言""貧篇言賢"等皆是。

② 《論衡·自紀篇》東陽通押的例子有"襄同""公通良""通明章"數例。

　　另外有少數材料元部字和歌部字押韻,如《淮南子》《易林》《論衡》都有這樣的例子。在許慎《説文解字》的“讀若”裏“萑讀若和”也是元部字讀爲歌部的聲音。在這些材料所代表的方言裏元部字的元音可能是鼻化音。

　　總起來看,這些考查雖然不能把漢代的方音的全部面貌説得很清楚,至少由此可以知道秦隴、蜀漢、幽冀、江淮、青徐、吳越幾處方言的一些現象。這些現象的瞭解對於我們進一步探討漢語語音演變的歷史會有很大的啓發。

八、兩漢詩文韻譜

1. 韻譜總説

關於漢魏晉南北朝韻部演變的歷史跟一些有關的問題,都在各分册裏去討論,在這裏只想把我們用作研究的基本材料和寫成韻譜的經過做一番總的説明,我們用作研究的基本材料就是由漢到隋之間的韻文。韻文押韻的情形是複雜的,要想把這種複雜的情形簡明地表現出來,自然以類聚韻字,寫成韻譜爲宜。不過在韻譜這一種簡單的形式之中要把這麼繁雜的材料安排得好,也是困難重重的。首先摘記韻字要正確,然後才能研究各時代韻部的分合。研究韻部的分合有了可靠的結果之後,在編排韻字的時候,還要把同一個時代以内的各種押韻現象和前後不同時代韻部因革的情形都清清楚楚地表現出來。材料既多,有時不免顧此失彼,挪來挪去,這一部韻譜經過好幾遍的抄寫才算編定。雖然有些地方還不能使人完全滿意,但是在利用材料和處理材料上曾經用過一番心思。現在先就取材和在編纂當中所接觸到的一些問題以及解決這些問題的辦法總括地説一説,然後再談編排的方法。

（1）材料的範圍和材料的取捨

韻譜所收的韻文材料,以嚴可均《全上古三代秦漢三國六朝文》和丁福保《全漢三國晉南北朝詩》兩部書中所有的爲主,另外摘要增補一些材料。增加的材料,屬於兩漢時期的,有《史記》的《自序》和《漢書》的《叙傳》;屬於南北朝時期的有《後漢書》《文心雕龍》的論贊。這些材料,分量雖不太多,然而與"箴""銘"等同樣都是韻語,所以也收進來,做爲材料的一部分。其次,在漢代的子書裏,《淮南子》《易林》兩部書是研究漢代方音的重要材料,從前王念孫就曾經做過一番工作,現在我們根據他的手稿本①,重新改編,做爲資料的一部分。但

① 北京大學藏。

是這兩部書都各有其獨立性,不宜跟漢代其他作家的韻文並列,因此另立一編,做爲附録。

嚴氏丁氏所編的兩部大書,搜羅豐富,而且有很多的作品經過校勘,所以非常便用。不過其中有一些材料的作者和時代是有問題的,韻譜就有的收,有的不收。這裏面包括四種情形:

(甲)僞託的作品,時代不易確定的,不收。例如嚴可均《全漢文》卷二十六收有班固《高祖泗水亭碑銘》,張成孫曾經説:"此篇用韻最雜,與諸文不合,詞亦淺俗,恐是後人僞作。"①可是究竟是甚麼時候的人僞託的也很難定,所以只可擯棄不録了。

(乙)作者主名不可靠,可是材料的時代可以確定,那就改題"闕名"或"無名氏",仍然入録。例如相傳爲西漢枚乘、李陵所作的五言詩,很早就有人懷疑是漢末人的作品,現在我們歸入東漢"無名氏"的一類。

(丙)同是一篇作品,分屬兩家的,這時候就斟酌情形來決定。例如嚴氏根據《藝文類聚》於《全漢文》卷五十四收有楊雄《尚書箴》,但是因爲《古文苑》題爲崔瑗作,所以又收於《後漢文》卷四十五崔瑗名下,我們考查"官箴"作得最多的是楊雄,而且本文的押韻現象也與西漢時代相合,所以就歸屬於楊雄名下,崔瑗一篇就取消了。還有南朝封建帝王的宗廟樂章,後代往往沿襲前代所有,不再改製;丁氏《全詩》中儘管前後同樣著録,本編不復重出。

(丁)凡是脱誤稍多或韻讀不明的,均不入録。像漢劉向《請雨華山賦》《鐃歌·遠如期》等即是。

(2)摘録韻字的問題

摘録韻字是編定韻譜的一項初步工作。在這種工作中最重要的事情是審句讀,辨韻例,校錯字。如果這一步工作没有做好,着手研究的時候,可能發生很多的錯誤。江永曾經説:"古有韻之文亦未易讀,稍不精細,或韻在上而求諸下,韻在下而求諸上,韻在彼而誤叶此;或本分而合之,本合而分之;或開句散文而以爲韻,或是韻而反不韻;甚則讀破句,據誤本,雜鄉音,其誤不在古人而在我。"②這話是很有見解的。在漢魏晉南北朝韻文中韻讀較清楚的是魏晉以後的作品,問題發生最多的是兩漢的文章。其中固然常有錯字,就是句讀韻脚也

---

① 見武林葉氏印本《説文諧聲譜·韻附》下 206 頁。
② 見江氏《古韻標準·例言》36 頁。

不易捉摸。有時似乎是在一起押韻,而實際聲音隔越較遠。有時在整齊押韻當中又忽然有幾句無韻,各式各樣,現象非常錯綜。要解決這些問題,就必須首先校正錯字,分析韻例才行①。可是另外有些地方很難決定押韻的起止,那麼我們只可就全篇換韻的情形和文義段落的起訖來決定。例如:

賈誼《弔屈原賦》:

般紛紛其離此尤兮,亦夫子之辜也,歷九州而相其君兮,何必懷此都也!鳳凰翔於千仞兮,覽德輝而下之,見細德之險徵兮,遥曾擊而去之。彼尋常之汙瀆兮,豈能容夫吞舟之巨魚?橫江湖之鱣鯨兮,固將制於螻蟻。

劉向《九歎·怨思》:

菀蘼蕪與菌若兮,漸藁本於洿瀆,淹芳芷於腐井兮,奔霆駭於筐簏。執棠谿以刺蓬兮,秉干將以割肉,筐澤瀉以豹鞹兮,破荆和以繼築。(《全漢文》卷三十五,四上)

這兩篇作品都是四句一換韻的。頭一個例子裏,"辜都下去"雖然同屬於魚部,但是"辜都"是一韻,"下去"是一韻,如果不作這一番考查,我們就會把平上分用的例子做爲平上通叶的例子看待了②。第二個例子裏"瀆簏"是屋部字,"肉築"是沃部字③,假如不從全篇換韻的通例來看,就很有可能誤認爲這幾句是屋沃合韻了。

還有一些地方是從押韻的形式上難以斷定的,我們就根據古音的知識和當時一般韻文所表現出來的聲音系統來做決定。例如:

司馬相如《封禪文》:

故聖王不替,而修禮地祇,謁款天神,勒功中嶽,以章至尊;舒盛德,發號榮,受厚福,以浸黎民。(《全漢文》卷二十二,七上)

這裏"替神尊榮民"爲韻。張成孫《諧聲譜·韻附》中把"替祇"分爲一韻是錯的④。考"替"字古有平入二音:《詩經·大雅·召旻》"彼疏斯粺,胡不自替,職兄斯引","替引"爲韻。屈原《離騷》"長太息以掩涕兮,哀民生之多艱,余雖好修姱以羈羈兮,謇朝誶而夕替","艱替"爲韻。這是"替"字讀爲真部平聲的例子。又屈原《九章·懷沙》"撫情效志兮,冤屈而自抑,刓方以爲圜兮,常度未

---

① 漢人韻例見下。
② 自顧炎武認爲古人押韻不拘一聲以後,很多人都相信他的説法,其實要看材料來説話,不可執着。
③ "沃部"王念孫稱爲"毒部"。
④ 見《説文諧聲譜·韻附》下56頁。

替",“抑替"爲韻。《莊子·則陽篇》“與世偕行而不替,與所行之備而不洫",“替洫"爲韻。張衡《東京賦》“洪恩素蓄,民以固結,執誼顧主,夫懷貞節。忿姦慝之干命,怨皇統之見替。玄謀設而陰行,合二九而成譎,登聖皇於天階,章漢祚之有秩","結節替譎秩"爲韻。這是“替"字讀爲入聲質部的例子。根據以上的例子,我們明確地知道“替"字絶不與支部平聲字相叶,那麼張氏的錯誤就得到改正了。

以上所説是在校正錯字,分析韻例以外的兩種具體的辦法,根據這兩種辦法,在摘録韻字上我們解決了不少疑難的問題。

（3）分别韻部的一些問題

我們把韻字摘録出來以後,就類聚韻字,進行分部的工作。分别韻部所要守的基本原則,自然是要按照韻文押韻的實際情况來處理,絶對不能以意爲定。這就是段玉裁作“六書音均表"分别《詩》韻時所稱“因其自然,無所矯拂"的意思①。具體的辦法當然以張惠言父子分别《詩》韻所用“絲聯繩引"的辦法最爲妥當②。例如甲與乙押韻,乙與丙押韻,由此系聯,知甲乙丙爲一類。不過有時同部字未必都能恰好有押韻的例子能够彼此相聯,那就遇到了困難。張氏父子固然可以借用《説文》諧聲的系統來貫串③,可是這種辦法用來考證《詩經》的韻部還可以,假如用來對付現在這一批材料,那就不行了。特別是自魏晉以後實際語音與字的諧聲系統逐漸分歧,尤不適用。那麼應當怎樣辦呢？ 我們只好以張氏父子的辦法做爲參考,另外從這一個時代以前或以後的流變上來做決定。

例如從“奚"聲的字,根據清代各家所考,在周秦音是屬於支部的。在西漢韻文裏我們見到“鷄、谿"兩個字,“鷄"字見於司馬相如《上林賦》,以“鷄鸃"爲韻④;“谿"字見於枚乘《七發》,以“枝離谿"爲韻⑤。其中“鸃、離"兩個字都是歌部字。“鷄、谿"既然跟歌部字相押,我們就很容易把它們誤認爲也是歌部字了。但是東漢時期,從“奚"聲的字並不讀歌部。從歷史的流變,我們可以認清

---

① 見《六書音均表》四,1 頁。
② 見《説文諧聲譜》卷二,論第三,8 頁《論入聲配部》條。
③ 例如《詩》韻“中宮躬蟲宗"等字爲一部,《谷風》六章“冬窮"爲韻,不與“中宮"等字相聯;可是依照《説文》“窮"字從“躬"得聲,那麼就可以決定“窮躬中宮"等爲一部。諧聲相同的字都是一部的説法創自段玉裁。《六書音均表》一《古諧聲説》稱:“一聲可諧萬字,萬字而必同部,同聲必同部。"
④ 見《全漢文》卷二十一,五下。
⑤ 見《全漢文》卷二十,五上。

“鷄”字在西漢屬支部，“鷄鵗”“枝離豯”是歌支合韻，“鷄、豯、枝”屬支部，“鵗、離”屬歌部。這就是所謂從流變上來解決韻字歸部的方法。

其次還有一個問題，就是現在這一批材料包括漢魏晉南北朝許多時代，每一個時代的作家很多，他們的里貫不同，用韻的寬嚴也不同，在分別韻部的時候，我們究竟根據哪些人的押韻情形來作分部的標準呢？我們覺得在這種情形之下只可以多數人用韻的情形作準則，不能單就少數人的個別情形來做決定。分部或寬或嚴也不是標準，要以不失其共同性爲原則。如果一般的情形分韻稍寬，那些用韻較嚴的例子可以提出來加以説明[1]；如果一般的情形分韻很嚴，那些用韻稍寬的例子可以特別提出來作爲“合韻”。“合韻”的名稱是段玉裁所創的，他把《詩經》韻分爲十七部，凡是異部合用，就叫做“合韻”。現在我們可以利用這個名子來稱那些兩部以上通用合用的例子[2]。這樣做，可以求得一個近似的韻部分類，同時在處理材料上也更容易些，在表現各種不同的押韻現象上也更清楚些。

根據上面的辦法我們來區分各時代的韻部，所得的結果是：兩漢相近，魏晉宋北魏相近，齊梁北齊北周陳隋相近，因此可以把這八百年間韻部的演變分爲三個大的時期。但是每一個時期之内前後時代的分韻又不盡相同，並且在整個歷史當中三國和劉宋是前後兩個轉折點，這是值得注意的。後面的韻譜就是按照上面所説三個大的時期來排的。

2. 韻譜編排的方法

韻譜按照韻部演變的三個大段落分列爲《兩漢韻譜》《魏晉宋韻譜》《齊梁陳隋韻譜》。北朝的一個時期，北魏的作家大半生當南朝齊梁的時候，可是韻部的分類和劉宋時代相近，所以把北魏的作品歸入《魏晉宋韻譜》，列於宋代之後；北齊北周的作家大部分生當梁陳時代，用韻的分類也與梁陳時代相近，所以把北齊北周的作品歸入《齊梁陳隋韻譜》，列於梁代之後。

這三個韻譜都是按照陰陽入三聲的韻部分開來排列的。入聲韻一類雖然在魏以上和陰聲韻關係較密，在晉宋以下和陽聲韻分類相應，可是在讀音上並

---

[1]　各時代中都有一兩個人用韻較嚴，例如西漢的賈誼、劉向，東漢的張衡、蔡邕，三國的王粲，晉的張華，宋的顔延之、謝莊、鮑照，齊的謝朓，梁的沈約、何遜，北魏的常景等都是。

[2]　利用“合韻”一名所要表現的内容，詳見下文。

非單純音調的問題,所以獨立爲一類,不與陰聲韻或陽聲韻的平上去三聲同列。

　　陰陽入三聲之中韻部排列的次序是按照聲音的遠近來定的。一部之中又分爲兩部分,本部字在一起押韻的先列,本部字與其他部分的字在一起押韻的後列;前者題稱"某部韻譜",後者題稱"某部合韻譜"。合韻譜之中又依照各種不同的合韻情形分類來排列。假如同一個時期之內一部的韻字在前後時代裏有不同,那就把兩個時代的材料分立爲兩個韻譜,這樣就把前後的異同表現出來了。假如遇到這一部與其他一部合韻,這一部的韻字前後時代相同,而其他一部有不同的時候,那麼儘管這一部的"本韻譜"是一個,而"合韻譜"也立爲兩個。因爲這樣才能表現得正確。

　　"合韻"之所以要分立,是爲了便於研究。第一,根據合韻的類別可以看出某部字究竟與哪幾部字通押,其中通押例子較多的一類必然聲音最近。第二,由一種合韻現象之中來看爲甚麼這些作家要這樣通押,是因爲用韻較寬呢,還是代表一種方音的現象呢,以此可以做爲研究的起點。第三,我們雖然把漢隋之間韻部的演變分爲三個大的時期,但是事實上同一時期的作家中也有用韻跟前一個時期相同的,也有用韻與後一個時期相近的[1],那些凡是與當時不同的特殊現象都可以在合韻譜中表現出來。第四,在異部合用之中,固然以陰陽入三聲同類相押的例子居多,但是另外還有陰聲韻與陽聲韻、陰聲韻與入聲韻相押的例子,後者一類在瞭解古代讀音上關係很重要,我們把它列在合韻譜裏可以引起注意。以上所說是"合韻"所以要分立的意義。因此,韻譜中"合韻譜"最爲重要,列譜之難,也以"合韻譜"爲最。

　　另外,從漢到隋,作家在押韻上對於聲調都區別得很嚴格,其分類大體與隋唐一系的韻書相同,現在列譜在陰聲韻和陽聲韻一部之內都把平上去三聲分列[2]。假如一字的聲調跟韻書的分類不同,我們只能根據韻文來定,絕不受韻書的限制。有時一字古人有兩種不同的押法,也許是古人押韻不拘一聲,也許是古人有兩種不同聲調的讀法,究竟如何,很難確定,現在只有從例證的多少來做判斷了[3]。

　　每一部的韻譜包括的韻字很廣,爲便於研究起見,在韻譜前面我們都列出一個"韻字表"。"韻字表"是按照《廣韻》的韻目排列的。如果一個字在《廣

---

① 前者如江淹,後者如鮑照。
② 平上去的名子雖然是齊梁人所創的,現在我們也不妨利用它來說明古聲調的類別。
③ 例如"數、吹、勞、膏、譽、呼、驅"等字有平去兩讀,"舉、語、處、去"等字有上去兩讀,都是很顯明的例子。

韻》中分收兩韻，而義訓相同，那只取做爲小韻之首的那一個音。例如“僕”字在《廣韻》兼收屋沃兩韻，入屋韻的讀“蒲本切”，入沃韻的讀“蒲沃切”，可是入沃韻的“僕”字居於小韻之首，當爲“僕”字一般的讀法，因此我們就把“僕”字算爲沃韻字。假如一個字在《廣韻》兩處都不做小韻之首的話，那就參照與此諧聲相同的同部字來定。還有一些字的音調或讀音不是《廣韻》中所有的，那就參考《經典釋文》和《集韻》來歸韻。這一類在韻字表下都注出來，以便稽考。

　　以下須要説一説作家時代的安排和同一個時代内作品的排列辦法。關於作家的時代，我們完全是根據嚴氏丁氏的書來列的。不過有幾個人兩家所列不同。例如王粲、陳琳、阮瑀、徐幹、劉楨、應瑒、繁欽等嚴氏歸入後漢，丁氏則歸入三國；程曉，嚴氏歸入三國，丁氏則歸入晉；顏之推，嚴氏歸入隋，丁氏則歸入北齊。本編除顏之推依照嚴氏外，其餘都以丁氏所列爲據①。嚴氏丁氏兩書對於封建帝王都是不題名姓的，本編一律題出。在韻譜中屬於不同時代的作家都分開來列，同一時代的作家則以卒年先後爲序。惟有封建帝王不取卒年，而取其即位之年，這樣可以幫助我們從排列上知道某一個人是在某一個帝王即位以後死的。所有作家的生卒年，可以參看書後所附的“作者里貫生卒年表”，韻譜中人名排列的次第，即以此爲準。各譜之内凡是屬於同一個人的作品都列在一起，文在前，詩在後。每一篇的題目如果過長，則斟量截短，不能截的，也就不截。每篇篇目下一律注明出處，標舉卷數葉數，以便讀者據此覆按原書。又每一個時代裏總有一些不知作者主名的作品，這些作品的韻字都列在韻譜末“闕名”或“無名氏”之下。“闕名”和“無名氏”都是無主名的意思，不過“闕名”下所列的作品，就其内容來看，可能是一人所作，其作者主名今已亡闕無考；至於“無名氏”下所列的作品，則大半都是民歌，或是民間集體的創作，經過文人的潤飾才傳流下來的，既然出於衆手，則本無主名，所以題稱“無名氏”。我們分立這兩個名子，其意義就在這裏。

3. 兩漢詩文韻例

　　在前面我們曾經説過在鈎稽韻字的時候必須審辨韻例，這樣才不致於把韻

---

① 因爲王粲、陳琳等人都是圍在曹操左右的人，不能不歸入三國時期；程曉有給傅玄的詩，所以歸晉；顏之推卒於隋開皇年間，所以入隋。

脚弄錯。前人研究《詩經》音的時候,對於分析韻例都很注意。從宋項安世《項氏家説》首先揭舉詩句韻例起①,到清江永作《古韻標準》,孔廣森作《詩聲類》又逐漸加詳。我們瞭解了韻例以後固然可以免去“强叶誤讀”的毛病②,同時也可以幫助我們瞭解古人怎樣分辨聲音,進而去瞭解音與音的分别。另外還可以藉此來看古人怎樣利用聲音的諧和來發揮詩歌語言的優美,以作我們發展詩歌音律的借鏡,這樣就涉及到文學的範圍了。現在僅僅從《詩經》來看,其中押韻方式之豐富已可驚人。這種豐富的方式當然是從民歌的基礎上發展來的。兩漢作家,承其緒餘,所以出現在辭賦裏面的樣式還很多,到魏晉時代一般五言詩的押韻方式才漸漸趨於簡單,等到齊梁時代新的聲律説興起以後,押韻的方式就變得很單純了。所以現在僅就兩漢作品押韻的情形摘要列舉如下:

(1)每句押韻例　a a a a

　　王褒《僮約》:轉出旁蹉,牽犬販鵝,武都買茶,楊氏擔荷。(《漢文》卷四十二,頁十二)

　　班固《奕旨》:外若無爲默而識,淨泊自守以道意,隱居放言遠咎悔,行象虞仲信可喜,感乎大冠論未備,故因問者喻其事。(《後漢文》卷二十六,頁九)

(2)隔句押韻例　○a○a,○○a○○a,○○○a○○○a

　　古詩:橘柚垂華實,乃在深山側,聞君愛我甘,竊獨自彫飾。(《漢詩》卷三,頁九)

　　班固《奕旨》:一棊破窒,亡地復還,曹子之威;作伏設詐,突圍横行,田單之奇;要厄相劫,割地取償,蘇張之姿。

　　班固《奕旨》:至於發憤忘食,樂以忘憂,推而高之,仲尼概也;樂而不淫,哀而不傷,質之詩書,關雎類也;紕專知柔,陰陽代至,施之養性,彭祖氣也。

(3)虚字不入韻例

　　賈誼《旱雲賦》:忍兮嗇夫,何寡德矣;既已生之,不與福矣。來可暴也,去何躁也;孳孳望之,甚可悼也。惨兮慄兮,以鬱怫兮;念思白雲,腸如結兮。

---

① 《項氏家説》卷四有“詩句押韻疏密”“詩押韻變例”“重押韻”三條都是講詩韻例的。
② 見江永《古韻標準》“詩韻舉例”。

(4)虛字入韻例

　　司馬相如《美人賦》:古之避色,孔墨之徒,聞齊饋女而遐逝,望朝歌而迴車;譬於防火水中,避溺山隅,此乃未見其可欲,何以明不好色乎?(《漢文》卷二十一,頁一上)

　　張超《誚青衣賦》:黃歇之敗,從李園始;魯受齊樂,仲尼逝矣;文公懷安,姜笑其鄙;周漸將衰,康王晏起。(《後漢文》卷八十四,頁九下)

(5)句中字與句尾字押韻例

　　司馬相如《上林賦》:欀檀木蘭,豫章女貞。(《漢文》卷二十一,頁四下)

　　司馬相如《上林賦》:偨池茈虒,旋還乎後宮,雜襲累輯,被山緣谷,循彼下隰,視之無端,究之無窮。

(6)兩韻間迭相叶例　　○a○b○a○b

　　楊雄《博士箴》:洋洋三代,典禮是修,畫爲辟雍,國有學校,侯有泮宮,各有攸教,德用不陵。

　　班固《典引》:君臣動色,左右相趨,濟濟翼翼,峨峨如也。

　　崔駰《達旨》:夫廣廈成而茂木暢,遠求存而良馬縶,陰事終而水宿藏,場功畢而大火入。

(7)前後一韻相叶,中間另隔一韻例　　a b b a

　　枚乘《七發》:侯波奮振,合戰於藉藉之口,鳥不及飛,魚不及迴,獸不及走。(《全漢文》卷二十,頁七下)

　　楊雄《將作大匠箴》:故人君無云我貴,棟題是遂;毋云我富,淫作極遊;在彼牆屋,而忘其國戚;作臣司匠,敢告執斲。(《漢文》卷五十四,頁七下)

(8)交錯前後互叶例

a a c	a b
b b c	a b
	c c b

　　班固《奕旨》:四象既陳,行之在人,蓋天政也;
　　　　　　　　成敗臧否,爲人由己,危之正也。

　　劉向《九歎·遠遊》:譬彼蛟龍,乘雲浮兮;
　　　　　　　　　　　汎淫澒溶,紛若霧兮;

潺湲輵轇,雷動電發,馭高舉兮；

升虛淩冥,沛濁浮清,入帝宮兮；

搖翹奮羽,馳風騁雨,遊無窮兮。

4. 韻譜

目　錄

陰聲韻

陽聲韻

入聲韻

（附）兩漢詩文韻字校記

陰聲韻

1　之部

韻字表

咍海代

災裁哉來臺骸怠①才該胎　海待在改閡③采亥殆醢怠　態來④再載戴代塞貸
能②埃財栽材灾台萊

灰賄隊

灰塵恢媒陪梅栮　　　　　悔晦　　　　　　　佩悔誨痗

---

① 怠,《廣韻》收在上聲海韻,案古有平聲一音,詳江有誥《唐韻四聲正》(21 頁)。

② 能,古音奴來奴代二音。《廣韻》又收入登韻,音奴登切。顧炎武《唐韻正》卷六“能”字下說:“能字音奴登反,始自宋齊之世。《後漢書·郭杜孔張傳》贊‘二蘇勁烈,羊賈廉能’,與朋肱翩爲韻。”案宋王叔之《甘橙贊》以“恒能弘橙”爲韻,和范曄的《後漢書》用韻相同。

③ 閡,《廣韻》收在去聲代韻,《集韻》兼收上聲海韻,音下切。

④ 來,《廣韻》只有平聲一音,古亦讀去聲,詳見江有誥《唐韻四聲正》(10 頁)。

之止志

之期時兹思而綦詩苗持旗	里理止起似已祀士子齒恃	志植識事意思記司②異嗣
娭疑詞治其頤謷嶷辭貍輜	耳洨使喜矣時沚恥始市枲	試侍喜③䰞侍④置寺治俟字
基嘻熙孳滋祺颸芝絲姬嬉	紀史俟儗峙趾已氾駭阯杞	憶洨滓載笥值恃吏噫
諆綦司欺祠熹慈癡䰞答箕	似耜秄梓擬裏緇淄①	
氂騏		

尤有宥

謀尤罘郵不	有友婦右副負	右囿富祐

脂旨至

丕	否軌⑤鄙痞伾洧晷	備

厚

	母畝	

皆駭怪

豺	駭	戒怪誡械

軫

	敏	

1.1　之部韻譜(兩漢)⑥

平聲

前漢　[賈誼]之災期鵩鳥賦 漢文拾伍 二上　　謀時同上 二下　　之裁哉惜誓 三下
[韋孟]兹思諷諫詩 漢詩貳 二上　　而而在鄒詩 二下　　[公孫詭]綦詩時 文鹿賦 文拾玖
六下　　[嚴忌]時期詩兹謀之哀時命 文拾玖 三上　　[武帝劉徹]苗來瓠子歌 詩壹 一
下　　之來李夫人歌 二上　　[枚乘]來怠持七發 文貳拾 七上　　[司馬相如]臺持之子
虛賦 文貳壹 二下　　旗娭疑大人賦 七下　　來哉封禪文 文貳貳 七下　　[東方朔]詞之七
諫謬諫 文貳伍 五上　　[楊惲]治其時報孫會宗書 文叁貳 三下　　[王褒]詞思之九懷通路
文肆貳 三上　　娭[1]疑嶷辭塵一作埃　怠兹謀詩又陶壅 四下　　頤骸灰謷哉責鬚髯奴
辭 十三上　　[韋玄成]之之自劾詩 詩貳 七下　　而而同上　　尤辭同上　　[劉向]尤

---

① 緇淄二字《廣韻》收在平聲之韻,漢人有上聲一讀,江有誥《唐韻四聲正》已經指出(116頁)。
② 司,《廣韻》收在平聲之韻,無去聲一讀。《集韻》兼收去聲志韻,音相吏切。
③ 喜,《廣韻》收在上聲止韻。按古有去聲一讀。詳見江有誥《唐韻四聲正》(17頁)。
④ 編者注:侍字重出。
⑤ 軌字《詩經》音屬幽部,兩漢音轉入本部。
⑥ 韻譜中韻字的右上角有數字的表示有校語,參看208頁以下所附《兩漢詩文韻字校記》。

來九歎逢紛 文叄伍 二下　　辭時又離世 三上　　治疑又怨思 四上　　詞之又遠逝 四下

之時又憂苦 六上　　尤之又懿命 七上　　疑詞又思古 七下　　[楊雄]頤旗甘泉賦 文伍壹

五下　　輴旗河東賦 六上　　罘旗羽獵賦 八上　　茲基哉同上 九上　　罘之茲同上 九下

之旗記長楊賦 文伍貳 一下　　嗤辭逐貧賦 四下　　辭綦反離騷 五下　　辭基熙解難 文伍

叄 四下　　思孳揚州箴 文伍肆 二上　　該恢交州箴 四上　　謀[2]基廷尉箴 六下　　時災執

金吾箴 七下　　臺恢將作大匠箴 七下　　該來元后誄 十上　　[劉歆]臺怠遂初賦 文肆拾 二

上　　[崔篆]時之慰志賦 文陸壹 六下　　[闕名]滋之食鼎銘 文伍柒 十一上　　胎祺郊祀

歌青陽詩壹 六上　　釐時又惟泰元 六下　　時期又天馬 七上　　媒臺同上　　期時又天門 七

下　　時思又華爗爗 八上　　[無名氏]灰思之颺之饒歌 有所思 十下　　詩來詩頤諸儒

爲匡衡語 詩伍 一下

後漢　[桓譚]臺芝仙賦 後漢文拾貳 七下　　[馮衍]疑茲顯志賦 文貳拾 三上　　絲思同上

三下　　[梁鴻]期思茲思友詩 詩貳 八下　　[班固]辭詩時裁之東都賦 文貳肆 八下

姬[3]災幽通賦 十上　　之之辭答賓戲 文貳伍 五上　　[崔駰]災時達旨 文肆肆 四上　　滋

基冬至襪銘 十一上　　[許慎]能才疑辭尤之説文解字叙 文肆玖 四下　　[李尤]時熙茲

詩漏刻銘 文伍拾 八上　　時詩基良弓銘 九下　　時思響銘 十上　　辭茲塵尾銘 十一上

[張衡]茲嬉旗思玄賦 文伍貳 三上　　來哉同上 五上　　諆思同上 五下　　嬉芝旗西京賦

十下　　基治思萁同上 十一下　　期臺東京賦 文伍叄 一下　　臺能災同上 三上　　財臺

陪同上 三上　　思祠同上 四上　　時胎滋財熙同上 六上　　栽怠栽辭罘尤基持同上 六

下　　時期疑嬉辭歸田賦 九下　　時期祺東巡誥 文伍肆 三上　　胎時七辯之二 文伍伍 一

下　　期芝其六 二上　　思司謀疑其七 二下　　之思鮑德誄 四上　　[崔瑗]熙滋司隸校

尉箴 文肆伍 四上　　時災遺葛龔珮銘 五上　　[桓麟]梅滋七説 文貳柒 十下　　[馬融]之

持長笛賦 文拾捌 四上　　[崔寔]期來大赦賦 文肆伍 九上　　時辭期答譏 九下　　[王延

壽]釐嶷魯靈光殿賦 文伍捌 三上　　[張超]基時靈帝河間舊廬碑 文捌肆 十下　　[戴良]

骸材灰栖失父零丁 文陸捌 七上　　[蔡邕]時災思詞述行賦 文陸玖 二上　　基時熙之釋

誨 文柒叄 六下　　災基丕滋熙同上 七上　　之思尤同上 七下　　釐[4]思京兆樊惠渠頌 文

柒肆 二下　　茲之思丕李休碑 文柒伍 五下　　熙欺基思李咸碑 文柒陸 八下　　思基陳球

碑 文柒柒 一　　熙時思楊賜碑 文柒捌 七上　　[邊讓]熙期基持章華臺賦 文捌肆 十二上

[蔡琰]期辭之時慈思癡疑悲憤詩 詩叄 四上　　[闕名]基思孔彪碑 文壹零貳 二下

辭詩同上　　茲臺祠熹成陽靈壹碑 四下　　期之同上　　時思謀甾冀州從事郭君碑 文壹零

叄 九下　　滋時熹期姬殆災胎裁來頤李翊夫人碑 文壹零陸 六下　　[無名氏]滋時期

思癡古詩 詩貳 三上　　滋思之時同上　　思之飲馬長城窟行 十三上　　茲嗤期古詩 詩叄

七下　　思期古詩 九上　　台萊臺王子喬 詩肆 三上　　　之時時兹西門行 五下　　　期期期

嚔同上 六上　　之時時兹同上　　答之婦病行 六下　　箕嬉期皚如山上雪 八下　　時喜

期滿歌行 九上　　絲期雜歌 十四下　　臺萊古八變歌 十四下　　來才之古詩爲焦仲卿妻作 十

三上　　髦災時兹魏郡輿人歌 詩伍 三上　　能才京都謠 九下

上聲

前漢　[高帝劉邦]里海鴻鵠歌 漢詩 一上　　　[賈誼]理止起似駭有旱雲賦 文拾伍 一上

止已鵩鳥賦 三上　　　[韋孟]祀士諷諫詩 詩貳 一下　　子齒在鄒詩 二上　　[武帝劉徹]

止已子恃李夫人賦 文叄 一下　　[枚乘]止起七發 文貳拾 五下　　　海有同上　　起耳悔

同上 六下　　　海涘母止同上 七上　　里止起同上　　[孔臧]士已鴞賦 文拾叄 四下

[司馬相如]起耳子虛賦 文貳壹 五下　　止母使喜大人賦 八上　　子齒起止矣美人賦

文貳貳 一上　　時祀祉有封禪文 七下　　[東方朔]待理已七諫初放 文貳伍 一下　　止在

又自悲 三下　　似友又謬諫 五上　　耳有答客難 十一上　　理止旱頌 十一下　　　[司馬遷]

恥否起恃始矣悲士不遇賦 文貳陸 五上　　　[王褒]理士子洞簫賦 文肆貳 二上　　里海四

子講德論 五下　　殆鄙同上 六下　　恥里同上 八上　　市枲僮約 十二上　　起里同上 十二

下　　　[韋玄成]理子自劾詩 詩貳 七下　　　[劉向]止里九歎離世 文叄伍 三上　　已紀又

思古 七下　　　[楊雄]起里蜀都賦 文伍壹 二上　　有改反離騷 文伍貳 六上　　士紀已母解

嘲 文伍叄 二上　　起子祀史豫州箴 文伍肆 三上　　止市廷尉箴 六下　　軌士博士箴 八下

[劉歆]士子遂初賦 文肆拾 一下　　　[崔篆]軌齒子慰志賦 文陸壹 七上　　　[闕名]理始

郊祀歌惟泰元 詩壹 六下　　里友又天馬 七上　　閡海又天門 七下　　紀始又景星 七下

[無名氏]始子海饒歌聖人出 十下　　子起楊伯起謠 詩伍 十下

後漢　[白狼王唐菆]有里母遠夷慕德歌 漢詩壹 五上　　　[馮衍]有改顯志賦 後漢文貳拾

二上　　　[杜篤]采已耳市論都賦 文貳捌 二下　　　[傅毅]軌市洛都賦 文肆叄 一上　　俟

理起齒儗峙趾已舞賦 三上　　有母耳軌明帝誄 六下　　士紀迪志詩 詩貳 九下　　　[班

固]里有西都賦 文貳肆 三上　　里在同上　　海里同上　　子始東都賦 六下　　已始幽通

賦 十上　　已氾趾軌同上　　否已奕旨 文貳陸 八下　　　[崔駰]己友已達旨 文肆肆 四下

士理大理箴 九下　　已始婚禮結言 十一下　　　[李尤]海在河銘 文伍拾 四上　　已起開陽

門銘 六下　　亥晦采在夏城門銘 七上　　里止彠銘 十上　　　[張衡]已理改止已思玄賦

文伍貳 二上　　婦鄙恃史西京賦 八下　　士否理痏同上　　里止駿峙紀有同上 九上

阯杞峙右氾同上　　耳岯緇趾紀姒東京賦 文伍叄 二上　　祀子同上 三下　　起耕畝

耔同上 四上　　止起海子梓里南都賦 九上　　　[崔瑗]海殆河隄謁者箴 文肆伍 三下　　恥

喜張平子碑 六下　　　[桓麟]理采七說 文貳柒 十下　　　[馬融]友已耳長笛賦 文拾捌 二上

擬裏士起子同上　起己已似同上 三下　齒理檽蒲賦 五上　[張超]婦起子祀似
已始矣鄙起誚青衣賦 文捌肆 九下　[蔡邕]婦使始紀脢[5]事齒祉協和婚賦 文陸玖 三
下　止紀否已軌恥釋誨 文柒叁 七下　母畝京兆樊惠渠頌 文柒肆 二下　止喜同上
右理祉俟士己紀胡碩碑 文柒伍 九上　止否淄恥軌陳寔碑 文柒捌 三上　母始止敏濟
北相崔君夫人誄 文柒玖 六下　母紀婦已同上 七上　已士涘被褉文 八上　[蔡琰]理
起耳已喜里子悲憤詩 詩叁 三下　[仇靖]已詩析里橋郵閣頌 文捌壹 四上　[闕
名]紀右子耳士悔鏡銘 文玖柒 十下　改怠三公山碑 文壹零叁 十一上　祉敏姒止在
祀郭輔碑 文壹零陸 五下　[無名氏]裏市起餌止已婦病行 詩肆 六下　子止上留田行
八上　里已淮南王篇 九下　起耳齒耳俳歌辭 十下　母止里子使裏子古詩爲焦仲卿妻
作 十二下　母友會稽童銘 詩伍 六下　有喜河内謠 六下　士友太學中謠八及 八下　耳
子興平中吳中童謠 九上　理始胡伯始 十一下　止史避驄諺 十一下

去聲

前漢　[賈誼]志植弔屈原文 漢文拾陸 七下　[廷尉翟公]富態署門 文貳貳 八下
[司馬相如]態來子虛賦 文貳壹 三下　來態同上 五上　事富封禪文 文貳貳 七下
囿[6]喜同上　態來同上　[劉去]再悔歌 詩壹 四下　[王褒]戒意四子講德論 文肆
貳 六上　[成帝劉驁]事右報許皇后 文捌 十二上　[劉向]志事九歎離世 文叁伍 三上
識思又遠逝 五上　置態又惜賢 五下　[楊雄]祉載河東賦 文伍壹 六上　記司太史令
箴 文伍肆 八上　佩戴琴清英 十一上　[劉歆]態怪意喜遂初賦 文肆拾 三上　[闕
名]喜事郊祀歌天地 詩壹 六下

後漢　[馮衍]事志顯志賦 後漢文貳拾 一上　意志思同上 二上　異熹同上　悔再同
上 二下　試識同上　[傅毅]侍態舞賦 文肆叁 二下　載代備明帝誄 六下　代載北
海王誄 七上　[班固]寺司西都賦 文貳肆 四上　囿事同上 四下　治事志東都賦 六上
囿富同上 八上　戒再俟在幽通賦 九下　載代同上 十下　治事備奕旨 文貳陸 九上
[崔駰]治紀戴載大尉箴 文肆肆 八上　事富司徒箴 八下　[蘇順]塞載代和帝誄 文
肆玖 十上　[許慎]識意說文解字叙 文肆玖 二下　字事同上 三上　[李尤]憶思圍基
銘 文伍拾 十三上　[張衡]涘塞西京賦 文伍貳 六上　事囿備同上 四下　[崔瑗]誨
誠遺葛龔珮銘 文肆伍 五上　[馬融]志置思琴賦 文拾捌 一下　富喜異怪長笛賦 二下
意事滓長笛賦 三下　[邊韶]字笥事意記對潮 文陸貳 二上　[戴良]異蔵值備失父
零丁 文陸捌 七上　[蔡邕]備事彈基賦 文陸玖 六下　事志釋誨 文柒叁 六上　事司釐
備胡廣碑 文柒陸 五上　[闕名]載備載孔廟禮器碑 文玖玖 四下　識置孔彪碑 文壹零貳
二下　[無名氏]富寺置值涼州歌 詩伍 二下　置誨爰珍歌 四下　恃治太學中謠八顧

八上　志喜同上 八下　笥識柳伯騫諺 十二上

1.2　之部合韻譜上(前漢)

之幽

平聲　[劉友]財之仇歌一首 漢詩壹 三下　[司馬相如]梅陶子虚賦 文貳壹 四下　[班倢伃]時思詩郵周兹滋災求幽郵流期休自悼賦 文拾壹 七上　綦流憂浮休期之同上　[楊雄]芝虯甘泉賦 文伍壹 四上　謀籌揚州箴 文伍肆 二下

上聲　[嚴遵]母首道德指歸説目 文肆貳 十三上

去聲　[韋玄成]事舊戒子孫詩 詩貳 八上

之魚

上聲　[劉向]詬醢九歎怨思 文叁伍 四上　[王褒]子父洞簫賦 文肆貳 一下

之脂

平聲　[枚乘]絲遲絲之詞柳賦 文貳拾 二上　[劉向]開塺九歎惜賢 文叁伍 五下

去聲　[楊雄]概代械備蜀都賦 文伍壹 三上

之職

去聲　[枚乘]識事意側翼七發 文貳拾 四下　[劉去]喜亟歌一首 詩壹 四上

之幽職守久爲幽部字,稷色爲職部字。

上聲　[楊雄]紀士守稷博士箴 文伍肆 八下

去聲　[東方朔]久色侍菜志識代志置侍思事七諫怨世 文貳伍 二下

1.3　之部合韻譜下(後漢)

之幽

平聲　[班彪]兹期流脩思來時北征賦 後漢文貳叁 五上　[馮衍]謀遭顯志賦 文貳拾一上　期由同上 二下　[梁竦]悠期悼騷賦 文貳貳 八下　[班昭]求時東征賦 文玖陸 二上　[王逸]娭能浮萊臺九思傷時 文伍柒 五上

上聲　[馮衍]久止鄭衆婚禮謁文贊 文貳貳 三上　[蔡邕]婦臼題曹娥碑後 文柒玖 八下　[闕名]期軌子祉已止紀里朽夏承碑 文壹零壹 九下　里有已理秀裏婦里矣吴仲山碑 文壹零貳 七下　里紀市圮首曹全碑 文壹零伍 三上　紀道舅好喜費鳳別碑 文壹零叁 七上

去聲　[杜篤]嗣意饎論都賦 文貳捌 二下　[闕名]冑茂究謀備□使異□□壽思王純碑 文壹百 二下

之魚

平聲　[堂谿協]治隅祺之開母廟石闕銘 文伍捌 十下

上聲　[崔駰]子否暑扇銘 文肆肆 十一下　[蔡邕]藪友有釋誨 文柒叁 七下　[無名

氏]母取<small>古詩爲焦仲卿妻作　詩肆　十二上</small>

之脂

平聲　　[王逸]時絲脂之<small>機婦賦　文伍陸　一下</small>　　　[皇甫規]機慈思<small>女師箴　文陸壹　七下</small>

[邊讓]臺階菜能<small>章華臺賦　文捌肆　十二上</small>

上聲　　[李尤]矢紀<small>弧矢銘　文伍拾　九上</small>

之幽魚<small>周幽久爲幽部字,區厚爲魚部字。</small>

平聲　　[班固]基周熙幽區頤<small>典引　文貳陸　七上</small>

上聲　　[無名氏]母婦友久厚<small>古詩爲焦仲卿妻作　詩肆　十一下</small>

之幽脂<small>遺既爲脂部字,疇就究爲幽部字。</small>

平聲　　[闕名]疇時期之遺<small>北海相景君銘　文玖捌　五下</small>

去聲　　[闕名]吏思備就究既志意祐<small>北海相景君碑陰　文玖捌　六上</small>

之職

去聲　　[白狼王唐菆]意來異食備嗣熾<small>遠夷樂德歌　詩壹　五上</small>

2　幽部

韻字表

豪晧號

噑咆曹臯翱牢嘈醪陶騷袍　保考道草抱稻皐寶臯導造　好報奧
濤　　　　　　　　　　　　好老棗浩早掃隝

肴巧效

茅庖　　　　　　　　　　巧爪卯飽　　　　　　　　孝

蕭篠嘯

鷯聊蜩蕭條彫寥調　　　　鳥篠　　　　　　　　　　嘯叫

宵小笑

　　　　　　　　　　　　殍擾　　　　　　　　　　髟①

幽黝幼

幽彪　　　　　　　　　　糾虬②　　　　　　　　　　謬

尤有宥

---

① 髟,《廣韻》收在平聲宵韻。馬融《長笛賦》與去聲字"到叫雛嘯謤"爲韻,讀去聲。《集韻》去聲笑韻有髟字,音"匹妙切"。

② 虬,《廣韻》收在平聲幽韻。李尤平《樂觀賦》"有仙駕雀,其形蚴虬",虬與"擾受走耦首皐缶"爲韻,讀上聲。案"蚴虬"疊韻,《廣韻》黝韻有蟉字,注"蚴蟉龍皃,渠黝切",蟉與虬爲一字,《集韻》黝韻出虬字,或作蟉,音義與《廣韻》並同,是其明證。

流遊鳩輈求修疇憂留秋州　　久咎首柳朽守酒受九醜　　　救宙究秀臭授就胄舊售

游浮油柔牛③休悠懤儔怵　　壽丑酉皁疚誘肘牖手獸　　　祝獸狩守

丘愁矛周洲劉仇舟狖狃瘳　　簋臼缶舅狩

囚遒由攸逑收騮優簉綢騶

幬旒龜

侯厚候

　　　　　　叟庾茂　　　　　　　　棽袤茂

虞

　郢

2.1　幽部韻譜(兩漢)

平聲

前漢　[漢武帝劉徹]流遊瓠子歌 詩壹 一下　　[枚乘]鳩輈鵬梁王菟園賦　　[孔臧]求修疇憂鴞賦 文拾叁 四下　　[淮南小山]噪留招隱士 文貳拾 八上　　聊秋同上　　留咆曹留同上 八下　　[司馬相如]州留游浮大人賦 文貳壹 七上　　綢浮同上　　油游封禪文 文貳拾貳 七下　　[東方朔]遊憂七諫自悲 文貳伍 三下　　柔求答客難 文貳伍 十下　　[王褒]留疇求洞簫賦 文肆貳 二上　　蜩州脩遊牛流休悠浮求懤儔怵九懷危俊 文肆貳 三上　　蕭條蜩丘噪留九懷蓄英 文肆貳 四上　　皋悠聊愁同上　　遊州四子講德論 文肆貳 六上　　翺游聖主得賢臣頌 文肆貳 十下　　矛周遊僮約 文肆貳 十二下　　[劉向]蕭愁九歎逢紛 文叁伍 二下　　遊流遊流離世 三下　　流洲遠逝 四下　　憂洲惜賢 五下　　求流苦 六下　　周劉高祖頌 文叁柒 九上　　[嚴遵]矛仇座右銘 文肆貳 十三下　　[楊雄]流舟蜀都賦 文伍壹 二上　　游彤羽獵賦 文伍壹 九下　　州游覊靈賦 文伍貳 三上　　舟浮休求留逐貧賦 四下　　茅皋反離騷 六上　　流丘同上　　州流益州箴 文伍肆 三上　　悠流并州箴 四上　　遊獸將作大匠箴 八上　　[劉歆]牟嘈遂初賦 文肆拾 二下　　[闕名]斿休郊祀歌練時日 詩壹 五下　　斿求又天門 七下

後漢　[班彪]遊周浮覽海賦 後漢文貳叁 四下　　游脩北征賦 五上　　[桓譚]醪浮仙賦 文拾貳 七下　　[馮衍]州流顯志賦 文貳拾 三上　　流丘同上 三下　　[杜篤]求修儔遊首陽山賦 文貳捌 一下　　瘳憂柔州論都賦 四上　　陶周疇吳漢誄 五下　　[傅毅]彤求流七激之一 文肆叁 四上　　[班固]遒囚答賓戲 文貳伍 五上　　舟流難莊論 六上　　周劉高祖頌 文貳陸 一上　　周劉典引 六下　　[崔駰]龜流憂求達旨 文肆肆 四上　　流浮同上

---

③　牛丘久疚舊龜等字，《詩經》音屬之部，兩漢轉入幽部。

州流河南尹箴 十上　　遊求車後銘 十下　　［班昭］丘疇遊游大雀賦 文玖陸 二上　　［李
尤］修周幽高安館銘 文伍拾 五下　　求游几銘 十下　　［崔琦］周丘外戚箴 文肆伍 八下
［張衡］遊流騷紏條愁幽瘳周思玄賦 文伍貳 四上　　浮由休劉同上　　留憂同上 五下
魶䲡牛秋西京賦 十下　　柔游求東京賦 文伍叁 五下　　仇憂舟同上 六下　　周修幽髑髏
賦 文伍肆 一下　　流洲七辯 文伍伍 一下　　［崔瑗］流州河隄謁者箴 文肆伍 三下　　流浮
張平子碑 六上　　［侯瑾］修遊浮愁箏賦 文陸陸 一上　　［馬融］儔流樗蒲賦 文拾捌 四下
［秦嘉］由周仇攸休述昏詩 詩貳 十一下　　［崔寔］求丘憂猷答譏 文肆伍 九下　　［皇
甫規］流述周猷女師箴 文陸壹 七下　　［蔡邕］流遊洲收洲漢津賦 文陸玖 一下　　浮留
儔彈棋賦 六下　　牛輈騮囚流優籌遊釋誨 文柒叁 八上　　柔休黃鉞銘 文柒肆 七下　　流
休李咸碑 文柒陸 八下　　休修周流彪秋幽司徒袁公夫人馬氏碑 文柒柒 五下　　愁由憂綢
流浮留太傅胡公夫人靈表 文柒玖 四上　　休瘳丘留議郎胡公夫人哀讚 六上　　［邊讓］仇
丘流舟憂章華臺賦 文捌肆 十一上　　［禰衡］遊憂弔張衡文 文捌柒 三上　　［無名氏］憂
遊古詩 詩叁 七下　　流修思治詩 十一上　　牛憂遊西門行 詩肆 五下　　牛愁憂遊同上 六
下　　愁憂周遊秋滿歌行 九上　　矛休會稽童謠 詩伍 六上　　憂休恒農童謠 九上

上聲

前漢　［唐山夫人］保壽安世房中歌 漢詩叁 一下　　［賈誼］久咎弔屈原文 漢文拾陸 八上
［韋孟］保考諷諫詩 詩貳 一下　　［嚴忌］道巧哀時命 文拾玖 四上　　［枚乘］巧鳥七發
文貳拾 六上　　［劉安］草保八公操 詩 四上　　［司馬相如］抱楸子虛賦 文貳壹 四下
首柳同上 五下　　［司馬談］朽守論六家要指 文貳陸 四下　　［宣帝劉詢］久酒華山仙掌
鼎文 文陸 十下　　［王褒］巧道洞簫賦 文肆貳 二下　　［劉向］久首九歎遠逝 文叁伍 四下
受廀九歎憂苦 六上　　醜孚皐太僕箴 六下　　［嚴遵］九首道德指歸說目 文肆貳 十三上
［楊雄］久咎兗州箴 文伍肆 一下　　稻飽益州箴 三上　　爪保執金吾箴 七下　　［闕名］
皐道郊祀歌天馬 詩壹 七上

後漢　［馮衍］寶道杖銘 後漢文貳拾 十一下　　［傅毅］考道迪志詩 詩貳 九下　　［班固］
道茂幽通賦 文肆 十上　　道寶典引 文貳陸 八上　　［許慎］首受說文解字叙　　［李尤］
丑首穀城門銘 文伍拾 六上　　卯爪考中東門銘 文伍拾 六上　　酉皐雍城門銘 文伍拾 七上
［張衡］皐首西京賦 文伍貳 六下　　皐柳首同上 九上　　皐守久朽茂同上 十一下　　疢
酒叟壽東京賦 文伍叁 四下　　壽叟南都賦 九上　　［桓麟］皐鳥七說 文貳柒 十一上
［王延壽］導造道桐柏淮源廟碑 文伍捌 五上　　［蔡邕］誘咎釋誨 文柒叁 八上　　考造陳
寔碑 文柒捌 三上　　［邊讓］考道肘草老章華臺賦 文捌肆 十一下　　［闕名］擾首費鳳別
碑 文壹零叁 七上　　好老棗保尚方鏡銘 文玖柒 九下　　好保道棗老李氏鏡銘 十上　　［無

名氏]草道飲馬長城窟行 詩貳 十三上　　草道浩老古詩 詩貳 三上　　道草老早考寶古詩

詩叁 七下　　草道老古五雜組詩 十上

去聲

前漢　[東方朔]好報七諫自悲 漢文貳伍 三下　　[王褒]宙究四子講德論 文肆貳 六下

[劉向]救究九歎遠逝 文叁伍 五上　　[楊雄]救收蜀都賦 文伍壹 二下

後漢　[梁鴻]阜秀臭究宙適吳詩 詩貳 八下　　[張衡]袤郢舊西京賦 後漢文伍貳 六下

祝救售同上 十一上　　[崔瑗]舊守郡太守箴 文肆伍 三下　　[闕名]授就留北海相景君

銘 文玖捌 六上　　胄秀孔彪碑 文壹零貳 二下　　[無名氏]孝嘯二郡謠 詩伍 八上　　秀茂

太學中謠八俊 八上　　好孝又八及 八下

2.2　幽部合韻譜上(前漢)

幽宵

平聲　[枚乘]醪庖彫寥[1]髦袍毛醪撩柳賦 漢文貳拾 二上　　[淮南小山]幽繚招隱

士 文貳拾 八上　　[司馬相如]趠消求大人賦 文貳壹 七下　　[王褒]調苗颻責鬚髯奴辭

文肆貳 十二下　　[楊雄]調茅龜饒荊州箴 文伍肆 二下　　州巢豫州箴 三上　　瘳聊繇大

司農箴 五上

上聲　[司馬相如]道獸廟子虛賦 文貳壹 六上　　獸獸沼封禪文 文貳貳 七上　　[王褒]

寶堯四子講德論 文肆貳 五下　　好醜紹同上　　詔茂同上 八上　　[楊雄]道草鎬杳羽獵

賦 文伍壹 七下　　鳥少解潮 文伍叁 二下　　少保城門校尉箴 文伍肆 八上

幽之

平聲　[賈誼]浮休舟浮憂疑鵩鳥賦 文拾伍 三上　　[東方朔]憂尤七諫哀命 文貳伍

四上

上聲　[王褒]獸茂母四子講德論 文肆貳 八下

幽魚

平聲　[劉去]愁聊舒歌一首 漢詩壹 四下　　[王褒]矛州牛愚僮約 文肆貳 十二上

[楊雄]游豬憂上林苑令箴 文伍肆 九上

上聲　[枚乘]酒口七發 文貳拾 五下　　[王褒]掃滌箒斗僮約 文肆貳 十一下　　[楊

雄]巧御長楊賦 文伍貳 二上

2.3　幽部合韻譜下(後漢)

幽宵

平聲　[班固]周幽龜謠條流幽通賦 後漢文貳肆 十上　　[堂谿協]優搖休疇條朝開母廟石闕

銘 文伍捌 十下　　[王逸]謷譹流九思怨上 文伍柒 三上　　[李尤]要牢朝龜辟雍賦 文伍拾 二

上　[張衡]敖陶濤聊思玄賦 文伍貳 三上　　　[無名氏]交條太學中謠八俊 漢詩伍 八上

上聲　[班固]妙篠竹扇賦 文貳肆 十一上　　　[崔駰]表寶道達旨 文肆肆 四下　　[無名氏]草抱道槁抱古詩 漢詩叁 九上　　交抱道婦病行 詩肆 六下

去聲　[傅毅]妙好奧七激 文肆叁 四上　　　[闕名]孝授教孔廟禮器碑 文玖玖 四上

幽之

平聲　[班彪]災留遊北征賦 文貳叁 四下　　　[傅毅]輶斿時洛都賦 文肆叁 一下　　舟流遊嬉遊七激 五上　　　[班固]舟旗流浮西都賦 文貳肆 五下　　詩秋由流東都賦 八上

上聲　[馮衍]茂友顯志賦 文貳拾 四下　　　[班固]阜首起西都賦 文貳肆 二下　　　[王延壽]晷有朽魯靈光殿賦 文伍捌 三上　　　[胡廣]道右首詩中箴 文伍陸 七下　　　[無名氏]柳牖手婦守古詩 詩貳 三上　　壽首右守董逃行 詩肆 四上

去聲　[班固]奧囿答賓戲 文貳伍 五下

幽魚

平聲　[梁鴻]流浮隅休適吳詩 詩貳 八下　　　[班固]虞周答賓戲 文貳伍 五下　　　[張衡]丘流鉤鰡歸田賦 文伍叁 九下　　　[馬融]舟幬流謳浮游廣成頌 文拾捌 十二上　　[趙壹]求謳留迅風賦 文捌貳 八上　　　[闕名]州殊柔優高頤碑 文壹零伍 七下　　　[無名氏]流頭周憂遊茅山父老歌 詩叁 九下　　頭流皚如山上雪 詩肆 八下　　愁愁憂頭脩古歌 詩肆 十四下

上聲　[杜篤]考壽首陽山賦 文貳捌 一下　　　[崔駰]酒缶後酒箴 文肆肆 十上　　　[李尤]擾受虯走耦首皁缶平樂觀賦 文伍拾 三上　　　[闕名]后舅久樊毅脩華嶽碑 文壹零叁 八下

去聲　[蔡邕]獸乳就狩五靈頌麟頌 文肆肆 三上　　　[闕名]胄偶高頤碑 文壹零伍 七下

幽之魚殊倫搜具爲魚部字，凝基囿爲之部字。

平聲　[崔駰]殊陶凝優達旨 文肆肆 四下　　　[李尤]流游留州偷搜修基函谷關賦 文伍拾 一下

去聲　[馬融]獸具囿廣成頌 文拾捌 十二上

幽宵之尤姬仕囿爲之部字，眇僚表沼爲宵部字。

平聲　[班彪]遊姬丘流僚冀州賦 文貳叁 五下　　　[王逸]愁憂尤聊遊州眇九思逢尤 文伍柒 二下

上聲　[班固]仕狩表答賓戲 文貳伍 五下

去聲　[班固]沼獸囿東都賦 文貳肆 七上

幽宵魚昭到諜爲宵部字，樞雛爲魚部字。

平聲　[王逸]悠昭樞憂九思怨上 文伍柒 三上

去聲　[馬融]到叫髟雛嘯諜長笛賦 文拾捌 二上

幽歌

　上聲　［班固］冑皐野北征頌 文貳陸 二上

幽魚沃聚爲魚部字,覆爲沃部字。

　去聲　［班固］獸覆聚西都賦 文貳肆 四下

3　宵部

韻字表

豪晧號

　桃高庨勞號膏豪逃毛刀操　腦倒麇　　　　　　　暴號悼到耄縞操躁倒①

　遨臊嶅撓

肴巧效

　交肴巢崤梢髇教呶藃②嗃

　郊　　　　　　　　　　　　　　　　　　　　效校教樂髇③

宵小笑

　搖驕朝昭姚謡嬈瑤遥消霄　繞表趙　　　　　　笑照曜耀約妙

　苗超喬樵饒飆燒橋鴞怊摽

　鑣縹猋妖要獟

蕭篠嘯

　苕梟繚寥堯嶢跳　　　曉杳窕　　　　　　　眺

3.1　宵部韻譜(兩漢)

平聲

前漢　［司馬相如］旄髇搖大人賦 漢文貳壹 七上　　　［東方朔］梟桃七諫初放 漢文貳伍 一

上　　［王襃］暴高四子講德論 文肆貳 九上　　　［楊雄］交肴勞臊蜀都賦 文伍壹 三上

旄梢河東賦 六上　　高號長楊賦 文伍貳 二下　　驕高崤朝逐貧賦 四下　　朝笑兗州箴 文

伍肆 一下　　逃呶光禄勳箴 五下　　［闕名］膏搖郊祀歌天地 詩壹 六下　　昭姚又景雲 七下

［無名氏］豪逃饒歌戰城南 九下　　繚燒又有所思 十上

後漢　［王逸］梟跳九思悼亂 文伍柒 四下　　謡嬈[1]又傷時 五上　　　［張衡］搖勞思玄賦

---

① 倒,見後漢《魯峻碑》,與"較爍綽逴虐遨權樂的"爲韻(見藥部合韻譜),原句云:"遟逼切倒。"切倒猶云切
　　但。考字書韻書均無倒字,今從諧聲系統列此。
② 藃,見馬融《長笛賦》,與"嗃調摽"爲韻。《文選》李善注云:"《方言》曰:捎動也。藃與捎同,所交切。"
③ 髇,《廣韻》收平聲肴韻。司馬相如《子虛賦》"縞削髇"爲韻,髇讀去聲。《集韻》兼收去聲效韻,音所
　　教切。

文伍貳 五下　嶢寮苔西京賦 七下　搖梢旄同上 九下　毛膏勞東京賦 文伍叁 四下　勞消毛刀逃遙髑髏賦 文伍肆 二上　刀瑤遙勞四愁詩 詩貳 十下　［崔寔］刀毛答譏 文肆伍 九下　［蔡邕］寮遙教霄高苗昭周鼺碑 文柒伍 六下　操高教昭郭泰碑 文柒陸 一下　操高姜肱碑 七下　高撟陳寔碑 文柒捌 三上　昭教超喬高楊賜碑 六上　［闕名］交堯成陽靈台碑 文壹零貳 四下　［無名氏］喬遨遨喬遨高王子喬 詩肆 三上　巢驕猛虎行 三下　樵樵驕鎧如山上雪 八下　苗饒吳資歌 詩伍 四上

上聲

前漢　［司馬相如］腦倒子虛賦 漢文貳壹 五上

去聲

前漢　［唐山夫人］耀約安世房中樂 漢詩叁 一下　［賈誼］暴躁悼旱雲賦 漢文拾伍 一下　［東方朔］樂到七諫哀命 文貳伍 四下

後漢　［馮衍］操樂顯志賦 後漢文貳拾 四下　［傅毅］照曜明帝誄 文肆叁 六下　［班固］校號北征頌 文貳陸 一下　［朱穆］眺妙曜鬱金賦 文貳捌 六下　［蔡邕］妙悼耀效郭泰碑 文柒陸 一下　悼效曜姜肱碑 七下　教效陳寔碑 文柒捌 三上　［傅幹］曜效教暴皇后箴 文捌壹 十三下

3.2　宵部合韻譜上（前漢）

宵幽

平聲　［韋孟］舊朝在鄒詩 漢詩貳 二上　［司馬相如］浮焱上林賦 漢文貳壹 五上

去聲　［楊雄］道笑長楊賦 漢文伍貳 二下

宵魚

平聲　［韋孟］陋朝在鄒詩 詩貳 二上　［楊雄］興趭橋嶕河東賦 文伍壹 六上

宵藥

去聲　［司馬相如］縞削髾子虛賦 文貳壹 二上

3.3　宵部合韻譜下（後漢）

宵幽

平聲　［王逸］遙嶢條鴞怊九思守志 後漢文伍柒 五下　［馬融］蓧嘵調摽長笛賦 文拾捌 二上　［無名氏］條旄折楊行 漢詩肆 五下

上聲　［王逸］曉繞老琴思楚歌 詩貳 十一上

宵魚

平聲　［傅毅］鋪鑪洛都賦 文肆叁 一下　［桓麟］侯繇昭□劉寬碑 文貳柒 十二上

〔馬融〕郊苗虞_{廣成頌 文拾捌 十下}

上聲　〔班固〕處表_{幽通賦 文貳肆 十一上}

去聲　〔闕名〕度曜_{成陽靈台碑 文壹零貳 四下}

4　魚部

韻字表（前漢）

模姥暮

蒲蘇辜都徒吾圃胡圖鸕櫨
塗漠奴酤鋪梧湖乎孤觚駼
盧呿①纑釀烏荼

膚伍土顧②魯古怒鼓覩睹
浦扈櫓虎圃苦户故怙悟祜
潊祖阻吐弩杜賈

惡寤故度瓠顧路護慕錯素
兔怖暮愬步誤祚悟賂固菟
露

魚語御

疏去③疎虛輿車墟驢茹與
苴蘆如騾樗餘閭居且魚胥
渠蹰盧儲豬漁書挐擄諸

汝語楚緒處渚與女虡胥所
鼠陼莒侶圉序叙旅許紓禦
舉黍暑距

去居④御處馭著譽與遽語
禦豫柜舉⑤

虞麌遇

拘俱濡腴膚砆蕪芋娛無亡
虞隅紆駒盂蛛扶夫竿鸜榆
梟珠區鈇驪殊巫朱婾符踰
叟芻廡

輔宇雨武羽甫主數禹腐敷
斧舞窶聚矩寓附府取釜

注坿具仆遇騖坿脯聚傅芋
趣務虞懼樹隃乳

侯厚候

侯投漚搜頭

後耇垢耦口走斗藕狗詬偶
部厚

構寇竇鬭輳腔候偷⑥

麻馬禡

牙家華葭霞遮斜置邪牙奢
杷䯇遐

夏舍暇下壄野者社馬雅寡
赭閒

舍射霸詐罵賈⑦

尤

鄒

---

① 呿，見王褒《僮約》。此字兼收宵部。
② 顧，《廣韻》只收去聲暮韻。按古亦讀上聲，詳江有誥《唐韻四聲正》(43 頁)。
③ 去，劉章《耕田歌》與“疏”爲韻。古有平聲一讀。
④ 居，《廣韻》只收平聲魚韻，按古亦讀去聲，詳《唐韻四聲正》(4 頁)。
⑤ 舉，《廣韻》只收上聲語韻，按古亦讀去聲，詳《唐韻四聲正》(19 頁)。
⑥ 偷，王褒《僮約》與“聚”爲韻。《廣韻》只收平聲侯韻，無去聲一音。
⑦ 賈，音價。

韻字表(後漢)

模姥暮

都孤胡圖烏荼鋪謨塗蘇枯
徒孤辜剸狐騤猢鼯模醐
菰蒲顱湖壚壺姑逋

漙阻五虎古溥怗徂睹覩弩
虜鄂土伍鼓莽①怒扈浦堵
祖戶稌圃罟蠱顧補吐組苦
鹵魯賈

故度愬慕路素布輅謨②厝
顧步怒固露墓摹塗兔怖呼
悟祚污迕惡互暮寤誤作袴
庫嫮

魚語御

余居墟裾諸書與閭廬初如
魚踞崌橾攄餘胥輿車且舒
徐萐淤虛疏渠蕖豬組③紓
譽儲除琚挐於鋤

與處黍舉所女序緒胥旅去
楚渚苧暑敘紵呂禦膂杵許
著茹侶伫俎拒汝語杼煮署
予距莒

居慮去著愬御禦馭庶處署
念譽助

虞麌遇

符虞娛臾姝珠儒俱隅驅腴
區趣夫無愚盱踰煦憮敷衢
榆渝殊貙誅諭拘愉嶇紆劬
株褕膚于廚扶軀盱鼅詡須
樞迂踽襦諏濡趨竽歈蕪絇
蒭嵎趺鬚雛

主雨宇武府廡父戽取儛舞
羽禹輔腐聚斧縷矩豎柱撫
甫侮齲樹脯宴數

懼虞矩傅驅騖遇務附諭具
趣注霧裕數赴鮒屨嫗趣騖④

侯厚候

侯樓婁陬謳偷鉤構鏤頭
部厚藪耦後走詢口后剖苟
狗偶垢呴

湊豆陋投⑤奏踣

尤有宥⑥

騶　　　　　　　　　　晝驟

---

① 莽,見張衡《西京賦》。此字兼收陽部。

② 謨,《廣韻》只收平聲模韻,按古有去聲一讀,崔駰《達旨》"謨慮"爲韻,蔡邕《周緄碑》"布固度謨"爲韻。江有誥《唐韻四聲正》已指出(9頁)。

③ 組,見《高頤碑》,原句云"示民敬讓,闢斷苞組",與"舒徂辜摸"押韻(《後漢文》105/8上)。按"苞組"即"苞苴"之別體。

④ 編者注:騖字重出。

⑤ 投,句首字,與逗通,見馬融《長笛賦》。原句云"觀法于節奏,察變于句投"(後漢文18/3上)。又王逸《九思‧怨上》"投"與"務"押韻。原句云"進惡兮九旬,復顧兮彭務;擬斯兮二蹤,未知兮所投"。投爲投向之意,音透。

⑥ 編者注:"有宥"據體例補。後同。

4.1 魚部韻譜上(前漢)

平聲

[劉章]疏去耕田歌 漢詩壹 三下　[賈誼]拘俱鵩鳥賦 漢文拾伍 二下　濡虚輿車墟惜誓三上　驢車弔屈原文 七下　辜[1]都同上 八上　[武帝劉徹]躇去李夫人賦 文叄 一下　[枚乘]腴蒲膚七發 文貳拾 五上　蘇茹同上 五下　車虚同上 五下　徒與同上 六上　[孔臧]牙家□華諫格虎賦 文拾叄 三下　[司馬相如]吾趺子虚賦 文貳壹 一下　圃蒲蕪苴同上　葭胡蘆芋圖子虚賦 一下　輿娱如同上 二下　鰈鸕同上 三下　櫧櫨餘閭同上 四下　無俱同上 五上　徒都同上 五下　塗虞同上 六上　都霞華大人賦 八上　徒車隅居娱美人賦 文貳貳 一上　虚居同上 一下　虞居長門賦 二上　[劉勝]紆[2]駒文木賦 文拾貳 七上　盂蛛且同上　[東方朔]如舉七諫自悲 文貳伍 四上　徒居答客難十上　魚徒同上 十下　徒居與胥扶同上　[華容夫人]渠魚夫居髮紛紛兮歌 詩叄 三上　[王褒]墟疎洞簫賦 文肆貳 一上　輿娱胥墟居躇竽紆九懷昭世 三下　酤餔僮約十二上　[韋玄成]鄒侯自劾詩 詩貳 七下　[劉向]鵜榆九歎怨思 文叄伍 三下　夫臚又愍命 六下　梧湖又遠遊 八上　[楊雄]腴凫蜀都賦 文伍壹 三上　與遮羽獵賦 八上　梧魚虞珠[3]胥羽獵賦 九上　儲虞亡同上 九下　斜罝隅胡豬胥餘圖長楊賦 文伍貳 一上　廬吾同上 二上　區濡同上 二下　隅侯同上 三上　居虞逐貧賦 四下　壺酤車家乎酒賦 五上　隅侯反離騷 五上　吾華同上 五下　投漚同上 六上　搜塗候鈇書廬解謿 文伍叄 二下　餘傅漁侯驅同上　殊如同上 三上　墟書兖州箴 文伍肆 一下　邪都圖牙夫徐州箴 二上　拏都豫州箴 二下　居墟如圖牙同上　圖夫益州箴 三上　胡都雍州箴 三下　阻都胡幽州箴 三下　區侯司空箴 四下　墟辜隅尚書箴 五上　孤辜廷尉箴 六下　魚巫書太常箴 七上　圖奢觚少府箴 七上　奢家將作大匠箴 七下　[劉歆]攄居遂初賦 文肆拾 一下　扶吾同上 二上　都紆同上 二下　[闕名]殊朱郊祀歌 詩壹 六下　都華又齊房 七下　[無名氏]烏邪鐃歌朱鷺 詩壹 九上

上聲

[戚夫人]虜伍汝永巷歌 詩叄 二上　[賈誼]夏舍暇鵩鳥賦 文拾伍 二上　壄下惜誓三下　[韋孟]楚輔諷諫詩 詩貳 一下　後緒同上　土顧同上　耇後同上 二上　土魯在鄒詩 二上　[嚴忌]垢處渚宇雨野者耦後與哀時命 文拾玖 四上　[武帝劉徹]社古土輔策封齊王閎 文肆 九上　社古土輔策封燕王旦 九下　社古土輔策封廣陵王胥 九下　[枚乘]武怒馬鼓口走七發 文貳拾 七下　[劉安]土下羽甫斗女八公操漢詩壹 四上　[公孫弘]伍覩答東方朔書 文貳肆 十一上　[司馬相如]浦野下口怒子虚賦 文貳壹 三下　渚藕同上 四上　扈野同上 四下　者櫓同上　虎馬同上　羽虜

同上 五上　　宇虞鼓同上 五下　　雅胥圃同上 六上　　馬下題市門 文貳貳 八上　　［董仲舒］顧古士不遇賦 文貳叁 一下　　［司馬談］後主論六家要指 文貳陸 四下　　［東方朔］

壄輔寡下壄者七諫初放 文貳伍 一上　　所苦虞下虎鼠後數戶故答客難 十上　　狗虎

同上 十一上　　［王褒］戶者覩語處陸九懷通路 文肆貳 三上　　土覩禹緒輔又亂曰 五上

下緒夏莒四子講德論 八上　　戶鼓僮約 十二下　　赭苦土侶怙虜責鬚髯奴辭 十三上

［劉向］楚宇九歎憂苦 六上　　腐訴又愍命 七上　　悟古又思古 七下　　圉壄同上　　羽

雨又遠逝 八下　　［哀帝劉欣］序古輔册董賢爲大司馬大將軍 文玖 八上　　［楊雄］叙後

河東賦 文伍壹 六下　　部伍羽獵賦 八下　　怒旅長楊賦 文伍貳 二上　　虞舞胥祜雅同上

二上　　處野寠聚語逐貧賦 四上　　下睹反離騷 五下　　舉處同上　　與許同上 六上

女耦同上　　虎雅武後趙充國頌 文伍叁 七下　　土武矩青州箴 文伍肆 一下　　寓處紵土

兗州箴 一下　　緒走同上　　渚宇徐州箴 二上　　澊處揚州箴 二上　　距處豫州箴 二下

野夏益州箴 三上　　主緒寓雍州箴 三下　　序緒宗正卿箴 六上　　附主同上　　馬野魯太

僕箴 六下　　祖虞太常箴 七上　　夏阻禦城門校尉箴 八上　　［崔篆］許處府武宇舞舉

耇取慰志賦 文陸壹 七上　　［闕名］土雨所古祜祭天辭 文伍柒 十二下　　土雨者祭地辭

十二下　　馬虎郊祀歌練時日 詩壹 五下　　宇所五武又帝臨 六上　　雨緒又惟泰元 六下

苦下又日出入 七上　　下赭又天馬 七上　　處宇又后皇 八上　　宇舞又華爗爗 八上

［無名氏］下吐者饒歌朱鷺 詩壹 九上　　主吾又臨高臺 十一上　　苦弩平城歌 詩伍 一上

怒下衛皇后歌 一下　　口後雨釜斗黍口鄭白渠歌 一下　　怒杜虎五侯歌 二上

去聲

［劉友］惡寤諸呂用事分歌 詩壹 三下　　［賈誼］故度去鵩鳥賦 文拾伍 二上　　故弧弔屈原

文 文拾陸 七下　　語去同上 八上　　下去同上　　［韋孟］顧路在鄒詩 詩貳 二上　　［枚

乘］路御七發 文貳拾 五下　　注構同上　　［司馬相如］處舍具同上 五上　　處仆同上

［司馬談］度舍論六家要指 文貳陸 四下　　［東方朔］舍路七諫哀命 文貳伍 四上　　路去同

上 四下　　錯路馭去又謬諫 五上　　著譽同上　　［劉胥］臾路欲久生分歌 詩壹 四上

［王褒］遇路四子講德論 文肆貳 五下　　寇仆同上 九上　　脯芋僮約 十二上　　具竇鬭同

上 十二上　　聚偷同上　　［韋玄成］居懼戒子孫詩 詩貳 八上　　［劉向］慕故九歎離世

文叁伍 三下　　語去又怨思 四上　　暮度又惜賢 五下　　愬語又愍命 七上　　顧故又遠逝

八下　　［楊雄］步與河東賦 文伍壹 六下　　候射路羽獵賦 八上　　務禦長楊賦 文伍貳 二

下　　度虞同上　　懼舉解嘲 文伍叁 二下　　度霸青州箴 文伍肆 一下　　誤祚霸揚州箴 二

上　　豫御荊州箴 二下　　懼撫交州箴 四上　　居禦衛尉箴 六上　　詐寤同上　　悟賂太

常箴 七上　　去居將作大匠箴 七下　　路固柜虞城門校尉箴 八上　　［闕名］慕路郊祀歌天

地 詩壹 六下　　著豫又天門 七上　　［無名氏］菟賈長安謠 詩伍 五上　　樹去東家棗諺 十上

4.2　魚部韻譜下(後漢)

平聲

[班彪]余符覽海賦 後漢文貳叁 四下　居虞冀州賦 五下　娛臾同上 六上　[馮衍]墟都居顯志賦 文貳拾 一下　都墟同上 三上　[杜篤]姝珠祓禊賦 文貳捌 一上　儒裾書虞同上　弧胡都同上 四上　虛都與同上 四上　虛諸書俱吴漢誄 五下　[梁竦]閭廬悼騷賦 文貳貳 八下　[班固]初隅驅終南山賦 文貳肆 一　腴區西都賦 二下　圖烏都白雉詩 文貳肆 九上　圖都漢頌論功靈芝歌 十一下　符腴諸答賓戲 文貳伍 六上　侯區封燕然山銘 文貳陸 三上　趣如典引 八上　[崔駰]驅胡都圖反都賦 文肆肆 一下　廬居樓魚大將軍臨洛觀賦 一下　夫荼博徒論 五上　舖樓七依 七下　區侯司空箴 八下　居墟河南尹箴 十上　無虛車後銘 十下　[王逸]躇謨圖塗九思逢尤 文伍柒 二下　愚虛蘇隅同上　枯諸又怨上 三上　[李尤]婁盱陬樓舖平樂觀賦 文伍拾 二下　踰符函谷關銘 四下　書居娛讀書枕銘 八上　娛與盂銘 十二上　[崔琦]謳煦七蠲 文肆伍 八上　徒都憮孤辜刳圖外戚箴 八下　[張衡]躇魚余徂徒思玄賦 文伍貳 三上　如書諸同上　符敷居廬同上 四下　塗無櫰閭同上 五下　娛區同上　衢榆渝西京賦 六下　殊攄廬餘敷胥居同上 七下　朱貙隅誅同上 八下　徒狐駼猢鼯輿車且同上 十上　娛婾拘侯虞渝同上 十一下　圖誅東京賦 文伍叁 一下　墟除餘東京賦 文伍叁 二上　偷愉區同上 四下　敷舒徐同上　且夫如同上 六上　陬嶇紆隅踰南都賦 七上　舒劬廬書模如歸田賦 九下　虞株羽獵賦 文伍肆 一上　愚夫髑髏賦 一下　隅居諸七辯 文伍伍 一上　醽菹同上 一下　褕珠嵎紆四愁詩 漢詩貳 十下　[崔瑗]淤居河隄謁者箴 文肆伍 三下　虛疏竇貴人誄 五下　[桓麟]菰膚七説 文貳柒 十下　[馬融]荼蒲渠于廣成頌 文拾捌 十下　衢廚車同上 十二下　[竇武]鉤侯上表諫宦官封侯 文拾陸 八下　[王延壽]構陬樓隅扶魯靈光殿賦 文伍捌 二上　疏蕖敷珠鏤同上　初頭軀盱虞殊同上 二下　舒豬虛渠顱軀[1]盱夢賦 三下　[趙壹]珠芻愚驅夫刺世疾邪賦 文捌貳 八下　[張奂]敷舒珠扶蕖賦 文陸肆 一上　[蔡邕]湖無漢津賦 文陸玖 一下　駒且須短人賦 五上　枯辜釋誨 文柒叁 六下　符衢樞區圖辜除愚迂如渝居同上 八上　謨度塗劉寬碑 文柒柒 六　蘇辜孤徂濟北相崔君夫人誄 文柒玖 七上　[禰衡]須區躕疏如隅初軀愚渝鸚鵡賦 文捌柒 二上　[辛延年]都胡壚襦珠無餘廬嵎壺魚裾軀夫渝區羽林郎 詩貳 十五下　[闕名]魚娛居張公神碑 文玖捌 九下　侯樞諏紆舒濡渝譽吉成侯州輔碑 文玖玖 五上　組通苴平聲舒徂辜模高頤碑 文壹零伍 八上　樞偶劉熊碑 文壹零陸 三上　[無名氏]魚書書如飲馬長城窟行 漢詩貳 十三上　夫如姝如古詩 詩叁 八下　裾舒古詩 八　愚躕蒿里曲 詩肆 一下　俱株豫章行 四上　軀胥

余墟趨廬折楊柳行 五下　　除儲西門行 六上　　書居孤兒行 七上　　衢魚壺竿琚歔興瑟調曲豔歌 八上　　須驅無愚滿歌行 九上　　魚娛居黎陽令張公頌 詩伍 三上　　魚蕪范史雲歌 三下　　墟夫居皇甫嵩歌 四上　　鉤侯順帝末京都童謠 六下　　枯姑胡車胡桓帝時童謠 六下　　逋徒車同上　　書居桓帝時童謠 七下　　儒初太學中謠八顧 八下　　頭侯竈下養 十下

上聲

[白狼王唐菆]部主厚雨遠夷慕德歌 漢詩壹 五上　　[馮衍]與處顯志賦 文貳拾 二下　　與黍潴宇同上 四上　　處與車銘 十一下　　[鄭衆]舉所婚禮謁文贄 文貳貳 二下　　[傅毅]霧雨洛都賦 文肆叁 一下　　藪武女同上　　阻處雅琴賦 三下　　舉處扇銘 六上　　序緒迪志詩 詩貳 九下　　[班固]府傅西都賦 文貳肆 四上　　緒宇五東都賦 六下　　序武明堂詩 八下　　序雨廡胥靈台詩 九上　　五虎耦幽通賦 十上　　宇處難莊論 文貳伍 六上　　旅主後陳平贊 文貳陸 四下　　[崔駰]去舉達旨 文肆肆 四上　　舉處同上 四下　　[蘇順]古溥怙雨父和帝誄 文肆玖 十上　　[史岑]父宇楚出師頌 文肆玖 十　　[王逸]渚女讎余取耦睹九思疾世 文伍柒 三上　　走詢又遭厄 四上　　[李尤]古覡弩虜弩銘 文伍拾 九下　　後口經橈銘 八下　　[張衡]廡緒武處所主后剖思玄賦 文伍貳 三下　　五鄂土西京賦 九上　　伍鼓莽怒扈浦堵同上 九下　　古祖戶稌扈圃東京賦 文伍叁 五上　　苧黍廡與南都賦 七下　　女儺緒與舉同上 八上　　娛舉同上 八下　　與圃羽獵賦 文伍肆 一上　　宇暑處家賦 二下　　舞叙楚七辯 文伍伍 一下　　絟羽暑同上 二上　　圃舉同上　　祖緒叙禹呂處輔司徒呂公誄 三上　　舉輔與禦鮑德誄 四上　　[崔瑗]處黍走緒楚腐後東觀箴 文肆伍 三上　　府聚鮑德誄 六上　　[馬融]口紓禦廣成頌 文拾捌 十一下　　罟蠱斧戶旅同上　　[胡廣]處輔序侍中箴 文伍陸 七上　　[王延壽]主女叙後魯靈光殿賦 文伍捌 二下　　走與聚舞縷王孫賦 四上　　武取矩桐柏淮源廟碑 五上　　[張超]羽舉武緒脊後楊四公頌 文肆捌 十下　　[蔡邕]阻雨緒舉取苟與胥述行賦 文陸玖 三上　　舉序聚舞協和婚賦 三下　　舉女豎羽主同上　　部父短人賦 四下　　寠拒舉口侶偶語同上　　呂雨羽撫琴賦 五下　　矩羽暑處團扇賦 六下　　著緒暑釋誨 文柒叁 七下　　輔甫后武藪脊胡廣黃瓊頌 文柒肆 一下　　父緒矩禦茹侮朱穆墳前方石碑 文柒伍 七上　　土祐輔扈祖胡廣碑 文柒陸 五上　　序輔宇叙甫太傅祠堂碑銘 六下　　武輔矩土斧宇與橋玄碑 文柒柒 二　　輔府矩武宇楊賜碑 文柒捌 七上　　后輔序舉叙序宇旅袁逢碑 八上　　后輔與茹宇房楨碑 八上　　怒祖議郎胡公夫人哀讚 文柒玖 六上　　顧補弔屈原文 八下　　[禰衡]侶羽阻暑主旅處佇俎鸚鵡賦 文捌柒 一下　　[蔡琰]拒女阻腐聚語虜汝悲憤詩 詩叁 三下　　[闕名]處古輔與鍾晧頌 文玖柒 九上　　父與武梁祠堂畫像 文玖玖 一下　　吐語救造孔廟禮器碑 四下　　舉輔旅虎撫費鳳別碑 文壹零叁 七上　　黍宇甫樊毅修華嶽碑

八下　　［無名氏］女杼雨許語古詩 詩貳 三下　　樹黼傷三貞詩 詩叁 十下　　脯煮烏生詩肆 二上　　口後同上 二上　　怒語許古詩爲焦仲卿妻所作 十二上　　女汝舉同上 十三下　　雨所苦雨洛陽令歌 詩伍 四上　　父序雨崔瑗歌 四上　　語甫高孝甫歌 四下　　鼓怒桓帝時童謠 六下　　矩武鄉人謠 七下　　古祖任安二謠 七下　　府舉太學中謠三君 八上　　輔甫又八俊 八上　　古祖同上　　苦祖又八顧 八上　　虎祖同上 八下　　怙祖又八廚 八下　　署處恒農童謠 九上　　狗厚朱伯厚諺 十二上　　許虎禦虜土郭君諺 十二下　　虎祖賈偉節諺 十三上

去聲

［班彪］故度愬北征頌 文貳叁 五下　　居懼同上　　度故悼離賦 六上　　［馮衍］慕路顯志賦 文貳拾 二下　　慮去同上 四上　　虞懼刀陽銘 十一上　　［傅毅］素矩扇賦 文肆叁 三下　　攄御數[2]驅七激 四下　　著傅恕明帝誄 六下　　懼布同上　　［班固］驅騖御遇去東都賦 文貳肆 七上　　度素御務同上 七下　　禦湊同上 八下　　馭騖答賓戲 文貳伍 四下　　輅素東巡頌 文貳陸 一上　　豆陋務慕附騖諭竇將軍北征頌 一下　　懼誅慮奕旨 九上　　［崔駰］謨慮達旨 文肆肆 四上　　布厝庶路同上 四下　　顧步車左銘 十上　　［黃香］御驅九宮賦 文肆貳 七上　　［王逸］務投九思怨上 文伍柒 三上　　［李尤］怒度馬箠銘 文伍拾 十上　　具務鼎銘 十二上　　［張衡］御居處署附晝虞西京賦 文伍貳 七上　　固露度路慕墓同上 八上　　陋趣具東京賦 文伍叁 二下　　寓武數同上 五上　　摹念同上　　顧塗步兔同上 六上　　具路御羽獵賦 文伍肆 一上　　驅騖注兔舉遇同上　　趣務七辯 文伍伍 二下　　［崔瑗］譽著張平子碑 文肆伍 六下　　［桓麟］驅驟霧七說 文貳柒 十一上　　［馬融］奏投長笛賦 文拾捌 三上　　步禦虞同上 十一下　　［崔寔］路慕度處答譏 文肆伍 九下　　［王延壽］布怖步呼故度悟夢賦 文伍捌 三下　　［蔡邕］兔步筆賦 文陸玖 六上　　務步裕釋誨 文柒叁 七上　　數驅譽踏誅騖懼同上 七下　　布固度謨周鮑碑 文柒伍 六下　　祚謨太傅祠堂碑銘 文柒陸 六下　　布祚慕路劉寬碑 文柒柒 七　　度譽素污固慕迕故路范丹碑 八上　　度惡議郎胡公夫人哀讚 文柒玖 六上　　固互勸學篇 文捌拾二上　　［孔融］路素固故祚暮步厝度暮雜詩 詩貳十 四下　　［闕名］譽著劉脩碑 文壹零壹 十下　　赴助譽唐扶頌 文壹零肆 八下　　［無名氏］墓路寤露固度誤素古詩 詩叁 七下　　去素餘故古詩上山采蘼蕪 八下　　路去古詩 九下　　兔顧故古豔歌 十上　　鮒屨嫗迕鮒古樂府罩辭 詩肆 十五上　　度暮作袴廉范歌 詩伍 三上

4.3　魚部合韻譜上（前漢）

魚宵

平聲　［韋孟］娛嫗苗媮諷諫詩 漢詩貳 一下　　［孔臧］居隅符書妖瑜鴞賦 漢文拾叁 四下　　［劉向］珠旄九歎遠逝 文叁伍 四下　　［楊雄］區繇吾渠夫解嘲 文伍叁 二下

去聲　［劉向］耄露_{九歎逢紛} 文叁伍　二下

魚幽

平聲　［王襃］濡臾流_{四子講德論} 文肆貳　七上　　　　［楊雄］旟輿驅_{羽獵賦} 文伍壹　八上

上聲　［司馬相如］閑隃_{上林賦} 文貳壹　四上

去聲　［司馬相如］御獸_{子虛賦} 文貳壹　二上　　　　［劉向］浮霧舉_{九歎遠遊} 文叁伍　八下

魚歌

平聲　［賈誼］魚蟻_{弔屈原賦} 文拾陸　八上

魚之

平聲　［司馬相如］虛騃騏_{子虛賦} 文貳壹　二上　　　邪罘諸_{子虛賦} 文貳壹　三上

上聲　［枚乘］處母父所厚暑_{七發序} 文貳拾　四下

去聲　［司馬相如］與怒懼態_{子虛賦} 文貳壹　二上

魚幽宵_{獸宙爲幽部字，耀爲宵部字。}

去聲　［司馬相如］去獸兔耀宙_{子虛賦} 文貳壹　五上

魚幽歌_{甌牛爲幽部字，枷爲歌部字。}

平聲　［王襃］枷杷盧車呹頭犂轤醸麤烏魚鼻甌餘豬芋駒廘牛犂_{僮約} 文肆貳　十一下

魚鐸

平聲　［李陵］漢奴徑萬里分歌_{詩貳}　六下

去聲　［司馬相如］堊垆_{子虛賦} 文貳壹　一下　　　庶獲_{同上}　六下　　　澤護慕_{封禪文} 文貳貳　七下　　　［東方朔］固涸_{七諫謬諫} 文貳伍　五上　　　［王襃］穫芋轑_{僮約} 文肆貳　十二上　　　［楊雄］庶獲_{長楊賦} 文貳貳　三上　　　恪作祚_{徐州箴} 文伍肆　二上

魚屋

上聲　［楊雄］鼓齘後晛_{解難} 文伍叁　四下

去聲　［司馬相如］榛朴_{子虛賦} 文貳壹　四上　　　　［王襃］射鏃處鷙欲拊兔仆寇_{四子講德論} 文肆貳　九上　　　［楊雄］趣欲_{羽獵賦} 文伍壹　八上

魚鐸屋_{觸爲屋部字，獲獲爲鐸部字。}

去聲　［楊雄］與隃觸獲遽注怖胆獲聚_{羽獵賦} 文伍壹　八下

4.4　魚部合韻譜下_(後漢)

魚宵

平聲　［杜篤］郊都_{論都賦} 後漢文貳捌　二上　　　腴殊要誅餘_{同上}　三下　　　［班固］謡廬_{幽通賦} 文貳肆　九下　　　［崔駰］驪徒車旟_{東巡頌} 文肆肆　六下　　　［張衡］驅趨獢書初儲_{西京賦} 文伍貳　九下

上聲　［崔駰］杼禦舉楚趙脯女武序達旨 文肆肆　五上　　　　［王逸］耦宇杳雨九思遭厄

文伍柒　四上　　　［張衡］麋藪走取後西京賦 文伍貳　十下　　　　［闕名］府□叙表蔡湛頌 文

壹零肆　一下

魚幽

平聲　［班固］衢無幽東都賦 文貳肆　六下　　　　［王逸］夫挐絢蒭拘囚居九思悼亂 文伍柒

四下　　　［馬融］都蒲憂樗蒲賦 文拾捌　四下　　　　［闕名］候峨疇儒休殊於夫李翊碑 文壹

零貳　十下　　　［無名氏］廬居扶隅俱遊榆跌步出夏門行 漢詩肆　五上　　　區諸由敷求留

古詩爲焦仲卿妻作　十一下　　　廬初留同上　十四上

上聲　［班固］補道茂幽通賦 文貳肆　十上　　　　［張衡］舞雨楚胥優舞賦 文伍叁　十下

［蔡邕］后輔庶序宇武朽後胡廣碑 文柒陸　五上　　　　［闕名］茂武旅武舉虎輔咎壽武

榮碑 文壹零壹　一上

去聲　［班固］署孝西都賦 文貳肆　四上

魚歌

平聲　［班固］徒邪都家十八侯銘王吸 文貳陸　六上

上聲　［班固］武雅東都賦 文貳肆　七上　　　寡禦予幽通賦　九下　　　雅旅下後十八侯銘斬歈 文

貳陸　五上　　　［崔駰］馬弩安封侯詩 漢詩貳　九下　　　　［張衡］野渚予佇女思玄賦 文伍貳　三上

馬寡鹵西京賦　十下　　　者睹五土苦同上　十一下　　　我[1]雅魯鮑德誄 文伍伍　四上　　　　［崔

瑗］柱潓野河隄謁者箴 文肆伍　三下　　　［胡廣］武後禍主矩侍中箴 文伍陸　七下　　　　［王延

壽］序魯宇輔野魯靈光殿賦 文伍捌　一下　　　　［闕名］虎社郊原頌 文玖柒　九上　　　宇土祖緒

社祚輔綏民校尉熊君碑 文壹零伍　九上　　　　［無名氏］苦車馬賈魯苦土[2]馬雨孤兒行 詩肆　六下

去聲　［馮衍］度舍顯志賦 文貳拾　一上　　　　［張衡］迓夜塗路布思玄賦 文伍貳　四下　　　固

塗庫暇東京賦 文伍叁　一下　　　娉暇素顧七辯 文伍伍　一下

魚之

平聲　［無名氏］樓敷隅鉤珠襦須頭鋤敷踞姝敷餘不愚夫頭駒頭餘夫居鬚趨殊

陌上桑 詩肆　二下

上聲　［馬融］右後長笛賦 文拾捌　二上　　　副距數樗蒲賦　四下　　　［闕名］莒雨洧楚土費

鳳別鶴 文壹零叁　七上　　　　［無名氏］戶語母府取語古詩爲焦仲卿妻作 詩肆　十二上　　　後口

語去府負同上　十二下　　　虎吐茹母父京兆謠 詩伍　九上　　　父母南陽諺　十一上

魚幽之留老朽爲幽部字。不持栖畝已爲之部字。

平聲　［無名氏］榆隅雛殊愉不酕疏持栖厨留趨樞如夫隴西行 詩肆　五上

上聲　［班固］畝矩所老舉西都賦 文貳肆　五下　　　　［闕名］父緒朽已後平輿令薛君碑 文壹

百　三下

魚宵歌<small>野下爲歌部字，表摽爲宵部字。</small>

　　上聲　［班固］表署野布<small>西都賦　文貳肆　五上</small>　　　［馬融］摽下禦柱繅阻取矩吕主<small>長笛賦　文拾捌　二上</small>

魚幽宵之<small>朝爲宵部字，由爲幽部字。埃爲之部字。</small>

　　平聲　［王逸］埃如由劭朝<small>九思逢尤　文伍柒　二下</small>

魚幽宵歌<small>宄爲宵部字，下爲歌部字。道首受酒爲幽部字。</small>

　　上聲　［張超］道侶宄父首女受豎序偶主所虜祖下酒主柱聚後數垢父<small>誚青衣賦　文捌肆　九下</small>

魚宵歌之<small>倒爲宵部字，峙爲之部字。馬下爲歌部字。</small>

　　上聲　［李尤］武主叙鼓馬下倒羽峙舞<small>平樂觀賦　文伍拾　三上</small>

魚陽幽宵歌之<small>蕩爲陽部字，倒爲宵部字，左爲歌部字。軌爲之部字，道爲幽部字。</small>

　　上聲　［王逸］處蕩鼓倒左軌道<small>九思遭厄　文伍柒　四上</small>

魚鐸

　　上聲　［馬融］藪澤<small>廣成頌　文拾捌　十二下</small>

魚屋

　　上聲　［蔡邕］柱斧樸杵許<small>短人賦　文陸玖　五上</small>

　　去聲　［張衡］觸趨遇<small>西京賦　文伍貳　九下</small>

5　歌部

韻字表<small>(前漢)</small>

歌哿箇

　　何羅峨陀崒駝多荷歌囉他　　我可砢岣

　　磋柯阿㳄蹉鵝呵

戈果過

　　波頗贏和娑穌劗蠡戈　　　　夥　　　　　　　　破過臥

麻馬禡

　　沙加化①差嗟蛇蛇灑②砂柵　　　　　　　　　　化

支紙寘

　　施爲戲池罷螭離崎奇垂宜　　犧硊佹靡倚佹纚麗③彼迤　　義靡

---

① 化，《廣韻》收去聲禡韻。按古有平聲一讀，詳江有誥《唐韻四聲正》(56 頁下)。

② 灑，《廣韻》收上聲馬韻。按劉向《九歎·思古》與"離"押韻，今列爲平聲。

③ 麗，《廣韻》收去聲霽韻，音郎計切。段玉裁《六書音均表》將此字歸入支部(段氏第十六部)，江有誥《諧聲表》歸入歌部。按西漢音此字與"靡倚"等字同屬歌部，至東漢始轉入支部。

隨移議①巋鸃披儀隳馳陂　　峗蜲
轙蘺碕籬漇迻纚危觭桅

韻字表（後漢）

歌哿箇
　　羅河鄟何阿池歌娥荷柯蹉　　可我夋左　　　　　　　　　　佐
　　駝跎多他佗峨鵝

戈果過
　　過和波科磨娑騾莎　　　　　禍墮火②坐

麻馬禡
　　奢華沙鄹牙嗟邪花車蛇斜　　野馬下者罵間雅寡瀉　　　　　化霸螫舍迓夜暇
　　家加葭颭葩瓜嘉芽化瑕那
　　鯊

5.1　歌部韻譜上（前漢）

平聲

[項羽]何何_{垓下歌} 漢詩貳 一上　　　[高帝劉邦]何施_{鴻鵠歌} 詩壹 一上　　　[賈誼]沙
羅_{弔屈原文} 漢文拾陸 七下　　　[嚴忌]波施_{哀時命} 文拾玖 四上　　　加羅波爲羅化頗差_同
_上 四下　　　[武帝劉徹]何河_{匏子歌} 詩壹 一下　　　[枚乘]戲池罷_{七發} 文貳拾 七下
[淮南小山]峨波_{招隱士} 文貳拾 八上　　　[司馬相如]差觭_{子虛賦} 文貳壹 一下　　　陀河
_{同上}　　池螭離_{同上} 三下　　　峨嵯峨崎_{同上} 四上　　　河駝羸_{同上}　　河沙_{大人賦} 七下
奇垂施_{美人賦} 文貳貳 一下　　　[司馬談]化宜多_{論六家要指} 文貳陸 三下　　　和隨_{同上}
[東方朔]嵯多移加何戲議爲_{七諫怨世} 文貳伍 二下　　　[昭帝劉弗陵]波荷歌河多
_{淋池歌} 詩壹 三上　　　[王褒]崎巋_{洞簫賦} 文肆貳 一上　　　歌囉娑他穌_{同上} 一下　　　嗟磋
柯和阿跎多劙化蛇阿歌和加羅池_{九懷株昭} 五上　　　[劉向]和虵鸃披_{九歎遠逝} 文叄
伍 四下　　　何池_{又惜賢} 五下　　　峨歌_{又憂苦} 六上　　　離灑_{又思古} 七下　　　[楊雄]羅波_羽
_{獵賦} 文伍壹 八上　　　駝蠡_{長楊賦} 文伍貳 二上　　　觭危_{同上} 二下　　　蛇歌_{反離騷} 六上　　　戈
儀_{解嘲} 文伍叄 三下　　　蹉戈阿_{并州箴} 文伍肆 四上　　　差宜隳_{大鴻臚箴} 五下　　　和宜_{太史令}
_箴 八上　　　[劉歆]奇虵池_{燈賦} 文肆拾 三下　　　[闕名]池何_{郊祀歌日出入} 詩壹 七上
奇馳_{又天馬} 七上　　　阿河波歌_{又華爆爆} 八上　　　馳陂_{又朝隴首} 八上　　　轙蛇_{又赤蛟} 八下

---

① 議，《廣韻》收去聲寘韻。按古有平聲一讀。
② 火，《詩經》音屬脂部。後漢趙壹《窮鳥賦》與“野下者左我可墮”等字爲韻，故列本部。

[無名氏]何和羅何鐃歌艾如張 九上　　和河何和又聖人出 十下

上聲

[賈誼]我可鵬鳥賦 文拾伍 二下　　[淮南小山]礒碨骫麚倚招隱士 文貳拾 八上

[司馬相如]夥靡硟子虛賦 文貳壹 三下　　倚佹骫砢纚同上 四下　　麗倚大人賦 七上

[楊雄]麗靡羽獵賦 文伍壹 九下　　[闕名]麗靡郊祀歌練時日 詩壹 五下

去聲

[楊雄]破過羽獵賦 文伍壹 八下　　義靡長楊賦 文伍貳 二上

5.2　歌部韻譜下(後漢)

平聲

[馮衍]蛇化顯志賦 後漢文貳拾 一上　　奢華同上 三下　　[杜篤]羅河論都賦 文貳捌 二上　　河過沙和同上 三下　　沙鈔同上 四上　　牙[1]嗟吳漢誄 五下　　[傅毅]華波羅洛都賦 文肆叁 二下　　[班固]河波西都賦 文貳肆 三上　　波華答賓戲 文貳伍 四下　　何鄼蕭何贊 文貳陸 四上　　[崔駰]阿邪花刀劍銘 文肆肆 十一上　　[黃香]車蛇九宮賦 文肆貳 七上　　[王逸]阿池九思逢尤 文伍柒 二下　　[李尤]斜車九曲歌 漢詩貳 十一上　　[張衡]家過加西京賦 文伍貳 八下　　歌葭阿娥蛇同上 十下　　颺車葩蛇同上 十一上　　家華何同上 十二上　　河阿東京賦 文伍叁 二上　　荷瓜南都賦 八上　　羅歌舞賦 十上　　阿葩嘉何怨篇 詩貳 十上　　[崔寔]芽何太醫令箴 文肆伍 十上　　[酈炎]波柯阿嘉華沙和科見志詩 詩貳 十三下　　[戴良]牙蹉駝失父零丁 文陸捌 七上　　[蔡邕]車跎華協和婚賦 文陸玖 三下　　邪芽加家釋誨 文柒叁 六下　　加荷華祖德頌 文柒肆 三上　　嘉家和楊賜碑 文柒捌 五下　　[邊讓]波阿章華臺賦序 文捌肆 十一上　　娥羅歌阿章華臺賦 十一下　　加化華波嗟同上　　[禰衡]嘉沙羅加鸚鵡賦 文捌陸 一下　　[闕名]波河歌瑕張公神碑 文玖捌 九下　　家嘉度尚碑 文壹百 一上　　[無名氏]河河何箜篌引 漢詩肆 一上　　車家相逢行 四下　　斜車家長安有狹斜行 四下　　多歌善哉行 五上　　芽瓜車家多孤兒行 七上　　我他滿歌行 九上　　磨羅雜歌 十四下

上聲

[馮衍]禍野顯志賦 後漢文貳拾 三上　　[班固]可禍幽通賦 文貳肆 十上　　[李尤]馬下野可舟楫銘 文伍拾 十一下　　問可杯銘 十二上　　[戴良]者禍我爹失父零丁 文陸捌 七上　　[趙壹]野下者左我可墮火窮鳥賦 文捌貳 九上　　[蔡琰]罵下坐可禍悲憤詩 漢詩叁 三下　　[無名氏]下馬相和曲烏生 詩肆 二上　　瀉下羅古詩爲焦仲卿妻作 十三下

5.3　歌部合韻譜上（前漢）

歌魚

平聲　［孔臧］家何_{蓼蟲賦} 漢文拾叁 五上　　　［司馬相如］池移華沙子_{虛賦} 文貳壹 一下
歌和波遮歌_{同上} 五下　　峨差_{參差}穭_{哀秦二世賦} 文貳壹 六下　　　［東方朔］華和多蛇
化家_{誡子} 文貳伍 十二上　　　［王襃］蹉鵝茶荷_{僮約} 文肆貳 十二上　　　［楊雄］逪加砂家
羅呵何_{逐貧賦} 文伍貳 四上

去聲　［韋孟］過霸_{諷諫詩} 漢詩貳 二上　　　［王襃］臥馬_{僮約} 文肆貳 十二上

歌支

平聲　［司馬相如］隄犧施鵝加池_{子虛賦} 文貳壹 二下　　崖陂波_{同上} 四上　　　［楊雄］
虵鼉_{蜀都賦} 文伍壹 二上　　多梔蘺斯_{同上} 二下　　施沙厓_{甘泉賦} 五下　　峨厓_{同上} 六下
池河崖陂_{羽獵賦} 八下　　碕螭蟻_{同上} 九上　　多崖危隓_{冀州箴} 文伍肆 一上　　差釐_{光禄}
_{勳箴} 五下

上聲　［司馬相如］麗豸_{子虛賦} 文貳壹 四上　　　［王襃］迤睍_{洞簫賦} 文肆貳 二上　　　［楊
雄］峗倚崎施倚峒崻_{蜀都賦} 文伍壹 一下

去聲　［司馬相如］化義帝_{子虛賦} 文貳壹 六上　　　［楊雄］化易_{博士箴} 文伍肆 八下

歌脂

平聲　［淮南小山］峨澱羆悲_{招隱士} 文貳拾 八上　　　［司馬相如］蘺夷莎_{子虛賦} 文貳壹
四上　　危坻_{同上}　　馳離離魁_{大人賦} 七下　　　［東方朔］鵝池駝阿荷旎_{七諫亂曰} 文貳
伍 五下　　　［劉向］斐峨蠡嵯_{九歎惜賢} 文叁伍 五上　　　［楊雄］虵犀陂_{羽獵賦} 文伍壹 八下
化綏_{長楊賦} 文伍貳 二上　　波纍_{反離騷} 文伍貳 五下　　隨奇隤爲_{解嘲} 文伍叁 三下

歌支脂_{地爲支部字，追爲脂部字。}

平聲　［司馬相如］地離追施_{子虛賦} 文貳壹 五上

5.4　歌部合韻譜下（後漢）

歌魚

平聲　［班彪］娑那加佗邪圖峨家波_{北征賦} 後漢文貳叁 五上　　　［張衡］峨羅齬波柯
跎_{西京賦} 文伍貳 八上　　葭華葩鵝鸝波_{南都賦} 文伍叁 七下

去聲　［班固］化螯歌庶_{西都賦} 文貳肆 四上

歌支

平聲　［鄭眾］宜嘉_{婚禮謁文贊} 文貳貳 五上　　　［張衡］嘉歌葩和移多_{思玄賦} 文伍貳 四下
［崔瑗］隄歌河_{河隄謁者箴} 文肆伍 三下　　　［闕名］波歌沙訾_{周憬功勳銘} 文壹零叁 三下

歌鐸

去聲　［王延壽］霸佐百 夢賦 文伍捌 三下

6　支部

韻字表(前漢)

支紙寘

卑枝差雌知斯岐支　　　　　　此豸技氏豕　　　　　　　智易眦

齊薺霽

輯谿陧鷄啼鱅螗溪繫　　　　　　睨　　　　　　　　　　帝系嬖繫

佳蟹卦

崖柴厓佳　　　　　　　　　　嶰　　　　　　　　　　懈

至

　　　　　　　　　　　　　　　　　　　　　　　　　地

韻字表(後漢)

支紙寘

知儀祇麾奇螭披斯移虧危　　麗侈誃紫錡此伎氏綺豸罷　義知智刺易議瑞賜禠誼避
池戲卑宜枝離皮羈垂羆猗　　纚彼企弛陂爾被是枳　　　麗累
陂隨議①厄規嫣禠誼撝疲
馳義岐蛇虵②糜施爲迆麗③
蘺陁被摩彌箠差肢欹蟻挩
睨脾炭崎跂醨兒雌罹敊簁
褵陭峗筵支璃鯢蠡訾氏④委
縻罷⑤

佳蟹卦

袿涯崖乖釵　　　　　　　　解嶰　　　　　　　　　賣

齊薺霽

珪蹏谿攜蠵醫鸝睢啼醨鱅　　　　　　　　　　　　　系帝
磎徯題陧堤騠兮

---

① 議，《廣韻》收在寘韻。崔駰《達旨》“議”與“虧隨”押韻，古有平聲一讀。

② 蛇，或作虵，委蛇字。

③ 麗，見崔琦《外戚箴》。原句云“晉國之難，禍起于麗”，麗即麗姬，字亦作驪。

④ 氏，閼氏之氏，見杜篤《論都賦》，音支。

⑤ 罷，與疲通。

至

地

6.1　支部韻譜上（前漢）

平聲

[劉歆]卑鞮遂初賦 漢文肆拾 二上

去聲

[王襃]帝智四子講德論 文肆貳 八下　　[劉向]躄智九歎愍命 文叁伍 六下　　系帝高祖頌 文叁柒 九上　　[楊雄]地帝儷元后誄 文伍肆 九下　　[無名氏]繫帝武帝太初中謠 漢詩伍 五上

6.2　支部韻譜下（後漢）

平聲

[馮衍]知儀顯志賦 後漢文貳拾 三下　　[杜篤]桂涯被褫賦 文貳捌 一上　　祇麾奇螭披斯論都賦 四上　　移麾危池同上 四下　　[傅毅]戲卑扇賦 文肆叁 三下　　宜枝雅琴賦同上　　離皮七激 五上　　羈垂北征頌 六上　　[班固]螭羆崖西都賦 文貳肆 五上　　池涯隄狷陂同上 五下　　[崔駰]垂狷大將軍臨洛觀賦 文肆肆 一下　　麾隨議達旨 四下　　珪厄明帝頌 五下　　儀規披扇銘 十一下　　儀嬀婚禮結言 十一下　　褵皮同上　　[許慎]誼撝說文解字叙 文肆玖 二下　　[王逸]奇宜危蹄池陂垂移疲機婦賦 文伍柒 一下　　馳義乖池義岐九思疾世 三下　　糜知又傷時 五上　　施戲同上　　麾馳爲琴思楚歌 詩貳十一上　　[李尤]陂規池鴻池陂銘 文伍拾 四上　　移危楹銘 七下　　知規施宜迤鍾簴銘同上　　斯知經橋銘 八下　　危爲鎧銘 九下　　地離小車銘 十一下　　[崔琦]黎危枝離七蠲 文肆伍 七下　　麾池麗外戚箴 八下　　離螭同上　　麾危斯同上　　[張衡]枝離麾思玄賦 文伍貳 一下　　離攜同上 五下　　陁被麾戲西京賦 十下　　差離羆箆蛇麾襹同上　　馳彌卑同上 十一上　　溪涯螭東京賦 文伍叁 二下　　箆離披南都賦 七下　　螭觿蛇池陂涯南都賦 七下　　池涯鷿螭同上 八下　　施差離舞賦 十上　　儀施扇賦 文伍肆 一下　　祇肢離髑髏賦 二上　　[崔瑗]儀規欹移馳離奇危枝巇垂涯移宜斯草書勢 文肆伍 七上　　[桓麟]崖黎崖枝七說 文貳柒 十一上　　[朱穆]垂涯狷移池鬱金賦 文貳捌 六下　　[馬融]池陂廣成頌 文拾捌 十一下　　鷿鸝同上 十二上　　[秦嘉]施爲贈婦詩 詩貳 十二上　　[王延壽]醨馳知羈疲同上 四下　　[蔡邕]垂陂差枝岐宜琴賦 五下　　披宜珪離崖危釋誨 文柒叁 六下　　[禰衡]巇危離知儀奇宜斯鸚鵡賦 文捌柒 一下　　[闕名]爲施武梁祠堂畫像 文玖玖 一下　　[無名氏]離涯知枝古詩 漢詩貳 三上　　巇羆爲移知滿歌行 詩肆 九上　　池離枝古詩爲焦仲卿妻作 十四上　　枝歧支張君歌 詩伍 二上

奇皮太學中八廚謠 八下

上聲

［班固］麗佗西都賦 後漢文貳肆 二下　　麗佗東都賦 七上　　［張衡］哆紫錡此西京賦 文伍貳 八下　　伎氏綺豸罷纚西京賦 文伍貳 十一下　　［馬融］彼此長笛賦 文拾捌 三下

［蔡邕］麗企馳彈棊賦 文陸玖 六下　　弛陁解釋誨 文柒叄 六下　　［無名氏］綺爾被解此古詩 漢詩叄 八上

去聲

［班固］誼避累幽通賦 文貳肆 十下　　系帝高祖頌 後漢文貳陸 一上　　帝地典引 七上

［崔駰］義智達旨 文肆肆 三下　　［李尤］刺義書案銘 文伍拾 八下　　［張衡］智易七辯之七 文伍伍 二下　　［馬融］議帝瑞廣成頌 文拾捌 十二下　　［蔡邕］知地賜釋誨 文柒叄 六上　　［無名氏］智義太學中八廚謠 漢詩伍 八下

6.3　支部合韻譜上(前漢)

支歌

平聲　［枚乘］枝離貐七發 文貳拾 五上　　［司馬相如］鷄鵜子虛賦 文貳壹 五下　　［劉勝］崖枝雌啼儀知斯文木賦 文拾貳 六下　　［東方朔］知離七諫怨世 文貳伍 四上

［劉向］柴荷九歎愍命 文叄伍 七上　　［楊雄］籬岐光祿勳箴 文伍肆 五下　　斯支離元后誄 十上

上聲　［楊雄］此彼解難 文伍叄 四上

支脂

平聲　［楊雄］佳眉反離騷 文伍貳 五下　　支犀交州箴 文伍肆 四上

去聲　［楊雄］技帥羽獵賦 文伍壹 八上

支錫

去聲　［司馬相如］擊眦繫地子虛賦 文貳壹 二上

支脂錫眥爲脂部字,擊爲錫部字。

去聲　［楊雄］地眥擊地羽獵賦 文伍壹 八下

6.4　支部合韻譜下(後漢)

支歌

平聲　［杜篤］氏闚氏奇蠡彌騄[1]騠論都賦 文貳捌 三上　　［傅毅］貐崖歌七激 後漢文肆叄 四上　　［張衡］夥佽施罷移池西京賦 文伍貳 十下　　［馬融］涯紗隨廣成頌 文拾捌 十二上　　池堤莎委涯陂螭鮧同上

支脂

平聲 [杜篤]崖支題犀璃觿論都賦 文貳捌 三上 [劉梁]差涯栖陂七舉 文陸肆 十下 [馬融]崖�危枝頹長笛賦 文拾捌 一下 [王延壽]奇爲儀兒睢離知�呢脾咿啼醯𧥄崎施枝溪危離垂跂王孫賦 文伍捌 三下 [蔡邕]鵜雌兒斯短人賦 文陸玖 五上 [闕名]儀夷嵬虧陭規峗悲傒洄雷周憬功勳銘 文壹零叁 三下 歸谿機同上 [無名氏]淒啼離簁爲皚如山上雪 詩肆 八下

上聲 [崔駰]弛是履達旨 文肆肆 四上 [馬融]枳嶰兕豨廣成頌 文拾捌 十一下

去聲 [王逸]纍賣九思傷時 文伍柒 五上 [蔡邕]貴易智釋誨 文柒叁 七上 [闕名]易歸麗楊孟文石門頌 文玖捌 八下 利義避池綿計周憬功勳銘 文壹零叁 三下

支之

平聲 [無名氏]時離奇之古詩爲焦仲卿妻作 詩肆 十三上

支脂之沸爲脂部字,噫爲之部字。

去聲 [王逸]義沸噫琴思楚歌 漢詩貳 十一下

支錫

平聲 [馬融]刺裼廣成頌 文拾捌 十一下 [黄香]池歷釹袿蛇奇九宫賦 文肆貳 七上

7 脂部

韻字表

哈海代

哀開皚	凱	概逮溉愛曖慨

灰賄隊

回迴雷靁頹摧隤輴魁磓崔徊嵬蓑隈催槐洄韋配①	罪廆礨脮𡾟𡸣	内畏隊碎潰隈塊對背昧倅退悖誶闠憒霨

皆駭怪

階諧懷排乖褢喈齋嚌②	楷	壞

脂旨至

脂私師綏椎悲夷麋追遲迡③衰肌祗遺惟坻誰眉姿	几美水死視履眡指矢兕壘雉圮砥	至二位遂淚鼻墜燧棄肆類懟比穨轡劓季祟醉濞帥悴

---

① 配,見張衡《東京賦》,與"摧懷"押韻。

② 嚌,見班彪《北征賦》。原句云:"雁邕邕以羣翔兮,鵾雞鳴以嚌嚌。"《文選》李善注曰:"嚌嚌衆聲也。音喈。"

③ 迡,見楊雄《甘泉賦》及闕名《無極山碑》,爲遲字別體。

榱楣槐薿資梨胝尸耆推維　　　　鶍暨寐貳率器匱隧萃視泊
睢咨湄飢毗墀騱帷鬐跜眱　　　　遂祕悸次懿粹饋喟穟綮緭
狋伊茨葵鷗纍尼祁嗺岬泳①　　　利贊愧驥冀躓
徽②旎柅蠝葘

微尾未

飛歸微妃韋旂機非依衣幾　　葦鬼虺狶　　　味貴氣畏渭煇濆沸愇卉謂
屝暉輝煒薇璣巍威徽希譏　　　　　　　　　毅魏尉未蔚欷慰胃圍緯髴
畿闈違晞騑肥薪霏晞褘圍　　　　　　　　　瑋諱
頎幃稀菲狶祈斐偉斐饑

齊薺霽

齊薺躋犀迷棲栖梯泥藜鷖　米启禮醴胝體悌濟涕第娣　計惠戾螫諫濟迡繼殪蒂瞖
低稽黎悽西③蠐妻兮鷅淒　　　　　　　　隸

7.1　**脂部韻譜**(兩漢)

平聲

前漢　[唐山夫人]歸懷安世房中歌之六　漢詩叁　一下　　　[劉友]微妃歌一首　詩壹　三下
[韋孟]韋旂諷諫詩　詩貳　一下　　　[嚴忌]歸懷哀時命　漢文拾玖　四上　　　[鄒陽]迴歸躋
几賦　文拾玖　七下　　　[武帝劉徹]飛歸秋風辭　文叁　一下　　　師綏策封燕王旦　文肆　九下
[枚乘]飛迴七發　文貳拾　七下　　　微非同上　　　[淮南小山]歸妻招隱士　文貳拾　八上
[司馬相如]薿綏子虛賦　文貳壹　二上　　　懷歸回同上　三下　　　麋犀同上　四上　　　依悲遲
衰私衣美人賦　文貳貳　一下　　　棲妃諧誰飛悲琴歌　詩貳　四上　　　[劉勝]藟椎聞樂對　文拾
貳　七上　　　[董仲舒]暉歸齊薇迷士不遇賦　文貳叁　一下　　　[東方朔]諱悲璣驥衰冀
七諫謬諫　文貳伍　四下　　　[司馬遷]私悲悲士不遇賦　文貳陸　五上　　　[李陵]摧隤歸歌一首
詩貳　六下　　　[王褎]悲偉洞簫賦　文肆貳　二上　　　惟歸飛夷躋泳師夷九懷陶壅　文肆貳　四
下　　階胝甘泉宮頌　十一上　　槐楣榱誰同上　　　[韋玄成]韋綏自劾詩　詩貳　七下　　夷
祇同上　　師暉同上　　階懷戒子孫詩　八上　　　[劉向]回頹九歎逢紛　文叁伍　二下　　　違
悲又離世　三下　　　違悲又怨思　三下　　　夷迴同上　四上　　　懷依同上　　　懷頹又惜賢　五下
悲頹又憂苦　六下　　　衣夷又愍命　六下　　　次悲又思古　七下　　　[楊雄]夷眉蜀都賦　文伍壹
一上　　歸梨開諧甘泉賦　五下　　　依迟同上　六上　　　機違長楊賦　文伍貳　二下　　　衣遺反離

---

① 泳,見《楚辭》王褎《九懷·陶壅》。洪興祖補注音直尸切。按《集韻》脂韻泳爲胝之或體。
② 徽,見《楚辭》王逸《九思·怨上》。洪興祖補注云:"釋文音眉。"
③ 西字兼收真部。

騷 六下　　資師解嘲 文伍叁 二下　　師眉同上 三上　　尸希回徽耆解難 四下　　遺排連

珠 十上　　維階冀州箴 文伍肆 一上　　違齊青州箴 一下　　師遲同上　　衰衣雍州箴 三下

夷推維衛尉箴 六上　　歸齊太僕箴 六下　　希依懷乖階城門校尉箴 八上　　師懷博士箴

八下　　[劉歆]梯依棲灟泥甘泉宮賦 文肆拾 三上　　微依燈賦 三下　　齊遺遂初賦 三上

[崔篆]微暉遲睢機咨威夷譏維慰志賦 文陸壹 六下　　[闕名]遺歸郊祀歌五神 詩壹

八上　　歸衰又赤蛟 八下　　[無名氏]威魁鴻隙陂童謠 詩伍 五下

後漢　[班彪]皚嘈懷衣北征賦 後漢文貳叁 五上　　[桓譚]畢飛仙賦 文拾貳 七下

[馮衍]懷悲顯志賦 文貳拾 一下　　威綏刀陰銘 十一下　　[杜篤]湄夷首陽山賦 文貳捌

一下　　[王阜]畿威歸祇機劉驎驎郡太守箴 文叁叁 七上　　[傅毅]廩睎夷洛都賦 文肆

叁 一下　　追飛歸七激之三 四下　　師闈竇將軍北征頌 六上　　回懷威巍明帝誄 六下

[班固]階開闈犀西都賦 文貳肆 四上　　躋楣階迷稽低同上 四下　　隤摧夷同上 五上

齊徊同上 五下　　濟階懷幽通賦 九下　　迷綏祇同上　　微開同上 十下　　微輝漢頌論功

歌詩靈芝歌 十一下　　追機蕭何贊 文貳陸 四上　　威違陳武贊 五下　　[崔駰]乖違達旨 文

肆肆 四上　　棲飢同上　　遺黎南征頌 文肆肆 六上　　祈維違機司徒箴 八下　　[班昭]

師悲違非追歸誰東征賦 文玖陸 一上　　[王逸]衣機帷姿機婦賦 文伍柒 一下　　璣低

霏悽棲徵依西懷悲摧九思怨上 三上　　悲違黎遲飢迷懷睎雷又疾世 三下　　夷嵬又

傷時 五上　　悲依同上　　頹追琴思楚歌 詩貳 十一上　　[李尤]私非機鞠城銘 文伍拾 五

上　　依闈巍闕銘 五下　　[崔琦]摧微遲違機外戚箴 文肆伍 八下　　[張衡]姜懷溫泉

賦 文伍貳 一上　　違追衰思玄賦 一下　　飢遲妃眉徽同上 四上　　歸回懷同上 五下

希飛同上 六上　　楣槐埠西京賦 六下　　闈蘄犀同上 八上　　飛霏雷威同上 十一上

配摧懷東京賦 文伍叁 四上　　姜裳哀南都賦 七下　　違徊哀歸睎同上 八上　　嵬徽綏

微衰懷同上 八下　　蕤裶駿師徊歸同上 九上　　幾飛闈司空陳公誄 文伍伍 三下　　[崔

瑗]威歸祇機郡太守箴 文肆伍 三下　　遲闈司隸校尉箴 四上　　幾師張平子碑 六下

[馬融]磑嶉回崔廣成頌 文拾捌 十下　　[崔寔]衣肥答譏 文肆伍 九下　　[王延壽]

姿譬跅榱楣追跩㺝魯靈光殿賦 文伍捌 二上　　[張超]姿斐微衰茨泥葵鷗階妻誚青

衣賦 文捌肆 九上　　[唐姬]積摧乖哀歌一首 詩叁 三下　　[蔡邕]違幾歸綏述行賦 文

陸玖 三上　　伊悲飛瞽師賦 五上　　開徊摧琴賦 五下　　輝微姿機師飛夷綏光武濟陽宮

碑 文柒伍 一下　　違依輝遲悲追胡公夫人靈表 文柒玖 四上　　衰違胡公夫人哀讚 六上

乖哀同上　　師依悲姿濟北相崔君夫人誄 六下　　歸遺哀睎咨同上 七上　　[禰衡]姿

輝機鸚鵡賦 文捌柒 一上　　姿機飛弔張衡文 三上　　[孔融]歸悲輝遲薇飛誰依追衣

希雜詩 詩貳 十四下　　微衰威違悲六言詩 十五上　　巍私肥祁饑悲同上　　[闕名]希

悲鏡銘 文玖柒 十上　棲喈徊西懷張公神碑 文玖捌 十上　歸葵劉脩碑 文壹零壹 十下　魏梯隈伊嶉威祁私資遟□哀無極山碑 文壹零肆 三上　私□幾毘微催懷郭究碑 文壹零伍 一下　姿威綏民校尉熊君碑 九上　[無名氏]齊階悲妻徊哀稀飛古詩 詩貳 二下　幃徊歸誰衣古詩 三下　悲衣違輝綏歸闈飛晞扉古詩 詩叁 七下　歸誰纍飛葵誰衣古詩 九上　晞歸薤露歌 詩肆 一下　葵晞輝衰歸悲長歌行 三下　歸菲藜悲纍衣孤兒行 六下　纍歸豔歌行 八上　歸纍悲歌 十一上　階懷回古八變歌 十四下　徊懷吴資歌 詩伍 四上　諧眉更始時南陽童謠 六上　衰遺建安初荊州童謠 九上　諧妻齋齋泥迷太常妻 十二上　諧開袁文開諺

上聲

前漢 [鄒陽]几鬌酒賦 漢文拾玖 七下　[武帝劉徹]罪水瓠子歌 漢詩壹 一下　[司馬相如]嵬礨㠑子虛賦 文貳壹 四上　[劉勝]几美文木賦 文拾貳 七上　[東方朔]至死七諫謬諫 文貳伍 五上　涕濟旱頌 文貳伍 十二上　[王褒]凱脮洞簫賦 文肆貳 二上　累指聖主得賢臣頌 文肆貳 九下　[韋玄成]視履自劾詩 詩貳 七下　[劉向]美夷死九歎惜賢 文叁伍 五上　[楊雄]美葦蜀都賦 文伍壹 二上　濟娣繼元后誄 文伍肆 九下　[劉歆]履眂遂初賦 文肆拾 二上　[闕名]水鬼郊祀歌天馬 詩壹 七上　[無名氏]死矢武帝時童謠歌 詩伍 五下

后漢 [馮衍]夷美顯志賦 後漢文貳拾 四上　[班固]畿視西都賦 文貳肆 二下　禮濟東都賦 八下　[崔駰]禮體達旨 文肆肆 四上　[史岑]啓禮楷出師頌 文肆玖 十　[李尤]矢兕鎧銘 文伍拾 九下　[張衡]第啓西京賦 文伍貳 八下　雉几視圯東京賦 文伍叁 二上　壘葦鬼蹝同上 五上　[王延壽]嵬嵲魯靈光殿賦 文伍捌 一　[闕名]禮濟悌樊毅修華嶽碑 文壹零叁 八下　[無名氏]楷禮太學中謠八俊 詩伍 八上

去聲

前漢 [枚乘]畏隈追死壞七發 文貳拾 七下　[司馬相如]渭内子虛賦 文貳壹 三下　隸至同上　譓贄二封禪文 文貳貳 七上　[王褒]氣位解謿 文伍叁 三下　欷淚洞簫賦 文肆貳 二上　戾氣四子講德論 七下　至比同上 八下　[韋玄成]逮隊戒子孫詩 詩貳 八上　[劉向]闈緯九歎愍命 文叁伍 六下　味貴杖銘 文叁柒 九上　[班倢伃]愧淚擣素賦 文拾壹 八上　[楊雄]卉對甘泉賦 文伍壹 六上　罪位連珠 文伍叁 十上　位類揚州箴 文伍肆 二上　謂劓廷尉箴 六下　位貴太常箴 七上　貴遂將作大匠箴 七下　[劉歆]戾燧遂初賦 文肆拾 一下　[闕名]遂逮郊祀歌青陽 詩壹 六上　位醉又赤蛟 八下

后漢 [馮衍]貴悴顯志賦 後漢文貳拾 四上　位鬌同上 四下　[傅毅]逮墜溉昧迪志詩 漢詩貳 九下　[班固]位貴西都賦 文貳肆 四上　隊帥東都賦 七上　暨醉氣退同上

七下　　貴墜氣貳答賓戲 文貳伍 五上　　　氣彎東巡頌 文貳陸 一上　　　概類氣奕旨 九上

[王逸]位棄琴思楚歌 詩貳 十一下　　　[李尤]未鷙津城門銘 文伍拾 六下　　　匱器匱匣銘

十二下　　　[張衡]内對諄思玄賦 文伍貳 三下　　　闥隧尉萃匱西京賦 八下　　　器位貳東京

賦 文伍叁 二上　　　器位肆彎同上 六上　　　[崔瑗]器位器竇大將軍鼎銘 文肆伍 四下　　　氣

遂貴遺葛龔珮銘 五上　　　[馬融]帥沸雉至潰悴樗蒲賦 文拾捌 五上　　　[王延壽]曖邃

祕濛悸魯靈光殿賦 文伍捌 二上　　　對睢悴視屭同上　　　蔚瑋同上 三上　　　[蔡邕]位[1]

次筆賦 文陸玖 六上　　　粹饋遂寐二崔君夫人誄 文柒玖 六下　　　[闕名]欷喟嚴訢碑 文玖捌

十下　　　[無名氏]穗悴古歌 詩叁 十上　　　遂季惠朱暉歌 詩伍 二下　　　胃尉竈下養諺 十下

7.2　脂部合韻譜上（前漢）

脂歌

平聲　[唐山夫人]施回安世房中樂 漢詩叁 一下　　　[司馬相如]夷師危歸大人賦 文貳壹

七下　　　衰危衹遺封禪文 文貳貳 八上　　　[東方朔]悲衰頹歸池七諫自悲 文貳伍 三下

[王褒]靡巍甘泉宫賦 文肆貳 十一上　　　眉姿脂綏垂青蠅隔奴辭 十二下　　　[劉向]離哀

九歎憂苦 文叁伍 六下　　　逶巍又遠遊 八上　　　馳指同上　　　[楊雄]威危馳回蜿蛇妃眉

資甘泉賦 文伍壹 五下　　　蔾飛蛇犀陂羽獵賦 八下　　　夷馳長楊賦 文伍貳 二上　　　眉危懷

徽輤泥夷酒賦 五上　　　馳師同上 六上　　　[無名氏]歸爲回衣歸鐃歌巫山高 漢詩壹 九下

上聲　[司馬相如]蠝蛫子虛賦 文貳壹 四下　　　[楊雄]差至指上林苑令箴 文伍肆 九上

去聲　[王褒]靡塊聖主得賢臣頌 文肆貳 九下

脂支

平聲　[鄒陽]枝藟枝歸几賦 文拾玖 七下　　　[枚乘]飛槐溪七發 文貳拾 五上　　　[王

褒]衰卑四子講德論 文肆貳 七上　　　[無名氏]雌雉又雉子斑 十下　　　知衰又上邪 十下

上聲　[司馬相如]水豸氏豕子虛賦 文貳壹 五上

脂之

平聲　[楊雄]豨釐麋羽獵賦 文伍壹 八上　　　衣胝肌遲之逐貧賦 文伍貳 四上　　　[司馬

相如]衣肌脂懷回辭美人賦 文貳貳 一下　　　[無名氏]思歸鐃歌戰城南 詩壹 九上

上聲　[鄒陽]醴駭米啓待泥啓齊禮酒賦 文拾玖 七上　　　[司馬遷]死鄙悲士不遇賦 文

貳陸 五上

去聲　[王褒]備内聖主得賢臣頌 文肆貳 十上　　　[司馬相如]類萃記計子虛賦 文貳壹

二上

脂歌之 旗爲之部字。纚爲歌部字。

平聲　[楊雄]綏纚開杝旗甘泉賦 文伍壹 四上

脂真

平聲　［王褒］沌頹洞蕭賦 文肆貳 二下　　［楊雄］殷遲少府箴 文伍肆 七上

脂祭

去聲　［賈誼］慨濞碎墜戾潰逝稼熉憒害淚惠遂位氣敗旱雲賦 文拾伍 一上　　［鄒

陽］醉歲酒賦 文拾玖 七下　　［司馬相如］位大子虛賦 文貳壹 二上

脂質

去聲　［王褒］愲惠棄肆遂味懟失氣類頜貴洞簫賦 文肆貳 二上

7.3　脂部合韻譜下（後漢）

脂支

平聲　［馮衍］披悲顯志賦 後漢文貳拾 二上　　［杜篤］衰違危師維眉微[1]非威姿論都

賦 文貳捌 四上　　［傅毅］偉麾洛都賦 文肆叁 一下　　［班固］規齊十八侯銘酈商 文貳陸 四

下　　罷威飛垂又傅寬銘 五上　　威奇姿奕旨 九上　　［崔駰］胝蹄泥博徒論 文肆肆 五上

［李尤］虵微熏鑪銘 文伍拾 十一上　　［桓麟］威爲機迷祇師□徽劉寬碑 文貳柒 十二上

［徐淑］歸差違師懷徊暉乖追衣答秦嘉詩 漢詩叁 七上　　［胡廣］資機師移夷暉法高

卿碑 文伍陸 八下　　［郭正］隨追師法真頌 文陸叁 一上　　［闕名］危回追摧歸哀徊裹

北海相景君銘 文玖捌 六上　　虧頹懷郭君碑 文壹零叁 十上　　齊兮樊敏碑 文壹零伍 七上

［無名氏］陂脂饑古詩 詩叁 九下　　歸悲衣啼縻縻兒非非遲歸東門行 詩肆 六上

遲爲施歸古詩爲焦仲卿妻作 十一下　　儀歸衣儀違歸催同上 十二下

上聲　［蔡邕］砥水履智彈棊賦 文陸玖 六下

脂之

平聲　［蔡邕］辭希歸答卜元嗣詩 詩貳 十三上　　［孔融］非歸哀來六言詩 詩貳 十五上

［闕名］臺微畿饑張壽碑 文壹零壹 四上　　［無名氏］歸哀來古詩爲焦仲卿妻作 詩肆 十

三下

去聲　［班固］備魏典引 文貳陸 七下　　［李尤］記位太學銘 文伍拾 四下　　［無名氏］

貸匱悴刺巴郡守詩 詩叁 十一上

脂歌

去聲　［傅幹］器愛化內皇后箴 文捌壹 十四上

脂真

平聲　［杜篤］回魂被褅賦 文貳捌 一上　　［崔瑗］衰遲埋河堤謁者箴 文肆伍 三下　　［蔡

邕］泥微眉蜻頎扉低脣姿飛追非希師微妃私畿懷階積摧乖排衣追扉帷階機維

飢青衣賦 文陸玖 四上

脂祭

去聲 [傅毅]歲悴七激 文肆叁 四下 [馬融]昧氣鷙厲廣成頌 文拾捌 十一上 [無名氏]蔕計孤兒行 詩肆 七上

脂月

去聲 [班固]寐髴墜察對幽通賦 文貳肆 六下

脂支魚居書爲魚部字。啼麋兒移爲支部字。

平聲 [無名氏]歸悲衣啼麋兒遲居東門行 詩肆 六上 飛徊衣書悲移古詩爲焦仲卿妻作 十一下

脂支之來期材爲之部字,隨離垂移爲支部字。

平聲 [無名氏]來齊隨徊開頹離垂期雙白鵠 詩肆 七下 嵬離闈悲摧材豔歌行 八上 懷來葦移雷懷依古詩爲焦仲卿妻作 十二下

脂祭之代爲之部字。乂蓋邁爲祭部字。

去聲 [蔡邕]乂惠穎墜氣愛蓋邁逮碎代胡碩碑 文柒伍 九下

脂質

去聲 [杜篤]渭類實溉遂論都賦 文貳捌 三下 [崔駰]率尉太尉箴 文肆肆 八上 [王逸]味氣出貴荔支賦 文伍柒 二上 [張衡]醉萃屈紱遂貴西京賦 文伍貳 八下 戾洎質贄二東京賦 文伍叁 三上 [馬融]潰穴濞戾突長笛賦 文拾捌 二上 [蔡邕]類懿位紱轡蔚貴遂二胡廣黄瓊頌 文柒肆 一下 [禰衡]轡瑟類頳淚欷鸚鵡賦 文捌柒 二上 [無名氏]内日古詩爲焦仲卿妻作 詩肆 十三上

脂祭月厲介制説轄爲祭部字,察瞥爲月部字。

去聲 [馬融]毅厲介戾氣制察説惠長笛賦 文拾捌 三上 墜殪轄倅瞥躓隊計廣成頌 十一下

脂月質切爲質部字,冽爲月部字。

去聲 [馬融]切肆戾冽躓長笛賦 文拾捌 二下

8 祭部

韻字表

泰

大害外蓋沛帶蔡鱠貝籟會瀨賴泰竄[1]艾旆最沫磕濭藹濊

---

① 竄,《廣韻》收去聲換韻,音七亂切。按《左傳》昭公二十六年“竄在荆蠻”,《經典釋文》云:“竄,七亂反,《字林》七外反。”七外反爲古音。詳顧炎武《唐韻正》卷十一竄字下。

怪

界芥齘湀介

夬

邁敗喝

廢

廢吠乂穢肺

祭

世逝衛厲裔礪製晰歲枻勢蔽滯敝澫傺綴際噬制弊藝癘筮溯銳祭說轊

霽

契慧痪达廢蒂

8.1　祭部韻譜（兩漢）

前漢　[項羽]世逝垓下歌 漢詩貳 一上　　　[高帝劉邦]帶厲裔封爵誓 漢文壹 七上　　帶礪世丹書鐵券 七上　　　[賈誼]大敗世鵩鳥賦 文拾伍 二下　　　[武帝劉徹]沛外瓠子歌詩 一下　　　[枚乘]廢外七發 文貳壹 四下　　　礪裔同上 七上　　　[孔臧]邁歲諫格虎賦 文拾叁 四上　　　[司馬相如]蔡蓋子虛賦 文貳壹 二上　　　界外芥同上 三上　　　[劉勝]蔡害聞樂對 文拾貳 六下　　　[東方朔]蔽滯敗七諫怨世 文貳伍 三上　　　逝世同上　　　[王褒]廢达洞簫賦 文肆貳 一下　　　沛逝礪瀨蓋蔡裔九懷尊 嘉 四上　　　[韋玄成]裔世自劾詩 詩貳 七下　　　[劉向]礪沛九歎逢紛 文叁伍 二下　　　厲逝又離世 三下　　　[楊雄]礪厲沛世甘泉賦 文伍壹 五下　　　齘賴反離騷 文伍貳 五下　　　邁瀨同上 六上　　　替弊冀州箴 文伍肆 一上　　　大敗豫州箴 同上 三上　　　際外交州箴 四上　　　外衛光禄勳箴 五下　　　祭筮[1]太常箴 七上　　　[劉歆]厲逝遂初賦 文肆拾 二下　　　[闕名]沛裔郊祀歌練時日 詩壹 五下　　　蓋澫又赤蛟 八下　　　[無名氏]大逝鐃歌巫山高 詩壹 九下　　　外歲又上陵 十上　　　世吠武帝太初中謠 詩伍 五上

後漢　[光武帝劉秀]敗外報臧宮馬武詔 後漢文貳 二　　　[班彪]厲逝覽海賦 文貳叁 四下　　　厲誓冀州箴賦 五下　　　[馮衍]裔大顯志賦 文貳拾 三下　　　[杜篤]害帶滯敗論都賦 文貳捌 三下　　　[班固]說制東都賦 文貳肆 六上　　　制外同上 八下　　　制勢敗奕旨 八下　　　[崔駰]厲蔡达旨 文肆肆 四下　　　蓋大四晧墟頌 七上　　　[王逸]慧勢荔支賦 文伍柒 二上　　　[李尤]外穢辟雍銘 文伍拾 四下　　　會害門銘 六上　　　害大鎧銘 九下　　　沛敗鞍銘 十上　　　乂帶樽銘 十二上　　　[崔琦]敗外廢外戚箴 文肆伍 八下　　　[張衡]癘穢溫泉賦 文伍貳 一下　　　噬世晰思玄賦 三下　　　裔厲外藹同上 五下　　　外害帶沛大東京賦 文伍叁 一下　　　帶會厲蓋裔艾同上 三下　　　筮裔司空陳公誄 文伍伍 三下　　　世賴邁鮑德誄 三下　　　[崔

瑗]藝契_{張子平碑} 文肆伍 六上　　　[崔寔]會大外世_{答譏} 文肆伍 九下　　　[張超]外衛_{尼父頌} 文捌肆 十上　　　[蔡邕]溢會_{漢津賦} 文陸玖 一下　　害敗_{釋誨} 文柒叁 六下　　說銳_{同上}　　[蔡琰]邁會敗外艾蓋吷肺逝大賴厲廢歲_{悲憤詩} 漢詩叁 四上　　　[闕名]大會逝□_{樊敏碑} 文壹零伍 七上　　　[無名氏]泰外_{淮南王篇} 漢詩肆 九下　　際礪世_{獻帝初童謠詩}伍 九上

8.2　祭部合韻譜上_{（前漢）}

祭脂

[韋孟]衛墜_{諷諫詩} 漢詩貳 一下　　　[司馬相如]柟蓋貝籟喝沸會礚外燧隊裔_{子虛賦} 漢文貳壹 二下　　厲濞逝_{大人賦} 八上　　逝沫晰內_{封禪文} 文貳貳 七上　　　[東方朔]憒害_{旱頌} 文貳伍 十一下　　　[劉向]喟傺_{九歎愍命} 文叁伍 七上　　　[楊雄]內外_{羽獵賦} 文伍壹 七下　　會藹綴外內_{同上} 八下　　戾沛_{雍州箴} 文伍肆 三下　　內敗_{衛尉箴} 六上　　世噬祟_{少府箴} 七上　　內外蓋_{城門校尉箴} 八上

祭月

[司馬相如]瀨世勢絕_{哀秦二世賦} 文貳壹 六下　　沫逝_{同上} 七上　　　[楊雄]害割殺泰敗謁_{廷尉箴} 文伍肆 六下

祭歌

[劉向]儀濿_{九歎遠逝} 文叁伍 四下　　　[班倢伃]製麗晰_{擣素賦} 文拾壹 七下

8.3　祭部合韻譜下_{（後漢）}

祭脂

[杜篤]內外裔_{論都賦} 後漢文貳捌 四上　　　[班固]說氣世_{東都賦} 文貳肆 八上　　外內歲世_{答賓戲} 文貳伍 四下　　會勢貴領世賴_{同上} 五上　　昧契綴_{典引} 文貳陸 六下　　[胡廣]穢勢逝計謂害_{弔夷齊文} 文伍陸 八下　　　[皇甫規]邁帶外退_{女師箴} 文陸壹 七下　　[王延壽]藹霽_{魯靈光殿賦} 文伍捌 三上　　　[蔡邕]厲翳瀨裔最逝害_{述行賦} 文陸玖 一下　　[闕名]大裔世制外愛祭沛賴蔽歲_{成陽靈臺碑} 文壹零貳 五上　　裔世惠勢至_{郭輔碑} 文壹零陸 五下

祭月

[班固]厲寰穢曆折噬殺_{西都賦} 文貳肆 五上　　裔外界竭世_{封燕然山銘} 文貳陸 三下　　[崔駰]大殺艾際_{太尉箴} 文肆肆 八下　　　[張衡]苅製皋弊裔_{東京賦} 文伍叁 五上　　[桓麟]發外_{七說} 文貳柒 十一上　　　[闕名]厲際瀎邁乂碣世_{袁良碑} 文玖捌 四下　　世滅_{柳敏碑} 文壹零壹 八下

祭質

　[張衡]律會帶七辯 文伍伍 一下　　　[闕名]結逝辛通達李仲曾造橋碑 文壹百四下

祭歌

　[闕名]大夜蓋勇歲吳仲山碑 文壹零貳 七下

陽聲韻

9　蒸部

韻字表

登

　登朋崩弘騰增肱稜

蒸〇證

　升陞稱乘徵興烝澄繩蒸承　　　　　　　　　應

　兢陵澂馮凝應冰憑凌鷹勝

東

　弓夢

耕

　閔紘

9.1　蒸部韻譜(兩漢)

平聲

前漢　[嚴忌]陞稱哀時命 漢文拾玖 四上　　　[枚乘]乘弓七發 文貳拾 六上　　　[司馬相如]徵興封禪文 文貳貳 七下　　　[劉向]登興九歎離世 文叁伍 三上　　　[楊雄]繩夢甘泉賦 文伍壹 五上　　　乘興閔朋羽獵賦 七下　　　[闕名]興承郊祀歌五神 漢詩壹 八上

後漢　[馮衍]朋興顯志賦 後漢文貳拾 三上　　　[班固]興弘[1]典引 文貳陸 七下　　　[崔駰]興蒸司徒箴 文肆肆 八下　　　[班昭]徵興東征賦 文玖陸 一下　　　[李尤]登陵承京師城銘 文伍拾 五下　　　承徵高安館銘 五下　　　興乘竈銘 七下　　　[張衡]增承興徵馮繩兢升西京賦 文伍貳 七下　　　[廉品]烝澄大儺賦 文陸陸 二下　　　[張超]承憑靈帝河間舊廬碑 文捌肆 十下　　　[蔡邕]興騰漢津賦 文陸玖 一下　　　興凝蟬賦 七上　　　[無名氏]弘承太學中謠三君 漢詩伍 八上　　　凌陵又八俊 八上　　　稱升又八及 八下

9.2　蒸部合韻譜上（前漢）

蒸侵

平聲　［楊雄］乘風澄兢 甘泉賦 漢文伍壹 四上　　　風升閔紘蒸 解難 文伍叁 四上　　　崩心音勝 元后誄 文伍肆 十下

蒸冬

平聲　［司馬相如］乘中 子虛賦 文貳壹 五上

蒸陽

平聲　［司馬相如］升煌烝乘 封禪文 文貳貳 八上

9.3　蒸部合韻譜下（後漢）

蒸侵

平聲　［馮衍］風陵 顯志賦 後漢文貳拾 三下　　　［班固］興林 答賓戲 文貳伍 五下　　　［劉廣世］禽鷹騰興 七興 文肆叁 七上

蒸耕

平聲　［杜篤］乘萌 論都賦 文貳捌 二下　　　［班固］騰升明萌 十八侯銘蟲達 文貳陸 五下　　　［馬融］紘征 廣成頌 文拾捌 十一上　　　［蔡邕］應冰萌凝興 承 釋誨 文柒叁 六下

蒸東

平聲　［班固］陵承興公 西都賦 文貳肆 三上

蒸侵陽 岡爲陽部字，風爲侵部字。

平聲　［馮衍］岡紘風崩 顯志賦 文貳拾 二上

蒸冬耕 明爲耕部字，終爲冬部字。

平聲　［蔡邕］明烝徵承終升 九疑山碑 文柒伍 一上

蒸冬東侵 雍爲東部字，風爲侵部字，躬爲冬部字。

平聲　［班固］雍風徵躬稜 東都賦 文貳肆 七下

蒸冬耕侵 京爲耕部字，風爲侵部字，隆爲冬部字。

平聲　［杜篤］京風陵隆 論都賦 文貳捌 二上

10　冬部

韻字表

冬

　宗農彤蠱冬

東

中忠終崇戎融宮窮躬隆衆忡沖雄①

江

降

10.1　冬部韻譜（兩漢）

平聲

前漢　［武帝劉徹]中終躬策封齊王閎 漢文肆 九下　　［司馬相如]忠宮美人賦 文貳貳
一上　中宮同上　戎隆終封禪文 六下　　［劉胥]終窮歌一首 漢詩壹 四上　　［劉向]
宮窮九歎遠遊 文叁伍 八下　　［楊雄]中宮甘泉賦 文伍壹 五上　　宮崇羽獵賦 七下　　忠
宗兗州箴 文伍肆 一下　　［劉歆]宮中融甘泉宮賦 文肆拾 三上　　［無名氏]雄宮紫宮謠
詩伍 九下

後漢　［班固]宮中西都賦 後漢文貳肆 三上　　［崔駰]躬中車左銘 文肆肆 十上　　［黃
香]宮崇九宮賦 文肆貳 六下　　［李尤]中宮融平城門銘 文伍拾 六下　　［張衡]宮彤終
思玄賦 文伍貳 五上　　隆宮中西京賦 七下　　窮宮同上 十上　　［崔瑗]宮穹窮和帝誄 文
肆伍 五下　　［王延壽]宮崇魯靈光殿賦 文伍捌 三上

10.2　冬部合韻譜上（前漢）

冬東

平聲　［嚴忌]容忠容凶宮窮賓懅哀時命 漢文拾玖 三下　　［王褒]中窮從鄤宮九懷匡
機 文肆貳 二下　　［楊雄]窮雄溶中羽獵賦 文伍壹 八下

冬侵

平聲　［劉勝]風隆文木賦 漢文拾貳 七上

冬陽

平聲　［王褒]行窮聖主得賢臣頌 文肆貳 十下

冬東蒸雍爲東部字，陵爲蒸部字。

平聲　［楊雄]雍宮陵博士箴 文伍肆 八上

10.3　冬部合韻譜下（後漢）

冬東

平聲　［李尤]封窮七款 後漢文伍拾 三下　　［張衡]中宮融豐崇東京賦 文伍叁 二上
［闕名]躬通隆充中楊孟文石門頌 文玖捌 七下

---

① 雄字《詩經》音屬蒸部，自西漢末轉入本部。

冬蒸

平聲　［班固］崇徵靈臺詩　文貳肆　九上　　　　［崔瑗］徵躬和帝誄　文肆伍　五下　　　　［無名氏］繩中古詩爲焦仲卿妻作　詩肆　十二上

冬侵

平聲　［邊讓］終風中雄隆章華臺賦　文捌肆　十一下

冬陽

平聲　［崔駰］行農東巡頌　文肆肆　六下

冬東侵風爲侵部字,鋒雍充爲東部字。

平聲　［傅毅］風鋒降竇將軍北征頌　文肆叁　六上　　　　［崔駰］風中雍宗大將軍西征賦　文肆肆　一下　　　　［趙壹］風充中終迅風賦　文捌貳　八上

冬東談嚴爲談部字,通從爲東部字。

平聲　［杜篤］中巖窮戎通從論都賦　文貳捌　三下

11　東部

韻字表

東董送

工同東通公銅桐功洪蒙空　　　動　　　　　　　　　弄貢痛
叢翁葱樅童筒豐充朦礜橦
聰攻控①峻瓏鴻崆嵩驄恫
梭籠鄷矇蓬傱②

鍾腫用

容松鍾訟溶庸墉鏞舂頌封　　勇竦種踵溶恐鞏鮦恫　　　用頌縱
凶胸邕離癰饔壅重從逢蓉
恭兇鋒枀衝洶龍供縫蹤縱
誦③龔茸壟螽寵

江講絳

邦雙幢江　　　　　　　項

---

① 控,見班固《西都賦》,與“蹤鋒雙”等字押韻。原句云:“機不虛掎,弦不再控。”控者引也,此字《廣韻》收去聲送韻,今列爲平聲字。

② 傱,見漢《郊祀歌·華爗爗》,原句云:“神之行,旌容容;騎沓沓,般傱傱。”集注云:“容音勇,傱音總。一曰容讀如本字,傱音才公反。”今列於平聲。

③ 誦,《廣韻》收去聲用韻。《武榮碑》與“功同”押韻,讀平聲。

11.1 東部韻譜(兩漢)

平聲

前漢 ［賈誼］工銅鵬鳥賦 漢文拾伍 二下　　東[1] 同同上　　［韋孟］同邦諷諫詩 漢詩貳 一下　　恭邦在鄒詩 二上　　［嚴忌］桐通哀時命 文拾玖 三上　　［鄒陽］藭工几賦 文拾玖 七下　　［孔臧］叢蹤從鋒鐘東忪衝雙工諫格虎賦 文拾叄 三下　　［董仲舒］容從士不遇賦 文貳叄 一下　　［司馬談］功從論六家要指 文陸 三下　　［司馬遷］公同悲士不遇賦 文貳陸 五上　　［王褒］洪封四子講德論 文肆貳 六下　　邕從容同上 八下　　椶葱封春重僮約 十二上　　［韋玄成］東從自劾詩 詩貳 七下　　同庸同上　　［劉向］邦廱九歎逢紛 文叄伍 二下　　同通又愍命 七上　　龍溶又遠遊 八下　　東公高祖頌 文叄柒 九上　　［楊雄］叢從東蜀都賦 文伍壹 二上　　工逢同上 二下　　公江同上 三上　　從凶解嘲 文伍叄 三下　　蒙同徐州箴 文肆 二上　　同凶宗正卿箴 六上　　供龍太僕箴 六上　　供同少府箴 七上　　饗供太官令箴 九上　　［崔篆］蹤容從慰志賦 文陸壹 六下　　［闕名］容從郊祀歌 華爆爆 詩壹 八上　　［無名氏］縫春容淮南民歌 詩伍 一上　　龔翁杜陵蔣翁諺 十下

後漢 ［馮衍］同容顯志賦 後漢文貳拾 四下　　［劉倉］同功武德舞歌詩 漢詩壹 四下　　［傅毅］紅重同七激 文肆叄 四下　　［班固］蹤鋒控雙西都賦 文貳肆 五上　　鐘龍瓏容東都賦 七上　　容鍾同上 七下　　容通答賓戲 文貳伍 五上　　東公高祖頌 文貳陸 一下　　［崔駰］頌功大將軍西征賦 文肆肆 一上　　從衝功鍾達旨 四上　　恭容車後銘 十下　　［班昭］同凶東征賦 文玖陸 二上　　雍同大雀賦 二上　　［王逸］龍衝功雙九思守志 文伍柒 六上　　［李尤］通從同小車銘 文伍拾 十一下　　雍容通恭天軿車銘 十二上　　［張衡］東埇通西京賦 文伍貳 八上　　功重饗鐘空同上 十上　　紅鴻龍雙同上 十下　　橦鋒逢同上　　雍鏞幢容工東京賦 文伍叄 四上　　東埇智通南都賦 七上　　容雙定情賦 九下　　公邕司徒陳公誄 文伍伍 三下　　空庸邦同蹤同上　　［崔瑗］恭空功雖兇恫張平子碑 文肆伍 六下　　［朱穆］雙松鬱金賦 文貳捌 六下　　［馬融］工洪礑樗蒲賦 文拾捌 四下　　龍橦廣成頌 十一上　　同通鐘叢同上　　充攻功重空同上 十二上　　貢同衝同上 十二下　　功龍同上　　工從東巡頌 十三上　　［王延壽］鴻縦魯靈光殿賦 文伍捌 三上　　［蔡邕］容功蹤通釋誨 文柒叄 六上　　容從同上 七上　　功蹤恭公朱穆墳前碑 文柒伍 七上　　恭容庸蹤公從雍封胡廣碑 文柒陸 四上　　恭龍通雍同上 五上　　恭功庸公太傅祠堂碑銘 六下　　公聰嵩龍從通功功恭庸雍同邦喬玄碑陰 文柒柒 三上　　功封庸公楊賜碑 文柒捌 七上　　邦同[2] 胡公夫人哀讚 文柒玖 六上　　邦從龍答卜元式詩 漢詩貳 十二下　　［張升］容重白鳩賦 文捌貳 一上　　［闕名］功同誦武榮碑 文壹零壹 一下　　同縱庸功雙邦圉令趙君碑 文壹零伍 六上　　功通邦蒙豐頌劉熊碑 文壹零陸 三上　　［無名氏］東

桐公平陵東 詩叁肆 二上　　驄公工鮑司隸歌 詩伍 二下　　雙重許叔重諺 十一上　　雙童江

夏黃童諺 十一下　　庸公胡伯始諺 十一下　　龍雙荀氏八龍諺 十二上　　龍雙公沙六龍諺 十

二上

上聲

前漢　[王襃]動竦勇四子講德論 漢文肆貳 七下

後漢　[張衡]胴項種西京賦 後漢文伍貳 九上　　　[蔡邕]種踵短人賦 文陸玖 四下　　勇

恐同上

去聲

前漢　[王襃]縱弄貢頌甘泉宮頌 漢文肆貳 十一上

後漢　[班固]用痛幽通賦 後漢文貳肆 十一上

11.2　東部合韻譜上(前漢)

東冬

平聲　[東方朔]容從工農逢誡子 漢文貳伍 十二上　　　[王襃]從同聰衆四子講德論 文肆

貳 七下　　隆功聖主得賢臣頌 文肆貳 十上　　　[劉向]降洶九歎逢紛 文叁伍 二下　　　[楊

雄]鍾窮甘泉賦 文伍壹 五上　　降隆東雙功龍融頌雛蹤從河東賦 文伍壹 六上　　恭降

宗正卿箴 文伍肆 六上　　衆公元后誄 十上　　崇庸從同上　　[劉歆]通宮遂初賦 文肆拾

一下　　[闕名]窮同冬龍郊祀歌日出入 漢詩壹 七上

東陽

平聲　[王襃]明聰聖主得賢臣頌 文肆貳 十下

東侵

平聲　[楊雄]聰恭風尚書箴 文伍肆 四下

東幽

平聲　[東方朔]同調七諫謬諫 文貳伍 五上

11.3　東部合韻譜下(後漢)

東冬

平聲　[光武帝劉秀]功終報臧宮馬武詔 後漢文貳 二　　[杜篤]蒙通中容首陽山賦 文貳

捌 一下　　[傅毅]容紅降雙七激 文肆叁 五上　　[班固]終容東都賦 文貳肆 八下　　宗

容典引 文貳陸 七上　　[李尤]中崇通函谷關賦 文伍拾 一上　　重崇從聰忡同上 一下

隆中豐辟雍賦 二上　　[張衡]戎雍西京賦 文伍貳 六上　　[崔瑗]豐融張平子碑 文肆伍

六下　　[邊韶]中容通塞賦 文陸貳 一下　　[劉琬]雄胸筒馬賦 文陸陸 十一上　　[胡

廣]戎功邊都尉箴 文伍陸 七下　　[闕名]宗洪東海廟碑 文壹零貳 七上　　[無名氏]通

中相和曲烏生 漢詩肆 二上　　雍宗太學中謠八顧 詩伍 八上

東蒸

平聲　［馮衍］崩功顯志賦 文貳拾 三下

東侵

平聲　［闕名］恫風西狹頌 文壹零貳 一下

東陽

平聲　［闕名］縱皇通廳同功誦楊孟文石門頌 文玖捌 八下

東冬侵_{沖竆爲冬部字，風爲侵部字。}

平聲　［禰衡］蹤容沖風雍竆顔子碑 文捌柒 三上

東冬蒸_{乘爲蒸部字，宮爲冬部字。}

平聲　［張衡］龍鍾乘宮東京賦 文伍叁 四下

東冬侵蒸_{隆降終爲冬部字，風爲侵部字，興爲蒸部字。}

平聲　［馬融］工鐘容隆風降興重同終長笛賦 文拾捌 二下

東冬陽蒸_{羊光牆傷愴忘爲陽部字，肱爲蒸部字，宮爲冬部字。}

平聲　［闕名］恭鍾蹤從羊光牆通□肱蒙功凶宮□傷愴忘誦武斑碑 文玖捌 七上

12　陽部

韻字表（前漢）

唐蕩宕

　唐光塘蒼行綱荒喪旁藏當　蕩莽儻慌盪簜　　　　　曠
　岡桑湯黃昂堂凰卬皇徨
　葬倉臧蹌亢茫剛廊惶囊璫
　煌遑傍棠滂璜浪芒慷昕①

陽養漾

　陽揚鄉方長傷亡畺央羊章　響壤瀁往杖　　　　　放望暘昶
　莊芳忘常疆王張良翔璋嶂
　涼房觴殃商祥梁徉糧將量
　裳牆腸鴦裝強彊場楊牂香
　霜彰望攘庑享②昌湘相洋

---

① 昕，見楊雄《甘泉賦》，原句云"魚頡而鳥昕"，《文選》李善注昕音胡剛切。
② 享養饗等字《廣韻》收上聲養韻，愴悵嶂等字《廣韻》收去聲漾韻。漢人均與平聲字押韻。

嘗羌壇箱鶬驤詳狂尚養愴
悵嶂饗

庚梗敬

明英衡横兵撑坑京慶^①玙　　　　　　　　　　竟競慶病詠鏡映
兄卿

韻字表（後漢）

唐蕩宕

剛荒茫湯堂唐光藏黄傍煌　廣沆蕩莽儻　　　　　曠
喪康綱芒臧瑞徨當皇旁棠
岡璜廊簧抗航伉桑昂閬狼
碭趬芒篁潢浪鶬塘蒼惶亢
卬亢郎囊倉隍琅遑朗^②螂
抸^③滂

陽養漾

彊强長亡翔章梁箱張常傷　上敞想仰往悵象壤響漾罔　眖悵快昶讓
揚疆商方祥鄉羌香王昌房　泱
觴裝芳陽魴姜驤彰央望洋
將饗^④量涼良颺暘匡霜將
羊襄裳樟嘗厢防殃糧牀漿
忘鏘遏泱錫瓖鈌狂樞茛場
鴦庠享粻穰償狀莊鏜璋倡
殭養爽楊佯坱煬觴讓愴泯
妝

12.1　陽部韻譜上（前漢）

平聲

［唐山夫人］芳光行芒章_{安世房中歌} _{漢詩叁 一下}　　芳饗臧常忘_{同上}　　常明光良光
芳忘_{同上} _{二上}　　常明疆_{同上}　　［高帝劉邦］揚鄉方_{大風歌} _{詩壹 一上}　　［賈誼］喪

① 慶，《廣韻》收去聲敬韻。漢以前讀平聲，漢以後始有去聲一讀。詳顧炎武《唐韻正》卷十二慶字下。
② 朗，《廣韻》收蕩韻，王逸《九思・哀歲》與平聲字押韻。
③ 抸，見馬融《長笛賦》“瞋菌碨抸”句。《文選》李善注音烏郎切。按《集韻》唐韻有此字，音於郎切，與李善音同。
④ 饗享養爽等字《廣韻》收上聲養韻，狀愴等字《廣韻》收去聲漾韻。漢人均與平聲字押韻。

翔鵩鳥賦 漢文拾伍 二下　藏衡惜誓 三下　藏羊同上　祥翔弔屈原文 文拾陸 七下
藏羊同上 八上　[韋孟]荒商 光諷諫詩 詩貳 一下　堂牆在鄒詩 二上　[羊勝]王
璋黃昂疆屏風賦 文拾玖 六下　[公孫乘]光堂裳月賦 六下　[嚴忌]揚梁英哀時命
文拾玖 三上　翔祥傷糧鄉芳將行當橫桑行唐湯方量藏同上 三下　[鄒陽]梁觴
揚狂光酒賦 文拾玖 七下　[武帝劉徹]長鄉傷陽亡寘央羊章莊揚明芒揚李夫人賦
文叁 一上　傷悵同上 一下　芳忘秋風辭 一下　常光策封齊王閎 文肆 九上　疆芳泰
山鼎文 十三上　[枚乘]翔張裝兵七發 文貳拾 七上　印強將行當同上　場桑行同
上 七下　[孔臧]傷涼塘長揚房蒼楊柳賦 文拾叁 四上　行觴章王綱揚荒常忘同上
四下　亡殃夢蟲賦 五上　[司馬相如]章楊芳子虛賦 文貳壹 二上　堂房同上 四上
狼羊同上 五上　凰明同上 五下　梁撐梁將光章綱央楊堂房長揚揚印橫徨殃牀
香旁亡光方霜更明忘長門賦 文貳貳 二下　明良封禪文 六下　鄉凰將堂房腸鴦翔
琴歌 詩貳 四上　[劉勝]章翔璋嶂浪文木賦 文拾貳 六下　[司馬談]昌亡論六家要指
文貳陸 三下　長藏綱同上　常綱明同上 四下　[烏孫公主]方王牆漿傷鄉歌一首
詩叁 二　[東方朔]湯坑七諫初放 文貳伍 一上　湯長央鄉又自悲 三下　藏陽嗟伯夷
五下　[昭帝劉弗陵]王方傷藍田覆車山鼎文 文伍 三下　章蹌裳祥黃鵠歌 詩壹 三上
[王褒]翔行洞簫賦 文肆貳 二上　房芳橫堂洋翔忘傷九懷匡機 二下　陽行光英祥
裳將旁光當又通路 三上　陽行橫藏殃湘傷又尊嘉 三下　洋荒上強又蓄英 四上
陽光糧行方傷又思忠 四下　翔揚又株昭 五上　望章聖主得賢臣頌 十下　場疆同上
荒鄉疆皇碧雞頌 十一上　翔荒同上　桑行當嘗僮約 十二下　唐藏商堂青鬢髯奴辭
十二下　[韋玄成]常翔自劾詩 詩貳 七下　常荒戒子孫詩 八上　[成帝劉驁]望臧
報許皇后 文捌 十二上　[劉向]兵亡圍棋賦 文叁伍 二上　堂裳九歎逢紛 二下　揚彰又
怨思 四上　殃行又憂苦 五下　長行同上 六上　唐桑又遠遊 八上　明光同上　方
桑同上　湘央同上 八下　行疆杖銘 文叁柒 九上　杖相同上　長王說苑供文 文叁玖
八下　[班倢伃]光芳張良擣素賦 文拾壹 七下　[趙飛燕]霜望慷歸風送遠操 詩叁
二　[楊雄]行兵狂裝梁攘眄章甘泉賦 文伍壹 四上　芳英堂同上 五下　蹌光唐
羽獵賦 八上　揚皇陽方光同上 八下　衡房央同上 九下　藏岡逐貧賦 文伍貳 四下
張堂陽行同上　裳房反離騷 五下　行芳同上 六上　行堂解嘲 文伍叁 二上　卿光
衡當同上　湯橫冀州箴 文伍肆 一上　場王同上　長殃兗州箴 一下　方康徐州箴 二
上　陽湯荊州箴 二下　強亡豫州箴 三上　常荒益州箴 三上　京荒雍州箴 三下
壇荒幽州箴 三下　唐忘芒旁同上　方王享并州箴 四上　兵荒綱同上　京亡交州
箴 四上　王常忘大司農箴 五上　荒箱亡同上　行尚璜執金吾箴 七下　觴王太官令

篋 九上　　陽方唐王旁元后誄 九下　　王明荒慶央同上 十上　　黃皇同上　　臧常忘

行同上　　〔劉歆〕兵陽遂初賦 文肆拾 二下　　涼霜同上　　常傷同上 三上　　常彭同上

〔闕名〕祥明享拜祝祠太一饗響文 文伍柒 十三下　　腸糧辰子逐疫 十三下　　亡康光長王

使威長葬銘 十四上　　望方郊祀歌練時日 詩壹 五下　　香鄉同上　　黃堂同上　　芳觴同上

光黃又帝臨 六上　　昌嘗忘疆又朱明 六上　　藏霜又玄冥 六上　　享荒翔將又惟泰元 六

下　　明章又天地 六下　　商長鶬享同上　　堂望光黃羊明觴放章又天門 七上　　昌

方同上 七下　　房堂華曄曄 八上　　觴洋長同上　　芳光又五神 八上　　觴驤同上　　詳

饗又朝隴首 八上　　祥觴光央又赤蛟 八下　　〔無名氏〕黃蒼良鐃歌君馬黃 詩壹 十上

王羊行又雉子班 十下　　陽香陽揚方又石流 十一上　　喪卿樓護歌 詩伍 二上　　場葬尹

賞歌 二上　　張王三王譏 十上

上聲

〔枚乘〕慌儻瀁曠七發 漢文貳拾 七上　　　〔王褒〕莽盪洞簫賦 文肆貳 一上　　　〔劉向〕盪

往九歎逢紛 文叄伍 二下　　慌蕩九歎遠逝 文叄伍 四下　　　〔楊雄〕簜往揚州箴 文伍肆 二上

〔闕名〕蕩響郊祀歌天門 漢詩壹 七上

去聲

〔王褒〕暢壤四子講德論 漢文肆貳 八下　　　〔劉向〕放望九歎怨思 文叄伍 三下

12.2　陽部韻譜下(後漢)

平聲

〔光武帝劉秀〕剛疆報臧宮馬武請滅匈奴詔 後漢文貳 二上　　長亡同上　　荒疆同上 二下

〔班彪〕茫行翔章湯梁堂唐光箱章覽海賦 文貳叄 四上　　　〔桓譚〕綱張離事 文拾伍 一

上　　〔馮衍〕藏常顯志賦 文貳拾 一上　　傷常揚同上 二上　　荒傷同上 三上　　疆梁同

上 三下　　綱光同上 四上　　〔杜篤〕商黃祓禊賦 文貳捌 一上　　常方祥商鄉傍首陽山賦

一下　　荒煌方羌論都賦 三上　　〔梁竦〕香長強疆喪王荒昌悼騷賦 文貳貳 八下

〔傅毅〕光房煌觴康揚剛常舞賦 文肆叄 二上　　裝芳陽方同上 二下　　魴芒七激 四下

臧常同上 五下　　揚康扇銘 六上　　〔班固〕疆方姜西都賦 文貳肆 二下　　陽方堂梁驤

璜彰同上 四上　　央梁光同上 四下　　望徨陽洋湯蔣央同上　　觴饗東都賦 七下

堂陽煌明堂詩 八下　　湯梁辟雍詩 八下　　王量方涼竹扇賦 十一上　　荒綱唐答賓戲 文

貳伍 五上　　陽方綱常同上 五下　　當堂良康樊噲贊 文貳陸 四上　　長揚王章灌嬰贊 四

下　　皇唐典引 八上　　疆旁亡方奕旨 九上　　〔崔駰〕光颺大將軍臨洛觀賦 文肆肆 一下

暢藏達旨 四下　　棠商匡強喪太尉箴 八下　　良匡車右銘 十下　　〔蘇順〕傷霜亡將

喪歎懷賦 文肆玖 九下　　傷皇章和帝誄 十上　　剛唐光同上　　〔史岑〕疆黃陽出師頌 文

肆玖 十　　[班昭]羊堂鍼縷賦 文玖陸 二上　　[王逸]藏皇昌光襄裳樟旁良梁驪岡

長機婦賦 文伍柒 一上　　瑯璜荔支賦 二上　　藏方九思守志 六上　　[李尤]章光陽方張

湯梁匡饗辟雍賦 文伍拾 二上　　洋廊行棠陽東觀賦 三上　　鄉梁方良康洛銘 四上

方陽洋房良梁明堂銘 四下　　章昌雲臺銘 五上　　王光陽方荒德陽殿銘 五上　　牆陽

當常鞠城銘 五上　　光房當荒王平樂館銘 五下　　堂涼嘗廂簧堂銘 七上　　長涼揚笛

銘 八上　　張方抗常屏風銘 八上　　常防殃芒戟銘 九上　　常傷弩銘 九下　　[崔琦]

煌皇湯外戚箴 文肆伍 八上　　[張衡]方香箱殃常航嘗裳珩長藏芳霜伉亡章思玄賦

文伍貳 二上　　桑糧岡同上 三上　　光黃同上 四下　　行洋梁牀漿同上　　昂煌驪揚

湯忘同上　　翔閶鏘芒狼碭湯皇驪邊同上 五上　　防藏趨驤西京賦 七上　　堂章煌

同上　　方祥央望翔同上 七下　　芫羊岡篁疆同上 九上　　匡伉同上 十上　　房臧堂

康東京賦 文伍叁 一下　　昌陽將商方章同上 二上　　常房鄉泱同上 二下　　廂將同上

三上　　皇將同上　　錫瓖鋩同上 三下　　梁狂良潢光方同上 五上　　祥黃皇唐荒裳

浪王同上 五下　　康陽疆詳南都賦 七上　　光黃同上　　櫃桑同上　　場張芒鶬翔同上

八下　　荒塘驤忘同上　　良章揚同上 九上　　翔鄉昂揚光舞賦 十上　　方驤鄉桑涼

昂岡旁霜髑髏賦 文伍肆 一下　　行堂冢賦 二下　　黃鴬七辯 文伍伍 一下　　驤堂長司徒

呂公誄 三下　　鄉章璜光方庠大司農鮑德誄 四上　　房湯當嘗牀霜香光張方皇忘同聲

歌 詩貳 十上　　陽長裳四愁詩 十下　　[崔瑗]光章南陽文學頌 文肆伍 二上　　長忘綱

傷藏強光量祥芳座右銘 四下　　良芳傷張平子碑 六上　　皇章草書勢 七上　　[劉梁]

梁黃光七舉 文陸肆 十下　　裳霜同上 十一上　　[侯瑾]商傷箏賦 文陸陸 一上　　[朱

穆]望光鬱金賦 文貳捌 六下　　[馬融]藏疆廣成頌 文拾捌 十上　　常狼瓖岡光場良行

同上 十一上　　方芒陽場相祥光羊同上 十一下　　行將鶬同上 十二上　　荒享王同上

十二下　　藏常章陽良荒同上　　祥行光荒望同上　　[崔寔]章匡光答譏 文肆伍 九下

[胡廣]皇王陵令箴 文伍陸 八上　　[桓彬]梁香粻七設 文貳柒 十二下　　梁羊芳同上

[王延壽]堂章魯靈光殿賦 文伍捌 一下　　陽煌同上　　[趙壹]方亡行强殃昌涼藏刺

世疾邪賦 文捌貳 八下　　[張超]王望梁網荒康臧楊四公頌 文捌肆 十上　　商良靈帝河間

舊廬碑 文捌肆 十下　　堂房瑯箱翔剛陽荒祥穰鶬將量同上　　[戴良]傷償狀失父零

丁 文陸捌 七上　　[蔡邕]疆商陽述行賦 文陸玖 二上　　央涼唐黃陽同上 二下　　牀良

協和婚賦 四上　　揚章裳翔光桑翔昂琴賦 五下　　長傷傷故栗華 七上　　防抗湯揚釋誨

文柒叁 七下　　陽黃堂方陳留太守行縣頌 文柒肆 一上　　莊堂光祖德頌 三上　　方皇彰疆

光武濟陽宮碑 文柒伍 二上　　良彰匡匡蒼皇□芳伯夷叔齊碑 二下　　彰忘皇光章嘗樊陵

頌碑 四上　　殃皇傷章光藏朱穆墳前方石碑 七上　　彰堂光良强方翔胡碩碑 九上

章揚望喪皇嘗疆太傅祠堂碑銘 文柒陸 六下　　荒綱方望芳光章陳寔碑 文柒捌 三下

傷央喪腸長良蒼太傅胡公夫人靈表 文柒玖 四上　　良方剛莊臧光濟北相崔君夫人誄 六下

長疆殃傷惶將同上 七上　良臧陽光望忘喪章昌將傷同上　良陽祥祝祖文 八上

剛鋥勸學篇 文捌拾 一下　光璋同上 二上　［蔡琰］常良疆祥光羌亡悲憤詩 詩叁 三下

［孔融］方張傍王匡揚彰忘光藏長離合作郡姓名字詩 詩貳 十四上　　［傅幹］綱房皇后

箴 文捌壹 十四上　　［宋子侯］旁當昂桑颶傷霜香芳忘腸堂董嬌饒詩 詩貳十 六上

　　［士孫瑞］剛商彰將陽祥亡荒強劍銘 文捌肆 十三下　　［闕名］方芳孔嵩讚 文玖陸 九

上　　昌王雙魚洗銘 文玖柒 九下　　裳亡北海相景君銘 文玖捌 六上　　陽黃堂行章忘武梁

碑 文玖玖 一上　　翔望彰任伯嗣碑 文壹佰 一下　　蒼陽桑光梁昌方亢康堂望章場芳

祥疆西嶽華山廟碑 文壹佰 六下　　望印度尚碑 十上　　光皇傷臧疆楊統碑 文壹零壹 二上

良□方孔彪碑 文壹零貳 二下　　匡光大尉楊震碑 六下　　央詳亡長央疆故民吳仲山碑 七下

喪傷費鳳別碑 文壹零叁 六下　　堂常白石神君碑 文壹零肆 八下　　陽量臧章相皇忘香粮

疆昌同上 九上　　章方亢曹全碑 文壹零伍 三上　　［無名氏］旁鄉飲馬長城窟行 詩貳 十三

上　　梁鄉古詩 詩叁 九下　　蔦忘古絕句 十上　　糧傷東光 詩肆 一下　　堂倡王蔦行廂

郎傍煌傍殭忘雞鳴 一下　　忘堂倡煌郎光傍蔦行廂黃堂央相逢行 四下　　傍忘郎

陽光黃堂央長安有狹斜行 四下　　香梁豔歌行 八上　　牀漿淮南王篇 九下　　梁鄉同上

牀長揚堂徨翔腸裳蒼傷歌行 十上　　光囊古詩爲焦仲卿妻作 十二上　　長將忘行同上

十二下　　方香梁樂府 十四下　　堂羊商行香康霜古歌 十四下　　堂梁桓帝時童謠歌 詩伍

六下　　王芒靈帝末京都童謠 七下　　良王太學中謠八廚 八下　　養將竇下養諺 十下　　伉

常劉太常謠 十一上　　常良白眉謠 十一下

上聲

　　［馮衍］上敞顯志賦 後漢文貳拾 一下　　［傅毅］廣想仰往悵象舞賦 文肆叁 二下　　［班

昭］壤響往蟬賦 文玖陸 二下　　［張衡］漾沆敞西京賦 文伍貳 八上　　［馬融］象罔長笛

賦 文拾捌 三上　　蕩泱莽廣成頌 十下　　［王延壽］儻敞魯靈光殿賦 文伍捌 一下

去聲

　　［杜篤］上望暘論都賦 文貳捌 三上　　［班固］曠睨竇將軍北征頌 後漢文貳陸 二下　　［張

衡］悵快四愁詩 詩貳 十下　　［無名氏］昶讓閭君謠 詩伍 九下

12.3　陽部合韻譜上(前漢)

陽東

平聲　［賈誼］狂長功惜誓 漢文拾伍 三下　　［司馬相如］東光陽皇方行大人賦 文貳壹 七

下　　［東方朔］蒙湯七諫自悲 文貳伍 三下　　公堂又謬諫 五上　　揚通同上 五下　　［劉

向]章行藏茸九歎憂苦 文叄伍 六上　　［楊雄]裳頌羽獵賦 文伍壹 九上　　皇龍解嘲 文伍叄
三上　　莊光將龍元后誄 文伍肆 九下　　［闕名]央方黃當融龍當剛卯文 文伍柒 十一下

陽耕

平聲　［王襃]平攘四子講德論 文肆貳 八上　　［楊雄]楊榮甘泉賦 文伍壹 四上　　零狂
疆趙充國頌 文伍叄 七下　　羌陽章亢京庭同上　　茫荆剛强荆州箴 文伍肆 二下

陽冬

平聲　［東方朔]兵雄疆亡行倉享答客難 文貳伍 十上

陽蒸

平聲　［司馬相如]羊紘鄉子虛賦 文貳壹 五下

陽侵

平聲　［賈誼]明風方羊旁商翔鄉惜誓 文拾伍 三上

陽東冬壅同功公曠江聰縱蓬凶容重東雍爲東部字，降爲冬部字。

平聲　［東方朔]傷忘彰殃亡望壅同芳狂傷香攘陽明光旁降長傷藏葬行當功公
央曠江聰縱長方蓬凶望容重東雍七諫沈江 文貳伍 二上

陽東蒸朋爲蒸部字，通爲東部字。

平聲　［東方朔]廂朋翔通七諫怨思 文貳伍 三上

陽東侵動爲東部字，感爲侵部字。

上聲　［東方朔]動往感七諫謬諫 文貳伍 五上

12.4　**陽部合韻譜下**(後漢)

陽耕

平聲　［馮衍]佯明顯志賦 後漢文貳拾 四上　　洋英同上　　張常英席後右銘 十一下
［杜篤]章陽望榮明論都賦 文貳捌 三上　　［梁鴻]芒京央五噫歌 漢詩貳 八下　　［班
固]昌京東都賦 文貳肆 七下　　精光荒蒼答賓戲 文貳伍 六上　　光芒亨王亢典引 文貳陸
七下　　［崔駰]羹方漿嘗七依 文肆肆 七下　　揚明同上　　横匡河南尹箴 十上　　衡陽
車左銘 十上　　［黃香]綱行煌明炔閬煬房芒陽行方九宮賦 文肆貳 六下　　［李尤]
竟陽張圍棊銘 文伍拾 十三上　　［崔琦]堂霜芳城七蠲 文肆伍 七下　　［張衡]裝陽英
荒芒思玄賦 文伍貳 二下　　衡羹明喤饗穰東京賦 文伍叄 四上　　嘗將堂方琅明英釀南
都賦 八上　　莨芳杭同上　　猛陽英長同上 九上　　杭梁杭香七辯 文伍伍 一下　　［馬
融]廊張聲長笛賦 文拾捌 二下　　兵場當亡方旁望行央翔行羊迎房强牆長惶裝坑
囊迎殃圍棊賦 四上　　常明廣成頌 十下　　唐光衡東巡頌 十三上　　［蔡邕]良行煌光
彭張央兵行倡方疆祖餞祝文 文柒玖 八上　　［禰衡]行亨蒼光魯夫子碑 文捌柒 二下

［闕名］明忘_{鏡銘 文玖柒 十上}　　傷章祥陽央明昌王_{鏡銘 十下}　　明方綱_{武梁祠堂畫像}

_{文玖玖 一下}　　兄忘芳_{鄭固碑 六上}　　光常衡章黃康芳忘揚_{祝睦碑 文壹佰 六上}　　陽

綱衡方皇光昌長香芳忘常_{祝睦後碑 文壹佰 八上}　　揚榮讓長良亡_{郭仲奇碑 文壹零貳}

_{三下}　　精陽堂涼章_{成陽靈台碑 五上}　　鄉章方明光□堂綱當荒_{郭君碑 文壹零叁 九下}

明章剛揚讓京長亡蒼芳_{譙敏碑 文壹零伍 四下}　　［無名氏］傷量詳兄長_{古詩爲焦仲卿}

_{妻作 詩肆 十三下}

陽東

平聲　［班固］功彰遑_{答賓戲 文貳伍 四下}　　揚光荒功_{十八侯銘夏侯嬰 文貳陸 五上}

［崔駰］蹤翔_{大將軍西征賦 文肆肆 一上}　　［王逸］涼朗唐穰愴章光房陽荒螽螂傷_九

_{思哀歲 文伍柒 五上}　　［崔瑗］寵廣遑傷_{竇貴人誄 文肆伍 五下}　　［馬融］鴻洋皇抉唐

方當亡裝揚_{長笛賦 文拾捌 二下}　　［蔡邕］彰昌光疆庸長祥忘_{陳留東昏庫上里社碑 文柒}

_{伍 二下}　　［闕名］光荒疆霜方通常綱章_{楊孟文石門頌 文玖捌 八上}　　工惶章芳_{張公神}

_{碑 九上}　　陽方鄉公觴旁央_{同上}　　陽香功光行羊昂相章疆_{衡方碑 文壹零壹 五上}

綱光□望芳良煌通康_{蔡湛頌 文壹零肆 一下}　　雍璋方亡康陽疆霜_{唐扶頌 八上}

［無名氏］長幢箱疆長_{長歌行 漢詩肆 三下}　　郎雙_{古詩爲焦仲卿妻作 十三上}

陽蒸

平聲　［闕名］倉良興_{孟郁脩堯廟碑 文壹佰 八下}　　升氓騰□_{朱龜碑 文壹零肆 十上}

陽冬

平聲　［無名氏］香傍中_{古樂府 漢詩叁 十上}

陽元東_{通雙爲東部字，丹爲元部字。}

平聲　［無名氏］忘妝通光璫丹雙_{古詩爲焦仲卿妻作 詩肆 十二上}

陽元耕_{虔爲元部字，明觥爲耕部字。}

平聲　［闕名］光彰虔明康方行觥皇_{孔宙碑 文壹佰 五上}

陽耕東_{通功邦松同爲東部字，明迎榮清靈鳴萌寧馨庭貞爲耕部字①。}

平聲　［桓譚］通明旁迎_{仙賦 文拾貳 七下}　　［闕名］邦清臧松揚靈鳴亢_{柳敏碑 文壹零}

_{壹 八下}　　光行萌陽通網寧馨庭同貞臧陽榮_{張表碑 文壹零壹 五下}　　［無名氏］葬

傍相通鳶更徨忘_{古詩爲焦仲卿妻作 詩肆 十四上}

陽耕冬_{冥明爲耕部字，中爲冬部字。}

平聲　［許慎］冥明中滂方_{說文解字後叙 文肆玖 四下}

---

① 編者注：“功”字下舉韻段中未見；下舉《古詩爲焦仲卿妻作》“葬傍相通鳶更徨忘”韻段，似以“更”爲耕部
字，與此處說明不符。

陽東蒸葱爲東部字,弘爲蒸部字。

　平聲　［闕名］房葱常霜弘央傷嚴訢碑　文玖捌　十下

陽耕侵京爲耕部字,風爲侵部字。

　平聲　［闕名］光京亡藏傷風菜昌章馬江碑　文壹零壹　十上

陽蒸冬侵蒸朋興爲蒸部字,忠爲冬部字,今爲侵部字。

　平聲　［闕名］蒸陽疆忠朋章興今梁彰昌潘乹校官碑　文壹零肆　三下

13　耕部

韻字表(前漢)

庚梗敬

　　生榮平嶸鳴牲荆　　　　　　　　　　　　　　命

耕耿諍

　　莖耕嚶　　　　　　　幸

清靜勁

　　清旌聲情成名征程醒傾楨　　嶺靜省整　　　　政正聖性淨
　　貞精誠楹嶸嬰營崝城正嬴
　　令禎并籯逞①纓鵑騁

青迥徑

　　庭冥聽刑丁靈寧扃瞑銘螟　　　　　　　　　　廷聽佞定
　　經零形星泠玲熒霆苓定②
　　廷甯屛

韻字表(後漢)

庚梗敬

　　英京生嶸榮平驚兵明庚牲　　景猛　　　　　　命病敬
　　兄行荆鳴笙衡鯨瑩卿橫慶③
　　亨羹竟迎彭喤坑觥命
　　秔

耕耿諍

　　莖爭嚶崢甓耕箏鏗萌　　　　倖

------

① 　逞、騁,《廣韻》收上聲靜韻。西漢韻文與平聲字押韻。

② 　定,《廣韻》收去聲徑韻,楊雄《解嘲》與"平"押韻。

③ 　慶、竟二字《廣韻》收在敬韻,東漢韻文與平聲字押韻。

清靜勁

城貞征名聲傾情清成精旌　　　領整省靜井眚　　　　　　　性政聖正屏盛靜聘

瑩程誠并楨甹縈逬正盈令

盛逞①鋥菁輕纓醒嫈楹瓊

頸嶸穎

青迥徑

冥形零庭寧青星軨苓靈聽　　　　　　　　　　　　定聽

廷銘熒刑經徑②娙涇腥莕

玲丁馨垌停訂鈴泠陘綖亭

耕齡扃霆炯③

13.1　耕部韻譜上(前漢)

平聲

[唐山夫人]清庭冥旌安世房中歌 漢詩叁 一上　　聲聽情成冥同上　　[賈誼]成刑丁鵩鳥賦 漢文拾伍 二下　　名生同上　　[韋孟]清庭征在鄒詩 詩貳 二上　　[公孫詭]庭聲文鹿賦 文拾玖 六下　　[武帝劉徹]榮程李夫人賦 文叁 一下　　冥庭靈同上　　寧平瓠子歌 詩壹 一下　　聲生扃寧落葉哀蟬曲 二上　　[枚乘]寧平七發 文貳拾 四上　　醒瞑聽聲生平傾同上　　[孔臧]生寧清生銘情楊柳賦 文拾叁 四下　　榮莖螟生蓼蟲賦 五上　　[廷尉翟公]生情署門 文貳貳 八下　　[司馬相如]清榮庭傾嶸生子虛賦 文貳壹 四下　　莖榮同上　　鳴經同上　　冥零聲美人賦 文貳貳 一下　　成聲封禪文 六下　　榮成同上 七上　　[司馬談]形情論六家要指 文貳陸 四上　　聽生形成冥名同上 四下　　[東方朔]鳴情七諫自悲 文貳伍 三下　　旌冥同上 四上　　榮聲生同上　　楨貞同上　　[王襃]冥形精聲洞簫賦 文肆壹 一下　　征冥生傾靈九懷昭世 三下　　征嶺旌冥榮又思忠 四下　　誠平寧四子講德論 八上　　[成帝]平清鼎銘 文捌 十二下　　[劉向]名星九歎逢紛 文叁伍 二上　　情傾同上　　誠情同上 二下　　庭城同上　　情庭又怨思 四上　　冥情同上　　庭城又愍命 七上　　庭楹又思古 七下　　聲情同上　　清榮又遠遊 八上　　征冥同上　　冥清同上 八下　　[班倢伃]清扃生泠聲榮自悼賦 文拾壹 七上　　[楊雄]清玲^[1]傾嶸嫈成甘泉賦 文伍壹 五上　　瑩耕寧城平崝河東賦 六下　　熒冥形榮嫈鳴霆羽獵賦 九上　　聲平長楊賦 文伍貳 二上　　星霆同上　　正貞反離騷 五下　　苓榮

---

① 逞字《廣韻》收在靜韻,《孔彪碑》與平聲字"冥形生"押韻。

② 徑字《廣韻》收在徑韻。班固《竇將軍北征頌》與"明冥城庭"押韻。

③ 炯字《廣韻》收在迥韻。《楊震碑》與"清榮"押韻。

同上　　靜廷解嘲 文伍叄 三上　　定平同上 三下　　形聲解難 四上　　莖成同上 四下

營征青州箴 文伍肆 一下　　經成豫州箴 二下　　寧傾同上　　平營同上 三上　　贏程生大

司農箴 五上　　省清庭經光禄勳箴 五下　　刑寧廷尉箴 六下　　令征太史令箴 八上　　楨

寧成清經博士箴 八下　　靈精楨成元后誄 九下　　經寧成傾旌名同上 十下　　精冥征

庭銘同上　　[劉歆]征平遂初賦 文肆拾 一下　　情誠同上 二上　　冥泠同上 二下　　誠

城同上 二下　　寧清冥同上 三上　　城庭甘泉宫賦 三上　　[闕名]寧靈祭地辭 文伍柒 十

二下　　鳴清郊祀歌天地 漢詩壹 六下　　成生鳴牲生醒名并甯平成榮又景星 七下

[無名氏]冥鳴饒歌戰城南 詩壹 九下　　清寧潁川歌 詩伍 一下　　籯經鄒魯諺 十上

上聲

[韋玄成]整幸戒子孫詩 漢詩貳 八上

去聲

[孔臧]政廷命諫格虎賦 漢文拾叄 四上　　[劉向]正聽九歎離世 文叄伍 三上　　[楊雄]

聖正命豫州箴 文肆伍 二下　　[闕名]聽命郊祀歌青陽 漢詩壹 六上　　[無名氏]靜命投

閣諺 詩伍 十下

13.2　耕部韻譜下(後漢)

平聲

[班彪]城貞征北征賦 後漢文貳叄 五上　　[馮衍]英征京顯志賦 文貳拾 二上　　冥形同

上　　聲零生冥同上 二下　　嶸榮同上　　庭征同上 三上　　傾聲同上　　生平同上 三下

冥英同上 四上　　驚情寧清生成與婦弟任武達書 十下　　[杜篤]青星庭論都賦 文貳捌

三上　　平寧大司馬吴漢誄 五下　　[劉倉]清成寧武德舞歌詩 漢詩壹 四下　　[鄭衆]生

傾婚禮謁文贊 文貳貳 三上　　[梁竦]寧名悼騷賦 文貳貳 八下　　[傅毅]精幹榮洛都賦

文肆叄 一下　　苓聲榮靈聽七激 四下　　平清同上 五下　　旌兵形廷竇將軍北征賦 六上

銘明聲榮北海王誄 六下　　[班固]情京西都賦 文貳肆 二下　　精靈成明京同上　　城

寧同上 四上　　成形同上　　庚熒生同上　　榮生嶸莖英刑庭寧同上 四下　　牲靈東都

賦 七下　　清營生聲同上 八上　　兄明行成辟雍詩 八下　　靈聲京幽通賦 九下　　聲荆

營榮程同上 十下　　經形情同上 十一上　　聲聽答賓戲 文貳伍 五上　　經明庭旌南巡頌

文貳陸 一上　　明冥城徑庭竇將軍北征頌 一下　　庭靈聲寧封燕然山銘 三上　　誠營并

寧周勃贊 四上　　誠傾名楨曹參贊 四下　　征營平傾韓信贊 五下　　清成典引 六下

行倖爭平奕旨 八下　　刑城甍生鳴聲情繁詠史 詩貳 九上　　[袁安]笙平夜酺賦 文叄

拾 一上　　[崔駰]庭衡明成清榮經聲庭尚書箴 文肆肆 九上　　平清大理箴 九下　　迸

明同上　　情刑同上　　京營河南尹箴 十上　　[班昭]征行東征賦 文玖陸 一上　　[王

逸]形平明星征機婦賦 文伍柒 一上　　冥嚶征京明九思悼亂 四下　　靈明榮娛九思傷時

五上　　棿冥熒生情九思哀歲 五下　　[李尤]平清庭并正平樂觀賦 文伍拾 二下　　生

榮零七款 三下　　清平盈傾井銘 七下　　形名金馬書刀銘 九上　　兵名鯨刑聲寶劍銘 九

上　　令聽鉦銘 十上　　靈莖傾名靈壽杖銘 十下　　明行程印銘 十一上　　盛成鳴安哉銘

十二下　　衡明權衡銘 十三上　　[崔琦]傾并榮七蠲 文肆伍 七下　　[張衡]靈營清溫

泉賦 文伍貳 一下　　生成同上　　情名聲營平崢槙逞鳴榮寧思玄賦 二下　　輕傾生同

上　　鉦冥清譻征靈同上 五上　　庭經平西京賦 八下　　形冥涇同上 十一上　　菁城

營榮丁輕同上 十一下　　營盈城東京賦 文伍叁 二上　　明寧形同上 二下　　青清鳴嚶

同上　　幹莖纓同上 三下　　正旌庭同上 四上　　營鉦聲牲成同上 四下　　名菁腥清

荓醒南都賦 八上　　笙聲鳴精同上 八下　　寧征榮靈同上　　鳴零征營定情賦 九下

清榮鳴嚶情歸田賦 九下　　縈聲形舞賦 十上　　征玲傾羽獵賦 文伍肆 一上　　靈形髑髏

賦 一下　　庭清聲七辯 文伍伍 一下　　庭成同上 二下　　寧傾盈清名司徒呂公誄 三下

聲丁形成鮑德誄 四上　　[崔瑗]經馨形南陽文學頌 文肆伍 二上　　靈星瑩三珠釵銘 五上

精榮銘柏枕銘 五下　　形盈張平子碑 六下　　[滕撫]靈庭明祭牙文 文陸壹 九上　　[桓

麟]形聲七說 文貳柒 十一上　　[鄭彬]清靈貞□坰平榮□□盈牲零張公神道石闕銘

文陸叁 七上　　[朱穆]青零停清熒靈鬱金賦 文貳捌 六下　　[馬融]城京廣成頌 文拾捌

十三上　　成明東巡頌　　[邊韶]清營縈逞并坰聲經冥正榮輕嬰情程成貞盈訂名

星庭形精生靈旌老子銘 文陸貳 四上　　[秦嘉]傾楹星庭贈婦詩 詩貳 十二上　　征鈴

鳴形寧誠形聲瓊輕情留郡贈婦詩 十二下　　[崔寔]星庭鳴聲寧大赦賦 文肆伍 九上

[胡廣]平并邊都尉箴 文伍陸 七下　　生經陵令箴 八上　　[王延壽]明精京寧魯靈光殿

賦 文伍捌 一上　　嶸泠驚精英同上 一下　　生靈青形情同上 二下　　成形庭征星同上

傾冥同上 三上　　[張超]清靈丁貞楊四公頌 文捌肆 十上　　[蔡邕]清形征名精縈

靈漢津賦 文陸玖 一下　　縈城名陘傾形冥嶸生莖靈并營聲述行賦 二上　　榮生并傾

靈靜情賦 四上　　形鳴琴賦 六上　　兵驚彈棊賦 六下　　庭生榮英明傷故栗賦 七上　　靈

經營冥形釋誨 文柒叁 六上　　形耕生征輕傾同上 六下　　楹平綎庭同上 七上　　成生

盈榮寧情同上　　清靈寧亭生征同上 八上　　情輕生寔聲陳留太守行縣頌 文柒肆 一上

城營經成聽耕平情陳留太守行縣頌 同上　　成盈靈寧京兆樊惠渠頌 二下　　精生坰五靈

頌白虎 三上　　平清寧庭成太尉陳公贊 三上　　靈形傾警枕銘 八下　　靈貞榮形軿鈴

旌齡生情聲城纓名驚王子喬碑 文柒伍 三下　　靈精生槙刑成清楊秉碑　　成聲銘胡

碩碑 八下　　生靈情驚營清貞經聽處士圈典碑 文柒陸 二上　　靈瑩生名成爭盈榮齡

零情寧呈銘胡根碑 二下　　靈生聲清寧太傅祠堂碑銘 六下　　靈經寧誠聲姜肱碑 七下

生程正聲陳寔碑 文柒捌 一　　貞寧清成珽靈程聲楊賜碑 五下　　英行濟北相崔君夫人誄 文柒玖 六下　　榮形青庭齡翠鳥詩 漢詩貳 十三上　　[邊讓]明京平章華壹賦 文捌肆 十二上　　[禰衡]停驚生刑鸚鵡賦 文捌柒 一下　　[蔡琰]精零冥榮腥停征扃營庭星泠鳴嚶箏清盈驚頸寧生聲聽笭形情生悲憤詩 詩叁 四下　　[闕名]程平丁寧鏡銘 文玖柒 十上　　成明靈清精貞盈寧英并同上 十下　　清爭聽經平寧楊孟文石門頌 文玖捌 八上　　明情榮同上 八下　　庭驚寧牲泠傾張公神碑 十上　　成榮都鄉孝子嚴舉碑 文壹佰 四上　　明貞度尚碑 十上　　榮聲荊同上　　寧冥庭平楊統碑 文壹零壹 二上　　靈征張壽碑 四上　　平生榮傾清零情寧侯成碑 八上　　冥形生逞孔彪碑 文壹零貳 二下　　名清城庭征□程貞同上 三上　　營成成陽靈臺碑 五上　　誠牲靈成庭榮聲同上　　生精楊震碑 六下　　清榮炯同上　　城榮故民吳仲山碑 七上　　精明榮成清傾征生平寧耿勳碑 八下　　明成爭婁壽碑 文壹零叁 一下　　泠庭榮靈名情營冥呈聲貞生寧清瑩聲經繯衡停馨冀州從事郭君碑 九下　　馨傾盈衡唐扶頌 文壹零肆 八上　　牲盛白石神君碑 八下　　生明盈寧嶸名同上　　清名生盈成聽同上 九上　　形泠銘樊敏碑 文壹零伍 七上　　[無名氏]生成古詩 詩叁 九下　　生精鳴星古兩頭纖纖詩 十下　　貞聲譙君黃詩 十一上　　生命烏生詩肆 二上　　令平明寧命王子喬 三上　　亭星生城傾聲縪長歌行 三下　　寧形耕寧榮滿歌行 九上　　聲迎古詩爲焦仲卿妻作 十三下　　鳴平董宣歌 詩伍 二下　　明卿廷平郭喬卿歌 二下　　平姓桓帝初京都童謠 七上　　貞英太學中八俊謠 七下　　誠平太子中三君謠 八上　　英經太學中八俊謠 八上　　明平太學中八廚謠 八上　　青生獻帝初京都童謠 九上　　鏗行楊子行 十一上　　庭生考城諺 十一下

上聲

[桓譚]領整離事 後漢文拾伍 一上　　[張衡]省靜司空陳公誄 文伍伍 三下　　[無名氏]井整桓帝末京都童謠 漢詩伍 七上　　整景太學中謠八廚 八下

去聲

[班彪]性命冀州賦 後漢文貳叁 五下　　[馮衍]政命顯志賦 文貳拾 三上　　[班固]命聖[1]幽通賦 文貳肆 十一　　政正奕旨 八下　　[崔駰]聖政命司徒箴 文肆肆 八下　　[蘇順]命政和帝誄 文肆玖 十上　　命性屏同上 十上　　[李尤]正病杯銘 文伍拾 十二下　　[張衡]正命溫泉賦 文伍貳 一下　　[蔡邕]性聖正命周鰓碑 文柒伍 六下　　命聘靜姜肱碑 文柒陸 七下　　聖敬政定命聽盛喬玄碑 文柒柒 二

13.3　耕部合韻譜上(前漢)

耕陽

平聲　[韋孟]城生耕寧京征平諷諫詩 詩貳 一下　　[王襃]清明靈四子講德論 文肆貳

八下　　[韋玄成]兄形聲京自劾詩 詩貳 七下　　[班倢伃]靈庭明成自悼賦 文拾壹 七上
上　　清輕聲庭明擣素賦 七下

去聲　[韋玄成]盛慶戒子孫詩 詩貳 八上　　[班倢伃]性病詠鏡擣素賦 文拾壹 八上
[公孫乘]鏡映淨[1]正佞月賦 文拾玖 七上

耕真

平聲　[賈誼]生身弔屈原文 漢文拾陸 七下　　[嚴忌]真清身聲情名榮逞正成生年
哀時命 文拾玖 四下　　[鄒陽]臣賓屏鎮纓屏酒賦 文拾玖 七上　　[枚乘]鵾纓鳴鱗苓
莖天七發 文貳拾 五下　　[司馬相如]騁形精恩子虛賦 文貳壹 六下　　[劉旦]城鳴人
歌一首 漢詩壹 四上　　[王褒]嬰親四子講德論 文肆貳 五下

耕蒸

平聲　[王褒]肱成四子講德論 文肆貳 七下　　[楊雄]征騰崩幽州箴 文伍肆 三下
去聲　[王褒]正定應四子講德論 文肆貳 九上

耕陽真顛爲真部字,衡爲陽部字。

平聲　[楊雄]生經顛盈傾衡元后誄 文伍肆 九下

13.4　耕部合韻譜下(後漢)

耕陽

平聲　[傅毅]行傾聲橫并驚輕清冥湯生昂霜當舞賦 後漢文肆叁 二下　　[李尤]征
鳴囊函谷關銘 文伍拾 四下　　[張衡]聽刑傷髑髏賦 文伍肆 二上　　[馬融]京生楊爽
榮熒形廣成頌 文拾捌 十下　　[張昶]明成程榮馨穰華山堂闕碑銘 文陸肆 六上　　[闕
名]精靈倉史晨奏祀孔子廟碑 文壹零壹 七下　　零情靈榮英聲譻城庭平良黌生刑宦冥
字李翊夫人碑 文壹零陸 六下

上聲　[張衡]政睛隍靜東京賦 文伍叁 三上

耕真

平聲　[孔融]靈貞榮霆寧脣張儉碑銘 文捌叁 十二上　　[闕名]清靈貞坰平榮盈牲
零君英民年天辰因營靈張公神碑 文玖捌 九下　　存天清并靈孔彪碑 文壹零貳 三上
明矜經唐扶頌 文壹零肆 八上　　明清廎盈形楨生靈庭榮臣樊敏碑 文壹零伍 七上

耕東

平聲　[班固]容精成慶白雉詩 文貳肆 九上

耕冬

平聲　[闕名]萌明宮成陽靈台碑 文壹零貳 四下　　[無名氏]中平名相和曲雞鳴 詩肆
一下

耕真元門爲真部字，泉爲元部字。

　平聲　［李尤］陘庭門□零泉經函谷關賦　文伍拾　一上

耕陽蒸亡廣爲陽部字，升爲蒸部字。

　平聲　［張衡］亡廣寧平升冢賦　文伍肆　二下

14　真部

韻字表

痕很恨

　恩根

魂混恩

　門存尊昏沌奔犇閽崙孫論　本忖　　　　　　　論困
　昆敦寙屯鵾賁坤豚魂婚溫
　樽嶟鶤遁①

真軫震

　仁人親信真神鄰辛珍螓臣　軫賑引盡菌畛　　　信進鎮震印胤刃疢覲
　濱麟銀鱗民秦身辰陳伸塵
　賓駰頻晨桭瀕振縉貧震②
　鎮輇螾紳嬪呻新因津申寅
　斌困旻汶儐螼繽薪彬轔巾
　甄瑱泯闉璘堙訊③

臻

　榛臻臻莘溱

諄準稕

　均輪脣春遵循純倫侖鈞詢　尹允　　　　　　　俊峻順潤
　巡旬醇漘淳踆迡綸浚

殷隱焮

　勤殷昕垠圻欣炘慇斤慦釿　近隱
　沂④

────────

① 遁，《廣韻》收在混恩兩韻。揚雄《解嘲》與"臣貧存"押韻，故列入平聲魂韻。
② 震字《廣韻》收在去聲震韻，無平聲一讀。
③ 訊字《廣韻》收在去聲震韻，《古詩爲焦仲卿妻作》與"人門君"押韻。
④ 沂，《廣韻》收在微韻，音魚衣切。班固《答賓戲》、杜篤《論都賦》均與本部字押韻。顧炎武《唐韻正》卷二
　云："古音魚巾反。"

文吻問

云聞分紛羣雲雰文君芬軍　吻忿　　　　　　問運訓奮分郡
氛勛棻紜耘勳縕熅墳蝹熏
運①員煇②暉芸沄
先
天年顛賢闐怜憐躅堅先烟　殄
田玄牽鉉巓弦咽淵佃千西③
駢眠瞑

14.1　真部韻譜(兩漢)

平聲

前漢　[唐山夫人]天人安世房中歌 漢詩叁 一下　[賈誼]仁信人旱雲賦 漢文拾伍 一下
紛垠鵩鳥賦 文拾伍 二下　珍蠙弔屈原文 文拾陸 八上　[韋孟]仁臣在鄒詩 詩貳 二上
親聞諷諫詩 二上　[武帝劉徹]親信李夫人賦 文叁 一下　仁人瓠子歌 詩壹 一下
[孔臧]真神鄰鴞賦 文拾叁 四下　人辛云螎蟲賦 五上　[司馬相如]紛雲子虛賦 文
貳壹 一下　銀鱗同上　顛榛同上 四下　垠門天聞存大人賦 文貳壹 八上　人親長門
賦 文貳貳 二上　君存聞封禪文 六下　神尊民同上 七上　[劉勝]雲雰羣分文木
賦 文拾貳 六下　[司馬談]遵循論六家要指 文貳陸 三下　恩分同上　[東方朔]淵人
七諫亂曰 文貳伍 五下　門身據地歌 詩貳 二下　[司馬遷]辰存聞勤陳分伸悲士不遇賦
文貳陸 四下　[王褒]眠闐怜九懷通路 文肆貳 三上　昏真臻芬又昭世 三下　紛憐門同
上　神晨紛雲憐又思忠 四下　君臣四子講德論 七下　天人同上　仁文同上 八上
臣賓同上 八下　臣雲聖主得賢臣頌 十上　仁倫碧雞頌 十一上　[張敞]神天塵書 文
叁拾 六上　[韋玄成]聞訓自劾詩 詩貳 七下　[劉向]親濱九歎逢紛 文叁伍 二上
聞神又離世 三上　均純同上　西紛又遠逝 五上　門濱又遠遊 八上　辰淵同上
[班倢伃]唇春擣素賦 文拾壹 七下　[楊雄]垠瑞鱗炘神嶙柢甘泉賦 文伍壹 四下
門川侖同上　芬麟闉神同上 五下　門塵羽獵賦 八下　民身長楊賦 文伍貳 一上
顛天逐貧賦 四下　紛紛反離騷 五下　臣貧存遁解嘲 文伍叁 二上　天淵解難 四上
臣軍震趙充國頌 七下　震晨殷兗州箴 文伍肆 一下　親君揚州箴 二上　純昏豫州箴

---

① 運,《廣韻》收在去聲問韻。按古有平聲一讀。詳見江有誥《唐韻四聲正》(52頁下)。
② 煇暉二字《廣韻》收在微韻,音許歸切。張衡《西京賦》"煇彬崟尊"爲韻,闕名《孫根碑》"純民儐暉仁恩權"爲韻,故歸入本部。顧炎武《唐韻正》卷二云:"古音熏。"
③ 西,《廣韻》收在齊韻。漢代韻文大半與本部字通押,惟王逸《九思·怨上》以"璣低霏悽悽徵依西懷悲摧"爲韻(見脂部韻譜),今兼收真脂兩部。顧炎武《唐韻正》卷二云:"西,古音先。"

二下　　崟根門臣雍州箴 三上　　賢天司空箴 四下　　臣人均同上　　文倫鄰大鴻臚箴 五下

人堅衛尉箴 六上　　殷昕駰太僕箴 六上　　神鱗太常箴 七上　　仁顛將作大匠箴 七下

陳遵振賓博士箴 八下　　[劉歆]人門遂初賦 文肆拾 二上　　陳淵同上　　神真同上 三上

[應季先]淵親人美嚴王思詩 詩貳 七上　　[闕名]雲紛漢郊祀歌練習日 詩壹 五下　　紛

尊又天地 六下　　門侖又天馬 七上　　根門侖又華曄曄 八上　　鄰雲又五神 八上　　垠麟

又朝隴首 八上　　[無名氏]人君鐃歌思悲翁 詩壹 九上　　引陳年又遠如期 十一上　　君

君循民鈞君雜歌謠辭上郡歌 詩伍 二上　　烟門元帝時童謠 五上　　根孫武帝時童謠 五下

田人顛憐同上　　門羣人天民王莽末天水童謠 五下　　論文張文諺 十下

後漢　[光武帝劉秀]人身報臧宮馬武請滅匈奴詔 後漢文貳 二　　臣人同上　　[班彪]文

賢北征賦 文貳叁 五下　　[馮衍]信親顯志賦 文貳拾 二下　　艱紜同上 三上　　勳芬同上 四

上　　鎮玄親神同上 四下　　仁身杖銘 十一下　　輪民車銘 十一下　　[杜篤]君鄰臣勤

民淵存仁論都賦 文貳捌 四上　　[鄭衆]芬珍婚禮謁文贊 文貳貳 二下　　顛伸同上 三上

[梁竦]珍仁真悼騷賦 文貳貳 八下　　[傅毅]田鸐洛都賦 文肆叁 一下　　濱鱗同上

親旻北海王誄 六下　　[班固]困辰雺神終南山賦 文貳肆 一　　分鱗雲菜西都賦 三上

紛神同上 四上　　臣門同上 五上　　震天淵同上 五下　　天民東都賦 六上　　珍文雲震

同上　　潾根鄰臣賓同上 七下　　真耘玄珍淵同上 八上　　門莘仁同上　　珍雲縕文

神年寶鼎詩 九上　　信真幽通賦 十一上　　論分答賓戲 文貳伍 四上　　鱗雲震門根同上

四下　　神春同上 五上　　神[1]濱垠信勳同上 五下　　聞玄同上 五下　　文人同上

神珍真分斤鈞垠文同上 六上　　辰巡東巡頌 文貳陸 一上　　先垠[2]軍仁信竇將軍北征頌

二上　　雲民擬連珠 文貳陸 二下　　羣分同上 三上　　羣分神天封燕然山銘 三上　　分熅

典引 六下　　紛分同上 七上　　運陳同上　　文臻同上 八上　　陳人奕旨 八下　　伸新同

上　　分文同上　　[崔駰]雲震大將軍西征賦 文肆肆 一上　　門人真羣達旨 文肆肆 三下

民文仁同上 四上　　耘存同上 五上　　震轔東巡頌 六下　　巡勤同上　　神人北巡頌 六下

臣人均賢天司空箴 九上　　神鱗太常箴 九上　　人艱文門遵民忿殷軍秦身大理箴 九

下　　分秦河南尹箴 十上　　天年臻孫冬至襪銘 十一上　　[黃香]純天春旬辰神天子冠

頌 文肆貳 八上　　民身屏風銘 八下　　[班昭]仁人神信東征賦 文玖陸 一下　　魂艱門

同上　　文人同上 二上　　[王逸]甄倫昏九思悼亂 文伍柒 四下　　[李尤]珍鄰平樂觀賦

文伍拾 二下　　陳文東觀賦 三上　　門因七款 三下　　信津殷鄰珍河銘 四上　　循陳門

淵文東觀銘 四下　　遵春辰人欣永安宮銘 五上　　因雲雲臺銘 五上　　寅春上東門銘 六上

申分廣陽門銘 六下　　辰振旌門銘 六下　　文身錯佩刀銘 九上　　先存陳武庫銘 十下

賓陳文醇几銘 十下　　賢豚席銘 十下　　陳申勳研墨銘 十一下　　仁斌身塵文履銘 十一

下　　民陳算銘 十三上　　［崔琦］仁身外戚箴 文肆伍 八下　　晨人親陳同上　　［張

衡］臻烟溫泉賦 文伍貳 一下　　珍聞勤殷思玄賦 二上　　真信身思玄賦 二上　　鄰瀕墳

魂同上 三上　　仁人辰秦同上 三下　　煇彬嵩尊西京賦 七上　　倫文羣雲同上 八下

鶡溫門旬論同上 九上　　踆困蝡同上 十一上　　醇芬熏踆東京賦 文伍叄 三上　　陳麟

畛神同上 三下　　麟仁民人同上 五下　　駢瞑天巓間南都賦 七下　　田輴臻同上

辰瀕雲紛同上 八上　　輇巾塵濱髑髏賦 文伍肆 二上　　鱗根圓七辯 文伍伍 一下　　榛

珍同上　　雲氛垠嵩同上 二上　　墳彬同上 二下　　人神新同上　　紳信臣民仁神新

鄰綏笥銘 三上　　賓人司空陳公誄 三下　　鄰頻震鮑德誄 四上　　門紛巾四愁詩 漢詩貳 十

下　　［崔瑗］津仁人親關都尉箴 文肆伍 三上　　臣震人均賓神陳身申臣羣員北軍中

侯箴 三下　　勤親人君軍同上 四上　　神懃雲竇貴人誄 五下　　存尊昆同上　　君文張

平子碑 六下　　［鄭彬］君□勳民年天因□張公神道石闕銘 文陸叄 七上　　［侯瑾］神賓

倫箏賦 文陸陸 一上　　［馬融］淵佃震年廣成頌 文拾捌 十二下　　辰神東巡頌 十三上

［劉珱］伸雲神龍賦 文陸陸 十一下　　［崔寔］玄雲勤貧神答譏 文肆伍 九下　　［胡廣］

文鄰臣詢勳侍中箴 文伍陸 七下　　賢親仁人同上　　垠賓邊都尉箴 文伍陸 七下　　文人

陵令箴 八上　　［王延壽］人垠紛雲鱗坤神魯靈光殿賦 文伍捌 一下　　勤勳殷熿臻西

芬堅存孫珍同上 二下　　［趙壹］賢憐西恩天年孫窮鳥賦 文捌貳 九上　　［張超］身

真新墳楊四公頌 文捌肆 十上　　［蔡邕］神軍臣聞述行賦 文陸玖 二上　　溱遵勤墳殷

晨文運欣同上 二下　　勳文觀倫神箏賦 六上　　殷貧勤存雲溫臻身欣九惟文 七上

羣文倫塵雲聞云釋誨 文柒叄 六上　　魂塵濱王立義葬流民頌 文柒肆 一下　　仁醇人祖德

頌 三上　　賓真槃銘 九上　　天雲民勛九疑山碑 文柒伍 一下　　神民陳留東昏庫上里社碑

二下　　勤純分遵欣震仁珍文鄰年李林碑　　玄天淵敦根門郭泰碑 文柒陸 一下　　陳

人神親聞袁公夫人馬氏碑 文柒柒 六上　　神珍文聞陳寔碑 文柒捌 一　　塵聞詢勤同上 三

下　　倫神人臣真文鉉賢臻年天孫堅尊存魂楊賜碑 四下　　真神賓雲身翟先生碑 文

柒玖 一上　　仁濱人年黃氏神譜 五上　　艱年憐存胡公夫人哀讚 六上　　門存同上　　人

身勸學篇 文捌拾 二上　　人文答卜元嗣詩 詩貳 十三上　　［邊讓］分文紛羣雲章華臺賦 文

捌肆 十一下　　［鄧耽］新殷文仁人臣珍賓年郊祀賦 文肆玖 二上　　仁民同上　　［仇

靖］君文神均銀鄰□欣析里橋郙閣頌 文捌壹 四上　　［竇玄妻］人親天與竇玄書 文玖陸

八下　　［闕名］雲民貧張公神碑 文玖捌 九下　　田民武梁祠堂畫像 文玖玖 一下　　君

□□勤紛人□寅濱神運泯郭旻碑 六下　　民仁鎮嚴舉碑 文壹佰 四上　　君純張壽碑 文

壹零壹 四上　　新聞張表碑 六上　　臻千史晨奏祀孔子廟碑 七下　　人神均訓成陽靈臺碑 文

壹零貳 五上　　醇天珍存婁壽碑 文壹零叄 一下　　君勛分民震臣仁昏泯尹宙碑 五下

君孫云無極山碑 文壹零肆 三上　　芬殷白石神君碑 八下　　人真文□朱龜碑 十上　　昆年

張君表頌 文壹零伍 四上　　倫年張納碑 五下　　坤君醇墳神續民劉熊碑 文壹零陸 三上

淵芬□勳□氛昆范鎮碑 五上　　[無名氏]陳神真申塵津辛古詩 詩叁 七上　　親墳

薪人因古詩 七下　　親民人新風巴郡太守詩 十下　　年賢天淮南王篇 詩肆 九下　　人因

古詩爲焦仲卿妻作 十二上　　人門君訊同上 十三上　　君身云同上　　樽門古歌 十四下

親秦古歌 十五上　　賓津人通博南歌 詩伍 三上　　塵雲范史雲歌 三下　　君民劉君歌 三下

真身民陳紀山歌 五上　　珍麟太學中謠八及 八下　　彬真同上　　君春京兆謠 九上　　綸

春井大春謠 十一上　　彬文馮仲文謠 十一上

上聲

前漢　[班倢伃]本近擣素賦 漢文拾壹 八上

後漢　[崔駰]允吻尚書箴 後漢文肆肆 九上　　[張衡]珍盡東京賦 文伍叁 六上

去聲

前漢　[韋孟]俊信諷諫詩 漢詩貳 一下　　[劉歆]運濱遂初賦 漢文肆拾 一下

後漢　[馮衍]郡困顯志賦 後漢文貳拾 一下　　峻論同上 三下　　[班固]順信幽通賦 文貳

肆 十下　　順奮竇將軍北征頌 文貳陸 二上　　順運同上　　[崔駰]訓順達旨 文肆肆 五上

信潤刻漏銘 十一上　　[史岑]勳郡問出師頌 文肆玖 十　　[張衡]刃信疢思玄賦 文伍貳

三下　　[蔡邕]訓順釋誨 文柒叁 七下　　進訓鎮倫運泯胡廣碑 文柒陸 四上　　隱問順

訓奮胤泯楊賜碑 文柒捌 六上　　[無名氏]印進鄉人謠 漢詩伍 七下

14.2　真部合韻譜上(前漢)

真元

平聲　[鄒陽]雲宛几賦 漢文拾玖 七下　　[司馬相如]濱山麟輪子虛賦 文貳壹 一上　　年

園同上 一下　　天軒同上 四下　　諄巒封禪文 文貳 八上　　[王褒]門欣難根九懷尊嘉 文

肆貳 四上　　分宣四子講德論 六下　　眩泉甘泉宮頌 十一上　　[劉向]蒶轅九歎離世 文叁伍

三上　　前身又遠逝 四下　　淵山又惜賢 五下　　賢愁又愍命 六下　　淵遷同上　　還溫說

苑供文 文叁玖 七下　　[嚴遵]門源座右銘 文肆貳 十三下　　[楊雄]藩顛天甘泉賦 文伍壹

四下　　延淵同上 五上　　天垠同上　　山門瀕河東賦 六下　　門淵山羽獵賦 七下　　紛環

同上 八上　　前神鄰同上 九上　　臣山同上　　關甿長楊賦 文伍貳 一上　　先端覈靈賦 三上

年山反離騷 六上　　文言泉天倫門解嘲 文伍叁 二上　　存全同上 三上　　山連君玄同上

三下　　信言臣頻鄰人身尚書箴 文伍肆 四下　　全淵廷尉箴 六下　　雲臣遵煩少府箴 七

上　　勤山樊門人信蘭同上 十下　　[闕名]西泉員文郊祀歌象載瑜 漢詩壹 八下

上聲　[司馬相如]衍榛哀秦二世賦 文貳壹 六下　　[司馬遷]忖選悲士不遇賦 文貳陸 五上

去聲　[王褒]獻溱聖主得賢臣頌 文肆貳 十下　　[劉向]漫運九歎逢紛 文叁伍 二下
[楊雄]晏弦羽獵賦 文伍壹 八下

真耕

平聲　[司馬相如]民秦聲封禪文 文貳貳 六下　　替神尊榮民同上 七上　　[王褒]名
文緍四子講德論 文肆貳 七上　　[劉向]正神九歎遠逝 文叁伍 四下

真侵

平聲　[唐山夫人]心申親轔安世房中歌 漢詩叁 一上　　[無名氏]陳紛心鐃歌遠如期 詩
壹 十一上

真談

平聲　[王褒]陳賢廉四子講德論 文肆貳 八上

14.3　真部合韻譜下(後漢)

真元

平聲　[馬援]堅連年銅柱銘 後漢文拾柒 九下　　[桓譚]新元仙賦 文拾貳 七下　　門麟
壇旋坤同上　　[杜篤]勳雲秦崟軍沂安文仁論都賦 文貳捌 二下　　[班固]巓前年
臻仙年終南山賦 文貳肆 一　　纏天西都賦 四上　　神塵紜雲天文山震屯東都賦 七上
真耘玄珍山淵同上 八上　　川淵仙人同上　　山淵答賓戲 文貳伍 五上　　文身全存十
八侯銘周昌 文貳陸 五下　　[崔駰]婚玄盤七依 文肆 七下　　羣屯震人輪雲津奔弦
鈞山人同上　　樽存歡樽銘 十下　　[王逸]臻繁天荔支賦 文伍柒 二上　　氛神雲鞭
泉端堅珍婚姦存分勳歎憐九思守志 六上　　[李尤]山榛分平樂觀賦 文伍拾 二下
門因連川七款 三下　　[張衡]根先坤原玄圖 文伍貳 九上　　[崔瑗]涫敦繁南陽文學
頌 文肆伍 二上　　神臣馬人竇大將軍鼎銘 四下　　盤人同上　　[桓麟]倫賢年言答客詩
漢詩貳 十一下　　[馬融]山根長笛賦 文拾捌 二上　　鄰文山樗蒲賦 文拾捌 四下　　譁眩
昏纝山屯堅廣成頌 十一上　　辰燃天雲純樽門存東巡頌 十三上　　[邊昭]先便眠對
潮 文陸貳 二上　　[高彪]臣虔身桓車鸝門川間詢賢尊臣親身真存觀遵身督軍御史
箴 文陸陸 二上　　然年神真煩山還煙然玄塵端存清誡 二上　　[崔寔]賚人紛言天
蠲諫議大夫箴 文肆伍 十上　　[堂谿典]淵文言開母廟石闕叙 文伍捌 十一下　　[王延壽]
身人前牽紜臻夢賦 文伍捌 三上　　[蔡邕]君真門千天臣文藩勳昆蔡朗碑 文柒伍 四
下　　[禰衡]人鄰存坤元魯夫子碑 文捌柒 二下　　[闕名]君純雲宣恩尊慇文賢嵩
嶽太室石闕銘 文玖捌 二下　　難緣顛民君仁神騫言民煩便患勤宣孫陳君閣道碑 三下
元信民北海相景君銘 六上　　秦馬難艱年門殘顛淵楊孟文石門頌 八上　　原賢勳同上
陳芬田錢張公神碑 十上　　文仁原民神純孟郁脩堯廟碑 文壹佰 八上　　人闡刊昆張壽碑

文壹零壹 四上　　純芬文□□訓蠻焉弦神民圻帝堯碑 文壹零叁 四下　　分川臻汶民神天年樊毅修華嶽碑 八上　　純民償暉仁恩權孫根碑 文壹零肆 五下　　然純存連旙宣然勳賢孔耽神祠碑 七上　　神捐恩臣煩民垠君存唐扶頌 八上　　年全寬恩仁弦勖雲殷近新純仁芬勖淵民人親山孫張君表頌 文壹零伍 三下　　君元遵寬坤□文勖安張納碑 五下　　臣戔震勳親神人劉熊碑 文壹零陸 三上　　勳芬顏雲年夏堪碑 六上　　〔無名氏〕山天古絕詩 漢詩叁 十上　　間彈西身天間相和曲烏生 詩肆 二上　　君民論温賢民仁貧端人門年論宛煩竿君人恩勤聞昏西傳雁門太守行 七上　　親言滿歌行 九上　　尊連淮南王篇 九下　　人船言轉悲歌 十一上　　紒門專辛恩還古詩爲焦仲卿妻作 十二上　　門論全同上 十三下

上聲　〔張衡〕賑引展軫尹西京賦 文伍貳 九上

去聲　〔班固〕斷印答賓戲 文貳伍 五上　　〔邊昭〕健順分塞賦 文陸貳 一下

真耕

平聲　〔班固〕庭羣聞文西都賦 文貳肆 四上　　〔崔駰〕倫勳鈞辰庭東巡頌 文肆肆 六上　　〔皇甫規〕坤君分刑女師箴 文陸壹 七上　　〔闕名〕倫臣庭勳昆元賓碑 文玖玖 七下　　純人經呈平聞衡方碑 文壹零壹 五上　　君瑩仁文楊著碑 六下

去聲　〔崔駰〕震命安封侯詩 漢詩貳 九下

真侵

平聲　〔馮衍〕勤心顯志賦 文貳拾 二上　　〔李尤〕咽年君文勳循門琛奔論坤函谷關賦文伍拾 一下

真元耕傳藩山原開蜒筵衍爲元部字，靈驚正庭生清寧楹經命廷爲耕部字。

平聲　〔許慎〕傳年申神辛藩靈瀕門山說文解字後敘 文肆玖 四下　　〔堂谿協〕川原驚玄文開民正秦神庭生清寧坤君孫昆開母廟石闕銘 文伍捌 十下　　〔李尤〕先楹經蜒門雲德陽殿賦 文伍拾 二下　　〔蔡邕〕筵陳煙庭民垠王子喬碑 文柒伍 三下　　〔闕名〕天仁真身文晨民恩神命親廷衍北海相景君銘 文玖捌 五下

真元侵患檀言然遷錢煩爲元部字，心爲侵部字。

平聲　〔闕名〕神患心□□殷親雲檀□耘言然存恩遷孫昆年三公山碑 文壹零叁 十下　　錢心文煩□民□君天孫同上 十一上

真元侵耕風爲侵部字，官歎肝爲元部字，榮爲耕部字。

平聲　〔闕名〕君親文風仁神遵民官聞倫分歎肝榮存昆郭仲奇碑 文壹零貳 四上

真元侵蒸金深湛爲侵部字，元艱瑗安遷爲元部字，陵爲蒸部字。

平聲　〔闕名〕民君申□神金元仁民陵□□深人湛懸艱瑗屯孫安遷昆年辛通達李

仲曾造橋碑　文壹佰　四下

真元耕蒸東侵功爲東部字,承爲蒸部字,成清營庭名聲英爲耕部字,𫐐乾歂愃歡爲元部字,南爲侵部字。

平聲　［闕名］君功分承真堅遵敦聞勳成仁清旻營君𫐐親呻乾㐜辛庭歂名南塵聲英愃歡顛身 薛君碑　文壹佰　三上

15　元部

韻字表

寒旱翰

　　安寒丹壇翰①餐汗飧干難蘭豻殫單殘刊歎瀾竿彈檀肝榦韓玕奸戔鼉②　旱衵　　　　　　案璨汗散難歎岸爛旦炭漢贊讚悍粲彈榦旰爛嘆

桓緩換

　　官端丸完歡槃漫讙巒摶桓觀冠曼盤纙懽變鸞酸貫尚驩般狻柈腕　滿緩館　　　　　　奐館亂畔叛漫觀蒜絆鸛算煥半爨斷玩段惋

删潸諫

　　關還蠻斑顔環姦删攀𫐐班患③訕　　　　　　嫚晏鴈澗

元阮願

　　原猨怨軒翻垣園藩蕃言樊蘈黿繁轅諠元煩猿繁燔媛飜憲④獻⑤　鞔晚遠飯返巘反蹇婉　　怨飯願苑獻遠蔓萬建勸健

仙獮線

　　然旃鞭狿卷焉仙連旋乾愆全遷湲漣延傳睊綿泉船錢筵猭緣鮮篇廛宣蜷權椽㬎悁鷴聯騫娟躚便圓翾燃騫蜒蝶捐蟺川虔翩蜒瑗悁　蟺羬衍演卷轉善踐展免湎褊選蘭　　羨變禪賤倦涎戰膳饌抃媛變蜒延

---

① 翰汗歎等字《廣韻》收在去聲翰韻,兩漢韻文有與平聲押韻者,故亦列入平聲。
② 鼉,從單聲,《廣韻》收在歌韻,音徒河切。漢人與本部字押韻,當音徒干切。
③ 患,《廣韻》收在去聲諫韻,漢代韻文均與平聲字押韻,故列於平聲。
④ 憲,《廣韻》收在去聲願韻,楊雄《交州箴》與"難乾"押韻,讀平聲。
⑤ 獻,《廣韻》收在去聲願韻,班固《十八侯銘·酈商贊》與"刊"字押韻。

先銑霰

前肩湔邊懸編妍蓮　　　　　顯　　　　　　　　　練見宴懸燕徧晛縣

山產襉

山閑閒　　　　　　　　　產　　　　　　　　　間辨綻

15.1　元部韻譜(兩漢)

平聲

前漢　[賈誼]遷還蟺言鵩鳥賦 漢文拾伍 二下　　　搏患同上　　[韋孟]然漣在鄒詩 漢詩

貳 二上　　[武帝劉徹]湲難瓠子歌 詩壹 一下　　[枚乘]安閒七發 文貳拾 四上　　桓

山同上 七下　　湲延言觀同上　　[孔臧]原戀豻還歡諫格虎賦 文拾叁 三下　　還園蕃

蓼蟲賦 五上　　[司馬相如]蘭干子虛賦 文貳壹 一下　　曼山蘋同上　　黿鼉同上 二上

鸞干豻狿同上　　園原同上 四下　　殫還同上 五下　　蜒卷顏大人賦 七上　　延言美人

賦 文貳貳 一下　　傳觀封禪文 六下　　觀全同上 七上　　[司馬談]端款論六家要指 文貳

陸 四下　　[東方朔]環山安答客難 文貳伍 十一上　　[劉去]患怨歌一首 詩壹 四下

[王褒]安閑洞簫賦 文肆貳 一上　　船湔錢僮約 十二上　　山轅殘盤同上　　[韋玄成]

顏蠻自劾詩 詩貳 七下　　[成帝劉驁]讙焉報許皇后 文捌 十二上　　[劉向]原連九歎逢

紛 文叁伍 二上　　還患又離世 三上　　蘭閒又憂苦 六上　　睊漣同上　　言遷又思古 七下

怨言杖銘 文叁柒 九上　　單寒說苑供文 文叁玖 七下　　[楊雄]壇山甘泉賦 文伍壹 五下

旍鞭關翰羽獵賦 八上　　狿媛卷同上 八下　　旍還長楊賦 文伍貳 二下　　完飧歡槃逐貧

賦 四上　　譽山怨焉仙干同上 四下　　安患解嘲 文伍叁 二下　　輓安同上 三下　　乾丹

益州箴 文伍肆 三上　　難乾憲交州箴 四上　　官漫大鴻臚箴 五下　　閑愆太僕箴 六下

艱山元后誄 九下　　[劉歆]患原遂初賦 文肆拾 二上　　然患同上　　翩綿同上 二下

連山衍泉繁甘泉宮賦 三下　　[無名氏]斑干鐃歌雉子斑 詩壹 十下　　軒寒蘭翻又臨高

臺 十下　　寒丸逐彈丸諺 詩伍 九下　　完還東家棗諺 十上

後漢　[光武帝劉秀]安殘報臧宮馬武詔 後漢文貳 二　　[班彪]漫怨患藩譽殘北征賦

文貳叁 五上　　[馮衍]山仙顯志賦 文貳拾 四上　　懽愆杯銘 十一下　　[杜篤]前川被褐

賦 文貳捌 一上　　關安觀論都賦 二上　　連蠻同上 三上　　宣元焉同上 四上　　[梁竦]

篇然悼騷賦 文貳貳 八下　　[傅毅]軒鸞原山旋殫旋七激 文肆叁 五上　　泉山鮮觀同

上　　觀言同上 五下　　[班固]安山川西都賦 文貳肆 二下　　連閒錢焉同上 四上　　蘭

殫同上 五上　　連山衍竇將軍北征頌 文貳陸 二上　　旋川封燕然山銘 三上　　獻刊十八侯銘

鄺商 四下　　[崔駰]山慅藩司徒箴 文肆肆 八下　　官虔殘干大理箴 九下　　[黃香]蜷

蠻天子冠頌 文肆貳 八上　　[班昭]卷閒歡焉東征賦 文玖陸 一下　　端貫原鍼縷賦 二上

［王逸］山猿九思悼亂 文伍柒 四下　　［李尤］安原函谷關銘 文伍拾 四下　　閑寒然室銘 七上　彈丸彈銘 九下　歡奸臥牀銘 十下　顔冠鏡銘 十一上　［崔琦］瀾竿蘭軒連 七蠲 文肆伍 七下　然權殘燔外戚箴 八下　［張衡］山泉巒原温泉賦 文伍貳 一上　山言思玄賦 三上　泉寒西京賦 六下　驪鸞觀同上 七上　般姦斿蘭同上 九下　竿桓猱㹸藩殘同上 十上　斿翻聯同上 十下　泉山彈東京賦 文伍叁 一上　旋前轅同上 二上　宣原園同上 四下　盤干軒安同上 五下　檀媛南都賦 七上　娟卷同上 八上　延躚盤同上 八下　躚山蕃斿同上　安遷言宣同上 九上　觀山安冢賦 文伍肆 二下　仙篇遷焉七辯 文伍伍 一上　鮮酸蘭同上 一下　山艱翰四愁詩 漢詩貳 十下　玕盤同上　［崔瑗］觀官貫言宣安虔干言殘東觀箴 文肆伍 三上　園姦官鸛司隸校尉箴 四上　繁權翰删草書勢 七上　［馬融］悍巒橚端㹸單廣成頌 文拾捌 十一下　［秦嘉］歡愆戔間言述昏詩 詩貳 十一下　［廉品］儺軒大儺賦 文陸陸 二下　［崔寔］川湲諫議大夫箴 文肆伍 十上　［皇甫規］官閑綦怨女師箴 文陸壹 七上　［王延壽］環觀延魯靈光殿賦 文伍捌 二下　［蔡邕］權煩釋誨 文柒叁 七上　觀安太尉陳公贊 文柒肆 三下　然旋袁公夫人馬氏碑 文柒柒 六上　肝乾胡公夫人哀讚 文柒玖 六上　［邊讓］單盤歡難桓歡① ［蔡琰］患單關蠻漫歡安餐乾難顔悲憤詩 詩叁 四上　［闕名］門山曹全碑 文壹零伍 三上　［無名氏］寒言飲馬長城窟行 詩貳 十三上　言山盤連班間歡殘古詩 詩叁 八　言難間歡還古詩 八　言延言端丸桛仙董逃行 四上　難乾歡山飜丸寒宣干餐善哉行 五上　煩端同上　傳言言飜寒病婦行 六下　安干滿歌行 九上　言然言古詩爲焦仲卿妻作 十三下　班間錢桓帝時童謠 詩伍 六下　桓安任安二謠 七下　藩元太學中謠 八顧 八下

上聲

前漢　［賈誼］旱遠轉鵩鳥賦 漢文拾伍 二下　反遠惜誓 三上　　［武帝劉徹］滿緩瓠子歌 漢詩壹 一下　　［中山王劉勝］卷巘文木賦 文拾貳 七上　　［董仲舒］踐飯返轉善褊展顯辨士不遇賦 文貳叁 一下　　［東方朔］反遠七諫哀命 文貳伍 四上　塞遠同上　産返同上 四下　遠壇又亂曰 五下　　壇館寶甖銘 十二上　　［劉向］圈轉九歎逢紛 文叁伍 二下　反遠九歎離世 文叁伍 三下　免遠又遠逝 五上　反遠又愍命 七上　　［班倢伃］卷晚擣素賦 文拾壹 八上　　［楊雄］岅遠羽獵賦 文伍壹 八上　涫亂光禄勳箴 文伍肆 五下

後漢　［馮衍］反遠顯志賦 後漢文拾 二下　　［杜篤］悍遠祖論都賦 文貳捌 三下　　　［馬

---

① 編者注：底本缺出處。或爲《章華臺賦》。

融]演緩赧遠反蟺變轉遵善長笛賦 文拾捌 三上　　[秦嘉]騫晚遠返飯勉轉卷留郡

贈婦詩 漢詩貳 十二上　　[王延壽]跨嵸魯靈光殿賦 文伍捌 三上　　[無名氏]遠緩轉古

歌 詩肆 十四下　　晚反飯賈父歌 詩伍 四上

去聲

前漢　[韋孟]嫚練諷諫詩 漢詩貳 二上　　[嚴忌]難歎哀時命 文拾玖 四上　　[枚乘]餕

散七發 文貳拾 五上　　亂岸畔同上 七下　　[孔臧]亂散諫格虎賦 文拾叁 四上　　[廷尉

翟公]賤見署門 文貳貳 八下　　[司馬相如]館變禪封禪文 文貳貳 七上　　變見同上

[中山王劉勝]案璨汗文木賦 文拾貳 七上　　[司馬遷]賤亂悲士不遇賦 文貳陸 五上

[王褒]汗倦旦聖主得賢臣頌 文肆貳 九下　　觀遠甘泉宮頌 十一上　　桉蒜僆約　　炭岸

同上　　[韋玄成]免館自劾詩 詩貳 七下　　[劉向]叛散九歎逢紛 文叁伍 二下　　願返

又離世 三下　　怨難又怨思 四上　　畔觀又思古 七下　　[楊雄]觀見漫亂甘泉賦 文伍壹

四下　　畔亂難長楊賦 文伍貳 二上　　叛漢益州箴 文肆 三上　　絆獻亂叛交州箴 四上

[無名氏]間鴈鐃歌上陵 詩壹 九下　　涎見武帝時童謠 詩伍 五下

後漢　[杜篤]畔衍亂漢論都賦 後漢文貳捌 二下　　炭漢同上 四上　　[梁竦]衍觀悼騷

賦 文貳貳 八上　　[傅毅]亂贊難館洛都賦 文肆叁 一上　　膳饌飯七激 四下　　見觀衍

蔓同上 五上　　[班固]爛觀宴西都賦 文貳肆 四上　　鶴雁漢散同上 五下　　願戰箅竇

將軍北征頌 文貳陸 二上　　[史岑]漢贊歎焕出師頌 文肆玖 十　　[張衡]懸辨燕徧見西

京賦 文伍貳 七下　　蔓萬延返同上 八上　　延見援同上 十一上　　館婉箅同上 十一下

觀漢焕東京賦 文伍叁 二下　　粲亂舞賦 十上　　館爛漫建蜓七辯 文伍伍 一下　　昄練同上

勸倦同上 二下　　段案嘆惋四愁詩 漢詩貳 十下　　[崔瑗]亂難遺葛龔珮銘 文肆伍 五上

[馬融]讚抃漫長笛賦 文拾捌 三下　　[王延壽]漫埏魯靈光殿賦 文伍捌 一下　　[蔡

邕]飯見胡公夫人哀讚 文柒玖 六上　　[邊讓]斷亂館婉玩章華臺賦 文捌肆 十一上

半彈散斡漢同上 十一下　　[禰衡]旦漢散絆弔張衡文 文捌柒 三上　　[闕名]粲潤見

旰獻衍張公神碑 文玖捌 十上　　建畔難爛見徧萬同上　　[無名氏]縣見飲馬長城窟行

詩貳 十三上　　燕見縣綻綻昄昄見豔歌行 詩肆 七下

15.2　元部合韻譜上(前漢)

元真

平聲　[路喬如]冠干羬[1]原作羬誤 今訂正　謹桓安樊恩歡鶴賦 漢文貳拾 八下　　[司

馬相如]蘭干蒵蘋原衍子虛賦 文貳壹 四上　　戀寒春同上 五下　　[王褒]遷堅天山

淵根顛閒獴誼恩然洞簫賦 文肆貳 一上　　轉飧倫同上 二下　　[劉向]山盤烟天熏爐

銘 文叁柒 九上　　[楊雄]餐汗天長楊賦 文伍貳 一下　　蠻旋山川昏干揚州箴 文伍肆 二

上　　［劉歆］寒浚遂初賦 文肆拾 二下

去聲　［司馬相如］羨散埏潤封禪文 文貳貳 六下　　　　　［王褒］觀苑困宴四子講德論 文肆貳
八上

15.3　元部合韻譜下(後漢)

元真

平聲　［劉倉］山文武德舞歌詩 漢詩壹 四下　　　　［鄭衆］煙邊婚禮謁文贊 後漢文貳貳 三上
［梁鴻］唌賢適吳詩 詩貳 八下　　　　［傅毅］然川山前天洛都賦 文肆叄 一上　　　　［崔駰］
淵乾源達旨 文肆肆 四上　　　官賢同上　　奮權同上　　芸椽穿酸博徒論 五上　　　［史岑］
原艱邊塞鉉出師頌 文肆玖 十下　　　　［許慎］崇分貫聯原說文解字後叙 文肆玖 四下
［王逸］干蠂攢沄延陳九思哀歲 文伍柒 五下　　　　　［李尤］咽篇函谷關銘 文伍拾 四下
［張衡］乾然愆言戔盤玄虔殫東京賦 文伍叄 三上　　　軒閑紛同上 四下　　　　［崔瑗］泉
天川門河隄謁者箴 文肆伍 三下　　　　［趙壹］賢權痕緣狷前燃妍門年存延賢錢邊剌世
疾邪賦 文捌貳 八下　　　　［闕名］堅篇言費鳳別碑 文壹零叄 六下　　　焉賢蔡湛頌 文壹零肆 一下
門山曹全碑 文壹零伍 三上　　　桓蕃焉言宣樊拵即拳字軒愆園恩門權煩根昏李翊夫人碑
文壹零陸 六下　　　　［無名氏］誼門錢剌巴郡太守詩 詩叄 十一上　　　蓮田間相和曲江南 肆詩
一上　　　然間冠肩難餐賢君子行 三下　　　山泉斤□間端捐燔山連豫章行 詩肆 四上
山難端璘紛烟端攀前傳言端丸桙仙董逃行 四上　　　船前天前緩聲歌 十一　　　還官婚
人言君門言煩古詩爲焦仲卿妻作 十三上　　　言門專緣姻同上　　君緣同上　　婚雲幡輪
鞍穿珍門同上 十三下　　　遷千間泉同上 十三下　　　寒蘭單神同上 十四上　　　弦邊順帝末
童謠 詩伍 六下　　　珍元太學中謠八及 八下

去聲　［班固］館環年麟論西都賦 文貳肆 四上　　　　［張衡］門半岸館家賦 文伍肆 二下
［蔡邕］媛建漢衍順變胡府君夫人黃氏神誥 文柒玖 五上　　　　［郭正］聞見法真頌 文陸叄 一上

元談

平聲　［鄭衆］謙嘗婚禮謁文贊 文貳貳 五上

去聲　［崔瑗］漢萬鑒東觀箴 文肆伍 三上

元真侵眠爲真部字,蟬爲侵部字。

平聲　［王逸］原歎眠蟬九思悼亂 文伍柒 四下

元歌

平聲　［王逸］猿蛇九思悼亂 文伍柒 四下

16　談部

韻字表

談敢闞

覽菼澹　　　　　　　　濫淡

添忝桥

謙　　　　　玷①

鹽琰豔

廉銛褲　　　　　險芡嶮陳漸　　　　　豓

咸赚陷

劖

衔檻鑑

巖　　　　　　　　　　鹺

感

坎

16.1　**談部韻譜**(兩漢)

上聲

後漢　[張衡]陳嶮險西京賦 後漢文伍貳 七上　　澹菼芡東京賦 文伍叁 二下

去聲

前漢　[司馬相如]濫淡子虛賦 漢文貳壹 三下　　[劉向]漸濫九歎憂苦 文叁伍 六下

後漢　[張衡]豓鹺七辯 後漢文伍伍 一下

16.2　**談部合韻譜上**(前漢)

談侵

平聲　[王褒]濫含洞簫賦 漢文肆貳 一下

談東

平聲　[劉向]容劖九歎逢紛 文叁伍 二上

16.3　**談部合韻譜下**(後漢)

談元

上聲　[班固]遠玷幽通賦 後漢文貳肆 九下

---

① 玷從占聲,"占"字清代古韻學家有人歸入侵部,有人歸入談部,今歸入談。

17　侵部

韻字表

覃感

　　南潭耽含蟫　　　　　　　感憯

侵

　　音心深臨沈金琴吟唫襟林
　　淫禁陰潯禽蔘衿淋欽任參
　　舲尋岑涔硶崟今霖擒簪箴
　　寑①琛湛砧②

鹽

　　潛

凡

　　凡

東

　　風楓

蒸

　　矜

17.1　**侵部韻譜**(兩漢)

平聲

前漢　[武帝劉徹]音心李夫人賦 漢文叁 一下　　[枚乘]林風陰心音七發 文貳拾 六上
林潯風心禽同上　　[孔臧]心林淫吟音深禁諫格虎賦 文拾叁 三下　　沈吟音臨陰
林深楊柳賦 四上　　[司馬相如]音風子虛賦 文貳壹 五下　　[東方朔]潭風心七諫初放
文貳伍 一上　　金衿心淫又自悲 三下　　[劉胥]深心歌一首 漢詩壹 四上　　[王襃]音
心四子講德論 文肆貳 六上　　吟陰同上 七下　　唫陰聖主得賢臣頌 十上　　[韋玄成]心
矜戒子孫詩 詩貳 八上　　[劉向]深淫九歎思古 文叄伍 七下　　[班倢伃]臨音沈心擣素
賦 文拾壹 七下　　砧音沈深金琴同上　　琴音吟同上 八上　　襟心同上　　[楊雄]深
琴甘泉賦 文伍壹 五上　　深金解難 文伍叄 四上　　禽耽兗州箴 文伍肆 一下　　[劉歆]陰
淋遂初賦 文肆拾 二下　　[闕名]陰心郊祀歌練時日 詩壹 五下　　風心又朝隴首 八上

---

① 寑,蔡邕《濟北相崔君夫人誄》與"音"相押,故列入平聲。
② "砧"爲"碪"之異體。"碪"從甚聲在本部。《廣韻》音知林切。班倢伃《擣素賦》以"砧音沈深金琴"押韻。

［無名氏］南心<small>鐃歌君馬黄 詩壹</small> 十上　　風心臨<small>又芳樹</small> 十上　　　南簪<small>又有所思</small> 十上

後漢　［馬援］深臨淫<small>武溪深行 漢詩貳</small> 八上　　　［馮衍］風耽<small>顯志賦 後漢文貳拾</small> 二上

［杜篤］金林深臨<small>論都賦 文貳捌</small> 三下　　　［傅毅］沈心<small>七激 文肆叁</small> 四上　　　心音<small>迪志詩</small>

<small>詩貳</small> 九下　　　［班固］林[1]沈心<small>終南山賦 文貳肆</small> 一　　　［崔駰］陰林凡<small>達旨 文肆肆</small> 三下

［李尤］陰風<small>牖銘 文伍拾</small> 七下　　　音心深禁淫<small>琴銘</small> 七下　　　欽陰音金<small>漏刻銘</small> 八上

［崔琦］琴音<small>七蠲 文肆伍</small> 七下　　　簪音<small>外戚箴</small> 八下　　　［張衡］禁硃深<small>思玄賦 文伍貳</small> 四上

心參風林禽音釜<small>同上</small> 五下　　　楓林參陰<small>西京賦</small> 九上　　　風心<small>七辯 文伍伍</small> 二上　　　參林

<small>鮑德誄</small> 四上　　　林深襟<small>四愁詩 詩貳</small> 十下　　　［崔瑗］音吟<small>和帝誄 文肆伍</small> 五下　　　［侯瑾］

音淫音<small>箏賦 文陸陸</small> 一上　　　［蔡邕］霖淋琴<small>霖雨賦 文陸玖</small> 一上　　　陰音<small>蟬賦</small> 七上　　　今

心林<small>祖德頌 文柒肆</small> 三上　　　淫沈箴心<small>酒樽銘</small> 八下　　　臨陰<small>胡公夫人哀讚 文柒玖</small> 六上　　　音

寢<small>濟北相崔君夫人誄</small> 六下　　　音風<small>答元式詩 詩貳</small> 十三上　　　［禰衡］深林衿音心禽<small>鸚鵡賦</small>

<small>文捌柒</small> 一上　　　［無名氏］陰深簪<small>古絶句 詩叁</small> 十上　　　金林<small>太學中謠八顧 詩伍</small> 八上

17.2　侵部合韻譜上<small>（前漢）</small>

侵談

平聲　［劉歆］吟巖<small>遂初賦 文肆拾</small> 二下

侵冬

平聲　［司馬相如］蓼風音宮窮<small>子虛賦 文貳壹</small> 四下　　　［王褒］淫慘音風窮<small>洞簫賦 文肆</small>

<small>貳</small> 二下

侵東

平聲　［東方朔］容心深林<small>七諫怨思 文貳伍</small> 三下

侵元

平聲　［王褒］耽還<small>洞簫賦 文肆貳</small> 二下

侵冬談真<small>宮中宮崇窮爲冬部字，襜爲談部字，闇爲真部字。</small>

平聲　［司馬相如］心音宮臨風淫陰音襜闇吟南中宮崇窮音<small>長門賦 文貳貳</small> 二上

17.3　侵部合韻譜下<small>（後漢）</small>

侵談

上聲　［蔡邕］感坎慘<small>述行賦 後漢文陸玖</small> 二下

侵冬

平聲　［班固］風陰淋農任心音潛參<small>竇將軍北征頌 文貳陸</small> 二下　　　［闕名］音陰窮<small>梁商</small>

<small>誄 文玖柒</small> 十下

侵真

平聲　［傅毅］深岑斤七激 文肆叁 四上　　　陰林根同上 四下

侵談冬讒爲談部字,降爲冬部字。

平聲　［梁鴻］南降讒適吳詩 漢詩貳 八下

入聲韻

18　職部

韻字表①

德

德國得則惑賊北墨黑塞默克弌或慝刻勒特剋貸②㥄

職

極職息直亟食翼臆億域誰轖側色識棫檍翊力棘弋飾熾敕殖飭殛式仄昃匿稙意測逼陟稷憶嶷惻惡偪織

屋

服福伏牧鵩囿郁

麥

革

18.1　職部韻譜(兩漢)

前漢　［唐山夫人］德翼式德極安世房中歌 漢詩叁 一上　　北德慝國同上　　殖德同上
一下　　德極同上　　翼則極德福同上　　即則國福革同上　　德福則殖翼同上 二上
德則福同上　　［劉友］國直歌一首 詩壹 三下　　［賈誼］德福旱雲賦 漢文拾伍 一下
息翼臆息鵩鳥賦 二上　　福繹極同上 二下　　息則極同上　　惑億息同上　　伏域同上
息直惜誓 三下　　國賊同上　　［韋孟］則國諷諫詩 詩貳 二上　　［嚴忌］革得誰息哀時
命 文拾玖 四上　　職極息得泰山刻石文 十三上　　極德國服西極天馬歌 詩壹 二上　　［枚
乘］極轖七發 文貳拾 四上　　極側同上 七下　　［司馬相如］得職子虛賦 文貳壹 三上
極北同上 三下　　得食哀秦二世賦 七上　　色墨美人賦 文貳貳 一上　　德[1]翼封禪文 八上
［劉勝］息食聞樂對 文拾貳 七上　　［東方朔］惑息直七諫初放 文貳伍 一上　　伏息又哀
命 四上　　墨革極得又謬諫 五上　　德極同上　　直得答客難 十下　　［王褒］息翊洞簫

---

① 　編者注:據體例補。後同。

② 　貸,《集韻》惕得切。

賦 文肆貳 二上　　棘墨四子講德論 七上　　德力同上 七下　　息域同上 八上　　德識德

服同上 九下　　革墨得聖主得賢臣頌 九下　　極息得同上 十上　　塞德同上 十下　　極域

甘泉宮頌 十下　　[劉向]極息九歎離世 文叁伍 三下　　北得又憂苦 六上　　意側又思古 七

下　　[楊雄]福極甘泉賦 文伍壹 六上　　伏息長楊賦 文伍貳 二上　　弋域同上 二下

德則飾惑得逐貧賦 四下　　直服極息同上　　默極解嘲 文伍叁 三上　　域德克趙充國頌

七下　　德國北并州箴 文伍肆 四上　　則國職司空箴 四下　　植敕大司農箴 五上　　極力

職大鴻臚箴 五下　　敕職衛尉箴 六上　　□德賊執金吾箴 七下　　敕福德元后誄 十下

[劉歆]極側遂初賦 文肆拾 一下　　棫檍甘泉宮賦 三下　　[闕名]飾億郊祀歌練時日 詩壹

五下　　息服德翊又西顥 六上　　德飾又惟泰元 六下　　極服又天馬 七上　　服福又后皇

八上　　塞億同上　　德殛又朝隴首 八上　　福極又象載瑜 八下　　[無名氏]北食鐃歌戰

城南 詩壹 九下　　北食得同上　　北極又君馬黃 十上

後漢　[光武帝劉秀]德賊報臧宮馬武清滅匈奴詔 後漢文貳 二　　[班彪]則息北征賦 文貳

叁 五下　　[馮衍]德殖顯志賦 文貳拾 二下　　國惑同上 三上　　惑北同上 三下　　服德

席前右銘 十一下　　[杜篤]域國伏論都賦 文貳捌 三上　　[傅毅]意食七激 文肆叁 四下

翼息側同上 五上　　則德北海王誄 七上　　國則迪志詩 漢詩貳 九下　　則忒式測稷息

力極同上　　[班固]職福東都賦 文貳肆 八下　　伏逼得幽通賦 十上　　色域同上 十一上

息力億竹扇賦 十一上　　服德答賓戲 文貳伍 四下　　國覿同上 五下　　則翼典引 文貳陸

六下　　服牧同上 七上　　色翼同上 八上　　則德奕旨 八下　　[崔駰]極得達旨 文肆 四

下　　得伏德剋北征頌 七上　　福億杖頌 七上　　域式太尉箴 八上　　則國職司空箴 八下

棘德殛大理箴 九下　　式敕則國車右銘 十下　　革塞食福仲山父鼎銘 十下　　德忒仄六

安枕銘 十一上　　[蘇順]德國則和帝誄 文肆玖 十上　　[李尤]則德刻忒漏刻銘 文伍拾

八上　　飾忒冠幘銘 十一下　　[崔琦]食飾七蠣 文肆伍 八上　　[張衡]服敕恧思玄賦

文伍貳 五下　　北德則西京賦 七上　　域棘塞仄西京賦 九下　　食直極東京賦 文伍叁 二

上　　昊服飾舞賦 十上　　北域冡賦 文伍肆 二下　　[崔瑗]服極國司隸校尉箴 文肆伍 四

上　　力式草書勢 七上　　[朱穆]翼息伏食極德域力與劉伯宗絕交詩 漢詩貳 十一上

[邊昭]式則極塞賦 文陸貳 一上　　[崔寔]賊國翼諫議大夫箴 文肆伍 十上　　[胡廣]

服飾國則福億印衣銘 文伍陸 八上　　[王延壽]則德力忒側福服殖息食極億桐柏淮

源廟碑 文伍捌 五上　　[蔡邕]極色筆賦 文陸玖 六上　　直食匿釋誨 文柒叁 七下　　墨息

食側職愿國惑德則焦君贊 文柒肆 三上　　息棘福極樊陵頌碑 文柒伍 四上　　極惻則德

蔡朗碑 四下　　息則域極胡廣碑 文柒陸 五上　　國牧服陳球碑 文柒柒 二上　　棘極陳寔碑

文柒捌 二上　　德忒則翼福極張玄祠堂碑 文柒玖 三上　　息職力極崔君夫人誄 七上

〔鄧耽〕德福郊祀賦 文肆玖 二上　　　〔闕名〕翼力職服伏德式極億樊安碑 文玖玖 十下

德翼勑式職側國服極王元賓碑 十一上　　　極側辛通達李仲曾造橋碑 文壹佰 四上　　　測福

極孟郁脩堯廟碑 九下　　　德力革國楊統碑 文壹零壹 二上　　　直克福劉脩碑 十下　　　則國德

稙服直福西狹頌 文壹零貳 一下　　　惻極意息力孔彪碑 三上　　　惻式德極郭仲奇碑 三下

息德北色吳仲山碑 七下　　　福服德樊毅脩華嶽碑 文壹零叁 八下　　　棘墨測極伏式勒德

億梁休碑 文壹零陸 七上　　　〔無名氏〕食憶飲馬長城窟行 漢詩貳 十三上　　　側飾食色翼古

詩 詩叁 九上　　　棘賊古詩 九下　　　極側王子喬 詩肆 三上　　　域德喻猛歌 詩伍 三上　　　嶷

則域襄陽太守歌 四下　　　色息匈奴歌 四上　　　得北更始時南陽童謠 六上　　　織息古詩爲焦仲

卿妻作 十一下

18.2　職部合韻譜上（前漢）

職沃

〔王褒〕力睦德四子講德論 漢文肆貳 六上　　　〔楊雄〕力敕鬻覆側司空箴 文伍肆 四下

職緝

〔李延年〕立國國得歌一首 漢詩貳 七上　　　〔司馬相如〕魶翼子虛賦 文貳壹 三下

〔董仲舒〕黑訥惑士不遇賦 文貳叁 一上　　　〔楊雄〕殖給上林苑令箴 文伍肆 九上　　　〔闕

名〕合國郊祀歌赤蛟 詩壹 八下

職屋

〔楊雄〕國谷長楊賦 文伍貳 二上　　　〔闕名〕禄彧服德息極孝昭帝冠辭 文伍柒 十二上

職鐸

〔楊雄〕熾伯解嘲 文伍叁 二下　　　極石牧青州箴 文伍肆 一上

職錫

〔楊雄〕食易大司農箴 文伍肆 五上　　　〔無名氏〕益北德國服極鐃歌上之回 詩壹 九上

18.3　職部合韻譜下（後漢）

職緝

〔杜篤〕德飾立息側式書捆賦 文貳捌 四下　　　〔傅毅〕國集墨極明帝誄 文肆叁 六下

〔班固〕殖邑國西都賦 文貳肆 三上　　　邑翼極東都賦 七上　　　立國答賓戲 文貳伍 五上

億邑域竇將軍北征頌 文貳陸 二上　　　級服陟奕旨 八下　　　〔崔瑗〕直應及司隸校尉箴 文肆

伍 四上

職沃

〔班固〕息縮忒惑福鵬幽通賦 後漢文貳肆 十下　　　〔崔駰〕德國迪縒銘 文肆肆 十一下

職質

　[張衡]福洫職敕德刻息東京賦 文伍叁 二下　　[闕名]賊服栗辛通達李仲曾造碑 文壹佰

四下　　則德食室職無極山碑 文壹零肆 三上　　室力費汎碑 文壹零陸 四上

職屋

　[蔡邕]束色筆賦 文陸玖 六上

職幽

　[胡廣]式綏德敕則福綏笥銘 文伍陸 八上

職緝屋曲爲屋部字,邑爲緝部字。

　[班固]直曲邑惑十八侯銘王陵 文貳陸 五上

職緝質及爲緝部字,卒爲質部字。

　[闕名]及卒惻費鳳碑 文壹零叁 六上

職沃藥激爲藥部字,覆爲沃部字。

　[班固]激覆息西都賦 文貳肆 五上

職沃鐸逐爲沃部字,落爲鐸部字。

　[班固]逐落服竇將軍北征頌 文貳陸 二上

職沃祭勗告毓爲沃部字,沛爲祭部字。

　[闕名]德力則式勗服特得沛直告毓極勒鄭固碑 文玖玖 六上

職沃屋緝藥月質玉禄漉瀆爲屋部字,室物歿爲質部字,絜爲月部字,爵虐爲藥部字,畜爲沃部字,邑洽爲緝部字。

　[闕名]玉室職戚則德絜爵物禄畜虐邑伏洽歿漉瀆費鳳碑 文壹零叁 五下

19　沃部

韻字表

沃

　告毒鵠誥篤酷

屋

　六陸育宿鬻肉築蓄宿逐隩覆復淑燠熟腹睦目竹煜奥毓窶縮戮蹙

覺

　覺學

錫

　戚迪滌①

燭

　晶

19.1　沃部韻譜_{（兩漢）}

前漢　［司馬相如］鸑陸築_{子虛賦 漢文貳壹 四上}　　育蓄_{封禪文 文貳貳 七下}　　［東方朔］宿告_{七諫初放 文貳伍 一上}　　［司馬遷］覺毒_{悲士不遇賦 文貳陸 五上}　　［劉向］肉築_{九歎怨思 文叁伍 四上}　　陸宿_{又思古 七上}　　［楊雄］陸隩_{益州箴 文伍肆 三上}　　［無名氏］六宿_{鐃歌思悲翁 漢詩壹 九上}　　覆復鵠_{鴻隙陂童謠 詩伍 五下}

後漢　［傅毅］晶復_{迪志詩 漢詩貳 九下}　　誥學_{同上}　　［班固］鵠目_{西都賦 後漢文貳肆 五下}戮蹙_{幽通賦 文貳肆 十上}　　［李尤］逐覆_{鞍銘 文伍拾 十上}　　［張衡］六毓復蓄_{思玄賦 文伍貳 四上}　　育淑陸燠復_{東京賦 文伍叁 五上}　　覺戚學_{同上 六上}　　陸熟_{南都賦 六下}　　腹復_{髑髏賦 文伍肆 二上}　　［無名氏］宿熟_{銅雀歌 漢詩肆 十五上}　　腹復_{蜀中謠 詩伍 六上}

19.2　沃部合韻譜上_{（前漢）}

沃職

　［劉向］逐服_{九歎愍命 漢文叁伍 六下}　　［楊雄］陸服_{冀州箴 文伍肆 一上}

沃月職_{別爲月部字，侶爲職部字。}

　［楊雄］別侶陸鸑_{幽州箴 文伍肆 三下}

19.3　沃部合韻譜下_{（後漢）}

沃職

　［馬融］目伏_{廣成頌 後漢文拾捌 十二下}

沃藥

　［班固］樂竹煜_{東都賦 文貳肆 七下}

20　藥部

韻字表

鐸

　樂轢縞②鶴

_____

① 滌，班固《東都賦》與“嶽洛作”相叶，見鐸部合韻譜。

② 縞見司馬相如《子虛賦》，與“穀曲谷”合韻。《廣韻》縞入皓韻，無入聲一讀。

藥

　　約削躍弱虐籥嫋爵鑠雀爝綽灼逴嬟爍酌繳醵①

覺

　　駮貌較擢搮榷邈榷卓

錫

　　礫皪激的

20.1　藥部韻譜(兩漢)

前漢　[司馬相如]約嫋削子虛賦 漢文貳壹 五下　　　[王襃]樂躍四子講德論 文肆貳 九上

[楊雄]弱樂長楊賦 文伍貳 二下　　　樂籥太樂令箴 文伍肆 八下

後漢　[班固]酌醵西都賦 後漢文貳肆 五下　　　繳樂同上 五下　　　[班昭]約綽東征賦 文玖

陸 二上　　　[張衡]擢削雀激西京賦 文伍貳 七下　　　駮較爝同上 九下　　　搮躍轢礫同上

十上　　　[崔瑗]樂籥南陽文學頌 文肆伍 二上　　　[趙壹]樂駮刺世疾邪賦 文捌貳 八上

20.2　藥部合韻譜上(前漢)

藥沃

　　[楊雄]虐酷執金吾箴 漢文伍肆 七下

藥職

　　[司馬相如]服郁礫貌側子虛賦 文貳壹 六上

20.3　藥部合韻譜下(後漢)

藥沃

　　[班固]鑠樂肅東都賦 後漢文貳肆 六下

藥職

　　[班固]域躍典引 文貳陸 七上　　　福鑠同上 八上

藥鐸

　　[張衡]弱約作西京賦 文伍貳 六上

藥錫

　　[班昭]翮灼蟬賦 文玖陸 二下

藥屋盇屬爲屋部字,闔爲盇部字。

　　[班固]樂屬爵擢闔西都賦 文貳肆 四上

---

① 醵,班固《西都賦》與"酌"字爲韻。《廣韻》此字收笑韻。

藥鐸盍業爲盍部字,胙爲鐸部字。

　　［闕名］鑠業胙費汎碑　文壹零陸　三下

藥宵

　　［闕名］較㜷綽逴虐邀榷悼樂的魯峻碑　文壹零貳　九下

21　屋部

韻字表

屋

　　屋族瀆牘楸禄木鹿速簏斛轂牘穀麓獨簇穀禿録卜漉犢哭贖餗睩沐砡麗鶩

燭

　　玉屬足緑曲谷辱俗束燭促躅局欲續浴蜀縟獄起粟褥璞贖

覺

　　角渥濁岳嶽樸愨握齗剥琢喔啄朴數殼坢

沃

　　僕

21.1　屋部韻譜(兩漢)

前漢　［武帝劉徹］玉屬瓠子歌　漢詩壹　一下　　　［枚乘］木緑族足柳賦　漢文貳拾　二上

角鹿七發　五下　　　［司馬相如］谷瀆子虛賦　文貳壹　四上　　　［王褒］屋牘束僮約　文肆貳

十二上　　　［劉向］瀆簏九歎怨思　文叁伍　四上　　　浴濁又惜賢　五上　　　束斛説苑供文　文叁玖

九上　　　［楊雄］谷屬甘泉賦　文伍壹　四下　　　轂族解嘲　文伍叁　二上　　　轂斛大司農箴　文伍肆

五上　　　谷木蔟元后誄　文伍肆　十下　　　［劉歆］辱足遂初賦　文肆拾　二上　　　［闕名］穀玉

郊祀歌練時日　詩壹　五下　　　俗樸嶽穀又玄冥　六上　　　［無名氏］濁族潁川謡　詩伍　一下

嶽角五鹿謡　十上　　　秀屋幘如屋諺　十下

後漢　［馮衍］俗谷顯志賦　後漢文貳拾　三下　　　贖禄刀陽銘　十一上　　　［杜篤］曲屬首陽山

賦　文貳捌　一下　　　［傅毅］東曲縟促俗角曲舞賦　文肆叁　二下　　　屋緑七激　五上　　　轂玉

同上　　　［班固］谷玉足屬木蜀西都賦　文貳肆　三上　　　［崔駰］麓數達旨　文肆肆　四下

禄餗司徒箴　八下　　　録速獄大理箴　九下　　　［王逸］睩喔俗獨幄九思憫上　文伍柒　三下

屋族又遭厄　四上　　　［李尤］木樸角鶩彈銘　文伍拾　九下　　　足續金羊燈銘　十三上　　　［張

衡］俗欲思玄賦　文伍貳　五下　　　縟緑玉燭西京賦　七上　　　瀆麗族剥同上　十下　　　木轂屋

東京賦　文伍叁　三下　　　樸足欲玉谷蔟穀愨觀同上　五下　　　粟玉角曲南都賦　七上　　　樸

褥燭玉欲濁速髑髏賦　文伍肆　二上　　　瀆屬木琢冢賦　二下　　　［崔瑗］谷僕轂關都尉箴

文肆伍 三上　　　[侯瑾]曲縟續俗筝賦 文陸陸 一上　　　[馬融]欲俗禄哭長笛賦 文拾捌 三下　　獄屋浴廣成頌 十下　　曲屬局同上 十一下　　　[秦嘉]屋燭贈婦詩 漢詩貳 十二上　　[蔡邕]族禄釋誨 文柒叁 七上　　　欲辱祖德頌 文柒肆 三上　　　足録續麓李咸碑 文柒陸 八上　　屋木瀆勸學篇 文捌拾 二上　　　[闕名]蠻濁辛通達李仲曾造橋碑 文壹佰 四上　　　渥足足曹全碑 文壹零伍 三上　　　[無名氏]屬緑速促束玉曲促躅屋古詩 漢詩貳 二下　　　促燭續録嶽欲怨歌行 詩肆 九上

21.2　**屋部合韻譜上**(前漢)

屋沃

　　[枚乘]緑曲鵠七發 漢文貳拾 五下　　　足濁目同上 七上　　　[劉安]谷木族瀆足楸毒禄朴斯愨屋足篤渥木屏風賦 文拾貳 二下　　　[司馬相如]瑪目子虚賦 文貳壹 三下

　　[楊雄]屋戮將作大匠箴 文伍肆 七下　　　獨斛學元后誄 十上

屋職

　　[劉向]籠囿九歎愍命 文叁伍 七上　　　[楊雄]穀麓伏上林苑令箴 文伍肆 九上

屋藥

　　[楊雄]爵禄戴解嘲 文伍叁 二上　　　[司馬相如]縞戴曲谷子虚賦 文貳壹 二上

屋盍

　　[楊雄]捷足反離騒 文伍貳 五下

屋沃鐸閣爲鐸部字,宿爲沃部字。

　　[司馬相如]谷閣屬宿子虚賦 文貳壹 四上

屋沃藥職虐爲藥部字,賊伏爲職部字,毒爲沃部字。

　　[王褒]虐賊伏毒足族四子講德論 文肆貳 八下

屋沃職藥魚邈爲藥部字,徒爲魚部字,覺爲沃部字,逼爲職部字。

　　[董仲舒]邈速徒木覺禄辱角逼俗束谷士不遇賦 文貳叁 一上

21.3　**屋部合韻譜下**(後漢)

屋沃

　　[李尤]目谷函谷關賦 後漢文伍拾 一上　　　[馬融]硜伏谷寶屬樸長笛賦 文拾捌 二上

　　[秦嘉]禄獨足曲陸躅谷戴數屬留郡贈婦詩 漢詩貳 十二下　　　[酈炎]促局足逐濁録卜曲禄嶽見志詩 詩貳 十三下　　　[趙整]濁毒酷足刺世疾邪賦 文捌貳 八上　　　[戴良]目啄逐失父零丁 文陸捌 七上　　　[蔡邕]戴禄淑渥族戴辱濟北相崔君夫人誄 文柒玖 六下

屋職

　　[杜篤]嶽極谷蜀論都賦 文貳捌 二上　　　[李尤]翼縟德陽殿賦 文伍拾 二下　　　[無名氏]惻漉犢平陵東 漢詩肆 二上

屋沃藥鐸魚樂爍爲藥部字,白若爲鐸部字,告爲沃部字,呴爲魚部字。

　　[王逸]局促辱樂白沐若躅爍呴剥告九思憫上 文伍柒 四上

屋魚

　　[張衡]燭驅屬東京賦 文伍叁 六上

22　鐸部

韻字表

鐸

　　莫作謣索惡薄錯諾託度寞雒落廓涸咢洛垩簿鄂恪亳閣郭博緟笮漢鍔崿昨駱橐絡壑荅怍霍椁泊胙①

藥

　　若斮略鵲著

昔

　　石席炙斁籍釋腋尺繹奕譯夕掖褋藉液斥碩昔襗

陌

　　逆宅澤帛客白劇迫陌百額頟伯柏虢戟格赫貊坼客

麥

　　獲畫

覺

　　朔

禡

　　赦②骼③射④榭⑤

---

① 胙,班固《西都賦》與"榭獲裔藉"相叶,後漢《費汎碑》與"鑠業"相叶(見藥部合韻譜)。此字《廣韻》收暮韻,《集韻》鐸韻有此字,音"疾各切"。

② 赦,後漢崔寔《大赦賦》與"迹惕"相叶(見錫部合韻譜)。《廣韻》此字入禡韻,音"始夜切"。

③ 骼,楊雄《解潮》與"索橐"相叶。《廣韻》此字入禡韻,"枯駕切"。

④ 射,楊雄《太僕箴》與"宅"相叶,《元后誄》與"恪作度薄宅"相叶,王襃《四子講德論》與"斲"相叶。《廣韻》此字入禡韻,音"神夜切"。

⑤ 榭,班固《西都賦》與"獲裔藉胙"相叶。《廣韻》此字入禡韻,音"辞夜切"。

22.1　鐸部韻譜(兩漢)

前漢　[賈誼]劇澤旱雲賦 漢文拾伍 一下　　[枚乘]澤莫作薄錯帛若席炙客諾石斁

七發 文貳拾 六下　　[孔臧]逆宅劇鴞賦 文拾叁 五上　　[東方朔]石斮若作惡白薄七

諫怨世 文貳伍 二下　　錯託薄託又謬諫 五上　　度索答客難 十下　　[王襃]度廓四子講

德論 文肆貳 七上　　落陌僮約 十一下　　堊索洛澤同上 十二上　　索簿同上　　索席石

白客白百索搏落尺陌額惡同上 十二下　　[韋玄成]作度自劾詩 漢詩貳 七上　　[劉

向]石薄九歎逢紛 文叁伍 二下　　帛石又怨思 三下　　迫釋又遠逝 五上　　錯釋又憂苦 六

上　　雒薄又愍命 六下　　[楊雄]繹錯度薄鄂甘泉賦 文伍壹 四下　　白落解嘲 文伍叁

二上　　寞宅同上 三上　　白鵲同上　　骼索橐同上　　石伯宅冀州箴 文伍肆 一上　　亳

宅兗州箴 一下　　譯逆揚州箴 二上　　宅射太僕箴 六上　　伯奕太常箴 七上　　恪射作度

薄宅元后誄 十上　　[劉歆]惡落遂初賦 文肆拾 二上　　[無名氏]石客若牢名歌 漢詩伍

一下　　百諾楚人諺 九下　　莫閣投閣諺 十下

後漢　[馮衍]作號顯志賦 後漢文貳拾 三下　　[杜篤]亳洛論都賦 文貳捌 二上　　白作衆

瑞賦 五上　　[傅毅]液坼七激 文肆叁 四下　　[班固]錯閣西都賦 文貳肆 四上　　澤作

東都賦 七下　　漢鍔封燕然山銘 文貳陸 三上　　博客奕略奕旨 八下　　[崔駰]伯奕太常

箴 文肆肆 九上　　鍔錯刀劍銘 十一上　　[張衡]絡薄作託泊鍔西京賦 文伍貳 九下

斥壑獲同上 十上　　[崔瑗]畧迫草書勢 文肆伍 七上　　[馬融]錯筝長笛賦 文拾捌 三下

繆作落廣成頌 十一下　　[崔寔]作格宅諫議大夫箴 文肆伍 十上　　[蔡邕]石索釋誨 文

柒叁 七上　　[邊讓]澤伯虢赫章華臺賦 文捌肆 十一上　　[無名氏]柏石客薄洛索宅

尺迫古詩 漢詩叁 七上　　石獲傷三貞詩 十下　　落閣薄郭夕古詩爲焦仲卿妻作 詩肆 十四上

尺額帛童謠歌 詩伍 六上　　博諾二郡謠 八上　　諤博太學中謠八及 八下　　石披縫披謠 十

二上

22.2　鐸部合韻譜上(前漢)

鐸藥

[枚乘]若澤樂七發 漢文貳拾 六上　　[劉向]寞樂九歎憂苦 文叁伍 六上　　[楊雄]石

弱長楊賦 文伍貳 二上　　[無名氏]筝櫂鐃歌上陵 漢詩壹 九下

鐸屋

[王襃]斲射四子講德論 文肆貳 六上　　腋木略同上 七下　　樸号聖主得賢臣頌 九下

[楊雄]族伯籍錯宗正卿箴 文伍肆 五下

鐸藥職轢爲藥部字,伏爲職部字。

[司馬相如]略獲轢若藉凱伏藉澤子虛賦 文貳壹 五下

鐸魚

　　［無名氏］白博作索苦饒歌將進酒　漢詩壹　十上

22.3　鐸部合韻譜下（後漢）

鐸藥

　　［馬融］惡鄂薄宅鶴長笛賦　後漢文拾捌　三下　　　［胡廣］恪虐作託侍中箴　文伍陸　七下

　　［無名氏］恪卓太學中謠八廚　漢詩伍　八下

鐸屋

　　［班固］石幄朔宅十八侯銘張良　文貳陸　四上　　　［王逸］落錯陌峉岳澤薄石九思憫上　文

伍柒　三下　　　［馬融］作落木廣成頌　文拾捌　十下

鐸職

　　［馮衍］德石顯志賦　文貳拾　一上　　　［杜篤］㙂莋貃論都賦　文貳捌　三上　　　［班固］德著

澤落薄答賓戲　文貳伍　五上　　　［無名氏］石直古詩爲焦仲卿妻作　詩肆　十四上

鐸錫

　　［傅毅］客策迫舞賦　文肆叁　三上　　　畫澤七激　五上　　　［班固］易澤帛襗役竇將軍北征頌

文貳陸　二上　　　［史岑］易逆戟出師頌　文肆玖　十下

鐸沃

　　［張衡］陸石椁冢賦　文伍肆　二下

鐸緝

　　［班固］石蛤答賓戲　文貳伍　五上　　　［無名氏］立迫古詩爲焦仲卿妻作　詩肆　十四上

鐸盍

　　［班固］業作典引　文貳陸　七下

鐸祭

　　［班固］榭獲裔藉胙西都賦　文貳肆　五上

鐸藥職息福爲職部字，樂爲藥部字。

　　［馬融］錯息樂福廣成頌　文拾捌　十上

鐸屋職曲爲屋部字，德爲職部字。

　　［闕名］白曲諤□□宅碩夕□德王政碑　文玖玖　二上

鐸屋沃嶽爲屋部字，滌爲毒部字。

　　［班固］嶽洛滌作東都賦　文貳肆　六上

鐸屋藥盍埍穀僕爲屋部字，樂爲藥部字，狹爲盍部字。

　　［白狼王唐菆］埍穀樂狹石洛帛僕遠夷懷德歌　漢詩壹　五上

鐸職緝邑爲緝部字,德爲職部字。

　[班固]恪亳邑德繹典引 文貳陸 七上

鐸質錫擊爲錫部字,轇爲質部字。

　[黃香]白擊轇戟廓崿九宮賦 文肆貳 七上

鐸質沃職實爲質部字,學爲毒部字,得國爲職部字。

　[崔駰]得實學國藿達旨 文肆肆 四下

23　錫部

韻字表

錫

　析歷甋敵狄逖績壁擊霹惕鬩汨①

昔

　益易役迹僻璧適辟跡積闢磧

麥

　策翮隔謫厄軛阨蹟

23.1　錫部韻譜(兩漢)

前漢　[劉去]積益歌一首 漢詩壹 四下　　[劉向]跡辟九歎離世 漢文　　[王褒]策迹聖主得賢臣頌 文肆貳 九上　　[楊雄]易役長楊賦 文伍貳 二下　　辟迹解嘲 文伍叄 三上　　僻績益州箴 文伍肆 三上　　績僻廷尉箴 六下　　[崔篆]策績適慰志賦 文陸壹 六下

後漢　[馮衍]策迹顯志賦 後漢文貳拾 三上　　[班固]迹辟易東都賦 文貳肆 六下　　磧敵迹阨竇將軍北征頌 文貳陸 二上　　策析奕旨 八下　　[蘇順]迹蹟賈逵誄 文玖拾 十上　　[張衡]辟闢積狄西京賦 文伍貳 七上　　[崔寔]霹壁引里諺 漢詩伍 九下　　[胡廣]隔逖闢績邊都尉箴 文伍陸 七下　　[蔡邕]翮甋弔屈原文 文柒玖 八下　　[無名氏]壁歷易適翮跡軛益古詩 詩叄 七上

23.2　錫部合韻譜(後漢)

錫鐸

　[王逸]厄汨易鬩石九思遭厄 後漢文伍柒 四上　　[崔寔]迹惕赦大赦賦 文肆伍 九上

　[馬融]迫積長笛賦 文拾捌 二上　　昔惕同上 三上

---

① 汨,汨羅,水名,《廣韻》入錫韻,音"莫狄切"。

錫月

［崔瑗］訐辟逖役司隸校尉箴　文肆伍　四上

24　質部

韻字表

質

日匹慄實室疾一弼畢栗壹溢失密汨佾躓七必質泆吉逸蜜漆秩悉軼筆率鞸

術

卒律出術戌潏橘崒黜悴①述

櫛

瑟澀

迄

迄訖

物

怫物勿屈掘鬱佛坲沕岪詘芴

沒

沒殁曶忽骨突矹勃惚淈

屑

結咽節屑切鐵血跌穴譎戾閉

職

洫淢

至

諡摯躓

霽

替

黠

軋

24.1　質部韻譜_{（兩漢）}

前漢　［賈誼］節沒_{旱雲賦　漢文拾伍　一下}　　慄怫結_{同上}　　［韋孟］逸黜_{諷諫詩　漢詩貳}
_{一下}　　逸室_{同上　一下}　　一弼_{同上}　　室弼_{在鄒詩　二上}　　［武帝劉徹］溢日_{瓠子歌　詩}

---

① 　悴，《廣韻》入至韻，《集韻》術韻有此字，音"昨律切"。

壹一下　［枚乘］忽慄汨七發 文貳拾 六下　鬱突律卒同上 七下　［淮南小山］軋岪忽沕栗穴慄招隱士 文貳拾 八上　［司馬相如］鬱崒子虛賦 文貳壹 一下　忽佛同上 二上　勃芴惚同上 四上　［東方朔］實室七諫自悲 文貳伍 四上　［王褒］逸疾四子講德論 文肆貳 六上　律節同上　骨砏聖主得賢臣頌 九下　［韋玄成］畢日戒子孫詩 詩貳 八上　栗室同上　［劉向］結屑九歎遠逝 文叁伍 四下　坲悴同上 五下　鬱悴又惜賢 五上　汨疾同上 五下　鬱日又思古 七上　［班倢伃］匹日術擣素賦 文拾壹 八上　［楊雄］筆詘解嘲 文伍叁 三上　溢日荊州箴 文伍肆 二下　律卒衛尉箴 六上　室日將作大匠箴 七下　［闕名］物詘郊祀歌朱明 詩壹 六上　溢一又天地 六下　［無名氏］一失一畫一歌 詩伍 一上

後漢　［馮衍］室術顯志賦 後漢文貳拾 四上　術節同上 四下　［傅毅］泆術日舞賦 文肆叁 三下　溢卒弼室北海王誄 七上　逸日迪志詩 漢詩貳 九下　迄卒同上　［班固］室血東都賦 文貳肆 六上　鐵日出東都賦 文貳肆 七上　律佾畢同上 七下　［崔駰］實質術日達旨 文肆叁 三下　溢律仲山父鼎銘 十下　［蘇順］秩衊室一和帝誄 文肆玖 十上　［王逸］忽室琴思楚歌 詩貳 十一下　［李尤］節密七款 文伍拾 三下　戌悉上西門銘 七上　物實盤銘 十二上　［張衡］節跌結思玄賦 文伍貳 一下　一崒律出西京賦 六上　日逸室東京賦 文伍叁 二下　瑟畢佾秩一吉同上 四上　穴潏溢疾軋汨南都賦 七下　栗橘同上 八上　日室冢賦 文伍肆 二下　［崔瑗］溢吉竇大將軍鼎銘 文肆伍 四下　［馬融］律一出畢長笛賦 文拾捌 四上　突卒沒閉圍棋賦 四上　［崔寔］太醫令箴 文肆伍 十上①　［王延壽］一屈日魯靈光殿賦 文伍捌 二下　［張超］逸一吉誚青衣賦 文捌肆 九下　［蔡邕］日蜜協和婚賦 文陸玖 四上　律溢琴賦 五上　［邊讓］節跌結章華臺賦 文捌肆 十一下　［孔融］密穴室日實一漆畢臨終詩 詩貳 十五上　［闕名］栗失□勿必無極山碑 文壹零肆 三上　［無名氏］日結血古詩 詩肆 十五上

24.2　質部合韻譜上(前漢)

質月

［劉去］忽絕歌一首 漢詩壹 四下　［王褒］溢鬱律譎折溢滅出洞簫賦 漢文肆貳 一下　溢發四子講德論 七上　［劉向］滅日九歎遠遊 文叁伍 八上　［班倢伃］絕結咽擣素賦 文拾壹 八上　［楊雄］實熱室解嘲 文伍叁 三上　烈律同上 三下　哲慄密舌折尚書箴 文伍肆 四下

---

① 　編者注:底本缺韻段。

質祭

　　［劉向］血廢九歎惜賢 文叄伍 五下　　　［楊雄］世洫室卒將作大匠箴 七下　　　［張衡］結節替譎秩東京賦 文伍叄 六上①

質盍

　　［楊雄］節業甘泉賦 文伍壹 九下

質月祭脂 潰盭墜沸爲脂部字，折洌沬爲月部字，澧盭瀨沛磕爲祭部字。

　　［司馬相如］潰汨滭折洌澧盭瀨沛墜磕淈沸沬疾上林賦 文貳壹 三下

質職

　　［楊雄］逸七國解嘲 文伍叄 二上

質真

　　［劉向］鬱忿九歎惜賢 文叄伍 五下

24.3　質部合韻譜下（後漢）

質月

　　［傅毅］節跌折絕歿弨蜺畢列悅舞賦 後漢文肆叄 三上　　　［班固］實物濊節東都賦 文貳肆 七上　　闋日竇將軍北征頌 文貳陸 二上　　　［杜篤］越血論都賦 文貳捌 三上　　　［馬融］譎室七密結滅溢慄失訖疾出必圍棋賦 文拾捌 四上

質月脂 肆爲脂部字，洌爲月部字。

　　［馬融］切肆戾洌躓長笛賦 文拾捌 二下

質職

　　［闕名］出掘國德結任伯嗣碑 文壹佰 一下

質脂

　　［班固］計謐實日答賓戲 文貳伍 四下

25　月部

韻字表

曷

　　達頞葛闥嚇轕鶡剌闊遏割碣

末

　　闊奪豁沫末括

屑

　霓蜺齧咽絜臬

薛

　列烈絶裂折雪歠熱滅桀舌哲喆惙孽缺別釥①説晢傑轍悦渫洌冽苪瞥設

月

　月髮越竭謁闕發鉞伐訐劂碣

黠

　殺察札鍥

25.1　月部韻譜(兩漢)

前漢　[韋孟]髮察諷諫詩 漢詩貳 一下　　絶烈在鄒詩 二上　　[枚乘]歠雪七發 漢文貳拾五下　　[司馬相如]烈越子虛賦 文貳壹 四上　　[劉勝]裂折文木賦 文拾貳 六下　　[司馬遷]闕奪悲士不遇賦 文貳陸 五上　　達豁同上　　[韋玄成]烈列戒子孫詩 詩貳 八上　[劉向]謁闕九歎遠遊 文叁伍 八上　　轍發同上　　[班倢伃]雪月發熱絶怨詩 詩叁 二[楊雄]月烈羽獵賦 文伍壹 七下　　絶滅同上 八上　　滅絶解嘲 文伍叁 三上　　娀沫同上 三下奪鉞桀荊州箴 文伍肆 二下　　[劉歆]別桀遂初賦 文肆拾 二上　　[闕名]列察郊祀歌景星 詩壹七下　　[無名氏]竭雪絶鐃歌上邪 詩壹 十下　　闕葛諸葛豐諺 詩伍 十上　　札舌谷樓諺 十下後漢　[馮衍]達伐顯志賦 後漢文貳拾 二下　　[傅毅]列察洛都賦 文肆叁 一下　　越沫奪滅絶發末舞賦 三上　　[班固]越列西都賦 文貳肆 四上　　缺滅絶同上　　哲烈東巡頌 文貳陸 一上　　[崔駰]烈發闕伐月反都賦 文肆肆 一下　　[李尤]別説舌滅筆銘 文伍拾 八下　　[張衡]括發末西京賦 文伍貳 十上　　列設鍥霓哲東京賦 文伍叁 三上刺蜺雪絶霓南都賦 七上　　絶滅髑髏賦 文伍肆 二上　　[馬融]髮穴葛越圍棊賦 文拾捌 四上　　咽絶同上　　[邊韶]列月塞賦 文陸貳 一下　　[崔寔]哲察諫議大夫箴 文肆伍 十上[張超]傑月尼父頌 文捌肆 十上　　[蔡邕]闕達樊惠渠頌 文柒肆 二下　　鉞烈黃鉞銘 七下　　[禰衡]滅絶竭發弔張衡文 文捌柒 三上　　[蔡琰]別裂轍咽悲憤詩 漢詩叁 四上[傅幹]悦絶皇后箴 文捌壹 十三下　　[無名氏]絶別古絶句 詩叁 十上　　雪月絶醴如山上雪 漢詩肆 八下　　伐遏魏郡興人歌 詩伍 三上

25.2　月部合韻譜上(前漢)

月祭

　[司馬談]竭敝論六家要指 漢文貳陸 四下　　[劉向]折蔽九歎遠遊 文叁伍 八下　　　[闕

名]殺廢郊祀歌西顥 漢詩壹 六上

月質

　[公孫乘]月出月賦 漢文拾玖 七上

月祭緝岋爲緝部字，外爲祭部字。

　[楊雄]轊礚岋外羽獵賦 文伍壹 八上

25.3　月部合韻譜下(後漢)

月祭

　[班固]孼缺制哲典引 文貳陸 六下　　[崔駰]闉闕發沛滯達旨 文肆肆 三下　　制設

滅同上 四上　　[張衡]發旆轊鶃殺嘁鈇東京賦 文伍叁 三上　　烈瘵列折七辯 文伍伍

二上　　[無名氏]雪月絶會皚如山上雪 漢詩肆 八下

月質

　[班固]烈竭律典引 文貳陸 八上　　絶述奕旨 八下　　[張衡]殺烈摯西京賦 文伍貳 九

下　　[闕名]日發孼沫鏡銘 文玖柒 十上　　裂血絶郭仲奇碑 文壹零貳 三下　　詘折孫根碑

文壹零肆 五下　　[無名氏]慄列缺札別滅察古詩 漢詩叁 八上　　烈節太學中謠八及 詩伍

八下

月盍

　[張衡]桀礚列業轊月西京賦 文伍貳 八上　　絶雪□滅輒舞賦 文伍叁 十上

月藥

　[崔駰]激烈東巡頌 文肆肆 六下

月質職逸爲質部字，式爲職部字。

　[李尤]逸式説豐侯銘 文伍拾 十二下

月質緝弼栗爲質部字，立爲緝部字。

　[闕名]□闕弼栗立柳敏碑 文壹零壹 八上

　月緝質錫職邑襲爲緝部字，術出卒爲質部字，易爲錫部字，國爲職部字。

　[杜篤]邑劣絶術易國襲出卒論都賦 文貳捌 二上

26　盍部

韻字表

盍

　闔

怗

　協牒浹攝①

葉

　接獵曄捷輒

業

　業嶪脅劫

乏

　法乏

狎

　翜

26.1　盍部韻譜(兩漢)

前漢　　[司馬談]法業論六家要指 漢文貳陸 四下　　　[楊雄]乏業長楊賦 文伍貳 一下

[闕名]葉牒郊祀歌齊房 漢詩壹 七下

後漢　　[馮衍]法業顯志賦 後漢文貳拾 一上　　　[傅毅]協劫舞賦 文肆叄 二下　　　[張衡]

法脅闒嶪接獵曄西京賦 文伍貳 六下　　　[闕名]業内武梁祠堂畫像 文玖玖 一下

27　緝部

韻字表

合

　合荅沓遝雜颯魶蛤訥②

緝

　邑集歙輯悒及泣入襲習急立戢湆粒澀隰繋給岌

洽

　洽

27.1　緝部韻譜(兩漢)

前漢　　[司馬相如]歙輯隰子虛賦 漢文貳壹 四下　　　[劉勝]邑集聞樂對 漢文拾貳 七上

[東方朔]悒及七諫哀命 文貳伍 四下　　　[班倢伃]雜合沓擣素賦 文拾壹 八上　　　[楊

雄]合襲解嘲 文伍叄 二下　　　[劉歆]及合遂初賦 文肆拾 二上

---

① 攝見王褒《洞簫賦》,以"法合雜獵攝"爲韻。攝,《集韻》入怗韻,音"諾叶切"。《廣韻》怗韻"奴協切"下
　有捻字,捻攝字通。

② 訥,《廣韻》入没韻,此字從内得聲,當在本部。董仲舒《士不遇賦》以"黑訥惑"爲韻。黑惑爲職部字。

後漢　[傅毅]習急及邑_{舞賦} <small>舞賦</small> 後漢文肆叁 三上　　　及立迪志詩 漢詩貳 九下　　　[班固]及

集<small>東都賦</small> 文貳肆 七下　　　[崔駰]合入<small>達旨</small> 文肆肆 三下　　　縶入<small>同上</small> 四下　　　[李尤]集

遷<small>辟雍賦</small> 文伍拾 二上　　　立集<small>德陽殿賦</small> 二下　　　集邑立<small>洛銘</small> 四上　　　[張衡]及立合<small>思玄</small>

<small>賦</small> 文伍貳 二上　　　習入<small>東京賦</small> 文伍叁 六下　　　[王延壽]立入<small>魯靈光殿賦</small> 文伍捌 一下

[蔡邕]邑集戢及溼粒急入習澀<small>述行賦</small> 文陸玖 三上　　　集戢入<small>釋誨</small> 文柒叁 七上

[無名氏]泣及入<small>枯魚過河泣</small> 詩肆 十四上

27.2　緝部合韻譜上<small>(前漢)</small>

緝盍

　　[王襃]法合雜獵攦<small>洞簫賦</small> 漢文肆貳 一下　　　入法<small>四子講德論</small> 八下

緝職

　　[闕名]翊集<small>郊祀歌華爗爗</small> 漢詩壹 八上

緝祭

　　[司馬相如]際答<small>封禪文</small> 文貳貳 八上

緝質

　　[劉向]集日<small>九歎遠逝</small> 文叁伍 四下　　　泣戻<small>又思古</small> 七上

27.3　緝部合韻譜下<small>(後漢)</small>

緝盍

　　[班固]颯翣<small>竹扇賦</small> 後漢文貳肆 十一上　　　洽浹<small>典引</small> 文貳陸 七上

（附）兩漢詩文韻字校記

1.1　之部韻譜

　　平聲[1]　王襃《九懷·陶壅》"吾乃逝兮南娸"，"娸"嚴可均《全漢文》刻

　　　　　　本作"娱"誤，今從《楚辭》改。"娸"音熙。

　　　　[2]　楊雄《廷尉箴》"穆王耄荒，甫侯伊謀，五刑訓天，周以阜基"，

　　　　　　"謀"原作"謨"，與"基"不叶，《古文苑》作"謀"，今據改。

　　　　[3]　班固《幽通賦》"巿三正而滅姬"，"姬"《漢書·敘傳》作"周"，今

　　　　　　從《文選》作"姬"，"姬"與"災"爲韻。

　　　　[4]　蔡邕《京兆樊惠渠頌》"莫修莫釐"，"釐"原作"治"，今從《蔡中

　　　　　　郎文集》改作"釐"，"釐、思"皆平聲字。

　　上聲[5]　蔡邕《協和婚賦》："考遂初之原本，覽陰陽之綱紀，乾坤和其剛

柔,艮兌感其腜腓,葛覃恐其失時,摽梅求其庶事。"丁聲樹先生指出:"腓"字與上下用韻皆不合。賦云"艮兌感其腜腓",疑"腜腓"本作"腓腜"。《易·咸卦》艮下兌上六二感其腓,在艮體;九五感其腜,在兌體;故此賦云艮兌感其腓腜。艮與腓應,兌與腜應,若如今本,既失其韻,又失其行文之辭例矣。案丁先生所説極碻,今改"腜腓"爲"腓腜","紀腜事"爲韻。

去聲[6]　司馬相如《封禪文》"般般之獸,樂我君囿,白質黑章,其儀可喜","囿"原作"圃",與"喜"不叶,今據五臣本《文選》改作"囿"。

2.2　幽部合韻譜上

幽宵[1]　枚乘《柳賦》"於是罇盈縹玉之酒,爵獻金漿之醪,庶羞千族,盈滿六庖。弱絲清管,與風霜而共彫,鎗鍠啾唧,蕭條寥寂。雋人英髦,列襟聯袍","寥寂"當作"寂寥"。"醪庖彫寥髦袍"爲韻。若作"寂"則不叶,《古文苑》作"寂寥",今據改。

3.1　宵部韻譜

平聲[1]　王逸《九思·傷時》"使素女兮鼓簧,乘戈餗兮謳謡,聲噭咷兮清和,音晏衍兮要婬","婬"與"謡"押韻,"婬"當作"媱"。

4.1　魚部韻譜上

平聲[1]　賈誼《弔屈原文》"般紛紛其離此尤兮,亦夫子之故也,歷九州以相其君兮,又何必懷此都也","故"《史紀·屈賈列傳》作"辜",今據《史紀》作"辜",與"都"爲韻。

[2]　劉勝《文木賦》"制爲樂器,婉轉蟠行,鳳將九子,龍導五駒","行"與"駒"不叶,《西京雜記》《古文苑》並作"紆",今據改。

[3]　楊雄《羽獵賦》"剖明月之珠胎","珠胎"《文選》五臣本作"胎珠",是也。"珠"與"梧魚虞胥"爲韻,今據改。

4.2　魚部韻譜下

平聲[1]　王延壽《夢賦》"撲苦蕘,扶夔魖","魖"與上下用韻不合,當爲"魖"字之誤。"魖",字書無此字,蓋"魖"字之或體。楊雄《長楊賦》云"梢夔魖而抶獝狂",張衡《東京賦》云"殘夔魖與罔象","夔魖"爲一詞,"魖"音虛,若字從"翟",則與"魖"字所從得聲不符。今改作"魖"。

去聲[2]　傅毅《七激》"乃使王良理轡,操以術教","教"當爲"數"字之誤。"數"與"擄御驅"押韻,若作"教"則不相叶。

4.4　魚部合韻譜下

魚歌[1]　張衡《鮑德誄》"業業學徒,童蒙我求。舍厥往著,去風即雅。濟濟京河,實爲西魯","我求"當爲"求我"之誤。《易·蒙卦》"匪我求童蒙,童蒙求我"是其證。此處"我"與"雅魯"押韻,若作"我求"則不相叶,今據《易·蒙卦》改正。

　　　[2]　《孤兒行》"頭多蟣虱,面目多塵","塵"下或有"土"字是也,"土"與"魯苦"爲韻。今增"土"字。

5.2　歌部韻譜下

平聲[1]　杜篤《吳漢誄》"朝失鯁臣,國喪牙爪;天子愍悼,中宮咨嗟",案"牙爪"當作"爪牙","牙嗟"押韻。

6.4　支部合韻譜下

支歌[1]　杜篤《論都賦》"驅騾驢","騾驢"或作"驢騾","騾"與"氏奇蠡彌騠"叶韻,聲音相近,若作"驢"則聲音較遠,今改作"驢騾",以"騾"爲韻字。

7.1　脂部韻譜

去聲[1]　蔡邕《筆賦》"上剛下柔,乾坤位也,新故代謝,四時次也","位"嚴可均《全後漢文》及《古文苑》均作"正",今依《蔡中郎文集》改。"位次"押韻,作"正"則不叶。

7.3　脂部合韻譜下

脂支[1]　杜篤《論都賦》"諸夏滅微","微"《後漢書·杜篤傳》作"微",今據正。"微"與"維眉非威"押韻。

8.1 祭部韻譜

　　　[1]　楊雄《太常箴》"慢行繁祭,無曰我材,輕身恃筮","祭筮"押韻。"筮"原誤作"巫",今據《全後漢文》崔駰《太常箴》改正。兩文相同,今列楊雄名下。

9.1　蒸部韻譜

平聲[1]　班固《典引》:"故夫顯定三才,昭登之績,匪堯不興;鋪聞遺策,在下之訓,匪漢不弘厥道。"《文選》李善注云:"言布聞古之遺策,聖德在下之訓,非漢不能弘道。"案"興"與"道"不能押韻。

《後漢書·班固傳》"厥道"二字屬下文,以"興弘"爲韻,依李善注知"厥道"二字屬下亦非。疑原句爲"鋪聞遺策,在下之訓,匪漢厥道不弘","興弘"二字爲韻。

11.1　東部韻譜

平聲[1]　賈誼《鵩鳥賦》"怵迫之徒兮,或趨東西;大人不曲兮,意變齊同","東西"當爲"西東"之誤,"東"與"同"爲韻,今校改。

[2]　蔡邕《胡公夫人哀讚》"昔予□之即世兮,安宅兆于舊邦,依存意以奉亡兮,遷靈柩而同來","同來"疑原作"來同","邦同"爲韻,今校改。

13.1　耕部韻譜上

平聲[1]　楊雄《甘泉賦》"和氏玲瓏","玲瓏"五臣本《文選》作"瓏玲"。案"玲"與"清傾嶸嬰成"爲韻,作"瓏玲"是也。今據改。

13.2　耕部韻譜下

去聲[1]　班固《幽通賦》"天造草昧立性命兮,復心弘道惟聖賢兮","聖賢"《漢書·叙傳》作"賢聖",今據正。"命"與"聖"爲韻。

13.3　耕部合韻譜上

耕陽[1]　公孫乘《月賦》"隱員巖而似鉤,蔽脩堞而分鏡,少既進以增輝,遂臨庭而高映。火珠匪明,皓璧非瑩","瑩"《古文苑》作"淨",今據改。

14.1　真部韻譜

平聲[1]　班固《答賓戲》"言通帝王,謀合神聖","神聖"《漢書·叙傳》作"聖神","神"與"濱垠信勳"爲韻,作"聖神"是也,今據改。

[2]　班固《竇將軍北征頌》"劉殘寇於沂垠","垠"原作"根",誤,今依《古文苑》改正。

15.2　元部合韻譜上

元真[1]　路喬如《鶴賦》"白鳥朱冠,皷翼池干。舉脩距而躍躍,奮皓翅之戙戙","戙戙"依文義及韻讀當作"䵣䵣"。《玉篇》:"䵣,莊善切,鷙鳥擊勢也。"《法言·孝至篇》"螭虎桓桓,鷹隼䵣䵣",李軌注:"䵣䵣,攫撮急疾也。"《廣雅·釋訓》云:"䵣䵣,武也。"據是可知"䵣䵣"爲奮翅矯武之意,與路賦文義正合。"䵣"與"冠干謹桓安樊恩歡"爲韻,字當作"䵣"無疑。("戙"《玉篇》與

“翼”爲一字，“戡”當是“狀”字之誤。）

17.1　侵部韻譜

平聲[1]　班固《終南山賦》“傍吐飛瀨，上挺修林”，“林”原作“竹”，今從《古文苑》改。“林”與“沈心”爲韻。

18.1　職部韻譜

[1]　司馬相如《封禪文》“聖王之德”原作“聖王之事”，此從《文選》。“德”與“翼”爲韻。

九、淮南子易林韻譜

1. 淮南子韻譜

(1)之部

平聲

能時之基原道篇柔毳安静十句　時之又應化揆時二句　謀之又先者隤陷四句　熙德尤治俶真篇含哺而游八句　時災精神篇風雨非其時二句　之來灰骸又居不知所爲二句　灰時財本經篇燎木以爲炭六句　欺疑又君臣相欺二句　才治主術篇任人之才二句　時財謀又清静無爲六句　治持又能多者四句　時裘齊俗篇夫以一世之變三句　骸灰持恢謀哉道應篇形若槁骸七句　謀疑時又周伯昌行仁義而善謀三句　時謀氾論篇徐偃王知仁義而不知時二句　謀時期詮言篇不豫謀二句　治能又使水流下四句　能治兵略篇主孰賢四句　治旗持之又善用兵者九句　來之又觀波之所以來二句　貍來又始如狐貍二句　之謀又故所向非所之也二句　絲龜説山篇下有伏苓四句　龜貍又壞塘而取龜二句　貍龜又殺戎馬而求狐貍二句　醫謀説林篇與死者同病四句　牛貍又見象牙四句　姬牛來又公之賢八句　謀骸又讒夫陰謀二句　辭喜人間篇其所能者四句　時滋之又聖人敬小慎微六句

上聲

止始原道篇水流而不止二句　有宰又生萬物而不有二句　右始又無所左而無所右三句　理海又是故一之理二句　右在又在於上六句　餌海有俶真篇是故以道爲竿八句　里海又舜之耕陶也四句　理紀起理時則篇感動有理六句　理止覽冥篇陰陽之所壅沈不通者四句　母紀精神篇以天爲父四句　裏紀又外爲表而内爲裏三句　有理又是故聖人以無應有二句　恃有主術篇任一人之力者四句　里海又故假輿馬者四句　裹礙繆稱篇包裹宇宙而無表裏二句　里海又有聲之聲二句　駭理又勿驚勿駭二句　已止海齊俗篇故古之聖王五句　氾里在道應篇此其外猶有汰沃之氾三句　理喜詮言篇寧守其分四句　始已理又故不爲始三句　始晦紀兵略篇終而復始三句　海駭又動則凌天振地五句　子海又上視下如子二句　止里説山篇深則達五藏四句　已里始又不運於己三句　理在又聖人之同死生四句　里母殆又亨牛以饗其里三句　海里説林篇田中之潦四句　已矣里又諾之與己三句　海已又流潦注海三句

止里友市 又騏驥騄之不進七句　　晦謀 又見之闇晦二句　　里皋 又故跬步不休四句　　使止

理 人間篇夫勸人而弗能使也三句　　歃里 泰族篇故九州不可頃歃也二句　　止有 又輕者欲發四句

事理始 要略夫作爲書論者七句　　己理紀母 又使人知遺物反己七句　　采理始 又所以一蔂生之

短修六句

去聲

志意來之 兵略篇在中虛神七句　　忌期事 要略操舍開塞六句　　使備 原道篇四時爲馬四句

載事待 俶真篇若夫神無所掩六句　　背右 天文篇不可通也四句　　事態 主術篇上多事二句

意待事司 又滅想去意六句　　戴喜 繆稱篇人以其所願於上四句　　治意 又聖人在上四句　　事

意 齊俗篇是故凡將舉事二句　　事異 又是以人不兼官四句　　志富 詮言篇日月庚而無溉於志三句

謀事悔 又神勞於謀四句　　事怪 説山篇被羊裘而賃四句　　治事 又文王污膺五句　　事似 説林

篇解門以爲薪四句　　佩富 又蛫紐之璽四句　　備怪 要略使人通迵周備三句

之部合韻

之幽

平聲　醫庖 説林篇憂父之疾者子四句

上聲　丑始 天文篇正月指寅四句

之職

上聲　己止事辭喜極 精神篇其生我也九句

去聲　覆載 原道篇以天爲蓋四句　　載植 俶真篇夫天不定四句　　載息 覽冥篇天不兼覆四句

事福 氾論篇故蒠宏知天道而不知人事二句　　德事載 詮言篇誅而無怨六句　　伏意備 兵略篇善

用間諜七句　　識備 又舉措動靜四句　　蜃意怪 説林篇水蠆爲蟌七句　　治異食誨力 泰族篇乃

裂地而州之七句　　塞意事 要略所以竅窕穿鑿百事之壅遏八句

（2）幽部

平聲

流浮 原道篇兩木相摩而然四句　　游舟 又短綆不綆四句　　周游 又夫日回而月周二句　　游求

覽冥篇浮游不知所求　　瞗悠秋 兵略篇溟哉瞗瞗四句　　浮休 説山篇蘭生幽谷六句

上聲

守保 原道篇欲剛者必以柔守之四句　　沼鳥獸 又射沼濱之高鳥二句　　道寶守 主術篇以不知爲

道四句　　好醜道 詮言篇故不爲好三句　　道守 又有百技而無一道二句　　首爪 兵略篇夫飛鳥之

擊也俛其首四句　　道醜 説山篇紂有得事四句　　考察 説林篇白璧有考二句　　酒缶好醜 又君

子有酒四句　　好醜 又臚醹在頰則好二句　　酒道 又愛熊而食之鹽四句　　造巧 泰族篇奚仲不能

旅三句

去聲

好報原道篇大包羣生而無私好二句

幽部合韻

幽魚

平聲　茅樞原道篇環堵之室四句　　留疇侯天文篇條風至九句　　珠由說山篇得隋侯之珠二句

上聲　道主天文篇欲知天道二句　　主道主術篇故國有亡主二句

幽之

上聲　有保主術篇乘衆人之智四句

幽宵

平聲　豪休脩務篇達略天地四句

（3）宵部

平聲

搖勞原道篇疾而不搖二句　　窕躁嬈梟又處小而不逼六句　　教搖勞主術篇處無爲之事三句

毛刀高說山篇斷右臂而爭一毛四句　　搖撓說林篇使葉落者風搖之二句　　熛燒又一家失熛二句

勞饒脩務篇夫瘠地之民多有心者四句　　撓搖又口曾撓三句

上聲

曉照原道篇冥冥之中四句　　少小精神篇故所求多者所得少二句　　少小兵略篇故善戰者不在少

二句　　小少泰族篇故凡可度者小也二句

去聲

燿劭精神篇如光之燿二句　　暴肖本經篇伐亂禁暴二句　　詔教主術篇任而弗詔二句　　毛笑

氾論篇不殺黃口四句　　釣召說山篇故魚不可以無餌釣也二句　　笑叫說林篇至樂不笑二句　　笑

眺脩務篇冶由笑二句

（4）魚部

平聲

驅俱區驟原道篇四時爲馬八句　　隅樞又經營四隅二句　　渝濡又新而不朗四句　　慮輿又恬

然無思四句　　無虛居又有生於無四句　　去居俶真篇是故事其神者神去之二句　　衢無又道出

一原五句　　辜邪時則篇審用法四句　　虛居精神篇夫靜漠者四句　　烏諸又日中有踆烏二句

無虛又故有而若無二句　　虛慮又廓然而虛二句　　梧魚餘娛本經篇曲拂邅回八句　　瑕居

篠疏又抑微滅瑕五句　　樞符主術篇處靜持中四句　　邪輿又志在正道直邪二句　　魚枯繆稱

篇交拱之木六句　　虛餘齊俗篇故亂國若盛四句　　車家又夫待騕褭飛兔而駕之四句　　濡趨道

應篇爭魚者濡二句　　慮圖扶兵略篇以論慮之三句　　無虛又是以聖人藏形於無二句　　魚竿

壺又主能射雲中之鳥六句　無竿說山篇物莫不因其所有而用其所無三句　閒竿濡又爲儒而踞

里閒四句　車書又見竅木浮而知爲舟三句　諸蛆說林篇月照天下四句　枯烏圖又舍茂林而

集於枯三句　櫂扶疏又木大者根櫂四句　虛魚人間篇身死人手二句　書稼車脩務篇昔者

容成造歷六句　書夫娛又閑居靜思六句　嘔濡殊珠濡渝泰族篇天地所包十句　愚拘又

詩之失愚二句　除疏虛餘又其起福也十句　書莘又爲奸刻僞書三句　居乎又關雎興於鳥

而君子美之四句

上聲

下寡原道篇累之而不高四句　土走處又夫蘋柎根於水六句　處暑所又各因所處四句　下

野與後又利貫金石十句　處野矩又卓然獨立六句　怒苦又是故無所喜而無所怒二句　所

五舉處戶天文篇立春之後七句　斗所又帝張四維四句　土野女戶土野所羽暑雨地形

篇自東北方曰和邱以下二十句　偶走又或奇或偶二句　下暑土又凡八極之雲六句　暑怒精

神篇天有風雨寒暑二句　緒宇野所又反復終始八句　雨土怒本經篇天之精六句　虎組又

寢兒伏虎二句　怒與主術篇國有誅者四句　下矩繆稱篇道至高無上六句　馬弩下又善御者

不忘其馬三句　弩釜齊俗篇鉛不可以爲刀四句　舞處又故當舜之時八句　馬羽下又是從牛

非馬四句　下暑又儀必應乎高下二句　矩宇所又故天之員也不得規六句　下舞下道應篇

深目而玄鬢七句　去所詮言篇耳目鼻口四句　府主又聖人不爲名尸四句　棓口又王子慶忌

死於劍四句　後所與又隨時三年八句　下所兵略篇貪味饕餮之人四句　野浦扈又故黃帝

戰於涿鹿之野四句　野下又朝不易位六句　雨下圉偶緒又卒如雷霆十句　假舍去又乘而

勿假也三句　雨沮圉寡又止如邱山八句　虎武又左青龍四句　序暑又是故處於堂上之陰

四句　虎走又合如兒虎二句　武取又是故合之以文三句　父下又下視上如父二句　後

雨鼓緒又蔽之於前九句　後伍又翼輕邊利四句　夏夜說山篇陰陽不能且冬且夏三句　狗

走又執彈而招鳥四句　走狗後又以束薪爲鬼四句　馬炬狗蛆又將軍不敢騎白馬六句　鼠

齲與又掘室而求鼠四句　狗雨又若用朱絲約芻狗二句　鼠瘻齲又貍頭愈鼠四句　戶

下又三人比肩四句　助雨說林篇幾易助也二句　社黍又無鄉之社二句　覩顧又皮將弗覩

二句　去下又中夏用簟四句　馬下虎又君子之居民上五句　武走又見虎一文四句　兔

賈又逐鹿者不顧兔四句　土下又城成於土二句　楚予後吕距走處楚人間篇故蔡女蕩舟十

四句　雨矩御下脩務篇進如激矢九句　御虞泰族篇簡士卒三句　與舉處又朋黨比周六

句　鼓馬下又乃折枹毀鼓四句　下伍怒要略明設權操柄以制羣下六句　巨粗語又其言有

小有巨四句

去聲

具數原道篇小大脩短四句　故詐又偶睫智故二句　慕慮又去其誘慕三句　素夜俶真篇偃

其聰明四句　　舍素又是故虛無者道之舍二句　　固赦度時則篇姦人已得六句　　赦固又敗物而

弗取四句　　聚寶又飾鞏牧四句　　慮素故精神篇清目而不以視六句　　故詐主術篇上多故二句

度舍居故道應篇攝女知七句　　數遇詮言篇倍道棄數二句　　素舍又平者道之素也二句　　慮

儲又聖人無思慮二句　　慮故怖又苦心愁慮四句　　故遮候寠又變常易故六句　　助去又舉事

以爲人者衆助之二句　　庫處又建鼓不出庫二句　　數捿兵略篇發必中詮四句　　謝夜又若春秋

有代謝二句　　詐慮又不可巧詐也二句　　步夜又因其飢渴凍暍五句　　慮鬥又因民而慮二句

度豫説山篇巧者善度二句　　布暮又見廥而求成布三句　　絮布説林篇蘦苗類絮四句　　紵布

故又布之新不如紵四句　　步故又蘇秦步日何故　　露步脩務篇身淬霜露二句　　步故泰族篇驂

欲馳四句　　厚晝又天致其高四句　　寇鬥又乃相率致勇而爲之寇二句　　喻具要略假像取耦

四句

魚部合韻

魚之

倨盰牛覽冥篇臥倨倨四句　　野圉宇雨父女志俶真篇若夫真人十三句　　下母古戶寡脩務

篇今使人生於辟陋之國十句

魚幽

儒騶庖説山篇喜文非俠也六句

魚歌

閭疽瑕虧説林篇治鼠穴而壞里閭四句

魚鐸

素白原道篇純粹樸素二句　　露澤又上天則爲雨露二句　　格度詮言篇强勝不若己者四句　　舍

斥處兵略篇相地形六句　　昔昨説山篇歲賢昔二句　　炙夜又見彈而求鴞炙二句　　射乍説林

篇虎豹之文來射二句

魚屋

慕欲精神篇使耳目精明元達而無誘慕二句　　數樹欲繆稱篇欲知天道六句　　喔牢詐齊俗篇引

諺　　欲諛喻附兵略篇其後驕溢縱欲六句　　欲助又同欲相助　　斲具鬥説林篇大匠不斲二句

構哭又紂醢梅伯四句　　務族要略有脩族二句

魚沃

覆靮説林篇傾者易覆也二句

（5）歌部

平聲

移多原道篇轉化推移三句　　多隨又好憎繁多二句　　虧化馳又能存之此六句　　宜爲又形神

志氣三句　議和爲蛇化俶真篇坐而不教八句　爲施又非道之所爲也二句　義宜和又是故
聖人內脩道術四句　歌和天文篇女夷鼓歌二句　阿苛時則篇平而不阿二句　阿和挫又平而
不險六句　虧爲精神篇夫癩者趨不變四句　爲和儀又性有不欲十句　和爲本經篇君臣不和
二句　化爲和又隨自然之性四句　碕波又積礫於石四句　宜施主術篇小大脩短四句
儀宜宜又文武備具六句　爲隨齊俗篇故行齊於俗四句　宜過又各用之於其所適三句　隨
爲又故狐梁之歌四句　移虧道應篇日中而移二句　訶議爲詮言篇動有章則訶四句　爲何
又故通性之情者四句　危剉又故治未固於無非四句　波爲靡阤兵略篇擊之若雷八句　爲
化又視其所爲二句　儀宜又無法無儀二句　化移又因形而與之化二句　移奇又所當者陷四
句　池爲説山篇因高而爲臺四句　橢羈犧河又髠屯犁牛六句　羈轙多家又遺人馬而解其
羈七句　麻波又祭之日而言狗生四句　和危説林篇水火相憎六句　過差又循繩而斲四句
趨馳又趨曰何馳　議苛又有爲則議二句　宜議又以爲裳則宜二句　河波又使人無度河可，
中河使無波不可　河多又湯沐之於河二句　馳訶又易道良馬四句　訶和又善舉事者三句
波差詭又水雖平六句　移虧又從朝視夕者移二句　化移施脩務篇目失精神滑淖纖微五句
皮蛇又若使之銜腐鼠四句　移馳靡泰族篇日之行也四句　義爲化靡又清明條達者八句
差過又寸而度之四句　和差要略所以使人黜耳目之聰明六句

上聲
彼我原道篇不在於彼二句　墮禍又夫善游者溺四句　可可説林篇使人無度河可二句

去聲
麗過俶真篇夫貴賤之於身也四句

歌部合韻

歌元
酸和説林篇百梅足以爲百人酸二句　觀議患詮言篇爲善則觀四句

歌幽
奇調爲移虧陂移兵略篇敵若反靜十四句

(6) 支部

平聲
涯啙原道篇脩極於無窮四句　規離主術篇若欲規之二句　知爲又知員者四句　堤谿兵略
篇勢如決積水於千仞之堤二句　蹎枝知説林篇馬齒非牛蹏四句　忮訾泰族篇禮之失忮二句

(7) 脂部

平聲
齊諧兵略篇或將衆而用寡者四句　私齊脩務篇若夫堯眉八彩四句

上聲

是死原道篇又無非無是三句　死牝地形篇高者爲生四句　體死精神篇存而若亡四句　眯死體又覺而若眯四句　指視詮言篇星列於天而明四句　死牝又後生而前死二句　弟死又上視下如弟二句　矢體又疾如彍弩四句　死致説林篇狗彘不擇甂甌而食四句　致履又冠則戴致之二句　指死又一膊炭熯四句　尾幾又畏首畏尾二句　死指又鼠無時死二句　指體人間篇癰疽發於指二句　指至泰族篇四海之内五句　指體要略詮言者三句

去聲

視至道應篇正女形三句　利比泰族篇則機樞調利三句

脂部合韻

脂祭

去聲　利害原道篇故以神爲主者四句　底滯兵略篇上窮至高之末四句　利害詮言篇不可以得利二句

脂微祭

去聲　利位世原道篇又貪饕多欲之人五句

(8)微部

平聲

微湥(回)飛原道篇甚淖而滒六句　歸畏又天下歸之二句　遺悲又古之人三句　悲開肥又不以奢爲樂六句　衣機又其縱之也若委衣二句　飛哀地形篇土龍致雨四句　哀歸時則篇行稃鬻四句　歸遺主術篇下者萬物歸之四句　微懷又故心小者二句　非微繆稱篇物多類之而非二句　哀悲道應篇夫物盛而衰二句　懷睎氾論篇夫繩之爲度也四句　帷衣説山篇先針而後縷四句　飛椎又衆議成林四句　推非微又推與不推四句　衣歸悲又莊王誅里史五句　微機要略分別百事之微二句　依諱微機又故言道而不明終始八句

上聲

水絺原道篇陸處宜牛馬四句　鬼水又寢居直夢四句　毀累説山篇聖人不先風吹四句

去聲

既費原道篇富贍天下而不既二句　悖韇逮又疏達而不悖四句　氣類地形篇皆象其氣二句　悖憒時則篇肅而不悖二句　貴遂精神篇能知大貴二句　味氣繆稱篇引黃帝語　愛貴齊俗篇淳均之劍不可愛也三句　類悖貴又異形殊類四句　位肆兵略篇朝不易位二句　氣類説山篇日月不應非其氣二句　味氣又嘗一臠肉四句　悴蒯説林篇有榮華者四句

微部合韻

微歌

平聲　悲危原道篇是故不以廉爲樂四句　　隨非又故亡國之法四句

微脂

平聲　衰遲飢兵略篇常以生擊死四句　　威飢歸又是故内脩其政以積其德六句　　衣犀又砥利劍者三句　　飛飢説林篇蚤與驥致千里而不飛二句　　飢肥推又人食礜石而死五句

去聲　内惠隧兵略篇治國家六句　　器涔本經篇大鍾鼎四句　　算蜺齊俗篇夫明鏡便於照形七句

微祭

去聲　脆轊肆悖類愛本經篇柔而不脆八句　　内外槷詮言篇自樂於内四句

(9)祭部

去聲

滯廢原道篇是故能天運地滯二句　　大外又託小以包大二句　　外廢又是故以中制外二句　　裔蓋又故雖游江潯海裔三句　　大外又故在於小四句　　害廢時則篇取而無怨四句　　外瀨際覽冥篇逝萬仞之上六句　　竄裔又莫不僤驚伏竄二句　　敗廢本經篇晚世風流俗敗二句　　外世主術篇平九州四句　　蓋濊害齊俗篇故日月欲明六句　　外制道應篇故人主之意欲見於外二句　　大敗氾論故得王道者四句　　外敗詮言篇引廣成子語　　害廢又邪與正相傷四句　　敗害又強而不相害二句　　蔽閉又風雨可障蔽二句　　外穢隧説山篇無内無外四句　　大芥又海雖大二句　　蓋敗説林篇日月欲明而浮雲蓋之二句　　害敗又善用人者四句　　敗廢人間篇名者難成而易敗也四句　　廢敗害又夫就人之名者廢四句　　外世脩務篇消搖仿佯於塵埃之外三句　　敗害要略成之爲敗二句

祭部合韻

祭月

廢泄昧原道篇故夫形非其所安而處之則廢六句　　滯穢泄時則篇流而不滯四句　　廢裂覽冥篇四極廢二句　　發歲齊俗篇夫一儀不可以百發二句　　世穢絶兵略篇乃討強暴六句　　噬趹害又有角者觸六句　　蹶拂敗説林篇游者以足蹶四句　　跋發外掘外蔽又以瓦鈺者全八句　　滅大人間篇禍生而不蚤滅四句　　達世脩務篇精神曉冷五句　　滯泄泰族篇邪氣無所留滯三句　　蘖敗滅害又故事有鑒一孔而生百隙八句

祭質

失察慧泰族篇不稱丈量六句

（10）蒸部

平聲

蒸應原道篇風興雲蒸二句　　勝凌又力無不勝二句　　凌雄①覽冥篇夫死生同域四句　　夢萌
騰精神篇是故其寢不夢四句　　興應主術篇萬物並興二句　　登勝繆稱篇近而不可以至三句
應雄兵略篇奇正之相應二句　　勝應又諸有象者四句　　繩凌又故前後正齊四句　　稱應要略
有主術四句

去聲

䑍應繆稱篇其坐無慮四句　　憎勝兵略篇常以積德擊積怨三句　　應勝又持五殺以應二句

蒸部合韻

蒸東

冬繩覽冥篇和春陽夏三句

蒸侵

心蒸本經篇上下離心二句　　應朕兵略篇乃以明物類之感四句

（11）陽部

平聲

張明強剛陽光原道篇約而能張六句　　明行翔又日月以之明四句　　皇柄央方又泰古二皇五
句　　陽行生又優天地而和陰陽四句　　霜行又童子不孤四句　　霜傷藏又秋風下霜四句
強當又志弱而事強二句　　剛強又行柔而剛二句　　創傷又擊之無傷二句　　陽狂又人大怒破
陰四句　　強明又筋力勁強二句　　喪亡又忽然若有所喪二句　　房蔣旁又上漏下溼六句
強翔又是故不待勢而尊五句　　方明堂光俶真篇能載大員者履大方五句　　行明又是故性遭命
而後能行二句　　喪兵常天文篇爲疾爲喪三句　　強昌又大歲迎者辱四句　　行傷兵霜又丙子
干甲子十句　　殃霜又庚子干戊子四句　　亡藏又戊子干庚子四句　　鄉鄉又戊子干壬子四句
方央又天員地方二句　　行當殃又六月當心六句　　昌殃亡涼明兵強常康又歲星之所居以
下二十句　　昌亡又以保畜養四句　　亡殃又合於歲前則死亡二句　　忘明亡匡時則篇直而不
爭十句　　陽行昌疆明又教教陽陽八句　　行強剛藏又故冬正將行五句　　鏡迎藏傷覽冥篇
故聖人若鏡四句　　桑棠又朝發榑桑二句　　行光精神篇日月失其行二句　　行殃又五星失其行
二句　　方旁又以死生爲一化四句　　陽狂又人大怒破陰四句　　光行本經篇日月淑清而揚光二
句　　煌章明又焜昱錯眩七句　　糧葬又居民無食四句　　亡傷主術篇國無義四句　　昌亡繆
稱篇故情勝欲者昌欲勝情者亡　　張病又大戟去水四句　　行喪葬齊俗篇武王伐紂七句　　強剛

---

① “雄”《詩經》音在蒸部，西漢末轉入冬部。

陽明方道應篇吾知道之可以弱十句　昌亡又夫憂所以爲昌也二句　殃亡又若與之從四句　牆方氾論篇故東面而望四句　陽象方羊又山出嚊陽四句　迎將央詮言篇來者弗迎四句　藏倡又聖人内藏二句　境行兵略篇故聞敵國之君有加虐於民者四句　方陽剛明常方明又所謂道者九句　兄塘當又民之爲用六句　强明當望亡又地廣民衆九句　腸傷場又涉而蹷腸四句　行强又威儀並行二句　傷明又彼非輕死而樂傷也二句　兄亡又下視上如兄二句　强行又兵猶且强二句　陽行祥又明於奇賌陰陽四句　將行又君若不許四句　光陽説山篇日望月奪其光四句　藏病又天二氣則成虹三句　抗常行又申徒狄負石自沈於淵五句　枉往又舉直與枉二句　兵當又得萬人之兵二句　行明説林篇足以蹷者淺矣四句　亨臧又狡兔得而獵狗烹二句　行芳又芻狗能立而不能行二句　芳霜兵望又蘭芷以芳四句　兄當又損年則嫌於弟四句　旁嘗傷又小國不鬭於大國之間四句　行上又欲觀九州之土四句　倉囊横又未嘗稼穡六句　芳明又不生而堅四句　牀荆又行者思於道四句　陽霜又聖人處於陰四句　牆祥傷又負子而登牆三句　粱裳又不能耕而欲黍粱二句　明光明又百星之明四句　傷殃人間篇夫再實之木根必傷二句　羹傷又糲粢之飯四句　粱良又食芻豢四句　梁羊又故蠹啄剖柱梁二句　行當又或明禮義推道理而不行二句　明章脩務篇舜二童子四句　喪亡明泰族篇其殺物也三句　行光霜又逆天暴物七句　康亡又以沈湎淫康三句　方横又輪員輿方二句　王亡又故同氣者帝四句　王放又故桀紂不爲王二句　光行殃常常要略所以和陰陽之氣九句　行强常羊兵又所以知戰陳分爭之非道不行也八句

上聲

怳象原道篇忽兮怳兮二句　怳往景上又游微霧八句　網像又故矢不若繳三句　像景秉仗又沕穆無窮八句　兩往覽冥篇罔兩不知所往　像往主術篇故至精之像三句　養長泰族篇其生物也二句

去聲

狀量齊俗篇樸至大者無形狀二句　唱讓詮言篇聖人常後而不先四句　象量沉藏兵略篇天化育而無形象四句　狀象又無名無狀二句

陽部合韻

陽東

平聲　剛强鄉同量原道篇積於柔則剛八句　明章公又掩其聰明四句　明功常當又夫任耳目以視聽者九句　功方張天文篇景風至九句　陽陽通又天地以設六句　聰傷揚精神篇是故五色亂目八句　明聰當通本經篇精泄於目八句　明聰障主術篇冕而前旒六句　長藏功堂方傷公又春生夏長十二句　量讓功障行又上好取而無量二句　方當倡明功又臣道員者六句　横窮剛忘氾論篇夫脩而不横四句　陽强功又能陰能陽四句　王功兵略篇夫爲地

戰者四句　　强亡强工亡又衆之所助十句　　窮行又輪轉而無窮二句　　創通當又是故大兵無

創四句　　行功又是故扶義而動四句　　剛强張東明創又故用兵之道十二句　　霜傷功人間

篇同日被霜四句　　明㞳窮霜行脩務篇湯夙興夜寐十句　　明壅境又君子有能精搖靡監七句

上聲　動往像脩務篇無爲者寂然無聲七句

（12）東部

平聲

降窮原道篇雷聲雨降二句　　窮功又體道者逸而不窮二句　　中窮又是故好事者未嘗不中二句

公洞又是故無所私而無所公三句　　容宗時則篇厥德孔密四句　　終宗通覽冥篇純溫以淪四句

用中精神篇有精而不使四句　　宗通又除穢去累三句　　窮通主術篇人有困窮二句　　宗窮又

故得道之宗二句　　公通忠齊俗篇望君而笑六句　　同通宗窮詮言篇方以類別九句　　通凶又

人有窮而道無不通二句　　窮同通又通而不華八句　　從窮用沖又故神制則形從五句　　中窮

攻兵略篇莫見其所中四句　　同從同通說山篇行合趨同四句　　聾聰聰通說林篇聽有音之音者

聾四句　　窮宮又駿馬以抑死四句　　功龍又隨時而舉事四句　　通江脩務篇禹耳參漏四句

從用泰族篇故因其性四句　　功同又故聖主者四句　　聾通又既瘖且聾二句　　從凶又位高而

道大者從二句　　公功要略其數直施而正邪五句

上聲

洞動原道篇遂分洞兮二句　　總孔又萬物之總二句　　動恐俶真篇是故生不足以使之四句　　動

恐又知者不能動也二句　　動容兵略篇故計定而發五句

去聲

縱用原道篇恬則縱之二句　　重恐動兵略篇錞鉞牢重四句　　重動泰族篇夫濕之至也四句

　東部合韻

東陽

奰亡中本經篇怨尤充奰四句　　明聰公從齊俗篇以視則明四句

東幽

調通本經篇心與神處四句

東談

上聲　動敢兵略篇心不專一四句

東蒸

騰龍兵略篇鸞舉麟振四句　　應動原道篇通則能應二句　　動應天文篇物類相動二句　　應動

精神篇感而應二句　　從應泰族篇故寒暑燥濕四句　　應動又非法之應也二句

東侵

南衆蟲原道篇九疑之南四句　　心中泰族篇今夫道者五句

（13）耕部

平聲

形盈清原道篇包裹天地六句　　冥形又幽分冥分二句　　生成又萬物弗得不生二句　　生鳴形成又無形而有形生焉四句　　形亭成生又故音者八句　　清盈又濁而徐清二句　　寧平又則五藏寧二句　　情生又是故有以自得也八句　　生營平形生又悲喜轉而相生六句　　成生又形備而性命成二句　　榮傾又窮而不懾四句　　形聲傲真篇視之不見其形二句　　性營清生又外從其風八句　　冥聲又視於冥冥二句　　寧形又所立於身者不寧二句　　城刑天文篇不周風至六句　　生榮又甲子干庚子四句　　生成又是故天不發其陰四句　　刑生又日爲德四句　　生成又或死或生二句　　經刑地形篇東西爲緯四句　　平生平時則篇準平而不失二句　　形冥精神篇惟象無形二句　　清寧生又天靜以清四句　　成形又形體以成二句　　形生又化者復歸於無形也二句　　精清冥又若此人者六句　　生成本經篇振困窮六句　　正平又扶撥以爲正二句　　精平情又天愛其精三句　　冥成形主術篇窈窈冥冥五句　　平正命又衡之於左右九句　　形輕又人有其才四句　　生正又非天墮四句　　扃成又外閉中扃二句　　聲經繆稱篇如鴞好聲二句　　形聲誠精又目見其形四句　　攖清又勿撓勿攖二句　　傾形齊俗篇故高下之相傾也二句　　情營又有以自見也四句　　平正正傾又神清意平五句　　政平又智昏不可以爲政二句　　聽形又辯士之言可聽也三句　　營性又性命飛揚四句　　星生道應篇此猶光乎日月而載列星三句　　形聲又視之不見其形二句　　生成成精氾論篇春分而生四句　　聲聲形形聲鳴聲詮言篇鼓不滅於聲八句　　性形莖又無須臾忘爲賢者六句　　清寧兵略篇以濁爲清二句　　形成又制刑而無刑二句　　情成又同情相成　　形經又運於無形二句　　旌冥情又是謂至旌三句　　形聲冥說山篇視之無形三句　　正平又水定則清正二句　　冥精寧正又夫照鏡見眸子九句　　清傾又以濁入清二句　　城生又針成幕四句　　平清形正說林篇水靜則平五句　　形聲又使景曲者形也二句　　聲生又飢馬在廐四句　　榮誠又管子以小辱成大榮二句　　形情又聖人之偶物也三句　　生成人間篇夫禍之來也四句　　盈精成名脩務篇是故用者不强八句　　鳴驚兵生泰族篇邑犬羣嘷七句　　平寧又理清志平二句　　精形要略篇窮逐終始之化四句

上聲

幸井說林篇毋曰不幸二句

去聲

爭聖原道篇得在時四句　　靜定爭又柔弱以靜四句　　靜命精神篇恬愉虛靜二句　　定爭主術篇上煩擾四句　　正命兵略篇觀其邪正二句

耕部合韻

耕真

天情原道篇故達於道者四句　淵形又草木注根四句　天情信成人又聖人不以人滑天八句
形聲身又視之不見其形三句　淵名又藏金於山四句　正平生天覽冥篇蒼天補八句　蹎
瞑生又其行蹎蹎四句　成形人又剛柔相成四句　情人又是故聖人法天順情三句　形真本
經篇是故神明藏於無形二句　生盈人又莫死莫生三句　仁信成真誠聲形主術篇不施而仁九
句　生形身生平齊俗篇是故其耕不强者十句　生形人詮言篇能反其所生三句　名身又故
道術不可以進而求名二句　嬴矜①人又有禍則詘六句　形親聲矜又大道無形五句　形精
人生驚兵略篇權勢必形八句　淵情又建心乎窈冥之野四句　人牲説林篇海不受流四句
燐驚又抽簪招燐二句　信情脩務篇皋陶馬喙四句　情人名又則窮道本末六句　形聲人
民刑泰族篇聖人在上九句　真形冥經要略有原道八句　天形清冥又所以言至精之通九天也
四句

耕陽

生行聽鳴説林篇兔絲無根而生四句

耕元

精便兵略篇蓄積埶多四句

（14）真部

平聲

人身原道篇不在於人二句　天淵俶真篇譬若夢爲鳥而飛於天二句　人天天文篇蚑行喙息四句
人人身主術篇是故有諸己八句　田新親人又使各處其宅六句　臣信繆稱篇驕溢之君無忠臣
二句　新真天神伸齊俗篇今夫王喬赤誦子十句　天昀道應篇此其下無地而上無天三句
人身人間篇外化所以入人也四句　仁親脩務篇文王四乳四句　新親天泰族篇無故無新三句

真部合韻

真耕

真身天成覽冥篇夫全性保真六句　真身情身要略欲一言而寤十一句

真諄

親天鄰先根神精神篇是故無所甚疏十二句

---

①"矜"字《詩經》音屬真部。《淮南子》同。

（15）諄部

平聲

貧勤原道篇收聚畜積而不加富四句　　川崙門先又經紀山川八句　　勤損又四支不勤二句

根門又萬物有所生四句　　遁紛又淖溺流遁二句　　根門存勤又大渾而爲一八句　　純混又其

全也純兮若樸其散也混兮若濁　　閔門精神篇芒芠漠閔三句　　門根存又精神入其門三句　　雲

崙本經篇龍登玄雲二句　　遁淪又故閉四關三句　　雲崙又魏闕之高四句　　根門齊俗篇既出其

根二句　　垠門兵略篇地方而無垠二句　　員輪紃説林篇環可以喩員四句

去聲

運埶兵略篇神出而鬼行四句

諄部合韻

諄真

神門原道篇以恬養性三句　　淵雲存又澹兮其若深淵四句　　根門神先又百事之根六句　　門

鄰人分人間篇禍與福同門四句

諄元

塵輪門全原道篇令雨師灑道八句

諄元真

端神循先主術篇主道員者五句　　全門神兵略篇所用不復五句

（16）元部

平聲

殘淺原道篇斲之而不薄四句　　觀然焉又由此觀之三句　　攀巘又先者上高四句　　斷然散又

斬之不斷五句　　埍寬時則篇轉而不復四句　　鞭環覽冥篇左右若鞭二句　　關患苑本經篇故閉

四關三句　　官姦安嫚主術篇工無二伎八句　　安亂繆稱篇心治則百節皆安四句　　觀原齊俗

篇聖人之法可觀也三句　　端觀兵略篇天員而無端二句　　鞍卷又車不發軔四句　　選摶攛干

又陳卒正六句　　原觀又是故聖人藏於無原四句　　歡怨説山篇揖讓而進之四句　　殘殫又楚王

忘其援四句　　寒山説林篇川竭而谷虛五句　　羶酸又羊肉不慕蟻六句　　燃泉又橋竹有火四句

散然又赤肉縣則烏鵲集六句　　焉然又非有事焉二句　　轉前泰族篇縣羹未轉二句　　言閒又

瘖者不言二句　　言山間要略有氾論六句

上聲

遠還原道篇則精神日耗而彌遠二句　　觀遠道應篇今子游始於此三句　　短賤詮言篇人莫不貴其

所脩四句　　反援又直己而待命六句

去聲

變難原道篇遭卒應變二句　　見辯精神篇不學而知四句　　判散齊俗篇剖之判之二句　　攦判亂又望我而笑六句　　變亂氾論篇知法治所由生四句　　亂辯詮言篇軍多令則亂二句　　亂變又靜以持躁四句　　旦半說山篇雞知將旦二句　　斷亂說林篇是而行之四句　　變見泰族篇故國危亡而天文變二句　　怨畔又商鞅爲秦立相坐之法四句　　變反壇要略所以觀禍福之變四句

元部合韻

元諄

平聲　運端主術篇環復轉運二句　　船綸說山篇上求揖而下致船三句　　文關要略差擇微之眇三句

上聲　反損泰族篇天地之道三句

去聲　反變困氾論篇物動而知其反五句　　變論要略所以明戰勝攻取之教五句

元諄真

間神間嬗環倫精神篇出入無間七句

元耕

然營精神篇以道爲紃五句　　變定原道篇萬方百變二句

（17）談部

去聲

澹氾原道篇澹兮其若深淵氾兮其若浮雲

（18）侵部

平聲

陰瘖原道篇人大怒破陰大喜墜陽薄氣發瘖驚怖爲狂　　音風又目觀掉羽武象之樂四句　　陰禽兵略篇敵人執數四句　　貪禽又拙者處五死以貪二句　　林風金說林篇有山無林三句　　音風泰族篇皆合六律而調五音二句

（19）職部

極測原道篇廓四方四句　　德伏職國又施之以德五句　　北食力勒又鴈門之北六句　　側息又時之反側二句　　極測又大不可極二句　　塞得又約其所守則塞二句　　得牧又中能得之二句　　得極俶真篇捫之不可得也二句　　德殖服又於是在上位者七句　　國賊天文篇熒惑常以十月入太微五句　　色匿又辯變其色二句　　德剋又凡用太陰六句　　得克服時則篇殺伐既得四句　　極息極精神篇孔乎莫知其所終極四句　　惑福息又吾安知夫刺灸而欲生者之非惑也四句　　極服又精神澹然無極二句　　飾賊主術篇若欲飾之二句　　默則極測得又天道玄默六句　　域植又神不馳於胷中五句　　食得德齊俗篇鑿井而飲六句　　得極道應篇搏之不可得也二句　　服德

息氾論篇天下不非其服六句　　德塞又國之所以存者四句　　直域詮言篇故處眾枉之中四句

得福則又不求得三句　　得福賊又不求所無六句　　德得又慮不勝數五句　　福德又故祭祀思

親不求福二句　　北賊又亂則降北二句　　力賊兵略篇因民之欲三句　　試呕又口無虛言四句

力北又心誠則支體親力二句　　力革力又今夫虎豹便捷五句　　食息德又飢者能食之三句

惑北得說山篇不通於學者五句　　福食又努狗待之而求福二句　　直得又舉枉與直二句　　輻

服又屬利劍者七句　　德力色說林篇謂許由無德二句　　測食又情泄者中易測二句　　稷福又

無國之稷二句　　刻食賊又山生金六句　　北黑又揚子見逵路而哭之四句　　稷德人間篇故樹黍

者不獲稷二句　　福極測又故福之爲禍四句　　匿惑得又辭而能則匿六句　　息塞又夫爝火在

縹煙之中也四句　　賊食又故直意適情四句　　力弋脩務篇夫鴈順風而飛五句　　棘息又跋涉山

川四句　　力則式極福要略所以上因天時八句　　塞極又乃以穿通窘滯四句　　福得又使人知

禍之爲福二句

職部合韻

職屋

極握原道篇行而不可得窮極也二句　　慝曲時則篇糞除苛慝二句　　直濁兵略篇夫景不爲曲物直

二句　　足稷人間篇故禍之所從生者四句　　息足德泰族篇政教平六句

職之

德服職代德覽冥篇近者獻其智九句　　測匿備兵略篇兵貴謀之不測也四句

職緝

輯力德兵略篇羣臣親附六句

職葉

黑福法脩務篇蘇援世事六句

職鐸

隙得直服兵略篇上下有隙四句

（20）沃部(本部無單用例)

沃部合韻

沃屋

腹欲泰族篇肥肌膚二句

（21）藥部

樂虐本經篇是以天覆以德四句　　灼鑿氾論篇故目中有疵六句　　躍駮脩務篇若魚之躍二句

（22）鐸部

石澤原道篇潤於草木四句　　啞喑又故夫鳥之啞啞二句　　壑澤俶真篇夫藏舟於壑二句　　石客魄精神篇是故視珍寶珠玉六句　　魄宅主術篇天氣爲魂四句　　射措繆稱篇虎豹之文來射二句　　射措詮言篇故虎豹之彊來射二句　　射搏說山篇羿死桃棓四句　　石窫又用之簡圭四句　　釋搏又琬琰之玉六句　　席石藉又病者寢席三句　　獲射說林篇的的者獲二句　　穫落又再生者不穫二句　　白澤又銅英青五句　　索石惡又救經而引其索四句　　石薄又疾雷破石二句　　壑溥澤又寅邱無壑四句　　白石又見之明白二句　　石射脩務篇契生於卵四句　　落若泰族篇五色雖朗六句　　魄宅要略所以使人愛其精神四句

鐸部合韻

鐸屋

螯搏觸說山篇介蟲之動以固四句　　尺斛泰族篇太山不可丈尺也二句

（23）屋部

琢樸原道篇已彫已琢二句　　樸濁又其全也二句　　穀木天文篇以長百穀二句　　瀆谷時則篇塞蹊徑四句　　祿足又常平民祿二句　　族俗角覽冥篇晚世之時六句　　粟哭本經篇天雨粟二句　　欲樸足又澹然無欲四句　　俗族轂主術篇兼包萬物六句　　欲耨繆稱篇福生於無爲四句　　足屋速齊俗篇故愚者有所脩六句　　琢璞又已雕已琢二句　　穀鹿道應篇石上不生五穀二句　　角足觸兵略篇若虎之牙八句　　欲足又餌之以所欲二句　　束仆又極其變而束之二句　　濁辱說山篇以清入濁二句　　木谷又上求材四句　　木轂足又郢人有實屋棟者五句　　角玉又故梧桐斷角二句　　足木說林篇蝮蛇不可爲足二句　　木撲又蔭不祥之木二句　　辱足又故大白若辱二句　　屋穀脩務篇築牆茨屋二句

屋部合韻

屋鐸

木遬轂角格兵略篇擊之如雷霆十句　　貉鹿說山篇撰良馬者三句

（24）錫部

恚積原道篇憂悲多恚二句　　擊敵天文篇北斗所擊二句　　刺擊繆稱篇操銳以刺二句　　擊刺氾論篇槽柔無擊二句　　僻刺責詮言篇詩之失僻三句　　臂易說山篇故末不可以强於本四句　　璧適又得和氏之璧二句

（25）質部

穴室原道篇木處榛巢四句　　節穴覽冥篇徑躡都廣四句　　一畢滅又投足調均六句　　日鐵漆日又夫燧之取火於日四句　　日節精神篇天有四時五行九解四句　　實節又以虛受實二句　　鐵

日捽本經篇鼓橐吹埵以銷銅鐵六句　　失一主術篇守而勿失二句　　閉節又中扃外閉二句　　失一齊俗篇已淫已失二句　　失一轍道應篇若滅若失四句　　捽至兵略篇夫五指之更彈四句　　必疾又慶賞信而刑罰必二句　　節一説林篇舞者舉節二句　　日疾又蓋非燎不能蔽日四句　　結失又冬冰可折三句　　慄日垤人間篇引堯戒　　穴室脩務篇令民皆知去巖穴二句　　垤穴櫛室日又螘知爲垤八句

（26）術部

忽屈原道篇怳兮忽兮二句　　物出又吾獨忼慨遺物二句　　物屈兵略篇物物而不物二句

術部合韻

術職

或勃説山篇爲孔子之窮於陳蔡而廢六藝五句　　勃或人間篇知人之性四句

（27）月部

割泄時則篇急而不贏四句　　絕忽覽冥篇騁若飛四句　　泄越精神篇五臟定寧充盈而不泄二句　　蹶竭越又形勢而不休則蹶四句　　殺罰奪本經篇生之與殺也三句　　越泄主術篇精神勞則越二句　　達竭又旁流四達二句　　殺奪氾論篇其德生而不殺二句　　熱烈詮言篇大寒地坼冰凝四句　　雪達兵略篇若以水滅火四句　　竭揭又因其勞倦怠亂四句　　掇拔説山篇見一芥則掇之二句　　竭達熱説林篇爲酒人之利而不酤六句

月部合韻

月祭

滅折裂舌弊原道篇故兵强則滅五句　　泄弊絕道應篇謀未及發泄也三句

月術

術達詮言篇有智而無術二句

月質

雪節説林篇冬有雷電四句

（28）盍部

甲法時則篇守門閭四句　　合接兵略篇白刃合二句

（29）緝部

入集市原道篇鬼出電入四句　　急溼又各生所急二句　　入襲精神篇是故憂患不能入二句　　及入襲本經篇下之潤濕弗能及三句　　入集兵略篇與條出三句　　輯吸又若聲之與響四句　　入集又使波知吾所出四句　　集入説林篇鵠的張而弓矢集二句

2. 易林韻譜

(1)之部

平聲

姬來乾之升,豫之鼎,豐之震,旅之師　　臺災坤之大畜,大有之恒,豫之蒙,大過,巽之明夷,中孚之恒

時來蒙之旅,泰之訟,困之鼎　　喜來財蒙之同人,姤之蹇　　貍辭來需之睽,否之革,同人之否,

隨之師,剝之蒙,萃之蹇,震之咸,巽之需　　時來師之同人　　材時災師之解　　喜謀比之履,隨

之震　　疑牛履之蠱　　材時丘履之巽,剝之師　　怠災泰之噬嗑,否之蹇,蠱之未濟　　來時同

人之大有,震之夬,豐之姤　　期喜大有之兌　　災來謙之大壯　　災來謙之節,益之頤,萃之豫,艮

之乾　　能時豫之泰(能音奴來切)　　基之豫之夬,小過之賁　　尤治喜隨之小過　　牛時蠱

之同人　　怠時觀之未濟　　牛丘剝之比　　思怡剝之謙　　期時无妄之頤,坎之井,漸之解,既

濟之蠱　　財牛无妄之萃　　災之疑大畜之乾　　災來大畜之賁,兌之同人　　臺來大畜之頤

牛來頤之遯　　姬之頤之革,離之革,姤之小畜　　時災牛來大過之復　　裘來大過之困,節之

觀,中孚之泰,未濟之困　　時災大過之歸妹　　絲災遯之泰,歸妹之明夷　　災牛丘大壯之比

災埃大壯之睽　　祠災來明夷之訟　　時來明夷之巽　　之時來睽之艮,節之震　　基時

疑蹇之豫　　能來蹇之明夷　　姬臺損之恒,漸之恒　　之時姤之萃　　基時困之小畜　　疑

時艮之損　　疑醫艮之夬　　醫治里豐之豫　　給期巽之无妄　　喜時兌之蹇,既濟之復

媒來節之未濟

上聲

起已乾之履　　子殆乾之蠱　　海有子乾之觀,否之乾,謙之豫,頤之坤　　在起坤之訟　　有

喜坤之小畜,履之艮　　使母子坤之噬嗑　　喜時支坤之小過,訟之坎,蠱之小畜　　紀己屯之

蒙,小過之節　　里賄屯之需　　母喜屯之觀,泰之豫,否之既濟,剝之无妄,家人之遯　　負子屯之

恒,師之姤,泰之同人,損之復　　婦海屯之蹇,渙之履　　子己屯之升　　起市子屯之困,姤之蒙,

井,漸之巽,既濟之井　　市有喜屯之震　　殆在蒙之離　　子海蒙之晉,謙之旅,大壯之隨

海里需之師,臨之萃　　婦喜需之大過,同人之姤　　鯉友需之損　　子母殆在需之歸妹,大畜

之蠱　　海倍需之豐　　母止訟　　海有鯉訟之比,泰之大壯,損之需,益之无妄,姤之否,既濟之

隨　　子母訟之隨,益之賁　　里喜訟之臨,大過之師,兌之頤　　右母訟之咸　　否有訟之益

子母有子師　　子友師之訟,觀之師　　紀始師之謙,剝之乾,无妄之乾　　市喜師之豫,復之

賁,艮之師　　鯉有倍比之觀,益之晉　　殆悔比之明夷　　里母比之蹇　　齒子久小畜之大有

在殆小畜之遯,臨之復,損之遯,渙之晉　　己起止小畜之困,否之大畜,蹇之益　　子喜小畜之小

過　　子喜餌履之同人，无妄之節，大過之貫，中孚之蒙　　齒殆履之益　　市母履之姤，姤之蠱

喜有履之萃　　里子履之小過，噬嗑之損　　止市泰之遯，恒之噬嗑，小過之觀　　市有賄喜泰

之升，震之无妄，豐之貫　　里海母泰之兌，隨之巽　　理里泰之既濟　　有喜否之履，同人之復，

復之損　　在子否之豫，貫之解，復之比　　婦喜否之渙，同人之渙，家人之屯，夬之貫，渙之謙　　里

母同人之泰，大壯之剥，明夷之鼎，漸之既濟　　富有喜同人之明夷　　海殆在同人之巽　　海里

喜同人之既濟　　子母起大有之小畜　　母恥大有之剥　　海市有謙之小畜，萃之坎，漸之渙，兌

之升　　止有謙之恒，夬之大過，升之隨，革之睽，巽之豐　　海里在謙之明夷，无妄之小畜　　敏

海母謙之家人，家人之觀　　里海謙之萃，豐之兌，旅之歸妹　　使喜豫之豐，臨之坤　　事有隨

之坤，臨之解　　熾悔隨之豫　　婦子隨之睽　　在喜蠱之革　　右母殆喜臨　　使母殆臨

之履　　海子觀　　里喜市觀之離　　海餌駭噬嗑之大畜　　駭起噬嗑之大壯　　婦喜噬嗑

之家人，賁之遯　　齒理賁之大畜　　嘻鯉賁之頤　　有殆賁之升　　海母喜賁之升　　子母

賁之艮　　友仕賁之節，夬之震　　在殆剥之姤　　海在剥之升　　仕改己殆復之謙　　歆

有復之无妄，歸妹之坤　　子喜復之咸　　祐祀復之姤　　市喜无妄之訟　　子友殆母无妄之

噬嗑　　有里喜无妄之大畜　　子己无妄之坎　　有倍无妄之升　　海市无妄之震　　起己

大畜之否　　齒餌大畜之大壯　　餌有祐大畜之萃　　母海里子大畜之巽　　右齒子母大畜

之未濟，兌之大過，中孚之坤　　紀起大過之蒙　　在喜大過之頤　　市倍子友大過之恒，巽之

損，未濟之益　　子理洓大過之漸　　市有大過之旅　　理起喜坎之謙　　市倍坎之貫　　喜

有坎之无妄　　敏殆坎之大畜　　市喜坎之恒　　祉起久坎之萃　　子母咸之屯　　市殆倍

咸之訟，豐，豐之旅　　子殆咸之同人　　母子咸之家人　　里鯉市在殆咸之漸　　子已咸之

旅，豐之頤　　耕止子恒之蒙　　理殆遯之乾　　仕里遯之履　　耳里恃市遯之貫　　子母

遯之剥　　士喜遯之革，益之兌，兌之損　　市喜遯之歸妹　　汜子悔遯之巽，明夷之噬嗑　　子

有大壯之益　　里市悔晉之需，歸妹之否　　理喜晉之同人　　右己晉之隨　　海里母悔晉

之坎，歸妹之漸　　子有晉之損　　餌子母晉之震，升之解，渙之咸　　起理晉之漸　　市喜晉之

中孚　　悔忌明夷之小畜　　使母子有明夷之萃　　海里明夷之既濟　　止有家人之蒙，井之

需　　子在起家人之復，艮之噬嗑　　起駭睽之大壯　　祉殆睽之益　　事喜睽之歸妹　　否

市止睽之既濟　　起始喜蹇之蒙　　起齒蹇之遯　　倍里蹇之漸　　喜母在有解之訟

使事解之復　　齒已解之大過　　起喜解之困　　子市有解之兌　　婦祐渙之噬嗑　　里海

市益之咸　　子已益之夬　　子殆夬之家人　　母久姤之无妄　　子事喜姤之大過　　否市

姤之井　　亥起殆姤之歸妹　　士喜萃之蠱　　有喜萃之升　　母子萃之渙　　灸起萃之節

母悔萃之既濟　　子殆升之无妄　　士起升之離　　紀有升之困　　有久升之小過　　子母

困之小過　　敏史井之噬嗑　　子起母井之震　　起胏井之豐　　市倍革，豐之復，既濟之渙

鯉餌子革之訟　里鯉市革之姤　耳母鼎之乾　母子喜祉鼎之萃　起有鼎之歸妹

子紿止期震之履　海有友震之隨　使事載艮之觀,小過之履　喜子艮之睽　子士漸

之咸,旅之井　海有歸妹之復　有喜歸妹之兌　海鯉友豐之坤,未濟之豫　起子豐之隨

子殆喜豐之觀,巽之賁　理喜旅之損　耳母旅之未濟　市子中孚之明夷　子喜富中

孚之蹇　殆已小過之師　起里未濟之履　市倍未濟之泰　枲殆未濟之解

去聲

志使需之小畜　忌吏喜訟之巽,剝,中孚之震　待事謙之乾　悔怪豫之恒,蠱之恒,井之解

意怪志悔復之隨,睽之隨　能事无妄之賁　悔富意咸之需　怪祐大壯之小畜　怪悔

意大壯之大過　意志家人之履　態富睽之同人　識事損之大畜,巽之節　治事益之渙,

升之豫　代思夬之无妄　佩悔萃之漸　態怪萃之既濟　喜事富升之大壯　市富倍

困之豫　待富革之觀　侍富豐之渙,渙之大畜　悔意兌之觀　使事吏未濟之坎

合　韻

之幽

平聲　鳩尤乾之蒙　姬憂坤之无妄,升之謙　仇丘坤之兌,復之小畜　時憂屯之姤　媒

憂蒙之困　憂災訟之需　憂災師之渙　時憂小畜之大畜,艮之小畜　來憂小畜之漸,晉

之艮　貍留履之賁　時憂泰之大畜　休時憂否之艮　詩憂大有之賁　騧休丘隨之

噬嗑　時調臨之噬嗑　憂財臨之无妄　時憂休臨之大畜　時災憂觀之大畜　騧萊

噬嗑之升　牛憂賁之恒　鳩災賁之歸妹,歸妹之節　之憂剝之震　調災遊仇无妄之既濟

牛憂治大畜之咸　態憂頤之同人　憂來頤之剝,小過之噬嗑　災憂離之履　憂財離之

臨,革之小過　牛之時憂咸之小畜　骸災憂咸之夬　憂來恒之屯　憂災恒之小畜

時憂來大壯之艮,艮之既濟　鳩尤晉之同人　時災憂明夷之同人　期憂家人　來憂家

人之大畜　憂災家人之睽,艮之節　時憂睽之无妄　能憂睽之兌　時期憂蹇之隨

遊來憂解　憂袍財益之既濟　休憂財夬之坎　絲媒憂夬之兌　仇丘萃之需

尤憂升之家人　來之憂鼎之師　災憂鼎之頤　期遊既濟之

上聲　道里殆使在乾之剝　海母酒乾之復　首寶子乾之漸　好倍坤之坎　己狩祐

屯之大畜　道祀蒙之蹇,同人之蹇　海母酒蒙之鼎　己亥止市咎需之晉,恒之謙　母

保訟之泰　草友比,明夷之蹇　里道母比之蹇　喜在咎比之小過　餌子母手小畜

齒子道久小畜之大有　酒喜小畜之艮　擾友道履之隨　殆酒履之觀　母己保泰之否

保咎悔否之比　寶有喜否之履　棄有否之漸,損之渙　寶有喜同人之復　起草大有

之訟,大畜之泰　有市咎大有之履,蠱之中孚　茂酒老友大有之同人　起咎謙之臨　喜

茂有謙之解,中孚之隨　母咎久豫之否　酒起草豫之大畜　市寶有喜豫之損　子手

隨之恒，睽之坤　海殆子咎臨之睽　耳草臨之豐　喜咎觀之復　酒紐祉噬嗑之離

在咎噬嗑之姤　起駭時咎剝之小畜　市寶咎剝之旅　咎悔剝之既濟　保喜大畜

牖母大畜之渙　子喜咎頤之家人　子母茂大過之需，離之大有　悔咎坎之艮　酒老

有咎離之師　負咎離之同人，旅之明夷　殆咎離之无妄　咎子殆咸之同人　手起咎咸

之歸妹　老海恒之坤　紀咎恒之萃　起咎遯之家人　子理咎大壯之同人，漸之大有

齒咎大壯之離　紀在咎晉之蹇　海咎晉之姤　婦酒里喜家人之漸，小過之益　阜有

睽之剝　咎喜解之離　擾起解之既濟　子喜飽損之貞　瓴子損之剝，萃之隨　市寶

倍損之萃，姤之益　海止市咎益之震，巽之謙　咎喜益之漸　草起夬之剝　茂酒友夬

之離　子殆好夬之家人　有寶萃之同人　齒寶否起萃之中孚　喜有壽升之屯　狩

喜升之睽　道市倍困之豫　耳咎困之貞　苣好婦子井之艮　在寶革之師　牡起

之井　右在咎鼎之睽　手酒喜震之睽　朽里市悔歸妹之否　守抱老祉歸妹之遯

手喜咎歸妹之蹇　保子久旅之艮　牡母旅之漸，渙之復　草殆渙之坤　市有寶渙之

同人　齒起子舅渙之隨　咎倍里節之旅　在咎中孚之乾　首飽殆中孚之訟　殆保

小過之震　婦酒喜既濟之中孚　枭咎未濟之解　祀憂咎未濟之中孚

去聲　就富乾之離　牸舅訟之升　就好悔復之漸　囷熾琄富遯之渙　悔臭損之大過

之魚

平聲　烏家災坤之蒙，比之睽　時居屯之乾，咸之大過　來侯屯之隨，需之比　除來蒙之咸

雛姬訟之睽，革之復　居時師之艮　愚謀比之家人，睽之師　頭軀治比之歸妹　頭之小

畜之復，歸妹之萃　災來謳小畜之旅　烏郵家小畜之未濟　頤拘履之小畜　烏車時履

之井　虛尤泰之未濟　牛居大有之頤　夋萊謙之師　如尤謙之損　廬驅尤豫之坎

牛魚隨之頤　時虛蠱之同人　侯時臨之遯　醫治廬臨之益　車輿期觀之小畜　虛

災觀之兌，睽之渙　災除噬嗑之咸　災家噬嗑之漸　都虛災賁之无妄　剝之豫　驢時娛

无妄之蠱　來梧无妄之困　襦牛大過之節　襦拘災坎之大有　虛雛來離之家人　頭

家治恒之泰　絲災襦遯之泰　裾尤晉之咸　車頤明夷之咸，歸妹之巽　謀居家人之訟

辜災家人之謙，中孚之井　醫災虛睽之大畜　駒財蹇之未濟　雛貍解之益　烏來損之

艮，渙之无妄　夫治益之大有　謀家姤之晉　家謀萃之歸妹　車謀居困之艮　災須

之鼎之剝　尤家鼎之咸　家之漸之鼎　徐家時旅之井　魚財渙之需，節之中孚　家

財未濟之履

上聲　輔海處乾之隨　殆士處乾之貞　狗母走坤之震，否之姤　女語喜坤之同人

斧殆坤之遯，否之蠱　起后屯之晉　宇止屯之萃，履之家人　附喜取許蒙之井　敏愈

需之无妄　舉海需之大畜　野在苦需之益　楄母父止訟　乳厚有訟之乾，鼎之蒙

戶處有訟之噬嗑　禹祖母者訟之家人,師之離　距右處訟之節　子脯處母有子師

女子師之泰,姤之升　子野母師之睽,觀之升　府聚止師之蹇,姤之鼎　里海柱小畜之損

黍齒小畜之鼎　黍母小畜之豐　倍處否子履之比　理雨有泰之困　乳理里聚泰之

既濟　斧祀否之謙　語舞喜否之損　馬魯喜同人之需,臨之升　處否子同人之家人

子友舉同人之小過,咸之同人　海裹處喜同人之既濟　後右祉大有之需,震之歸妹　舉

喜謙之師　野喜謙之噬嗑　海止者謙之无妄　剝之大過　海後厚謙之益,觀之頤　士父

己母謙之歸妹,小過之離　處否子豫之家人　走子豫之蹇　與悔豫之震　子里耳許

隨之否,渙之既濟　野有隨之蠱　口止柱處子喜蠱之晉　里處蠱之既濟　母走臨之乾

止海子處臨之節　舞喜噬嗑之乾　喜在處噬嗑之晉　馬止噬嗑之升　耳怒駮賁之泰

苦鯉賁之頤　子野母者賁之艮　舞處齒復之家人　里處里喜无妄　市府无妄之大

有　史苦无妄之離　旅止无妄之損　史起主大畜之離,坎之剝　子走頤之臨,萃之復

戶處喜頤之復　母所頤之歸妹　齒緒頤之豐,家人之大過　後祀大過之坤,睽之頤　友

起厚坎之乾,革之需　母處坎之震　處下起坎之漸　祖起舞坎之巽　處與悔離之節

子脯處母咸之屯　子野母恒之師　海止苦恒之旅　氾子市顧悔遯之巽,明夷之噬嗑

里苦遯之節　後有大壯之坎　走後有大壯之旅　戶止大壯之節　輔母苦晉之蒙

厚子有晉之損　起里糈晉之漸　己雨明夷之坎　子在處家人之復,艮之噬嗑　戶子

己家人之頤　止女家人之蹇　久野家人之升　聚有家人之鼎　語市睽之觀　父起睽

之恒,歸妹之夬　口走主矣睽之蹇　輔敏睽之節　乳喜睽之未濟　子苦殆使蹇之小畜

起處蹇之履　子處祉解之臨,夬之隨　舞喜解之革　婦女雨祐損之噬嗑　駮止佸處

損之震　母子主損之巽　起走有夬之困　苦止姤之訟　理主亥姤之頤　子女喜姤

之既濟　士苦萃之蠱　野子萃之賁　馬士起升之離　敏舉祐困之渙,既濟之漸　母

耦井之訟　起祖祀井之无妄　戶處祐井之大畜　下在井之離,震之渙　母所井之震

野在井之漸　虎殆輔革之小畜　怒處有革之大壯　敏舉革之家人　處下己革之漸

駮苦革之兌　下子鼎之否　里處醯喜震之大壯　采主震之中孚　舉輔子艮之明夷

負下理漸之兌　輔子母歸妹之家人　土有豐之比　賈有豐之蠱　社喜父豐之大畜

婦子處旅之大壯　雨里巽之離　齒腐兌之履　厚喜兌之謙　殆所兌之蠱,小過之睽

耳喜取兌之益　苦止兌之未濟　海所渙之賁　苦口有渙之萃　馬有渙之井　起父

渙之革　子野母悔節之漸　羽戶喜既濟之臨　戶覯在既濟之損

去聲　怪去居坤之履,否之同人　去思屯之渙　忌牾史訟之巽　試去履之剝,否之屯

忌牾吏喜剝,中孚之震　懼喜坎之噬嗑　佑宼坎之巽　牾惡悔離之震　怪懼誨咸之

坤　度富家人之臨,漸之節　呼渡故悔姤　姤事革之謙,兌之離　娶聚事歸妹之泰

之宵

平聲　巢灰需之否,咸　旗郊之師之隨,履之解　妖菑比之蒙,革之大過　朝裘蠱之小過

鴞災勞大畜之蹇　消尤解之中孚　姬臺逃損之恒,漸之恒

上聲　潦海隨之臨,漸之中孚　潦止有夬之大過

去聲　笑富咸之鼎　到晦明夷之屯　號笑燿意既濟之兌

之職

絲得解之乾　福來得履之中孚,鼎之謙　塞謀識蠱之泰　得子坤之蹇　己德師之豐

食殖祉比之需　億稷有比之升　喜祉極泰之大有　國得喜蠱之鼎　德殆蠱之需

食子升之遯　食有未濟之復　富貸得比之臨,同人之益,坎之大過,損之睽,震之訟　背富

德頤之恒　載得蹇之既濟　得事夬之鼎　稷祀巽之蹇

之魚幽

平聲　之憂居蠱之巽(憂,幽部字)　烏郵家憂坎之渙

上聲　海府聚有子受乾之觀(受,幽部字)　右遇聚咎母訟之咸,同人之旅(咎,幽部字)

子好女與悔比之漸,泰之震(好,幽部字)　海咎在所剝之井　子擾苦剝之漸(擾,幽部字)

酒口酗怒悔大壯之家人(酒,幽部字)　老口考起萃之井(老,考,幽部字)　徵起子序咎

渙之恒　子乳保中孚之觀(保,幽部字)

之魚宵

去聲　祐到懼觀之鼎(到,宵部字)

之幽宵

平聲　郊憂之大畜之夬(郊,宵部字)　巢思憂井之家人(巢,宵部字)

上聲　呦少草子升之乾(少,宵部字)

之魚幽宵

上聲　稻去有蕙小畜之大壯,豫之師(稻,幽部字,蕙,宵部字)　酒右槁所大壯之无妄(酒,幽部字。槁,宵部字)

（2）幽部

平聲

舟休憂屯之乾,咸之大過　舟浮憂屯之益　憂求蒙之頤　遊憂秋訟之姤　憂牢比之否　聊憂愁比之大壯　愁憂小畜之否　舟遊鰌履之坤　憂羞履之明夷　猶憂同人之升,損之解　周休同人之中孚　憂休謙之大壯　遊憂謙之井,臨之頤,漸之豐,未濟之賁　憂愁豫之遯,震之明夷　遊憂蠱之豐　舟憂臨之小畜　羞憂觀之蠱　秋憂鵂復之遯　騮休優復之睽　浮憂復之夬　鳩仇无妄之明夷　遊仇无妄之既濟　憂愁頤之隨,中孚

之渙　　桴游憂頤之萃　　遊憂囚頤之震　　遊憂大過之同人　　憂愁坎之頤　　憂遊坎之

既濟　　遊憂離之中孚,睽之泰,困之晉　　陶囚遯之中孚　　憂聊大壯之晉　　仇憂明夷,歸妹

之頤,巽之蒙　　牢憂明夷之旅,豐之困　　愁憂家人之兌　　遊留解之震　　憂遊休解之旅

調憂解之渙　　憂瘳愁損之漸　　流憂損之小過　　遊憂益之泰　　憂休留夬之屯　　遊

憂屯之頤　　遊憂夬之旅　　牢憂姤之大壯　　憂愁聊萃之大過　　遊憂升之蹇　　舟憂震

遊遭憂歸妹之大有,旅之小過,小過之否　　流憂歸妹之晉　　調遊旅之既濟　　咆憂搔聊節

之乾　　聊愁中孚之大有　　囚牢既濟之旅

上聲

蚤道憂好坤之漸　　守討屯之同人　　寶道需之臨　　好壽需之豐　　棗考師之豫,艮之師

狩憂小畜之大畜,艮之小畜　　酒禱小畜之坎　　茂稻履之歸妹,離之豐　　酒告履之既濟

咎早寶泰之漸,賁之謙,剝之姤,節之豐　　道寶否之萃,巽之恒　　守咎同人之觀,剝之兌　　道

守咎大有之井,賁之夬,明夷之賁,困之未濟　　老保臨　　酒禱考臨之蒙,兌之咸　　考保噬嗑

之臨　　草道噬嗑之中孚　　酒考復之賁　　首咎无妄　　就咎大畜之未濟　　酒抱坎之震

憂咎離之坤,未濟之中孚　　酒禱離之訟,困之大有　　憂咎離之无妄　　道酒離之大過,小過之

未濟　　擾咎咸之泰　　守抱恒之大有　　道咎恒之渙　　棗莠明夷之家人　　道憂家人

牡狩酒解之同人　　朽咎解之井　　鳥獸益之渙,升之豫　　草飽夬之大有　　就好夬之家

人,姤之乾　　手咎寶姤之中孚　　酒咎萃之旅　　酒考困之巽　　首咎井之小過　　草咎豐

之萃　　道咎旅之損　　酒咎中孚之遯

合　韻

幽宵

平聲　愁蒿憂乾之噬嗑,益之大過　　遼憂屯之兌　　鮦郊逃同人之益　　巢州謙之革　　郊

曹噬嗑之訟　　噪遭逃噬嗑之旅　　臊周噬嗑之巽　　要搖憂大畜之遯　　搖憂大畜之旅,困

之益　　休驕坎之夬　　堯救家人之履　　號蒿憂解之夬　　臊周燒愁益之否

上聲　皎道乾之泰　　稻造槁需之艮,晉之比　　稻好槁剝之蠱

去聲　到就小畜之頤,既濟之坎　　孝召豫之豐,臨之坤

幽沃

就復无妄之賁

幽宵魚

羞頭銷泰之觀,豫之渙(頭,魚部字)　　臊周燒誅睽之明夷(誅,魚部字)

（3）宵部

平聲

逃摇需之隨,巽之隨,既濟之噬嗑　巢摇訟之解　郊逃同人之益,剝之艮,巽　鴞勞噬嗑之漸　朝消賁之睽　槁潦解之頤　要摇昭渙之頤

上聲

少槁震之同人

去聲

縞到笑否之旅　笑妖噬嗑之豫　到妖遯之損　到笑明夷之无妄　笑召困之漸

（4）魚部

平聲

虛夫乾之夬,需之剝,睽　廬居乾之震,中孚之睽　盧都坤之坎,艮之渙,豐之謙　趨頭去居坤之復,否之同人,旅之屯　居扶坤之家人　珠隅墟居坤之益　夫隅如坤之井　虛家屯之蠱　濡居屯之姤　胡奴于屯之无妄,明夷之升　膚廬屯之井,損之比　盧扶屯之鼎　幬家蒙之大壯　烏除居蒙之家人　駒居蒙之解　除於居蒙之巽　華家株蒙之兌　車溝去廬蒙之既濟,井之比　居夫需之小畜　呼廬需之渙　家夫頭訟之坤　家車居訟之離　家華訟之困,震之泰　牙豬居訟之鼎　華家師之坤,否之隨,謙之夬,噬嗑之既濟,大過之蹇,解之歸妹　豻家師之屯,大有之姤,革之蒙　烏夫師之蒙　居賦師之大過　都家師之損　膚枯師之益,恒之大壯,震之需　啞家師之萃　膚侯師之井,大畜之剝　雛去夫師之革　虛屠居家比之師　夫居比之否　車去夫居比之革,隨之比　廬餘居小畜之需,萃之小過　魚謳小畜之訟　魚奴車都駒小畜之剝　家除魚小畜之夬　居家履之復,否之觀,大有之巽,蠱之漸　車家履之益　胡家履之升　車家履之鼎　雛俱娛履之渙　奴家泰之剝,家人之革　書侯泰之益　鳧雛逋泰之巽　家烏否之益,兌之姤　廬居同人之離　吁虛同人之萃　廬去同人之升,賁之震,損之解　蹟頭侯大有之隨　隅居家大有之巽　頭虛謙之蒙　居廬謙之比　雛俱諸謙之賁,旅之夬,兌之鼎　盧初謙之革,咸之隨,晉之觀　蹟隅侯謙之巽,渙之遯　株拘謙之節,明夷之訟,萃之豫　夫廬隨之需,坎之革　孤家隨之離　虛侯隨之恒,睽之坤　輿車隨之旅　隅居家蠱之漸　吳間臨之泰　虛居臨之否　符虛臨之无妄　烏家臨之震　駒雛臨之兌　魚廬觀之大有,坎之困,睽之訟,豐之剝　車家居觀之隨,革之解　隅趨觀之明夷　胡頭觀之艮　魚株虛觀之巽　廬去噬嗑之臨　家虛賁之乾　家墓賁之坤　車塗居賁之晉　邪夫居剝之需　車家居剝之訟,復之旅,小過之臨　廬居復之屯,頤之益　塗車家復之蠱　車家復之觀,夬之訟　魚餘復之咸　車家復之歸妹　雛駒无妄之坎　車家无妄之萃

虛趨大畜之恒　蘇邪大畜之夬　車去輿大畜之小過　家都大過之觀　駒居大過之復
車家大過之困,節之觀,中孚之泰,未濟之坤　塗袴坎之渙　車家離之咸,姤之坎　華魚去
咸之噬嗑　俱褕咸之升　車家恒之既濟　烏蟆遯之屯　駒雛頭遯之小畜　魚虛晉
之恒　駒車晉之遯　車夫廬晉之節　儲膚明夷,歸妹之頤,巽之蒙　家夫家人之頤
駒雛家人之小過　呼家家人之損,漸之離,中孚之坎,小過之大有　驢狐睽之需,蹇之剝,震之恒
車都睽之兌　輿去夫居蹇　蒲虛蹇之解　瞿須蹇之旅　去雛輿解之比　无隅解
之家人　鰕魚家損之乾　餘居車損之夬　雛去夬之謙　珠褕夬之未濟　虛濡萃之
未濟　樞虛驅居升之臨　呼侯升之鼎　居廬懼虞升之既濟　居舍如困之師　都
餘居困之履　華家胥居困之觀　雛駒居困之頤　蟆虛餘困之睽　徒家井之大有
魚頭居革之頤,漸之明夷　夫居孤鼎之大畜　偷珠鼎之震　車御艮之夬　居瓜漸
牙家儲漸之噬嗑　魚諸珠漸之睽　雛居漸之姤　儲魚豐之蠱　家狐旅之賁,渙之升
餘居節之離　夫孤節之離　廬瓜小過之漸　誣誾既濟之旅

上聲

府聚乾之觀,否之乾,謙之豫,頤之坤,震之隨　輔處乾之隨　處苦魯乾之大過,謙之剝,復之
離,咸之萃,豐之井　禹野土乾之中孚,師之小畜,兌之萃,既濟之比　戶處伍坤之需,小畜之解,
大壯之頤　虎怒走口坤之臨,同人之比,益之比　魯與坤之頤,井之旅　語虎抒坤之夬,師
之乾,巽之訟　處旅苦序坤之姤　努輔屯之同人　女后屯之觀,泰之豫　野苦屯之恒,
師之姤,泰之同人,損之復　聚語苦主屯之節,小畜之豫　女與下屯之未濟,噬嗑之无妄,大過
之咸　圉伍蒙之剝,井之同人　兔圃蒙之復　虎怒走所蒙之坎　語下蒙之離　女
后蒙之晉,謙之旅　處苦所蒙之豐　語苦需之蠱　兔鼠需之噬嗑,旅之噬嗑　後厚需之
大畜,謙之益,中孚之小畜　舞序需之大過　豎愈需之巽　虎者需之中孚　楛父訟
口走訟之損　走後訟之夬　苦語訟之歸妹,歸妹之履　脯處師,咸之屯　舉輔師之訟
觀之師　顧女者師之小過,隨之豐,噬嗑之睽,損之中孚　去戶比之坎　戶舞比之節,臨之
姤,蹇之觀,震之晉,小過之蒙　祖楚小畜之師　口厚小畜之噬嗑,井之恒,節之睽　許苦小畜
之坎　賈野阻履之觀　女耦履之无妄,姤之无妄　聚處愈履之大壯　語誤處履之革,
无妄之屯,明夷之復　輔黍泰之艮　乳聚泰之既濟　走狗否之遯,解之坎,小過之歸妹
口走同人之乾　走口下大有之晉　庚取宇大有之升　煦主大有之中孚　虎者謙之
賁,兌之鼎　黍笘謙之大過　兔腐去謙之豐　雨輔土豫之訟　戶苦豫之旅　走後
處豫之漸　輔舞隨之坤,臨之解　部走隨之需　夏宇所隨之謙　武口隨之復,損之明夷
昫處隨之家人　浦處祖隨之節　寡處者苦隨之既濟,大過之泰　侶下蠱之渙　虎下
臨之履　偶所臨之豫　口斧後臨之坎,艮之頤　下所臨之豐　下處觀　偶處觀之乾

馬賈觀之晉　走口觀之姤　蠱與處觀之困,姤之觀,巽之剥　距苦觀之歸妹　舉苦觀之中孚,睽之比　怒午距野苦噬嗑之泰　處苦噬嗑之大過　旅户噬嗑之姤　渚下噬嗑之中孚　虎聚苦賁之訟　户舞處賁之否　户苦賁之頤　野許賁之艮　聚筥剥之屯　筥旅處復之中孚　虎語无妄之兑　馬魯賈大畜之大有　舞處旅大畜之大壯　詢口走大畜之家人,明夷之臨　户處大畜之艮　古輔所頤之乾　怒下苦頤之大過　暑所大過之需,睽之困　五走大過之大有　耦主大過之頤　走後口大過之遯　雨下所大過之升,漸之同人　社宇大過之井　后所大過之巽　處楚圂主坎之屯　虎走坎之臨　處土緒坎之離,艮之晉　夏舍舉譽坎之豐　後走離之遯,恒之升,明夷之頤,豐之无妄,節之咸　賈阻咸之訟,豐　馬主咸之同人　怒柱旅苦咸之豫,萃之咸　怗苦咸之家人　户苦咸之睽　野苦咸之旅,豐之頤　羽下處恒之坤　處雨宇所恒之剥　魯馬賈户與宇恒之益　黍雨所恒之革　輔野苦遯之乾　苦口遯之大過　虎輔遯之家人,未濟之隨　虎語遯之中孚　虎弩者大壯　馬所大壯之需　儲黍舞大壯之咸　聚走大壯之未濟,困之井　暑取晉之需　馬苦晉之小畜　所處晉之渙　處輔明夷之坤,歸妹之大壯　處苦明夷之離,塞之无妄　口處苦明夷之夬　處輔苦明夷之姤,益之艮,夬之益,革之既濟,艮　處虞明夷之既濟　下走家人之小畜　夏舍家人之大有,歸妹之渙　夏居家人之晉　處下家人之益　舉輔睽之歸妹　走口土塞之晉　所苦塞之解　處伍塞之巽　黍苦解之頤　土馬解之晉　女雨損之噬嗑　兔鼠苦損之歸妹　兔去所益之解　走後野夬之大壯　語口户姤之咸　口許姤之損　苦土姤之升　筥輔土萃之蒙　斧輔處萃之訟　御馬升之離　户後升之渙　户所升之中孚　旅處語困之噬嗑　父土井之需　主所井之賁　女所井之頤　鼠去井之坎,歸妹之師　父所井之震　父緒輔革之夬,節之泰　馬下鼎之夬　渚后鼎之小過　虎怒震之小畜　怒午庫下距野震之豫　口處艮之家人　雨虞下艮之升　處所輔歸妹之剥,中孚之師,既濟之无妄　處伍豐之小畜　雨稼豐之未濟　後主旅之坎　柱腐旅之咸　虎怗旅之夬　鹽處旅之漸,渙之復　下舍后兑之革　走口兑之旅　野主處苦渙之損　羽距侶節之大過　女處中孚之益　馬下小過之鼎　旅聚腴未濟之蠱

去聲

助去乾之比,遯之升　誤路處乾之无妄,夬之既濟　語誤舍處乾之解,損之謙　舍處乾之姤　哺去坤之損　樹去仆屯之坎,噬嗑之否　樹惡去屯之夬　路懼屯之井,損之比　作路屯之小過　兔路據蒙之无妄　懼惡步蒙之渙,既濟之離　遇聚訟之咸,同人之旅　嫁袴去訟之渙　路慕師之屯,大有之姤,革之蒙　舍固居師之困　路步處比之損,蠱之師,小過之萃　酌鬥比之鼎　乳故比之巽　步舍居小畜之同人,豫之睽,鼎之噬嗑,震之節,

節之困　固去樹 小畜之蠱,塞之鼎　距舍居 小畜之節　舍故履 之睽　固去履 之震

渡袴故 泰之坤,既濟之姤　路處 同人之革,損之革　處懼 同人之既濟　步忤 大有之剥

惡舍 豫之歸妹,震之噬嗑　去柱仆 觀之需　度居 觀之睽　晤去 觀之姤　舍居 賁之萃

惡懼 剥之既濟　處懼 復之豫　兔故路舍 復之困　處去 大畜之損,頤之晉,渙之屯　豫

謝故 大畜之中孚　步居 坎之需　去懼 坎之噬嗑　語誤故 咸之頤,革之坎　袴略 咸之升

兔去處 睽之大有,豐之師　懼居 晉之屯,節之鼎　步趨 晉之泰　步舍處 夬之豫,震之大畜

謝污 夬之漸　乳處 姤之大畜　居舍 升之咸　助去 升之小過　懼路 困之漸　步舍

袴 井之蒙,既濟之震　誤處 井之師　路舍 井之歸妹　夜畫故 井之渙　夜露袴步 革之

豫,未濟之損　夜誤居 革之噬嗑　路惡懼處 漸之无妄,渙之困　塗故 漸之小過　兔袴

歸妹之明夷　固處 旅之咸　步舍 豐之同人　夜畫懼 渙之蠱　步舍夜居 節之噬嗑

居度稼 小過之大畜　惡去 小過之晉　居舍 小過之震,未濟之否　怒居 小過之中孚　惡

舍 未濟之同人

合　韻

魚歌

平聲　啞家和 師之萃　家和 蠱之解　塗車家嗟 復之蠱　魚餘嘉 復之咸　虛危 艮之

蒙　車篝 夬之井,艮之夬

上聲　罷苦 塞之損

去聲　嫁坐禍 坤之晉,比之大有　罷夜 晉之蠱

魚幽

平聲　辜仇 乾之臨,謙之復　樞憂居 乾之小畜,謙之觀　隅憂 乾之家人　盧羔 乾之塞,家人

之明夷　芻姝憂 坤之巽　興遊 屯之否,泰之晉　居盧憂 蒙之屯,渙之師　牢憂居 蒙之

旅　牢侯 需之大壯　鋤收 訟之履　虛仇 比之夬,晉之鼎　居憂 否之坤　蹢隅侯憂

同人之隨　呼周休 同人之中孚　隅胸曹 大有之訟　烏辜憂 大有之比　遊居憂 大有之

艮　周侯 大有之渙,鼎之姤　都虛憂 豫之明夷　興車憂 豫之井　遊家 豫之鼎　烏

都憂 豫之既濟　隅流趨 蠱之蒙,萃之師　家車憂 蠱之訟　虛居憂 蠱之臨　俱憂 臨之

剥　流居 臨之革　虛憂 噬嗑之屯　烏御家憂 噬嗑之鼎　居憂 剥之節　盧居憂 復之

屯　隅胸曹軀 大畜之泰　禑隅憂 大畜之兑　車遊 頤之姤　殳驅憂 大過之訟　華

憂 大過之比　興憂 坎之遯　徒求 坎之明夷　魚鰌虛 坎之鼎　憂家 坎之未濟　居憂

離之需　牢居 咸之萃,姤之復　車初憂 咸之渙　休餘 恒之否　憂居 恒之坎　牙家

儲憂 大壯之乾　榆株憂 晉之睽　遊憂駒 塞之豫　家遊 姤之兑　都休 節之否　囚

諏 中孚之比

上聲　走道口乾之晉　醜處坤之家人　女道處屯之大過,蹇之比　黍咎蒙之否　暑茂蒙之觀　醜就取需之恒,觀之无妄　酒口訟之益,履之萃　狗走咎訟之旅,隨之革　草處師之夬　哺就好履之咸　怒午距咎泰之坎　宇好泰之萃,鼎之大有　野咎否之解,无妄之小過　咎所否之鼎,同人之恒　草寶處同人之剝　偶寶同人之大壯　土保同人之井　杵道同人之鼎　棗聚謙之大過　弩道虎者豫之噬嗑　走擾豫之復,明夷之節　酒雨豫之升　禹道處所隨之賁　具取道隨之姤　柱道臨之革　道苦觀之家人,萃之觀　醜偶噬嗑之萃　處寶剝之夬　主飽復之觀,夬之訟　舞酒處女復之明夷　口寶復之損　女醜苦无妄之豫　輔咎大畜之漸　女許戶處咎大過之小畜　馬女咎大過之歸妹　土飽坎之大有　道苦離之巽　口主道咸之離　主咎咸之同人　丑咎後恒之臨　戶道處遯之大有　馬距考遯之豫,節之歸妹　主擾走大壯之巽　社矩緒考大壯之渙　馬保晉,鼎之豫　棗蕘許明夷之家人　魯楚寶家人之蠱　所咎家人之既濟　走首益之比　主飽夬之訟　酒口後姤之履　苦寶萃之剝　宴好萃之家人　手愈萃之節　狩所困之剝　戶處保困之姤　保魯困之小過　走草口井之兌　父道震之蹇　野稻咎震之兌　酒口苦歸妹之屯　暑保伍巽之震　弩道走兌之比　旅走咎中孚之節　老保旅既濟之大畜　後廉柱咎既濟之恒

去聲　處臭隨之乾　去遇救噬嗑之明夷　兔售萃之巽

魚宵

平聲　居朝屯之鼎,訟之恒　囂家需之升　頭搖比之震　頭妖比之兌　虛逃小畜之晉,豫之姤　居巢履之旅　隅勞頭同人之震　狐笑大有之咸　居扶巢隨之无妄　車朝家隨之渙　初郊剝之比　刀車臊无妄之艮　車朝廬大過之大壯　橋俱大壯之剝　虛魚繞遯之井　虛逃夭晉之大畜　桃舒夬之剝　踰消鼎之井　魚勞艮之姤　魚郊廬歸妹之坎　珠燒小過之大過　雛俱巢既濟之小畜

上聲　雨潦謙之恒,升之隨　乳厚夭頤之節,益

去聲　路到比之渙,革之坤　寇盜鬥豫之革,既濟之井　步御路到復之蹇,艮之鼎　鷗噪射搖无妄之中孚　處倒夬之蹇　笑夜震之巽

魚鐸

牾縛訟之巽,剝,中孚之震　鵲暮隨之泰　暮赦遯之損　柝護懼損之姤

（5）歌部

平聲

馳疲乾之大畜,坎之家人,兌之需　何多他坤之萃,泰之渙,巽之解　奇離爲訟之大有　河罷他訟之萃,蹇之師　蛇河師之咸,噬嗑之復,大壯之鼎　隨危履之晉　跛和否之夬　和

隨謙之同人　吹危謙之遯,噬嗑之渙,損之渙,旅之晉,中孚之噬嗑　和危豫之咸　危歌臨之離　化宜臨之既濟　多嘉觀之謙　危罷噬嗑之小過　危歌賁之離　隨危復之小過　危爲大過之屯　罷池危大過之明夷　羅池坎之益　危和坎之未濟　河他離之咸,姤之坎　和宜歌離之姤　奇離家人之謙,中孚之井　麻歌河家人之益,革之漸　危疲波塞之泰　離虧損之頤　麾靡萃之大有,豐之噬嗑　嘉虧困之剝　危池螭旅之无妄　離歌義軻施中孚之困　疲嗟小過之剝

上聲

坐禍坤之晉,比之大有,大過之兌　禍坐否之升　跨禍否之未濟　墮禍噬嗑之小畜　墮坐禍大過之蠱,遯之益,鼎之既濟　徒跨禍恒之漸　被禍恒之巽　罷跪晉之小畜　徒禍坐家人之豐　跨墮豐之大壯　坐禍兌之无妄　詭坐禍未濟之家人

去聲

破臥踦履之屯　義地復之臨　臥過困

合韻

歌支

平聲　隨罷雌乾之渙,泰之復　支危蒙之夬,蠱之艮　珪河需之无妄,同人之晉　枝離知訟之謙　雌危履　知離臨之同人　河涯他困之坎　知頗艮之大有
上聲　啓解禍巽之兌,同人之夬
去聲　藥繫需之蠱

歌鐸

跨墮作歸妹之睽

(6)支部

平聲

雌知蒙之節　圭觜同人之大畜,遯之謙,巽之大有　枝知大有之坤,漸之謙,旅之大過,未濟之困　崖雌賁之坎　涯攜夬之節,小過之大壯

上聲

是解渙之漸

合韻

支脂

平聲　衰枝隤蒙之訟,泰之咸　機知衣否之中孚　圭資同人之大畜,遯之謙　脂枝謙之遯,噬嗑之渙　堤泥妻臨之訟　卑畏臨之中孚　違知賁之旅,夬之升　微谿塞之咸,未濟之

觀　湄涯歸迷齊解之无妄　卑衰升之巽

上聲　累解坤之晉,比之大有　火解噬嗑之大壯　水尾蟹幾无妄之歸妹　累解晉之家人
尾枳損之大過　履婢姤之需　累罪解漸之震

去聲　視避利嗜訟之豐,鼎之解　視避利晉之頤,艮之大畜　馴巒易解之蒙　視避刊綏
嗜中孚之咸,小過之豫

支月

悦臂家人之巽

支之

平聲　支疑否之夬　雌嘻賁之頤　枝滋有井之巽

去聲　賜意履之升

（7）脂部

平聲

齊衣乾之益,蠱之噬嗑,離之旅,升之坎,艮之未濟,兌之賁　蔾妻乾之夬,需之剥,睽之解　齊師
比之剥,泰之乾,萃之解,革之否,歸妹之臨,節之益,中孚之解　歸迷悲回泰之家人　稽飛謙之
需,升之師　隤微蠱之否　啙妻觀之謙　齊資歸剥之坎,中孚之臨　飛歸復之小過
積衰无妄之大過　推微衰大畜之姤　威微坎之夬　妻悲坎之升,大壯之井　師齊離之
乾　諧齊離之小畜　魁咨離之升　齊師咸之大有　唯嵬咸之賁,損之无妄,既濟之咸
飛齊師諧遯之夬　維迷衣晉之旅　犂妻資蹇之睽　畏雖損之蠱　衰機益之小過
哀悲衰姤之家人　梯歸姤之解　妻哀升之剥　嵬積困之无妄　哀悲艮之否　脂巍
漸之比　墀巍威漸之剥,節之蠱　非哀豐之鼎,巽之觀　器追旅之大畜　枚飢兌之噬嗑

上聲

火死乾之小過,剥之坤,咸之艮,睽之渙　濟火需之大有,頤之謙　火尾泰之旅,賁之觀,井之豐
尾水同人之漸,巽之師　視尾臨之困　水尾幾无妄之歸妹　䀢視尾坎之觀　視機姊
益之需　尾死比升之大畜,旅之觀　弟禮升之渙　鬼視死困之謙　水履累震之乾

去聲

退潰乾之兌　至利師之晉　視利嗜訟之豐,鼎之解,旅之益,中孚之咸,小過之豫　醉戾履
之蒙,益之未濟,姤之夬　潰内泰之睽　至利同人之大有,震之夬　隊憒愧氣大有之蒙,頤
之否　利逮大有之大壯　季寐謙之蠱,隨之大畜,節之渙　遂崇蠱之无妄,兌之節　隊貴
蠱之解　悖位觀之遯,既濟之節　諱畏噬嗑之大有　退遂賁之大畜　類憒遂大畜之隨
遂憒大畜之既濟　瞶味憒頤之鼎　壞畏咸之師　遂貴遯之蹇　諱畏大壯之困　利
悴家人之萃　躓崇睽之需,蹇之剥　痹次睽之中孚　利至蹇之大有　位器解之觀

退遂隊解之噬嗑　　驥至損之蠱　　隊祟夬之姤　　味祟井之坎,歸妹之師　　蔽味憒井之

困,小過之謙　　隊遂革之遯　　匱季歸妹之益　　類憒節之夬　　氣憒既濟之大壯　　祟憒

未濟之解　　憒氣未濟之震

合　韻

脂歌

平聲　　隤疲歸乾之萃,師之臨　　飛池屯之旅,否之晉　　離悲師之比,大有之大過　　歸悲離

比之隨,豫之大壯　　飛池比之觀,益之晉　　蛇威履之鼎　　脂宜同人之未濟　　微靡隨之大

有,睽之遯　　離佪隨之益,家人之无妄　　危稽隨之中孚　　蛇微離蠱之坎,大壯之大有　　衣

宜觀之萃　　宜虧衰觀之豐　　河衣他觀之渙,賁之小過　　師罷妻觀之既濟,賁之蠱　　隤

罷哀賁之小過　　師危晉之未濟　　維危家人之蹇,旅之家人　　衣池睽之乾,蹇之同人　　陂

哀益之旅　　離哀困之既濟　　離非井之姤

上聲　　指坐禍小畜之益　　水火禍泰之履,大有之謙　　坐火禍大有之節　　火禍頤之旅

水火鬼徙姤之旅　　水火禍艮之坤,未濟之漸　　指倚禍漸之臨

去聲　　利義豐之復　　視化困之離

脂之

平聲　　思悲小畜之歸妹　　乖之時姤之萃　　齊師時萃之解

上聲　　利海有師之復　　罪有泰之夬　　齒子殆利大有之蹇　　濟火恃坎之大壯　　齒視

子母恒之需　　龜火恒之大過　　子毀艮之升　　死鬼祀小畜之萃,渙之大過

去聲　　事位隨之乾　　媚背復之蒙,明夷之艮　　熾至震之萃　　視志節之巽

脂幽

平聲　　憂肌泰之比

上聲　　視軌姊中孚之履

去聲　　位咎艮之大有

脂祭

疧害逮坤之大過,大有之大壯　　貝位訟之大畜　　帶戾泰之遯,歸妹之訟　　蔽棄位蠱之坤,

艮之履　　制戾剝之大有,頤之損　　賴憒遂大畜之隨　　壞敗頤之无妄　　劓棄快睽之賁

彎制位蹇之姤 艮之泰　　季制萃之損

脂質

弻匱蒙之坤,師之歸妹,隨之屯,井之乾,鼎之損　　跌祟蒙之睽　　卒出位訟之大畜　　出位訟

之升,中孚之大過　　屈退吉否之泰　　節類噬嗑之坤　　沸潰室大壯之豐　　嫉遂蹇之旅

律隊戾祟益之豐　　出祟憒夬之中孚　　卉出升之中孚　　律遂艮之賁　　屈出類漸之旅,

歸妹之同人

脂月

月領_{大過之損}　悖頟孽_{家人之咸,漸之升}

(8)祭部

吠外_{乾之比,遜之升}　薈會霈_{坤之旅,履之恒}　勢斃_{蒙之剥,井之同人}　世害_{需之震,益之隨}　會帶_{師之噬嗑,蠱之謙,臨之大過,无妄之恒,巽之乾}　蔡害_{師之鼎,大過之晉,兌之泰,渙之坎}　沛賴_{泰之豐}　疥害_{大有之大壯}　大外_{隨之蹇,賁之蒙,益之中孚,巽之漸,小過之蠱}　害賴_{臨之咸}　沛磕賴_{賁之損}　害賴歲_{頤之大壯}　歲敗_{家人之比}　會廢_{夬之遜}　廢害_{姤之賁}　帶賴_{萃之蠱}　衛廢_{升之同人}

合　韻

祭之

　　去聲　疥忌_{頤之咸}　薊意_{大過之小過}

祭月

折罰斃_{乾之大壯}　達外_{小畜之睽,遜之兌}　絕脫害_{同人之賁,噬嗑之震}　絕敗_{豫之復,明夷之節}　會外訣_{坎之隨}　列廢_{遜之大壯}　敝缺_{大壯之萃}　訣快_{萃之賁}

(9)蒸部

熊閎_{泰之隨,蹇之大過,益之屯,未濟之渙}　陵升_{大畜之噬嗑}　升登_{離之恒}　陵興_{明夷之比}　陵登_{明夷之咸,歸妹之巽}　陵崩蕷_{旅之姤}

合　韻

蒸侵

　　平聲　憎金_{乾之歸妹,震之遜}　男承_{屯之離,蠱之大壯}　冰心_{晉之否}　冰尋_{明夷之乾}

蒸耕

　　平聲　生興_{既濟之坤}

蒸真

　　平聲　崩仁_{觀之遜}　登鄰_{睽之蒙}　仁信增_{小過之乾}

蒸之

　　恒來_{既濟之節}

蒸職

　　得仍_{賁之既濟}

（10）東部

平聲

聲通功乾　宮中坤之觀,坤之解,需之夬,履之需,謙之坤,豐之蹇　容恭同坤之困　公同坤之鼎　東訟同凶屯之漸　聲通屯之中孚　功隆蒙之謙,師之節,否之賁,噬嗑之需　凶邦蒙之賁,損之困　東從蒙之小過　鴻東逢需之遯　空訟訟之噬嗑　同東從訟之頤,隨之兌　宮攻訟之漸　邦春寒之謙,剝之乾　中凶師之頤,大過之渙,旅之困　聲通功師之升　宗降比之需　通功比之噬嗑　東蓬比之復,姤之遯　龍凶蓬比之頤,豫之頤　降雍小畜之鼎　同凶履之蒙,益之未濟,姤之夬　降通空履之謙　同凶履之大畜　公同凶履之晉　重中大有之坎　聰功大有之家人　痛從謙,隨之解,艮之革　通凶豫之蠱,觀之噬嗑,旅之復,既濟之蹇　䇠功隨之蠱　同從隨之觀　童充隨之大過　重功隨之咸　冬降蠱之坎　通訟功蠱之革　通功臨之既濟　動逢觀之乾　醲宗降觀之坎,艮之謙　龍東逢邦觀之漸　通凶噬嗑之小過　訟匈公剝之渙,大過之坎,大壯之大畜,夬之同人　凍通功復之需　東從雍春復之晉　終凶復之歸妹　通逢凶復之巽　胸春无妄之乾　通功邦大畜之噬嗑　公訟雍大畜之无妄,小過之家人　逢凶大畜之革　中凶頤之蒙,兌之大畜　龍東聲頤之泰　凶邦頤之坎　東公頤之旅　東逢大過之蠱,遯之益,鼎之既濟　東功大過之夬,未濟之屯　公中大過之小過　龍東通離　功逢離之困　訟從離之未濟,損之既濟　隆通公同咸之晉　窮隆恒之咸　雍同恒之蹇,晉之大有　同工恒之解,渙之觀　同從公恒之萃　通逢恒之革　功宗恒之渙　聲從遯之需　凶訟功遯之噬嗑　江凶遯之困,蹇之臨　邦逢遯之既濟　東功晉之家人　功凶晉之井,艮之歸妹　豵功晉之歸妹,歸妹之蒙　通凶功明夷之大有,巽之升　窮凶明夷之隨　東中明夷之益,益之觀,豐之泰,中孚之歸妹　通窮從明夷之困,歸妹之豐　逢凶家人之噬嗑　公通窮家人之剝,未濟之小畜　龍逢功睽之離,巽之姤　東通革之鼎　東庸功升之夬　逢凶困之歸妹　訟功井之益　公東封革之明夷,兌之明夷　功同窮震之大有　蓬中艮之剝,豐之損　中同艮之解　空宗東凶艮之豐　公凶旅之賁,渙之升　重通公巽之比　聰凶巽之小畜,兌之井　戎眾鋒節之訟　功隆節之革　同訟節之巽　龍凶節之兌

上聲

動寵乾之需,革之隨　寵恐鼎之兌

合　韻

東蒸

平聲　重登公坤之師　豐龍興蒙之升　同興需之震,益之隨　同興泰之大過　蠅中

大畜之觀,鼎之訟　降冰坎之解　功興咸之賁,渙之无妄　興訟大壯之歸妹　登肱凶艮
之歸妹

東侵

平聲　攻禽功履之夬,鼎之隨　金功大壯之遯　金吟功既濟之頤　終心訟之同人,小畜之

坤　深宋觀之明夷　林中无妄之巽,小過之晉　林雄謙之需,升之師　吟雄蠱之无妄

瘖雄兌之節

東談

上聲　檻動夬之謙

東耕

平聲　重中公寧訟之賁　驚通功小畜之乾　功成豫之臨,噬嗑之豐　刑功姤之隨

宗聖損之履

東真

平聲　人功需之噬嗑,旅之噬嗑　嚾同人豫　通逢人豫之艮　仁訟大畜之需　仁窮

復之大過　凶仁遯之坤,漸之小畜　隆人明夷之蒙,益之升　凶身明夷之大壯,解之大壯

同仁家人之損,漸之離　功人升之節　衆君鼎之需

去聲　衆信遯之无妄

東元

官凶革之噬嗑　中患未濟之大壯

東魚

平聲　雛貢訟之既濟

上聲　走恐後中孚之剝

東魚幽

上聲　走恐後咎困之屯(咎,幽部字)

(11)陽部

平聲

肓傷乾之遯,訟之豫,旅之小畜　羊望乾之蹇,家人之明夷　姜亡乾之夬,需之剝,睽之解

房傷乾之小過,剝之坤,咸之艮,睽之渙　望病坤之无妄,升之謙　光明長王坤之未濟,否之无

妄　行強光屯之履,比之无妄,剝之大畜,遯之復,晉之坤,井之履,巽之晉,中孚之兌　橫強屯之

否,泰之晉,隨之升,解之咸　姜昌屯之噬嗑,比之豫,蠱之困,遯之姤,姤之師　肓霂鄉屯之睽

強光明屯之既濟　王明蒙之乾,節　亡倉蒙之坤,師之歸妹,隨之屯,井之乾,鼎之損　望昌

蒙之謙,師之節,否之賁,噬嗑之需　強鄉相蒙之豫　明藏蒙之睽　霜長殃蒙之中孚　亡

桑鄉需之師,臨之萃　　殃章傷需之復,噬嗑之剝,姤之泰　　堂昌需之萃,大有之蠱　　陽藏需之中孚,渙之剝　　羊牂訟之遯,否之坎,夬之觀,革之同人　　傷亡鄉訟之大壯　　狼傷亡訟之明夷　　牂鄉糧訟之蹇　　兵傷訟之夬　　行明師之泰,姤之升,震之謙　　狼陽師之否,噬嗑之旅　　迎鄉當師之家人　　堂亡倉師之歸妹　　康長比之乾,觀之坤　　裳兵傷比之蒙,革之大過,鼎之遯,旅之遯　　明傷兄比之賁　　牀傷比之復　　防行光藏鄉比之大畜,離之謙,姤之謙　　堂牀比之離,同人之兌,損之隨,節之履,未濟之訟　　僵喪比之鼎,大畜之晉,益之蒙,升之復,既濟之萃　　強行王比之艮,恒之困,小畜之隨　　梁強康比之旅　　陽明比之兌,大過之臨　　傷明光小畜之復,歸妹之萃,旅之節　　傷常小畜之頤　　堂亡小畜之晉,豫之姤,大畜之恒　　明祥慶小畜之漸　　穎殃鄉履之小畜　　亡行藏履之臨　　明祥殃履之漸　　穎鄉莊履之兌　　明光履之小過,噬嗑之損　　黐芒傷泰之賁,損之泰,歸妹之鼎,小過之解　　麋望迎傷泰之明夷　　旁迎泰之損,未濟之姤　　行兄亡泰之姤,否之歸妹　　狼強皇否　　享慶否之豫,賁之解,復之比　　肓行鄉否之噬嗑,大過之艮　　明光康否之復,隨之坎,噬嗑之同人　　光藏行鄉否之困,震之未濟　　行兄亡否之歸妹　　光明昌否之小過,既濟之需　　牂行同人之蒙,无妄之觀,歸妹之解,兌之遯,中孚之萃　　陽長昌同人之大過　　行明鄉同人之解,升之坤　　夬亡同人之萃　　行傷糧同人之困　　行牂囊黃同人之豐,革之恒,渙之豫,中孚之漸　　常明同人之未濟　　行桑糧大有之乾　　明光傷大有之師,解之謙,未濟之蹇　　光湯明大有之泰,巽之既濟　　光明大有之臨　　放喪大有之賁　　狼傷殃大有之无妄　　妝牂大有之頤　　裳康大有之坎　　狂鄉明大有之遯,大壯之否　　盲明常大有之益,解之節　　梁旁箱鄉倉大有之夬　　皇祥殃大有之旅,噬嗑,益之家人　　迎鄉大有之兌　　光望兄大有之小過　　光明謙之屯,大壯之恒,革之謙,兌之離　　明囊旁謙之蠱,節之渙　　梁僵康謙之未濟,既濟之未濟　　藏行漿羹豫之小畜　　黃瑛豫之蠱,觀之噬嗑,旅之復,既濟之蹇　　堂兄漿迎豫之巽　　明囊隨之大畜　　穎光隨之大過　　光傷隨之益,家人之无妄　　當羹筐桑隨之艮　　慶迎蠱之乾　　良傷蠱之屯　　明光傷蠱之比　　慶相蠱之否　　長光兄張蠱之大有　　光明牀亡蠱之豫　　光黃蠱之蹇　　藏行堂蠱之損　　明章堂蠱之震　　稂王京蠱之歸妹,賁之姤　　岡堂殃蠱之兌　　堂明蠱之節　　行囊明臨之師,賁之噬嗑,鼎之坎,旅之頤　　行常殃臨之比　　殃鄉臨之泰　　堂僵光臨之鼎　　昌良王臨之旅　　堂常殃臨之渙　　明堂光觀之訟　　盟強觀之泰　　良行房觀之大壯,大畜之睽　　當病觀之蹇　　常光觀之革　　陽光觀之未濟　　庚行噬嗑之坤,漸之旅,歸妹之同人　　光慶噬嗑之屯　　揚行噬嗑之賁　　梁王噬嗑之咸　　明傷光噬嗑之艮,萃之謙,巽之噬嗑　　明狂賁之屯,剝之泰,晉之小過　　翔霜賁之隨,損之否,困之節,鼎之觀　　行僵兄當賁之咸,復之訟　　望堂賁之家人,姤之坤,漸之屯,渙之小過,中孚之賁　　狼英賁之睽　　殃梁王賁之革,損之大有　　鄉行賁之巽　　羊望羊賁之中孚　　明光剝之

大有　當殀剝之離　明光行旁剝之萃,睽之復,革之履　彊傷復之泰　明傷復之同人

常亡復之臨　望鄉復之大過　陽香望牀復之大壯　衡香筐姜復之艮　行桑復之中孚

明光藏无妄之蒙　昌光无妄之需,節之姤　防行陽鄉无妄之同人　皇昌无妄之大壯

牆行无妄之震　行藏无妄之未濟　行牆惶大畜之屯　迎鄉煌當大畜之小畜,益之謙

狂昌大畜之履　殀傷光大畜之同人　箝陽囊慶大畜之大過　牀章楝大畜之益,小過之

比　望行明鄉大畜之萃　房光行昌大畜之升,小過之恒　明鄉大畜之渙　行涼傷頤

之屯　堂漿頤之蠱,損之豫,中孚之鼎　行常鄉殀頤之噬嗑　行明羊頤之坎　常慶頤

之咸　筐梁場頤之睽　蒿行梁長傷頤之升　亡光長明頤之渙　霜傷頤之小過

昌殀頤之未濟　裳殀昌大過之屯　傷羹大過之同人　傷鄉亨明大過之大畜　陽兵

行長坎　明光牀亡傷坎之泰　僵傷坎之頤　傷亡坎之解　亡桑鄉喪坎之姤

羊牂坎之萃　堂迎昌離之蒙　張亡離之小畜　羊陽揚離之隨　陽明黃行離之觀

行章堂殀常離之坎　明長光傷離之大壯　狼當亡離之晉,兌之漸　桑行傷離之明夷

長傷堂亡離之夬　鄉長離之未濟　牆兵咸之大畜　裳殀咸之大壯　堂房常咸之睽

衡傷殀咸之解　盲行咸之夬　兄陽簧咸之震,兌之夬　明光常傷恒之隨　箝行昌

恒之復,萃之恒　讓光恒之蹇,晉之大有　羊囊長恒之夬,歸妹之損,巽之大畜　行梁恒之兌

光章王恒之未濟　行傷遯之比　常狂光遯之蠱,渙之兌　僵桑兄遯之大畜　藏行遯

之困　鄉衡遯之震　蒼行傷陽遯之小過　行良遯之既濟　鄉衡傷殀大壯之謙　囊

亡大壯之豫　喪鄉大壯之噬嗑　當常大壯之坎　伉僵大壯之困　裳當行殀大壯之中

孚　望莊晉之履　忘行長晉之蠱　商長晉之剝　傷長光晉之夬　祥慶晉之艮,家

人之大畜　殀傷鄉明夷之遯　羊慶明夷之睽　當慶明夷之損　狂傷殀明夷之井

莊行明夷之旅,豐之困　傷常明夷之兌,艮之中孚　羊攘明夷之小過　行狼傷家人之師,豐

之需　羊惶殀家人之坎　殀傷亡家人之困　牂囊家人之震　觸兄亡睽之乾,蹇之同人

方羊睽之无妄　蒼迎兄睽之革　當殀漿鄉行睽之漸　裝行蹇之臨　良兵鄉蹇之離

兄黃蹇之家人　光王兵藏行鄉蹇之夬　翔殀蹇之漸　張良蹇之兌　梁狼王蹇之節

望壯明蹇之小過　牂疆蹇之未濟　長王房解之屯　蠱傷解之晉　盟昌解之益　行

傷明解之豐　網傷糧損之大壯,渙之比　颶傷益之師　陽殀益之泰　良兵當疆益之

臨　堂殀益之遯　長殀益之大壯　裝明益之井　明傷益之鼎　明光益之小過

竟病夬之坎　陽囊夬之睽　行明慶夬之損　盲行夬之歸妹　梁場箝藏粮姤之離

霜明傷姤之恒,萃之革,巽之履　牀腸姤之遯　藏長萃之否　良亡萃之大有,豐之噬嗑

堂觸疆萃之晉　良方當升之需　病殀升之否　張行迎升之蠱　明傷亡升之賁

明綱升之革　方央明困之泰　明傷困之明夷　傷瘍困之鼎　良殀困之豐　殀傷井

之蠱　明行綱井之剝　鄉殃井之解　梁僵昌井之萃　行昌香井之革　相殃井之漸

行僵良光井之中孚　張亡井之未濟　張翔革之泰,旅,兌之小過　楊將光革之大有,巽之兌

鄉行牀革之萃,既濟之解　裝旁囊革之升　長壯鼎之蹇　鶱行梁長鼎之中孚

牀觸疆鼎之升　盲裝鄉鼎之離　兵行鄉艮之坎　強良鄉艮之益　盟行艮之萃

翔殃鄉漸之訟　光慶漸之大壯　傷殃歸妹之觀　當筐歸妹之睽,豐之大壯　衡香歸妹之益

牀亡昌喪歸妹之未濟　喪明豐之夬　綱亡旅之渙　羊長巽之否　惶傷慶巽之夬,小過,未濟之大有

行鄉渙之大有　行桑臧渙之益　竟慶節之復　狼羊商節之坎

萌慶節之恒　良鄉中孚之否　強攘中孚之未濟　行傷小過之需　明光旁小過之大過

狂行小過之夬　明兄既濟之同人　望光簧既濟之睽　商兄昌既濟之鼎　狼疆傷既濟之巽

方疆王未濟之睽

上聲
壤敞坤之咸

去聲
上讓謙之蒙

合　韻

陽東

平聲　亡惶從乾之屯　光龍王乾之否,大壯之隨　通殃傷坤之大有,益之損　光明功屯之咸

鄉通屯之巽　魴堂荒邦蒙之比,咸之節　傷癕蒙之履,泰之訟　通殃需之豫

逢卿需之漸　湯方通訟之蒙,解之巽　鄉中師之噬嗑,蠱之謙　望望通牀泰之屯　鄉

通泰之小畜　盟功泰之未濟　衡公王同人之師,觀之萃　從觸漿湁同人之蠱,未濟之鼎

常桑功同人之艮　牀公大有之復,鼎之臨　亨明功謙之大有　瞳明公謙之蹇　亡惶

從謙之震,賁之兌　明聰康豫之无妄,明夷之師　狼祥行逢隨之訟　長鄉光公臨之謙

皇桐觀之謙　行公觀之睽　聾殃觀之兌　明豐噬嗑之恒　光黃聾噬嗑之蹇　殃通

傷噬嗑之萃　通殃傷剝之蹇　行逢復之既濟,漸之晉　兵祥王逢无妄之謙　訟行无

妄之剝　卿公无妄之蹇　明豐凶大畜之井　羊逢凶大畜之革　望邦疆亡頤之漸

明昌功大過之觀　明宗大過之益　明殃邦離之大畜　明通僵咸之乾　凶糠咸之履

桑功宗恒之渙　行明從遯之臨　明昌公遯之頤　功羊大壯之訟　堂殃通大壯之泰

明常訟大壯之姤　通中江邦亡晉之既濟　痛病明夷之乾　同鄉功明夷之萃　亡行

功家人之同人　惶裝邦家人之渙　明從殃睽之坎　裝行江傷蹇之臨　糧逢解之豫

莊公益之大有　行鄉殃公益之復,萃之比　羊亡病邦升之漸　光公升之巽　明公困

之離　凶行井之師　詳鄉亡通井之隨　張通井之晉　行逢萃之井　光章公歸妹之

大過　陽公歸妹之晉　狂盲用旅之離　糧逢旅之恒　狼傷長凶兌之歸妹　東場兌之旅　行終既濟之困

陽耕

顙卿長寧乾之節　享明平蒙之小畜,訟之震　霜廷生鳴驚小畜之蹇　明榮小畜之升,謙之泰　梁傾大有之豐　鄉榮謙之損　庚行寧隨之剥　坑生觀之益　康行情噬嗑之坤　平行榮咸之姤　祥傷成蹇之蠱,困之坤　黨靈益之困　傍明生夬之豐　政殃井之鼎　明寧艮之咸

陽真

璋王秦需之井,否之訟　羊人比之困,大畜之復　雲强行復之恒　狼陽羊人无妄之夬　門殃无妄之既濟　堂人頤之遯　行人恒之觀,歸妹之小過　牆門兵咸之大畜　明妨仁困之蒙　行人申鼎之屯　行恩中孚之萃

陽元

歡殃蒙之姤　明患履之蠱　當患蠱之家人　慢殃剥之離　狼陽麏難頤之中孚　行兄傷殘恒之豐　殘傷遯之節　行前大壯之睽　羹歡明夷之履　山桑鼎之家人　見鄉中孚之否

（12）耕部

平聲

生成寧乾之大有　精生成庭乾之井　生成坤之乾　情傾頸坤之豐　城貞生坤之渙　鳴星驚屯之豐　頸成名蒙之噬嗑,家人之賁,升之蒙,震之臨,巽之渙,中孚之大壯　成名蒙之无妄　營寧蒙之恒　城青蒙之大壯　生靈需,无妄之革　丁庭訟之隨,益之賁　耕寧訟之小過,觀之否,夬之師　情營名師之履　青傾比之泰,臨之觀,觀之損　爭定履之大畜　平寧生否之明夷,隨之鼎　成傾同人之履　涇寧成大有之離,夬之蒙　成鳴大有之井,賁之夬,明夷之賁,困之未濟　成傾寧豫之解　成傾豫之夬,小過之賁　情嬰隨之離　城傾成蠱之大過　盈盛榮蠱之睽　正鳴蠱之解　庭生鳴驚蠱之夬,損之升,困之節,鼎之觀　生清噬嗑之坤　生榮賁之小畜　鳴寧賁之隨,損之否　寧榮賁之困　情營頸復之坤,豐之漸,小過之升　生榮復之解,解之渙　名頸大畜之益,小過之比　成傾驚寧大過之比　驚頸傾成大過之履　生榮寧成大過之萃,革之臨　鳴寧刑離之頤,中孚之大畜　成生形離之鼎,晉之益,震之觀　生名成咸之益,歸妹之賁　平定恒之大過　輕耕成遯之訟　生平大壯之豐　榮成晉之遯,豐之蒙　誠傾名明夷之晉,歸妹之既濟　盈寧成睽之鼎　形成名睽之旅　成征平蹇之賁　名傾清蹇之井　生形頸傾解之大畜　生榮成贏解之遯　誠寧萃之歸妹　驚生萃之豐　傾生寧升之比　傾生升之觀　聖焭升之益

磬聲_{升之未濟}　庭成_{困之遯}　城鳴驚_{困之兌}　聲傾聽_{井之損}　庭征嬰_{革之比}
城驚傾_{艮之旅}　生刑傾_{歸妹之乾}　城寧_{歸妹之泰}　成生榮_{旅之訟}　名成_{節之无妄}
名驚_{中孚之損}　寧成_{中孚之旅}　成生_{未濟之噬嗑}

合　韻

耕真

生仁_{乾之頤,比之益}　天丁_{屯之蠱}　麟經_{訟之同人,小畜之坤}　貧生_{比之解}　靈神_{隨之咸}　令政_{蠱之旅}　仁平_{大畜之家人}　成文_{咸之小畜}　生貧_{遯之晉}　成身_{明夷之泰}
清民_{家人之晉}　賓均寧_{困之臨}　西刑_{震之師}　城親_{節之需}　成人_{節之萃}

耕元

平聲　頸前成_{大壯之觀}　山寧_{損之旅,姤之臨}　權難寧_{升之震}　頸關_{兌之大壯}
上聲　善井_{泰之夬}　名遠_{否之大過,剝之臨}
去聲　幸販_{訟之遯,否之坎}

耕元真

名身燕_{履之頤(身,真部字)}　挐西刑_{解之漸(西,真部字)}

(13)真部

平聲

天身_{乾之臨,蒙之革,謙之復,恒之艮}　神孫_{乾之旅}　年民_{坤之大壯,謙之睽}　臻身_{坤之中孚,同人之遯,井之謙}　麟顛分_{屯之坤,豫之未濟}　門鄰_{蒙之咸}　恩存_{蒙之損}　瞤身_{蒙之姤}　孫門_{需之升}　神年_{需之困}　身春君_{訟之萃}　咽田_{訟之小過,觀之否,夬之師}　臣奔_{比之恒}　身千_{小畜之无妄,觀之比}　門西年_{小畜之恒}　忻鄰_{小畜之井}　奔軍奔君_{小畜之渙}　顛淵_{履之損}　門君_{履之兌}　振人_{履之未濟}　濱君_{泰之恒,豫之坤}　門君_{泰之革,謙之否,震之家人,兌之乾}　顛西_{泰之歸妹,謙之渙}　年君_{否之隨,謙之夬}　輇顛存_{否之離}　西恩_{否之家人,遯之蒙}　西門_{否之震}　眠西命_{同人之大壯}　君崟_{大有之泰,巽之既濟}　神孫陳_{大有之大畜}　煙分君_{豫之觀,大畜之艮,夬之小過}　昏羣倫_{隨之明夷}　天辰_{隨之蹇,賁之蒙}　晨門_{臨之小畜}　天辰_{臨之噬嗑}　門盆_{臨之兌,損之剝,萃之隨,既濟之歸妹}　顛身_{噬嗑之賁}　田民顛_{噬嗑之未濟}　根恩_{賁之蹇,兌之困}　陳羣牽人_{復之豐}　恩孫門_{无妄之坤}　門西_{无妄之師,蹇之噬嗑}　門根_{无妄之泰}　門賓_{无妄之大過}　門婚_{无妄之大壯}　煙分淵君_{大畜之艮,夬之小過}　盆飱貧_{頤之訟}　輇西顛_{頤之大有}　門婚_{頤之小過}　君門_{大過之否}　溫門_{大過之遯}　顛千_{大過之解}　門存_{大過之震}　申人_{大過之中孚}　門顛_{坎之旅}　民令親_{離之屯,鼎之益}　身牽_{離之解}　羣門_{離之巽}　身君門根_{離之小過}　婚門_{咸之大有}　孫神民存年_{咸之臨}　云孫_{咸之无妄,渙之泰}

人孫咸之革　門跟咸之豐　淵天恒之比　孫門恒之豫　西輪門遯之師　孫貧遯

謙,巽之大有　貧分門遯之離　盆門遯之大壯　門賢遯之明夷　鄰門存遯之井　臣

孫遯之革　仁先遯之歸妹　文芬大壯之小畜　神恩大壯之兌　神年晉之大過　年

神晉之艮,家人之大畜　春盆晉之兌　鈍西家人之訟　貧飧分家人之隨　孫門家人

大壯　賢身門存睽之萃　淵神天睽之震,未濟之歸妹　婚身君解之需　門君益之訟,

漸之蠱　天淵身益之小畜　雲先西夬之泰　田年姤之困,歸妹之噬嗑　人年萃之大畜

囂申萃之損　民親萃之姤　孫禪門升之大過　淵天升之益　婚溫椿升之豐　年

人困之大畜　雲君困之明夷　貧根困之夬　晨伸困之既濟　門西孫井之豫　門鄰

井之歸妹　鄰均井之既濟　門貧革之旅,震之小過　恩存年鼎之漸　顛鄰艮之復,漸之

益　身君門飧艮之兌　仁人漸之姤　年神歸妹之豫　存身歸妹之離　信人豐之

恒,渙之中孚　君西巽之艮　門親渙之大有　恩孫君節之解　賢臣貧中孚之艮　神

親小過之坎　門鄰小過之夬　顛存年既濟之剝　顛田年未濟之无妄　臣令親未濟

之萃

合　韻

真元

平聲　門源存乾之豫　山淵乾之井　跟門患乾之鼎,頤之剝　山班寒憐乾之既濟

言門安坤之離,比之蠱　賢難坤之節　門戰西全屯,又需之履　人難屯之大有　歡恩

屯之鼎,訟之恒　君溫安蒙之遯,頤之豫　權奔需之姤　言門需之萃　端顛西安患需

之節　山言冤恩需之未濟,比之未濟　門冤訟之臨,井之寒　恩懽訟之既濟　言溫斷

恩師之蠱,旅之解　寒存師之巽,震之解　源顛然比之屯,小畜之屯　孫丸比之小畜,井之

塞　患存比之剝,泰之乾　崙門泉觀君比之姤　婚患小畜之无妄,觀之比　翰溫小畜

之革　前天履之師　怨遷鳶困履之否　輻顛全泰之謙,益之坎　寒溫泰之噬嗑,否之

塞　存患否之蒙　禪門患否之小畜　門患否之兌,賁之既濟　刃歡同人　安西同人

之訟　辰患同人之咸　唇言門大有之蠱　門歡謙之同人　門歡言謙之晉　元恩存

謙之升,艮之蠱　門患安豫之比　穿西安豫之離　蕃言人豫之困　西專還隨　患

全懽年隨之遯　言存隨之中孚　筵門臨之隨　雲門患臨之夬　婚船君臨之小過

門安觀之咸　山難顛觀之節,大過之家人　牽言噬嗑之乾　泉艱噬嗑之比　患存噬嗑

之大有　門山賁之坤　根安飧賁之明夷,鼎之大過　患安門復之大有　門丸盆復之噬

嗑　端顛安患復之井　騫閑存无妄之睽　孫權无妄之塞　唇門歡无妄之鼎　山

門无妄之既濟　然綸大畜之豐　患全門頤之需　山門頤之蠱,損之豫　門患頤之剝

晛眩連頤之困　西分懽頤之井　患門頤之鼎　權分大過之臨　田餐年大過之既濟

雲輪怨坎之履　令患離之損　嵞門患離之益　山恩咸之損　陳前咸之未濟　文
軒嵞患難恒之比　門冠恒之頤　鄰患恒之遯　燕西還間恒之歸妹,巽之益　完安
患門恒之中孚　門君安遯之震　存患大壯之蒙　山羣端大壯之師　歡存大壯之中孚
親豢晉之巽　前臣明夷之大畜　患存明夷之睽　根瘢存家人之乾　門西患家人之歸
妹　言門睽之觀　雲歡門睽之豐,震之剝　温寒睽之巽,節之損　根安飧蹇之屯
門根君温泉蹇之否　瘢勤蹇之大有　患冤年蹇之震　煩患年解之損　安門解之中
孚　歡婚前夬之復　患門安夬之巽　冠門患夬之渙　伸雲前姤之豫　患殘恩姤
之睽　根連萃之大畜　穿寒萃之家人　門言存歡萃之兌　鄰絃殘困之萃　陳臣
還井之小畜　患身井之離　孫丸井之蹇,艮之豫　安奔魂鼎之明夷　門患艮之同人
西丸歸妹之豫　山門殘君旅之既濟　桓臣孫兌之損　存患渙之否　根瘢節之萃
言患門小過之坤　鄰雲弦殘小過之同人　患薦吞小過之遯　寒根患未濟之遯　門
權孫未濟之巽

上聲　犬軡家人之井

去聲　願潤晉之升　案願恨姤之大有

真脂

門微鼎之臨　悲門未濟之蒙

真元談

冠廉賢煩解之賁（廉,談部字）

(14)元部

平聲

山泉乾言乾之訟,豫之乾,剝之否,震之姤　弦患乾之明夷,大壯之明夷　關歡乾之家人,解之
家人　言垣安乾之困,大有之屯,復之頤,革之損　餐安乾之震　患怨端乾之巽,同人之臨,
坎之復,艮之小過　安患坤之咸　山冤坤之大壯　冠鸞患坤之明夷,井之鼎　言患還坤
之睽,謙之兌,晉之革　山難便坤之升　垣安患坤之歸妹　船歡屯之小畜,臨之小過,兌之
屯　泉關安屯之謙,師之兌,大過之未濟,咸之兌,既濟之革　園喧患屯之復,否之節,隨之漸,剝
之損,大過之噬嗑,井之否,中孚之小過,未濟之小過　船歡屯之蹇,渙之履　間山患屯之革
寒歡蒙之大有　山前便蒙之蠱,益之睽,姤之巽,艮之臨,漸之夬　難關垣蒙之歸妹,震之鼎,
旅之无妄　連欄安需之鼎,解之坤　全泉需之既濟,既濟之乾　山言冤患訟之屯　山
難前還歡訟之剝,同人之无妄,豐之既濟,旅之睽　寒言患訟之復　攣安患訟之兌　殘
患師之賁　安患寒師之坎,大壯之賁,震之賁　連患安師之遯　患冤比之咸,否之井
關便比之渙,革之坤　便言冤小畜之蒙,臨之屯,未濟之咸　難言小畜之履　絆山散小畜

之謙,臨之歸妹,歸妹之困　　縣安小畜之噬嗑,井之恒,節之睽　　轅難言小畜之家人,賁之需,既濟

之小過　垣言鞭患履之乾　全泉履之訟　怨遷鳶患履之否　前便履之損　官遷

山履之節,遯之觀,家人之恒,夬之艮　姦園言履之既濟,離之訟,困之大有　丸安患泰之蹇

難患泰之革,謙之否,震之家人,豐之中孚,兌之乾　安患全泰之鼎,大有之睽,觀之小過,旅之豫,節

之小畜　山前歡同人之小畜　遷塵産大有之震　山怨謙之睽　患安豫之比,鼎之渙

專還隨　垣壇蠱之需　安患蠱之旅　安歡蠱之小過　桓安臨之同人　寒安歡臨之

家人　便檀轅難臨之蹇　患偃安觀之履　患安觀之泰　山難患觀之賁　患全觀

之晉　難歡觀之震　關山難酸噬嗑之師　山安賁之家人,姤之坤,姤之艮,漸之屯,渙之小

過,中孚之賁　言全患殘賁之漸　連寒患安剝之履　山歡患剝之明夷　轅山難言

剝之解,渙之豐　蜓阪剝之節　山安復之大壯　燔寒攣復之益　山顔復之萃,震之否

怨鳶患復之患,睽之豫　殘完患无妄之師,蹇之噬嗑　山歡无妄之泰　冠歡无妄之大壯

前便无妄之損,晉之解　安顔瘢无妄之姤　煩患无妄之豐　安閑无妄之旅　安患大畜

之需　閑安大畜之履　山原大畜之大過,夬之睽　言患安大畜之遯　患難安大畜之困

原前大畜之震　患全頤之需　還患頤之比,損之師　患全頤之謙　歡言安頤之觀

園還患頤之蹇　燕安頤之姤　關冤大過之師　殘安大過之離　冤患大過之明夷

患安大過之睽　煩言患大過之姤　山難園泉坎之需　泉然坎之比　泉怨坎之履

言安坎之否　燔殘坎之謙　言患坎之明夷　患縣坎之睽　患歡坎之益　園班患坎

之中孚　山怨言歡坎之小過　安患離之漸　間前咸之師　山難前還咸之觀,萃之困

言安咸之復,小過之小畜　安歡咸之明夷,歸妹之比,晉之兌　殘山歡咸之豐　患歡恒之屯

患願殘恒之大有　患殘垣恒之大畜　蘭難恒之明夷,艮之井　言殘恒之睽　患安恒

之夬,歸妹之損,巽之否,巽之大畜　前山恒之姤　權殘恒之震　患全遯之師　患安遯之

漸　言患遯之歸妹　肩難關患遯之旅,晉之賁,損之坎,既濟之益　患歎大壯之損　完

全大壯之萃　冠元患晉之乾　患言安明夷之剝　遠言明夷之漸　桓歡明夷之旅,豐之

困　患偃前安明夷之渙　愆安患家人之節　山難歡睽之否　安患睽之噬嗑,巽之咸

患歡睽之晉　刊殘壇睽之井　轅安睽之震,未濟之歸妹　冤患全蹇之乾,旅之隨　難

前還蹇之歸妹　殘難患解之蹇　閑便損之蒙　言全損之艮,渙之无妄　山閑益之乾

安歡患益之歸妹　山殘難患夬之噬嗑　壇言夬之遯　患殘夬之漸　言患安姤之革

山喚怨姤之小過,渙之未濟　軒難萃之无妄　泉安升　歡安升之无妄　殘患升之兌

歡患困之大畜　患連困之夬　煩患井之大壯　見安井之小過　山泉革之萃,艮之比

安殘革之咸,革之蹇　泉鼎之比　山顔震之否　垣言艮之否　原安艮之復,漸之益

言患權艮之離　原官漸之井　患顔殘歸妹之遯　前旋豐之恒,渙之中孚　戔宣旅之

豐　奸言端患巽之中孚　安山歡兌之既濟　權難安節之晉　安患中孚之豫　山難間小過之頤　奸寃患既濟之晉

上聲

阪蹇乾　遠反訟之困,震之泰　遠返豫之歸妹,震之噬嗑　壇坂反賁之鼎　阪轉反咸之大畜　阪蟺蹇之既濟　返遠井之未濟　轉阪小畜之家人,賁之需,既濟之小過

去聲

萬敗否之漸,損之訟　案願同人之豫,鼎之節　爛熳剝之離　難亂恆之巽　難亂姤之明夷　蔓願兌之謙　畔願節之需　前諫患小過之姤　前願患未濟

　合　韻

元歌

禍全需之大有　泉禍師之未濟　池患大畜之既濟　陂連明夷之中孚

元脂

怨鴟患復之渙　微患既濟之蒙

元祭

散竄益之噬嗑　賴殫漸之震

（15）侵部

林金比之噬嗑　任心謙之坎　心深豫之臨,噬嗑之豐　禽心頤之革　禽心南離之革,姤之小畜　金深大壯之小過　謙心晉之大過　風心睽之巽,節之損　任心解之師　金驗①萃之巽　心風困之革　禽音心小過之兌

上聲

寢甚節之鼎

　合　韻

侵真

門心蒙之明夷,大畜之師　西門心訟之未濟,否之需　金人同人之大畜　濱心剝之同人　飱任復之屯,頤之益　民任恆之既濟　神心年晉之大過　聞心睽之小畜　身②蹇之兌　婚南損之益　鄰心艮之元妄

侵元

元心蒙　邊心兌之復

①②編者注：原文如此。

（16）職部

國息乾之坤　極惑乾之屯,謙之震　則福乾之蒙　億稷息乾之師,坤之恒,睽,小過之咸

食息乾之同人,小畜之臨　食福乾之恒,兑之臨　翼國坤之比,同人之坎,震之漸　服職國坤之履　翼北國得賊坤之謙,升之恒　德福域坤之蠱,解之升　德福坤之觀,需之夬,訟之漸,履之需,謙之坤,豐之塞　惑得坤之賁　塞得坤之艮,復之坎　極得坤之未濟,否之无妄,大有之臨

賊息屯之師　直德福屯之家人,大畜之臨,未濟　福得屯之艮,兑之晉　惑北屯之小過　德服蒙之觀　德國息蒙之大畜,无妄之否,咸之塞　稽食蒙之震,小過之萃

息德福需之乾　食賊需之賁　得忒需之頤,泰之離,剥之頤,漸之坎,既濟之遯　麥力食需之咸,比之遯,離之蠱,豐之離,兑之師　德國福需之家人,訟之中孚,漸之革　翼德忒需之塞

北得需之渙　德食福訟之觀　翼得福訟之无妄　食福訟之大過　域息師之需　德食德師之觀　福國師之賁　國福師之剥　食惑師之大畜　北息師之咸,噬嗑之復,大壯之鼎　域福師之恒　極億比之泰,大有之豐,臨之觀,觀之損　翼國比之離,同人之兑,損之隨,困之咸,未濟之訟　國福比之晉,大有之損,蠱之井,觀之大過　國賊比之家人,睽之師,革之益　惑得小畜之履　食國小畜之隨　棘得小畜之觀　食得小畜之大過,豫之萃　伏匿息小畜之姤　億得小畜之豐　息得力小畜之兑　食國履之豐,頤之賁,旅之謙　服職得泰之需　國域食國泰之師　德息直福泰之解,賁之履,漸之復,巽之困,渙之解　域福泰之鼎,大有之睽,觀之小過,旅之豫,節之小畜　北得泰之歸妹,謙之渙,大壯之節　力福泰之旅,賁之觀,井之臨　德國泰之中孚,謙之履,賁之豐,損之同人,困之復　息食福泰之小過,大壯之夬　息食否之剥　北食力否之頤　北息否之大過,剥之臨,中孚之損　福得否之益,兑之姤　德福否之震　翼國得同人謙,蠱之隨,賁之同人,坎之塞,豐之明夷,未濟之節　塞得同人之革,損之革　賊塞麥得同人之節,豫之謙,井之屯,鼎之未濟,震之益　德極得大有之否　德福大有之家人　福息得大有之解　德食福大有之困,中孚之巽　墨黑伏國大有之漸　域惑謙之比　革服德國謙之離,離之復,晉之臨　德國德謙之困　北賊謙之鼎　食伏豫之比,鼎之渙　繹得豫之同人,夬之履　北得豫之恒,蠱之恒　惑側國隨之履　北得隨之泰　黑國福惑隨之夬　得息隨之困,鼎之恒　伏匿側息隨之歸妹　福革隨之旅,兑之塞,既濟之復　側惑塞蠱之復,无妄之臨,震之井　得食蠱之遯　德福蠱之益　食息蠱之升,歸妹之无妄　側國臨之小畜　塞國臨之蠱　賊稽食臨之恒　北息愿臨之井　臆食觀之豫　德福賊觀之夬,坎之小畜　伏食噬嗑之隨　息革噬嗑之井　域國匿噬嗑之節,損之小畜　翼得賁之比　服國賁之益,震之旅,漸之咸　得賊賁之歸妹,歸妹之節　國惑賁之兑　福伏福剥之觀　德福剥之遯,恒之離　得國剥之大壯　翼德服剥之晉,小過之屯　賊服得剥之益　食弋翼得剥之革　食得剥之歸妹　北得賊剥之巽,歸妹

之中孚　福伏无妄之需,節之姤　福食无妄之大有　國福息无妄之隨,中孚之夬　北賊无妄之觀,歸妹之解,兌之遯　食塞无妄之剝　德福得无妄之未濟　塞伏得大畜之坎,益之巽　億息得力大畜之歸妹　得北大畜之豐　北息頤之蒙,兌之大畜　翼國得頤之小畜　德福頤之明夷,離之豫,恒之井,井之觀,巽之未濟　極國福頤之解　國福得頤之既濟　北得賊頤之未濟　國食大過之否　福得大過之剝　德福大過之井　德福食息大過之鼎　臆息坎之蒙　國德坎之否　德國坎之同人　域得坎之大畜　德食坎之遯　息伏坎之歸妹,離之歸妹　力賊離之噬嗑,升之噬嗑,旅之塞　服賊離之塞　賊得離之萃　愿伏得離之渙　福息離之節　福得國咸之恒,晉之謙　國德咸之大壯　服息咸之明夷,歸妹之比　國福咸之損,歸妹之恒　國得咸之中孚　德福息咸之既濟　伏黑恒之履　息福得恒之剝　福國恒之无妄　北得恒之明夷,艮之井　息福恒之睽　極直遯之履　福惑得遯之无妄　國得遯之豐　服賊遯之節　德惑大壯之需　國服德大壯之同人,漸之大有　服愿大壯之蠱　北得大壯之塞　賊得大壯之既濟　息福晉之歸妹,歸妹之蒙　伏福得明夷之解　國北賊明夷之歸妹,艮之震　德極福家人之需,歸妹之需,兌之小畜　服福家人之比　域伏織得家人之泰　福賊家人之大有,歸妹之渙　極德家人之豫　食福睽之屯　黑食息德睽之蠱　福得睽之咸　福極睽之未濟　德北塞之需　福德食塞之大畜　北翼國德福塞之頤　北國塞之艮,姤之屯　域得塞之渙　輻側賊塞之中孚　得愿解之小畜　匿賊國解之泰　力福解之大有　得福解之豫　得賊福解之隨,姤之剝　得殖德解之蠱　職愿福解之明夷　國稷解之既濟　愿得損之家人　得服損之井　塞國益之大有　賊克德姤之同人　福得棘萃　職富萃之坤　服福萃之益　德國福萃之艮　息得萃之漸　德國萃之渙　餚得升之井　國德升之艮　德福息升之歸妹　國賊升之兌　德國困之无妄　翼國得困之家人　服職息困之中孚　職服井之小畜　國福井之噬嗑　賊塞并之晉　福息井之明夷　福國革之師　極食革之泰,旅,兌之小過　貸得鼎之坤　麥國鼎之頤　力偈艮之訟　福國艮之困　翼國福艮之漸　匿德愿漸之隨　食極賊漸之大過　直賊福漸之遯　德國漸之大壯　域伏得歸妹之革　食國服豐之坎　黑國豐之咸　食福豐之革　得賊旅之比　賊國旅之履　息福旅之否　德息福旅之臨,巽之屯　賊福旅之震　國賊旅之兌　德福巽之大壯,兌之剝　食惑兌之艮　德福兌之中孚　福得渙之蒙　翼福德渙之明夷,節之隨　色賊渙之歸妹　福國節之履　國稷福節之井　賊國中孚之姤　國得小過之无妄　黑匿國小過之損　側翼北國小過之既濟　福國德既濟之否　福得域既濟之大有　福惑未濟之比　域得未濟之蠱　翼賊福稷未濟之晉　國賊未濟之旅

合　韻

職質

食福室乾之損　室福坤之訟　極飾出坤之否　得力疾坤之豫,比之大過　室塞坤之頤,井之旅　實賊室屯之頤　匿室食蒙之益　室伏需之蒙,大有之觀　福室得需之旅　穴室側需之觀,離之艮　疾國需之巽　室食訟之否,大壯之升　棘室塞師之中孚,泰之蒙　伏得室比之同人　翼室比之謙　賊室否之豐,晉之復　食出比之萃　極疾謙之明夷,无妄之小畜　室繹得豫之同人,夬之履　疾國豫之隨,夬之咸　國室隨之晉　得恤蠱之需　息室福臨之漸　息食室噬嗑之頤　息室噬嗑之益　室匿得賁之大有,剝之家人　國室賊復之大畜　德國疾復之革　匿日惑復之鼎　服飾極室大畜之訟　室服福極大畜之比　食室頤之需　息食室頤之履　疾服賊大過之无妄　國疾大過之離　德室大過之豐　北室坎夷咸　室得離之兌　室食咸之无妄,渙之泰　德福實室息咸之既濟,歸妹之咸　室直恒之乾　棘疾恒之訟　室革脈賊疾遯之明夷　北得室大壯之蹇　國息室明夷之比　室食得明夷之否　日德明夷之中孚　日食家人之小畜　室得睽之謙　室食睽之姤　極息室蹇之復　室賊福蹇之大壯　櫻食疾蹇之革　室息蹇之豐　室北國解之履　國室解之睽　實賊解之萃　翼國室損之觀,旅之需　日實福損之節　福室益之離　翼北國室益之明夷　室食益之夬　得疾益之姤　罳室益之革　服室德夬之大畜　實食室姤之節　國德室萃之臨　極食室升之訟　伏室食棘升之旅　國室鼎之咸　伏室食艮之隨　室食艮之剝　出國旅之坤　室得兌之坎　嗇福室節之臨　國域室節之遯　福室忒既濟之師

職緝

菑苔國乾之坎,巽之豫　直入乾之豐,渙之否　德福立坤之遯　食入屯之歸妹,否之蠱　集福比之訟,小畜之離　邑得小畜之萃,大壯之震　國合履之困　福邑履之歸妹,否之蠱　國飭邑豫之需　德合域復之履　急北復之否　國邑福无妄之益　集賊離之睽　域邑食恒之家人　國立遯之坎,漸之豫　塞答息晉之无妄,歸妹之蠱　墨雜得明夷之蠱　合福睽之家人　邑得夬之歸妹　粒食萃之小畜　食急賊革之蠱　福立震之坎　懾伏震之遯　急國得艮之巽　立職漸之未濟　稷邑歸妹之隨　食邑翼得豐之臨　德合德旅之巽　邑惑巽之萃　及特小過之明夷

職盍

食得乏蒙之艮　涉息噬嗑之復　乏得大畜之困　涉得大畜之震　葉德鼎之蹇

職屋

穀食息乾之睽　賊穀食坤之革,剝之睽　足息蒙之賁,損之困　得足比之小畜　俗惑

得小畜之履　　碌木穀德小畜之震　　鹿得同人之訟　　福觸大有之既濟　　足域謙之大畜,

萃之暌　　足北賊謙之鼎　　翼國欲隨之小畜　　息足隨之同人　　德麓福隨之大壯,剥之復

木國頤之臨,萃之復　　翼足賊坎之頤　　穀國咸之復　　翼足恒之解,渙之觀　　賊息續恒

之損　　鹿足得遯之同人　　德福欲晉之大壯　　粟食明夷之兌,艮之中孚　　俗得穀家人之

未濟,夬之比　　玉璞得解之否　　木得解之恒　　穀稷解之既濟　　德國福禄升之履

匿玉哭困之損　　足辱賊革之離　　福欲艮之困　　賊足中孚之豫　　食得穀小過之泰

食屋小過之鼎

職沃

逐息陸覆坤之泰,大有之豫　　服力覆需之屯,益之同人　　肉得腹需之解,頤之坎　　宿腹

稷履之豫　　食宿履之暌　　食熟履之寒　　國域復德福泰　　食肉泰之暌　　穆域同人

之寒　　陸稷同人之漸,巽之師　　賊陸謙之漸,夬之明夷　　宿服隨之渙,巽之革　　服測覆隨

之未濟　　宿得臆臨之大有　　北目得惑臨之艮　　宿臆食觀之豫　　國逐觀之艮　　力

服覆復之乾　　國域覆无妄之晉　　目惑遯之需　　宿國家人之暌,艮之節　　宿北家人之小

過　　稷食腹損之未濟　　肉得萃之泰,渙之艮　　告福萃之噬嗑　　宿福萃之離　　宿食

腹升之損　　六食升之萃　　北國腹井之遯　　育福鼎之否　　毒賊豐之大有　　食叔巽之

遯,中孚之頤　　服力覆巽之家人　　賊腹中孚之萃　　德國穆匿未濟之離

職藥

樂福大有之噬嗑　　得癗大有之鼎　　躍食蠱之頤,臨之賁　　福國樂臨之否

職鐸

拍福乾之蠱　　惡伏郭獲乾之艮　　坼北得屯之大壯　　澤射臆屯之旅,否之晉　　惡息蒙

之小過　　國宅小畜之賁　　澤賊同人之蒙　　惡得蠱之垢　　伏福作噬嗑之觀,家人之中孚

德默德作噬嗑之遯　　得澤得剥之小過　　薄國復之泰　　獲職大畜之否　　澤北頤之歸妹

逆息大壯之復　　諾客福晉之師　　戟惡服明夷之未濟　　作塞家人之履　　惡惑家人之

姤,漸之萃　　客食益之寒　　落宅食姤之噬嗑　　隙得鼎之大壯　　石食鼎之家人　　得獲

旅之恒　　客福節之賁　　福側宅德中孚之无妄　　北服作中孚之既濟　　射獲得既濟之履

職質屋

屬室得蒙之泰(屬,屋部字)　　福屋食室大畜之坤(屋,屋部字)

職質沃

力毒室需之泰(毒,沃部字)　　宿室得豫之益,蠱之履(宿,沃部字)　　宿室直目賊恒之觀,歸

妹之小過(宿,目,沃部字)　　北叔得室鼎之革,渙之臨(叔,沃部字)

職鐸屋

德逆足損之履,節(足,屋部字)　食足薄節之屯　石欲得小過之渙(欲,屋部字)

職屋藥

國樂玉息復之未濟(樂,藥部字)

職沃藥

熟樂福漸之損

職鐸屋沃

得澤縮促賁之渙(促,屋部字。縮,沃部字)

（17）沃部

逐宿坤之剝　復宿訟之師　目叔師之蒙,臨之震,賁之既濟　陸復宿師之震,剝之升,損之蹇,漸之否,中孚之同人　縮目復小畜之比,賁之豫　竹目蠱之旅　逐宿剝之萃　陸目育大過之乾　軸宿坎之晉　蹴宿坎之既濟　目宿咸之中孚　宿復節之蒙

（18）藥部

簫爵小畜之睽,遯之兌

合　韻

藥沃

溺梏既濟之觀

藥屋

樂欲師之萃,大有之歸妹　玉鑿睽之歸妹,姤之大過,艮之明夷

藥鐸職

伯樂索得坎之兌,遯之未濟(得,職部字)

（19）屋部

獨觸角足坤之屯　玉谷坤之比　辱瀆哭錄屯之訟,頤之師,萃之履　足速屯之明夷　角祿屯之損　足欲蒙之漸　啄玉訟之師　獄哭比　木足比之謙　瀆谷履之豫　剝辱足泰之井　玉谷木同人之坎,震之漸　谷角大有之復　玉足欲大有之革　足辱大有之鼎,觀之蹇　谷欲謙之中孚,漸之艮　獨觸角隨之蒙　渥斛臨之明夷,艮之賁,節之師　足辱賁之比　粟穀剝之遯,恒之離　混穀足大過之隨　玉觸大過之中孚　足玉坎　鹿哭坎之離　足玉欲咸之否　粟角咸之蠱　足角恒之乾　欲足家人之臨,漸之節　蜀穀屋家人之解,歸妹之旅　玉樸家人之姤,漸之萃　犢角家人之震　俗屬睽之謙　谷觸蹇之艮,姤之屯　楝玉解之觀　鹿足益之噬嗑　足屋祿萃之乾,困之需　谷角鼎之臨　辱哭鼎之賁　角粟穀艮之屯　鹿谷艮之晉　浴辱漸之賁　足族兌之解

合　韻

屋沃

足壽_{屯之賁,遯之艮}　蝮足腹_{師之无妄}　畜欲_{履之離}　欲逐_{蠱之咸}　粟逐_{蠱之升,歸妹之无妄}　目粟復_{觀之同人}　木目_{離之損}　辱足復_{晉之離}　陸屋_{明夷之坎}　屋覺_{家人之旅}　獄腹_{睽之咸}　麓蓄_{革之乾}　谷育_{震之中孚}　角續熟_{節之明夷}　木熟_{未濟之升}

屋沃職

肉食獄宿_{坤之既濟(食,職部字)}　德族睦_{臨之遯(德,職部字)}　欲福辱覆國_{遯之解(福,國,職部字)}　德禄福復_{晉之訟}　足肉粟得_{既濟之訟(得,職部字)}

(20)鐸部

席藿宅_{屯之豫}　作閣_{屯之臨,否之大有,頤,大壯之坤}　澤宅客_{屯之遯}　柝客_{師之頤,大過之渙,旅之困}　涸澤獲_{師之大壯,巽之同人}　落惡蠱_{比之既濟,豫之履,觀之解}　廓釋_{小畜之泰,蹇之謙,革之大畜}　邰宅_{小畜之中孚,夬之訟,困之否,中孚之蠱}　鵲博客_{否之睽,豫之剝}　啞宅_{大有之歸妹}　咋獲_{謙之益,未濟之師}　百惡蠱　射獲_{剝之大壯}　錯作_{離之泰,革之賁}　作宅_{咸之蒙}　邰百惡_{咸之巽}　索石_{遯之否}　作帛客_{遯之大畜}　諤齚惡_{家人之坤}　石惡簿_{家人之否,兌之豫}　作白_{解之剝,困之革}　苦戟_{益之遯}　席客_{益之大壯}　液坼_{夬之小畜}　邰逆_{萃之鼎}　略客白_{困之同人}　作百落_{井之升,兌之震}　席穫_{未濟之睽}　涸澤石獲_{未濟之井}

合　韻

鐸盍

薄怯鵲格_{乾之萃}　獲妾_{坤之剝}　鵲怯格_{比之豐}　妬業_{謙之屯,大壯之恒}　薄妾齚_{臨之未濟}　作葉_{離之萃}　郭獵獲_{蹇之坤}

鐸屋

獄客_{屯之家人,大畜之臨}　逆足_{蒙之乾,節}　蠱絡玉_{訟之蠱,晉之豫}　木獲_{泰之蠱,漸之蹇}　絡玉_{否之咸}　獲獄釋_{復之坎}　獨薄_{坎之升,大壯之井}　索束_{明夷之大過}　薄澤穀_{益之大畜}　石欲_{升之未濟}　木谷作_{困之大壯}　獲足_{井之蹇,艮之豫}

鐸屋沃

石軸足_{乾之謙,履之坎(軸,沃部字)}

鐸屋沃質

落宿谷室_{晉之困(宿,沃部字。室,質部字)}

（21）錫部

狄積師之巽,震之解,既濟之謙　　敵益擊无妄之明夷　　益惕遯之隨,歸妹之小畜　　擊迹大壯之復　　適惕姤之漸　　阨惕升之同人

合　韻

錫質

責結震之既濟

錫月

刺敵缺需之同人　　蜺闕師之恒　　擊敵缺同人之噬嗑,未濟之謙　　舌益塞之未濟　　㞢惕悅益之蠱

錫鐸

㞢易落萃之明夷

（22）質部

穴溢乾之咸　　日室需之離　　穴室小畜之家人　　橘栗履之大過,渙之姤　　實室大畜之漸　　膝室頤之需　　實室大過之謙　　實室咸之既濟　　畢卒明夷之大過　　疾室損之未濟,困之解　　至恤益之鼎　　疾室姤之明夷　　節結漸之頤　　屈出節之萃　　突忽既濟之鼎

合　韻

質月

月室坤之隨,大壯之萃　　揭節惙需之小過,暌之大過　　舌鬱比之咸,否之井　　月室泰之臨　　滑絕同人之既濟　　汨絕蠱之既濟　　決失坎之益　　說結雪塞之困　　屈脫漸之頤　　缺失未濟之恒

質緝

穴節入豫之兌,臨之損　　實邑室大畜之漸　　室邑恒之小過,渙之鼎　　日集晉之履　　邑室明夷之益,益之觀　　室入濕暌之中孚　　室邑姤之兌　　急室困之旅　　穴集室震之塞　　邑疾旅之蒙

質屋

木足玉室蒙之隨,訟之艮　　㲉疾坎之蠱　　室祿節之大壯　　卒束既濟之大過　　哭獨室未濟之剝

質沃

覆室需之謙　　實覆豫之升　　目目蠱之屯　　室叔大過之損　　目日叔坎之豫　　復疾塞之遯　　目吉夬之小畜　　宿日夬之无妄　　毒疾告鼎之復　　目叔室中孚之需

質緝

蟄出屯之中孚

質盍

法出觀之臨,既濟之屯

質緝沃

室合宿明夷之需(宿,沃部字)

(23)月部

絕竭屯之蒙　　怛活蒙之損,鼎之漸　　揭悷需之小過,睽之大過,渙之乾　　折活比之井　　竭

渴說豫之賁　　折伐剝之中孚　　悅蕝大過之小過　　悷絕活明夷之恒,艮之大壯　　伐割姤

之隨　　發達萃之需　　決缺脫鼎之同人　　絕歇小過之節

合　韻

月職

悅決得萃之夬

月沃

睦渴訟之井

月藥

缺鑿漸之泰　　缺宅解之大過

月職盍

側乏北絕恒之蠱(乏,盍部字)

(24)盍部

葉悏漸之乾

合　韻

盍緝

葉立履之噬嗑,泰之无妄　　急葉恒之節

盍屋

獄哭法復之升,鼎之履

盍沃

睦乏比,明夷之蹇

盍藥

業爵升之泰　　涉樂井之需

（25）緝部

疊悒蟲之大畜　立急臨之中孚　邑急晉之豐　入濕睽之中孚　邑十井之升

合　韻

緝鐸

伯客宅急師之渙

緝屋

觸急升之頤

緝沃

合宿泰之頤

緝屋職

給足息无妄之訟（息,職部字）

緝屋職藥

合躍屋食坎之節（食,職部字。躍,藥部字）

十、附録

1. 史記自序分韻

(1)之部

平聲

台之史記自序五帝本紀(五洲同文本史記卷一百三十/12下)　　台謀疑呂后本紀(13下)　　之

哉陳杞世家(17下)　　臺基外戚世家(19下)　　時富貨殖列傳(28上)

上聲

祀杞起陳杞世家(17下)

去聲

治事漢興以來將相名臣年表(15上)

之部合韻

之魚

上聲　海處祀越王勾踐世家(18下)

之職

事謀稷陳丞相世家(20下)

(2)幽部

上聲

道擾項羽本紀(13上)

幽部合韻

幽宵

平聲　驕條夏本紀(12下)

（3）魚部

平聲

乎乎奴宋世家（18 上）　　吳邪荆燕世家（20 上）　　奢吳伍子胥列傳（21 下）

上聲

序度五帝本紀（12 下）　　野下周本紀（12 下）　　父緒輔趙世家（19 上）　　旅與荆燕世家（20 上）　　寡土吕許父齊悼惠王世家（20 下）

去聲

奴固蒙恬列傳（24 上）

（4）歌部

平聲

彼蠡越王勾踐世家（18 下）　　禾議鄭世家（18 下）　　和宜五宗世家（21 上）

（5）支部

去聲

帝地五帝本紀（12 下）

支部合韻

支歌

平聲　知和魏世家（19 上）　　罷廝同前

（6）脂部

平聲

懷非項羽本紀（13 上）　　齊夷吳世家（16 下）　　微師齊大公世家（16 下）　　齊歸荆燕世家（20 上）　　魏齊曹相國世家（20 下）

去聲

遺遂外戚世家（19 下）　　率計白起王翦列傳（22 下）

脂部合韻

脂歌

平聲　綏和周公世家（17 上）

（7）祭部

際裔夏本紀（12 下）

(8)蒸部

平聲

　興崩_{律書(15 下)}　　泓稱_{宋世家(18 上)}

蒸部合韻

蒸陽侵

　平聲　興明心_{孝文本紀(13 下)}

(9)陽部

平聲

　疆昌_{律書(15 下)}　　尚明_{同前}　　行商_{平準書(16 下)}　　盟昌彰亡_{齊大公世家(17 上)}

　疆昌_{周公世家(17 上)}　　庚商饗盟疆_{管蔡世家(17 下)}　　疆亡_{衛世家(17 下)}　　行亡_{宋世}

家_(18 上)　　盟昌_{鄭世家(18 下)}

陽部合韻

陽東

　平聲　疆從_{王子侯者年表(15 上)}　　唐公_{晉世家(18 上)}

陽冬

　平聲　商湯衡宗享_{殷本紀(12 下)}　　梁宗_{孝文本紀(13 下)}

(10)東部

平聲

　功同_{夏本紀(12 下)}　　東庸_{鄭世家(18 下)}

東部合韻

東蒸

　平聲　功肱_{高祖功臣侯者年表(14 下)}

(11)耕部

平聲

　生寧名_{衛世家(17 下)}　　鄩平_{白起王翦列傳(22 下)}

(12)真部

平聲

　親秦_{呂不韋列傳(23 下)}

真部合韻

真元

平聲　賢陳元原秦楚世家(18下)　仁賢韓鄭世家(18下)

真耕

平聲　秦寧高祖本紀(13上)

(13)元部

平聲

元禪今上本紀(13下)　難亂間擅秦楚之際月表(14上)　禪亂燕世家(17上)　端難陳涉世家(19下)　焉難樊酈列傳(24下)

(14)職部

國革力始皇本紀(13上)　國革曹相國世家(20下)

職部合韻

職質

德室越王勾踐世家(18下)

職藥

虐德高祖本紀(13上)

職鐸

稷伯周本紀(12下)

(15)鐸部

索籍淮陰侯列傳(24下)

鐸部合韻

鐸藥

伯爵斥趙世家(19上)

鐸屋

繹續楚世家(18上)

(16)錫部

歷適跡吳世家(16下)

(17)月部

越列建元以來侯者年表(14下)　越滅吳世家(16下)　絕說烈陳杞世家(17下)

(18)緝部

緝部合韻

緝藥

邑弱王子侯者年表(15上)

緝沃

邑告衛世家(17下)

(19)盍部

業接牒楚世家(18上)

2. 漢書叙傳分韻

陰聲韻

(1)之部

上聲

宰海_{漢書卷一百下叙傳述紀十二(五洲同文本 100 下/4 上)}　祀史時起始_{志五(6 上)}　子起傳二_(8 上)　海子祀_{傳八(9 下)}　子嗣_{傳三十三(15 下)}　子仕己己子_{傳三十六(16 下)}緇仕_{傳四十二(18 上)}　理紀始_{傳五十八(21 下)}

去聲

代戒_{表六(5 上)}　試吏異志_{傳五十九(21 下)}　意代嗣_{傳六十七(23 下)}

合　韻

之幽

平聲　司娸疢_{傳五十一(20 上)}

上聲　祉子茂_{表三(4 下)}　有始采首_{傳二十七(14 下)}

之幽宵

上聲　母表舅宰_{傳六十八(23 下,表爲宵部字)}

之沃

去聲　志試學治_{傳二十八(15 上)}

(2)幽部

上聲

㰍道_{紀四(2 下)}　朽舊陽首鳥_{傳三(8 上)}　首咎_{傳二十二(13 下)}　道好_{傳四十二(18 上)}

合　韻

幽之

平聲　優郵浮_{傳三十五(16 上)}

上聲　首紀㬮_{紀一(2 上)}

幽沃

去聲　裒學_{傳五十一(20 上)}

(3)魚部

平聲

孥墓紀四(2下)　　徒湖傳四(8下)　　夫都奴傳十三(11上)

上聲

祖緒武楚旅舉紀一(2上)　　舉下叙表八(5上)　　虎輔傳二(8上)　　旅楚呂矩斧傳五(9上)　　魯社傳七(9下)　　古下緒傳十二(10下)　　楚所傳十七(12上)　　詛據序傳三十三(16上)　　憮舉輔許傳四十八(19下)　　武怒野傳六十四(22下)

去聲

錯故傳十二(10下)　　疏據圉慮傳十八(12下)　　謨度路傳四十三(18上)　　度詐傳六十一(22上)

合　韻

魚宵

平聲　符昭表四(4下)　　夭楚昭傳六(9上)　　霄妖傳十七(12上)　　殊禺甌區符驕傳六十五(23上)

上聲　禹叙武舉表志七(6下)　　趙主傳七(9下)　　序表旅傳六十六(23上)

(4)歌部

平聲

歌沱志九(7下)

去聲

貨化傳六十一(22上)

(5)脂部

平聲

微乖幾志一(5下)　　師威毗傳四十四(18上)

上聲

濟禮傳四十三(18上)

去聲

惠謂傳六十二(22上)

合　韻

脂支

平聲　威資豼鯢傳五十四(21上)

脂祭

　　去聲　貴世傳六十三(22下)

脂質

　　昧佛傳四十五(18下)

（6）祭部

去聲

　　世制敗紀二(2上)　　説敗沛害大傳十五(11下)　　慨説敗大害傳十九(12下)

　　合　韻

祭月

　　伐大裔傳四十四(18下)　　闕世害傳四十五(18下)　　制殺傳六十二(22下)

陽聲韻

（7）蒸部

平聲

　　登宏騰志十(7下)

　　合　韻

蒸冬

　　宗登傳五十(20上)　　陵勝興雄終傳六十(21下)　　終登宗傳六十七(23下)

（8）陽部

平聲

　　荒桑康紀四(2下)　　攘荒紀五(3上)　　煌光璋王陽紀九(3上)　　陽王亡傳一(8上)

　　襄王梁疆殃長傳四(8下)　　王亡昌傳八(9下)　　王倉張傳十三(11上)　　常揚創光

同前　　狂殃荒王傳四十(11下)　　王梁先傳十七(12上)　　葬將傳三十七(16下)　　堂

皇揚王衡詳亡傳三十八(16下)　　光疆良傳四十九(19下)　　祥光傳六十七(24上)　　煌

光堂亡傳六十八(24下)　　皇王陽光疆方綱章叙傳(24下)

（9）東部

平聲

　　公功凶紀十(4上)

合　韻

東冬

　　沖忠聰同紀七(3上)

(10)耕部

平聲

　　名精靈庭成紀七(3上)　　正成名傳六(9上)　　聲盈成傳二十二(13下)　　輕營聲盈

明英傳二十三(13下)　　明行傳四十五(18下)　　京明平刑聲傳四十六(19上)

(11)真部

平聲

　　秦民紀一(2上)　　彬神臣紀十(4上)　　秦因人表七(5上)　　民先田尊志四(6上)

溫君孫伸民身傳十六(12上)

合　韻

真元

　　平聲　親分傳傳十七(12上)　　人文門元論身傳五十七(21上)

　　去聲　戰論信俊傳三十九(17上)

真侵

　　平聲　淫紛文志二(5下)　　秦心門信君傳十(10上)　　恂心隣軍傳二十四(14上)　　文

深身臣倫傳三十(15上)

(12)元部

平聲

　　安韓難傳十(10上)　　桓元邊閑顏傳二十五(14下)　　山連同前

去聲

　　換漢怨紀一(2上)　　漢縣判志八(7上)　　贊彥歎傳四十六(19上)

(13)侵部

平聲

　　今林叙傳(25上)

合　韻

侵冬

　　鳳衷傳三十七(16下)

入聲韻

（14）職部

默德紀三(2下)　　則國北志八(7上)　　北國稷傳八(9下)　　默革德國傳九(10上)

直色德傳十二(11上)　　直色服德傳二十(13上)　　職食愿德國傳二十九(15上)　　克

德國傳三十四(16上)　　色直直式傳四十七(19上)

合　韻

職沃

德服覆式傳六十四(22下)　　福戚覆德傳六十七(23下)

職緝

翼克直服邑德紀八(3下)

職沃鐸

郭六職傳六十六(23下,郭,鐸部字)

（15）鐸部

作籍志三(6上)　　薄霍作度恪傳六十七(24上)

合　韻

鐸藥

澤作樂志二(5下)

鐸屋盍

法略薄禄作傳五十三(20下,法,盍部字)

（16）質部

一忽律出志一(5下)　　詘節栗傳七(9下)　　實詘黜傳五十二(20下)

（17）月部

末烈志三(6上)　　減缺別烈志十(7下)　　伐烈傳一(8上)　　愆桀傳四十(17下)

合　韻

月質

缺發七術傳五十五(21上)

（18）盍部

業乏法傳六十一(22上)

合　韻

盍緝

　業立傳六十六(23下)

盍鐸

　曄業作紀五(2下)

盍鐸藥

　作業樂法志十(7下,樂,藥部字)

3. 兩漢詩文作家籍貫生卒年表

前　漢

人名	籍貫	生年	卒年
劉邦（高帝）	沛　豐邑	前 247	前 195
項羽	沛　下相	前 232	前 202
虞美人			前 202
唐山夫人			前 201 以後
四皓			前 195 以後
劉友（趙幽王）			前 181
劉章（朱虛侯）		前 201	前 178
賈誼	雒陽	前 200	前 168
韋孟	魯國　鄒		前 152（？）
羊勝	齊		前 148
公孫詭	齊		前 148
公孫乘			前 148
嚴忌	會稽　吳		前 144 以前
鄒陽	齊		
路喬如			
劉徹（武帝）		前 157（前 140 即位）	前 87
枚乘	淮陰		前 140
孔臧	魯國		前 136 以後
廷尉翟公			前 128 以後
劉安（淮南王）	沛　豐邑		前 122
淮南小山			
公孫弘	菑川　薛	前 200	前 121
李延年	中山		前 121 左右
司馬相如	蜀郡　成都	前 179（？）	前 118

續表

人名	籍貫	生年	卒年
霍去病	河東　平陽	前 145	前 117
劉勝(中山王)			前 117
董仲舒	廣川		前 116(?)
司馬談	河内　夏陽		前 110 以後
烏孫公主			前 105 以後
東方朔	平原　厭次		前 94(?)
司馬遷	河内　夏陽	前 145 *	前 86
劉弗陵(昭帝)		前 95 (前 86 即位)	前 74
劉旦(燕刺王)			前 80
華容夫人			前 80
李陵	隴西　成紀		前 74
劉詢(宣帝)		前 90 (前 73 即位)	前 49
劉去(廣川王)			前 70
蘇武	京兆　杜陵		前 60
楊惲	弘農　華陰		前 54
劉胥(廣陵厲王)			前 54
王襃	蜀郡　資中		前 50 以前
劉奭(元帝)		前 75 (前 48 即位)	前 33
張敞	河東　平陽		前 48 以後
韋玄成	魯國　鄒		前 36
王昭君			前 33
劉驁(成帝)		前 51 (前 32 即位)	前 7
劉向	沛　豐邑	前 79	前 8

*　郭沫若先生考訂司馬遷生於武帝建元六年,當爲公元前 135 年。

續表

人名	籍貫	生年	卒年
班倢伃	樓煩		前 7 以後
劉欣（哀帝）		前 25 （前 6 即位）	前 1
趙飛燕			前 1
劉衍（平帝）		前 9 （公元元年即位）	5
嚴遵			
楊雄	蜀郡　成都	前 53	18
王莽	魏郡　元城	前 45	23
劉歆	沛　豐邑		23
崔篆	涿郡　安平		25 以後
應季先			

後　漢

人名	籍貫	生年	卒年
劉秀（光武帝）	南陽　新蔡	前 6 （25 即位）	57
馬援	扶風　茂陵	前 14	49
班彪	扶風　安陵	3	54
桓譚	沛國　相		56
白狼王唐菆			75 以後
馮衍	京兆　杜陵		76 以前
杜篤	京兆　杜陵		78
劉蒼（東平王）			83
鄭衆	河南　開封		83
梁竦	安定　烏氏		83
王阜			86 左右
梁鴻			88 左右
傅毅	扶風　茂陵		92 以前

人名	籍貫	生年	卒年
班固	扶風　安陵	32	92
袁安	汝南　汝陽		92
劉安世			
崔駰	涿郡　安平		92
蘇順	京兆　霸陵		106 以後
史岑			107 以後
許慎	汝南　召陵		121
黃香	江夏　安陸		122 以後
堂谿協	潁川　鄢陵		122 以後
班昭	扶風　安陵		125（？）
王逸	南郡　宜城		126 以後
李尤	廣漢　雒		126 以後
崔琦	涿郡　安平		136 以後
張衡	南陽　西鄂	78	139
崔瑗	涿郡　安平	77	142
滕撫	北海　劇		146
桓麟	沛郡　龍亢	107	147
鄭郴	潁川　陽城		150 以後
劉梁	東平　寧陽		155 左右
侯瑾	敦煌		155 左右
朱穆	南陽　宛	100	163
馬融	扶風　茂陵	79	166
邊韶	陳留　浚儀		167 以前
秦嘉	隴西		167 以前
徐淑			167 左右
竇武	扶風　平陵		168
高彪	吳郡　無錫		靈帝時
廉品			靈帝時

人名	籍貫	生年	卒年
劉琬	廣陵		靈帝時
崔寔	涿郡　安平		171（？）
胡廣	南郡　華容	91	172
堂谿典	潁川　鄢陵		172 以後
皇甫規	安定　朝那	104	174
酈炎	范陽	150	177
王延壽	南郡　宜城		177 以後
桓彬	沛郡　龍亢	133	178
趙壹	漢陽　西縣		178 以後
張奐	敦煌　酒泉		181
張超	河間　鄭		184 以後
戴良	汝南　慎陽		
蔡邕	陳留　圉	132	192
張昶	敦煌　酒泉		196 以後
邊讓	陳留　浚儀		196 以後
應劭	汝南　南頓		196 以後
禰衡	平原　般	173	198
蔡琰	陳留　圉		206 以後
孔融	魯國	153	208
鄧耽			
郭正（竇妻）			
仇靖	武都　下辨		
傅幹	北地　靈州		
張升	陳留　尉氏		
應亨			
辛延年			
宋子侯			
士孫瑞	扶風		

4. 魏晉宋時期詩文韻部的演變

總　説

語音隨時代而有轉變。我們知道兩漢音已經不同於周秦音,而魏晉以後又不同於兩漢。從詩文押韻的情形來看,自魏晉起至《切韻》時代,語音有了很大的變化。就韻部的分合而論,可以劃分爲兩個時期:魏晉宋是一個時期,齊梁陳隋是一個時期。兩者格局不同。魏晉宋這一時期,如果從漢獻帝建安十三年曹操自爲丞相,魏蜀吳三國成爲鼎立的局面算起,到劉宋之末,有二百七十年(208—478)。這段時間內,韻部的類別既不同於兩漢,也不同於齊梁,在音韻史上是一個承前啓後的時期。

這裏所說的魏,指的就是三國時代。有些作家,如建安七子,他們都是建安時期的人,嚴可均所輯《全上古三代秦漢三國六朝文》歸於後漢,而丁福保所輯《全漢三國晉南北朝詩》都歸於魏。我們認爲這些人在當時都被牢籠在曹氏父子勢力之下,成爲一個文學上的集團,互相酬答,把他們歸屬於三國時代是比較合適的。

魏晉宋包括的時間很長,雖然作爲一個時期看待,而韻部的分合,先後也並不一致。約略而言,魏接近於兩漢,宋接近於齊梁,晉代則是一個中間轉折的時期。爲便於理解,下面先做一個概括的說明。

三國時代

三國時代韻部的分類跟東漢不同的地方很多。最主要的有七點:

(1)之部分爲之、哈兩部。之部包括《廣韻》之韻和脂韻“否鄙軌鮪痏備”等字,哈部包括哈(來)灰(梅)皆(戒)三類字。

(2)魚部、幽部、宵部分爲三部。魚部包括魚虞模三韻字,侯部包括尤侯幽三韻字,宵部包括豪肴宵蕭四韻字。換言之,就是東漢魚部的侯韻字分出與幽部的尤幽兩韻合爲一部,而幽部的豪肴宵蕭四韻字又和宵部的豪肴宵蕭四韻字合爲一部。這樣就跟《切韻》分韻的大類相同了。

(3)祭部分爲祭、泰兩部。祭部包括祭霽怪(屆)三類字,泰部包括泰夬廢怪(介)四類字。

(4)蒸部蒸登兩韻分用,各爲一部。

（5）入聲藥、鐸兩部合爲一部。

（6）月部分爲屑、曷兩部。屑部包括屑薛月黠四韻字，曷部包括曷末鎋三韻字。

（7）東漢音緝部包括緝、合兩韻字，三國時代緝韻字獨成一部。

其次，關於字類一方面，也有一些重要的變動：

（1）東漢音之部所有的尤（尤）侯（母）兩類字，在三國時代轉入侯部。

（2）蒸部的“雄弓夢”一類字轉入冬部。

（3）真部的先（天）仙（川）山（艱）三類字轉入元部。

（4）侵部“風”字轉入冬部。

（5）質部屑（結）薛（設）黠（八）三類字歸入屑部。

由以上所說我們可以看出三國時代陽聲韻的分類跟兩漢音還比較接近，陰聲韻和入聲韻則相去較遠，所以應當和兩漢分別爲兩個時期。爲容易明瞭起見，列表如下：（以下所列三國時代的韻部共三十三部。這三十三部跟東漢音已很有不同，到了晉宋時期又有轉變。）

東　漢	三　國
1 之 ⎰之脂（丕） 　　⎱咍（來）灰（梅）皆（戒） 　　　尤（尤）侯（母）	1 之 2 咍 3 侯
2 幽 ⎰尤幽 　　⎱豪肴宵蕭 3 宵　豪肴宵蕭	4 宵
4 魚 ⎰侯 　　⎱魚虞模	（侯） 5 魚
5 歌	6 歌
6 支	7 支
7 脂	8 脂
8 祭 ⎰祭霽怪（屆） 　　⎱泰夬廢怪（介）	9 祭 10 泰
9 東	11 東
10 冬	12 冬
11 陽	13 陽

12 耕	14 庚
13 蒸 ⎰蒸 　　⎱登	15 蒸
	16 登
14 真	17 真
15 元	18 寒
16 侵	19 侵
17 談	20（談）①
18 屋	21 屋
19 沃	22 沃
20 藥⎱ 21 鐸⎰	23 樂
22 錫	24 錫
23 職 ⎰職 　　⎱德	25 職
	26 德
24 質 ⎰質術櫛物迄没 　　⎱屑（結）薛（設）黠（八）	27 質
25 月 ⎰屑薛月黠 　　⎱曷末鎋	28 屑
	29 曷
26 緝 ⎰緝 　　⎱合洽	30 緝
	31 合
27 盍 ⎰盍狎 　　⎱葉怗業乏	32 盍
	33 葉

晉　代

　　晉代跟三國時代顯著的差別是分韻加細，在陰陽入三聲裏都有變革。陰聲韻脂部在三國時代包括脂微皆咍灰齊六韻字，到晉代就已經分爲脂、皆兩部。脂部包括脂微兩韻，皆部包括皆咍灰齊四韻。陽聲韻真部在三國時代包括真諄臻欣文痕魂七韻，到了晉代，痕魂獨立，分爲真、魂兩部。又寒部在三國時代包括寒桓删先仙山元七韻，到晉代也分爲兩部，寒桓删三韻爲寒部，先仙山元四韻爲先部。另外，侵部分爲侵覃兩部，談部分爲談鹽兩部，也與三國時代不同。至於入聲韻質部，在三國時代包括質術櫛迄物没六韻，但是到了晉代没韻獨成一部，不與質術等韻相混。這樣在部類的數目上就增多爲三十九部了。

_____

① 　没有押韻的例字。

劉宋時代

晉代以後,到南北朝初期,音韻改變得更多。就南朝宋代的韻文來看,韻部有分有合。分的有兩部:一部是真部的文欣兩韻獨立爲一部,一部是質部的物韻獨立爲一部。前者可以稱之爲文部,後者稱之爲物部。合的也有兩部:一部是冬部與東部合併,一部是沃部與屋部合併。

除韻部有分有合外,還有字類上的變動。字類的變動表現得最清楚的有五部分:

(1)支部的齊韻字,如“鷄啼閨”等,歸併皆韻的齊韻一類,不再和支部的支佳兩韻字相押。

(2)先部的元韻字轉入魂部,與痕魂兩韻字相押。

(3)屑部的月韻字轉入没部,與没韻字相押。

(4)藥部的藥鐸兩韻獨用。藥部的覺韻字,和“較駁濯”等轉入沃部,和沃部的覺韻字相押;藥部的陌麥昔三韻字,如“白獲石”等,轉入錫部,和錫部的陌麥昔三韻合併。

(5)晉代沃部的錫韻字,如“戚迪寂”等都轉入錫部。

所有這些變革,在部數上仍是三十九部,但是内容已經跟晉代不同,這正是上承魏晉、下啓齊梁的一個時代。

再從北朝來看,北魏於公元 439 年(宋文帝時)統一北方,與宋齊梁三朝對峙,到梁武帝末年才爲北齊所代,但是北魏的韻文與南朝宋代的韻文押韻部類完全相同,北魏也就可以附屬於這一個時期了。

陰聲韻

魏		晉		宋	
1	之	1	之	1	之
2	咍 {咍(來)/灰(梅)/皆(戒)}	2	咍 {咍(來)/灰(梅)/皆(戒)}	2	咍 {咍(來)/灰(梅)/皆(戒)}
3	脂 {脂微/皆咍灰齊}	3	脂	3	脂
		4	皆	4	皆
4	祭	5	祭	5	祭
5	泰	6	泰	6	泰
6	支 {支/佳/齊}	7	支 {支/佳/齊}	7	支 {支/佳}

魏	晉	宋
7 歌	8 歌	8 歌
8 魚	9 魚	9 魚
9 侯	10 侯	10 侯
10 宵	11 宵	11 宵

陽聲韻

魏	晉	宋
1 東	1 東 }	1 東
2 冬	2 冬 }	
3 陽	3 陽	2 陽
4 庚	4 庚	3 庚
5 蒸	5 蒸	4 蒸
6 登	6 登	5 登
7 真 { 真諄臻 / 文欣 } / 痕魂	7 真	6 真 / 7 文
	8 魂	8 魂 { 痕魂元
8 寒 { 元 / 先仙山 } / 寒桓删	9 先	9 先 { 先仙山 / 山
	10 寒	10 寒
9 侵 { 侵 / 覃 }	11 侵	11 侵
	12 覃	12 覃
10 （談）	13 談	13 談
	14 鹽	14 鹽

入聲韻

魏	晉	宋
1 屋	1 屋 }	1 屋
2 沃	2 沃 }	
3 藥	3 藥 { 覺 / 藥鐸 / 陌麥昔錫 }	2 藥
4 錫	4 錫	3 錫
5 職	5 職	4 職
6 德	6 德	5 德
7 質 { 質術櫛 / 物迄 } / 没	7 質 { 質術櫛 / 物迄 }	6 質 / 7 物
	8 没	8 没 { 没 / 月
8 屑 { 月 / 屑薛黠 }	9 屑 { 月 / 屑薛黠 }	9 屑 { 屑薛黠
9 曷	10 曷	10 曷
10 緝	11 緝	11 緝
11 合	12 合	12 合
12 盍	13 盍	13 盍
13 葉	14 葉	14 葉

總的情況

根據前面所説,我們可以把魏晉宋一個時期内韻部演變的情況列爲上表。

從上表我們可以看出魏晉宋雖然劃爲一個時期,但韻部的分合與字類的歸屬前後並不一致。我們認爲語音史上的分期只是一種簡單的概括,不能區分過細。嚴格説起來,同一時代各地的語音都不盡相同,那麼,把不同的時代歸爲一個時期,那只能從大類相近着眼。即如魏晉宋一個時期裏,魏只有陽聲韻的分部接近於兩漢,陰聲韻和入聲韻的分合則變動很大。論其部類,跟晉宋相近,所以把魏與晉宋合爲一期。宋代陰聲韻的分類雖然跟晉代大體相同,而陽聲韻和入聲韻的分類則跟晉代出入甚多。宋代正是由魏晉音發展爲齊梁音的過渡階段,也就是上承魏晉,下啓齊梁。因爲齊梁音的韻部呈現一種新的格局,不同於晉宋,所以定魏晉宋爲一個時期,齊梁另爲一個時期。

其次,我們從上面的演變表中可以明白地看出:從晉代起入聲韻和陽聲韻關係轉密,和陰聲韻關係漸疏,即入聲韻和陰聲韻不相配,而和陽聲韻配合得比較好。晉宋之間,凡陽聲韻有變革,其相對的入聲韻也同樣有變革。這一點對於推測魏晉宋時期的讀音是非常重要的。以下分部來討論這一時期韻部的演變。

分　論

陽聲韻

東部　冬部

《詩經》音東冬兩部在兩漢時期没有什麽變動,直到魏晉這兩部還分別得很清楚。由此更可以證明孔廣森在《詩聲類》裏把東冬分立爲兩部是正確的。

《廣韻》東韻“雄弓夢”三字《詩經》音屬蒸部,魏晉時期都轉入冬部,這在前面已經提到。另外還有一個“熊”字,在漢代也是蒸部字。《易林·塞之大過》以“熊閔”爲韻。到西晉時期左思《魏都賦》以“終邦冲公庸蹤熊隆同風”爲韻,“熊”字已不屬蒸部,估計跟“雄弓夢”一樣轉入冬部。

《廣韻》東韻的“風”字,《詩經》音屬侵部,在兩漢時期已逐漸有改變。有些作家和冬部字押韻,有些作家跟蒸部字或東部字押韻,很不一致。例如:

　　　揚雄《甘泉賦》:乘風澄兢(《漢文》51/4 上)

　　　傅毅《竇將軍北征頌》:風鋒降(《後漢文》43/6 上)

　　　馮衍《顯志賦》:風陵(《後漢文》20/3 下)

　　　班固《東都賦》:雍風徵躬秾(《後漢文》24/7 下)

　　　崔駰《大將軍西征賦》:風中雍宗(《後漢文》44/1 下)

　　　邊讓《章華臺賦》:終風中雄隆(《後漢文》84/11 下)

　　　禰衡《顔子碑》:蹤容衝風雍窮(《後漢文》18/3 上)

從這些例子可以看出“風”字的讀音漸漸在改變,-m 尾變成-ng 尾。但是“風”字跟侵部本部字一起押韻的還很多,讀爲-ng 尾的還不十分普遍。漢末劉熙《釋名·釋天》説:“風,兗豫司冀横口合唇言之。風,泛也,其氣博泛而動物也。青徐言風,踧口開唇推氣言之。風,放也,氣放散也。”這正是方言讀音不一致的現象。疑前者讀 b-m,後者讀 Φ-ng。可是到魏晉時期,韻文裏幾乎全跟冬部字押韻。跟侵部字押韻的,我們只看到魏卞蘭《贊述太子賦》以“音今尋風”爲韻和晉王珣《琴贊》以“琴惜風林”爲韻兩個例子,此外再没有了。

魏晉時代東冬兩部有分,可是在晉代也有不少兩部合韻的例子,以二陸、左思爲多,這表明兩部讀音比較接近。到了劉宋時期,東冬兩部就完全同用不分了。這是一大轉變。

<u>陽部　庚部</u>

東漢音陽部包括《廣韻》陽唐兩韻字,耕部包括《廣韻》庚耕清青四韻字,魏晉宋時期這兩部跟東漢相同,没有什麽變化。這裏只把耕部改稱爲庚部。

這一時期之内,晉代還有少數作家,如傅玄、張華、陸雲、左思等人間或把庚部的“明京慶衡横兄羹景”一類字和陽部字押韻,這種現象跟東漢時期相似。這説明“明京兄”等字的韻母讀音跟陽部還是比較接近的。但是到了宋代,除顏延之把“衡”字和陽部字押韻以外,再看不到這種現象了。

<u>蒸部　登部</u>

東漢蒸部包括《廣韻》蒸登兩韻字和耕韻從厷、從朋得聲的字,到魏晉以下分爲蒸登兩部,蒸部包括蒸韻字,登部包括登韻字。耕韻從厷、從朋、從登得聲的字,如“紭輣橙耺”等歸入登部。如:“紭”字見陸雲《皇太子見命作》,“紭弘”爲韻(《晉詩》3/19 上)。“輣”字見謝靈運《武帝誄》,“弘登輣縢”爲韻(《宋文》33/6 下)。“橙”字見潘岳《爲賈謐作贈陸機》,“層恒橙崩”爲韻(《晉詩》4/2 上);又見王叔之《甘橘頌》,“恒能弘橙”爲韻(《宋文》57/9 上)。“耺”字見左思《吳都賦》,“耺勝應興菱升”爲韻(蒸登合韻,《晉文》74/10 上)。

<u>真部　魂部　文部</u>

這三部包括《廣韻》真諄臻文欣魂痕七韻,在三國時期這七韻完全通押。到晉代的時候,痕魂獨立,分成兩部,到宋代的時候,文欣獨立,又進一步分成三部。

三國時期的真部和兩漢時期稍有不同。兩漢的真部除包括真諄等七韻字以外,還包括先(天)仙(川)山(艱)三類字;在三國時期這三類字已經轉入元部,和元部的先仙山三韻字在一起押韻,這是很大的不同。其次,兩漢時期真部字跟元部字合用的例子很多,不過,其中真部字是雜亂的,幾乎每一類字都有跟元部合韻的例子;但是到了三國時期就變得清楚了:元部(即下面要説的寒部)字和真部字押韻的大都是“天先淵年賢阡西”一類的字;真部字和元部字押韻的大都是“臻存恩昏命門論雲均”一類的字,其中“臻存”兩個字見的次數尤其多;這跟東漢時期紛然雜糅的情形迥乎不同了。例如:

曹操《短歌行》:阡存恩(《三國詩》1/1 上)

曹植《吁嗟篇》:然閑阡間淵田西存山艱燔連(《三國詩》2/5 上)

徐干《齊都賦》:岑淵奔(《後漢文》93/5 上)

何晏《景福殿賦》:偏臻煇年(《後漢文》39/5 上)

晉代真魂分爲兩部:真部包括真臻諄文欣五韻,魂部包括痕魂兩韻。痕魂兩韻字在三國韻文裏應用的很少,所以看不出分立的跡象,但是在晉代就表現得非常清楚,痕魂兩韻字很少和真諄文欣押韻。

宋代魂部與晉代相同,不過顏延之、謝莊、鮑照等人魂部字和《廣韻》元韻字開始通押,這是一個新的變化。到齊梁以後,元魂痕三韻就一直變成爲一部。至於真諄臻文欣五韻,晉代是通押的,可是已經有一部分文韻獨用的例子,到宋代文欣兩韻就不大同真諄臻三韻合用而獨成一部,北魏也是如此,今稱爲文部。

現在把從三國時代到劉宋時代真魂文三部發展的過程表示如下:

三　國	晉	宋、北魏
真部 { 真臻諄 欣文 痕魂	真部 { 真臻諄 欣文 } 魂部:痕魂	真部:真臻諄 文部:欣文 魂部:痕魂元

　寒部　先部

兩漢音元部包括的字類很多,有《廣韻》寒桓删先仙山元七韻字。到三國時期,真部的先(天)仙(川)山(艱)三類字又轉入元部。爲便於稱述起見,現在改稱之爲寒部。三國時期的寒部仍然有和真部字合韻的例子,不過以先仙山元四韻字居多,寒桓删三韻和真部字相押的就很少。由此可以推想寒桓删雖與先仙山元同部,在聲音上洪細弇侈仍有不同。

到了晉宋時期,先仙山元四韻開始和寒桓删三韻分用,現在稱之爲先部。

晉代寒先分爲兩部,但合用的例子還很多。如果細心考查一下,就可以發現先部字跟寒部字常在一起押韻的是下面一些字:

平聲　"原言元園蕃繁源軒翻山間焉然旋宣延遷天年"等字。

上聲　"遠晚反坂婉簡"等字。

去聲　"獻憲建怨勸媛賤戰羨變宴彦"等字。

這裏以元韻字居多。由此可見先部內元韻最接近寒部,其次是山仙兩韻。

在晉代,先部字還有跟真部字押韻的例子,現象也很錯綜。即如先部的先仙山三韻"天先淵賢年田顛玄泫艱鮮川妍連旋"一類的字一般是跟真部的"臻蓁人民陳津神鄰仁純淳"一類字押韻的;而先部的元韻"原言園軒源繁"一類的字一般是跟真部的"紛文群聞雲君熅"一類字押韻的。由這種情形又可以看出在晉代先部的先仙韻字跟真部的真諄臻三韻接近,先部的元韻字既跟寒部接近(見上文),並跟真部的文韻相近。這對於我們瞭解晉代先元兩韻的讀音很有幫助。

但是到劉宋時期,先部字就很少與真、寒兩部字押韻。先部的元韻字開始與魂部痕魂兩韻字相押,而跟真部字通押的例子就比較少了。

從三國的寒部演變爲晉宋時代的寒部、先部可以列表如下:

魏晉時期侵部字沒有兩漢時期包括那樣廣。在三國的時候,侵部除《廣韻》侵韻字相押外,還有覃韻的"南"字和咸韻的"喦"字。這兩個字都僅僅一見,依《詩經》音和兩漢音都是侵部字。

在晉代的時候,和侵韻字在一起押韻的有"南潭蕈龕耽潛摻咸"等字。這些字除"潛"爲鹽韻字,"摻咸"爲咸韻字外,其餘都是覃韻字。依《詩經》和兩漢音這些字都是侵部字,"潛摻"二字也應當歸在侵部。"潛"從朁聲,"摻"從參聲,"朁參"都在侵部。西漢王褒《洞簫賦》以"淫摻音風窮"爲韻(《漢文》42/2下),"摻"字屬於侵部無疑。不過以上這些字多半見於陸機、陸雲、鄭豐、張翰幾個吳郡人的詩裏,別的人都很少用。只有何楨《許都賦》以"南深"爲韻(《晉文》32/1上),傅玄《元日朝會賦》"陰摻"爲韻(《晉文》45/2下)而已。《廣韻》覃韻字獨用的例子,則見於郭璞《山海經圖贊》。郭璞《山海經帝女桑贊》以"潭參蠶"爲韻("參"爲"參互"之"參",《晉文》123/5上),《南方祝融贊》以"驂含南"爲韻(《晉文》123/6下)。到了劉宋時代,覃韻字,如"南潭"等,不見有和侵韻押韻的例子,所以把侵、覃分爲兩部。

談部　鹽部

　　三國時代的韻文裏没有談韻字作韻脚的。晉代的時候,談韻的"談甘柑藍聃覽澹"等字都獨用,自成一部,這跟《詩經》和兩漢音談部兼括談鹽添銜嚴凡各韻統歸一部的情形不同。

　　鹽部包括《廣韻》鹽添兩韻,從晉代開始獨用,具有平上去三聲字,而且這一部還包括凡韻字。劉宋、北魏時期還有銜、嚴兩韻字。嚴韻只有一個"嚴"字,銜韻只有"巖鑒"兩個字。"嚴"字在宋代韻文裏作爲韻脚的凡兩見:顔延之《宋文帝元皇后哀策文》以"驂嚴"爲韻(《宋文》38/4 下),"驂"爲覃韻字;宋孝武帝劉駿《華林清暑殿賦》以"炎嚴驂"爲韻(《宋文》5/1 上),"炎"爲鹽韻字。"嚴"字應當歸屬哪一部,似難確定,現在根據劉駿以"炎嚴"押韻的例字,歸屬在鹽部。至於銜韻的兩個字,見於北魏陽固的《演賾賦》(《後魏文》44/1 下),這兩個字完全獨用,没有和其他韻押韻的例子,應否獨立爲一部不易判斷,現在就把它附在本部之内。

　　總起來看,《廣韻》侵韻以下閉口九韻在魏晉宋時期内因爲材料太少,分部的情形表現得不很清楚,現在根據實際押韻的例子和前後時期韻部的流變,把三國時代分爲侵、談兩部,晉宋時代包括北魏分爲侵、覃、談、鹽四部。

陰聲韻

之部　哈部

　　兩漢音之部包括之(基)哈(來)灰(梅)皆(戒)尤(尤)侯(母)脂(丕)幾類字。到三國時期,這一部分爲之、哈兩部:之部包括之韻字和脂韻"否鄙軌鮪痏備"等字,哈部包括哈(來)灰(梅)皆(戒)三類字。這兩部分别比較嚴格,除曹操、曹丕父子偶爾有合韻的例子以外,其餘的作家很少用在一起。至於尤(尤)侯(母)兩類字在三國時期已經轉入侯部,絶不與哈部字押韻,偶爾有跟之部字押韻的,也寥寥無幾。

　　晉宋時期之、哈兩部與三國時期相同,惟三國時期之部上聲有"敏"字。如何晏《景福殿賦》以"子敏止"爲韻(《三國文》39/6),韋誕《景福殿賦》以"始敏"爲韻(《三國文》32/10),嵇康《琴賦》以"敏擬徵子峙起"爲韻(《三國文》47/2),但到晉宋時期就没有人這樣用了,估計已轉入陽聲真部。漢末劉熙《釋名·釋言語》曾經説:"敏,閔也,進叙無否滯之言也,故汝潁言敏曰閔也。"是"敏"在漢末汝潁人已讀歸真部。

還有，三國時期之部上聲"否鄙軌"三字和去聲"備"字，在晉宋時期有人仍用在之部，有人就用在脂部，參差不齊，這正是開始轉變的現象。

脂　部

東漢脂部包括脂(夷)微(衣)皆(懷)咍(開)灰(回)齊(妻)六類字，三國時期和東漢大體相同，只是齊類字的去聲，如"惠繼庋翳"之類和皆類字的去聲"屆"字已轉入祭部；而且脂微兩類字單獨在一起押韻的也比較多，有與皆咍灰齊四類字分爲兩部的趨勢。到晉宋時期，脂微獨立，除平聲字有與皆咍灰齊押韻的例子以外，上去聲字很少通押。現在根據這種現象定脂微爲一部，皆咍灰齊爲一部，前者稱爲脂部，後者稱爲皆部。

脂部的脂微兩類字，在晉代是同用不分的，只有去聲字郭璞分用不混。到了宋代就有些人分用了。如顏延之、謝惠連、謝莊、鮑照的作品都分別得很精細，尤其是謝莊用韻最爲整齊，完全跟《切韻》脂微的分韻相合。顏延之、鮑照等人的作品雖然有例外，但是脂韻和微韻通押的字，只限於"衰追誰推菽帷逵馗悲"幾個合口字，很少有開口字夾雜在內，所以還是很謹嚴的。由此發展到齊梁時期，脂微兩韻就分化爲兩部了。可是脂韻的"衰追誰推"等字仍屬於微部，而不屬於脂部，這是跟《切韻》不同的地方。鮑照用韻的類別是跟齊梁時期非常接近的。

皆　部

這一部在三國時期屬於脂部的範圍，到晉代才開始分別出來，包括皆咍灰齊四類字：

皆	皆階諧懷乖	楷	
咍	哀開		愛逮概
灰	回迴枚雷頹		對內退昧碎
	摧嵬堆隤隈		
	魁徊槐		
齊	妻齊萋淒棲黃	禮體弟啓薺濟抵	
	迷犀黎梯	涕醴陛	

在宋代除齊韻字有增加外，其餘皆咍灰三類都跟晉代相同。這一部的皆咍灰三類字在三國時期就有同咍(來)灰(梅)皆(戒)合韻的現象。如應瑒《竦迷

迭賦》“苺徊”爲韻(《後漢文》42/3下),韋誕《叙志賦》“才階”爲韻(《三國文》32/9),阮籍《詠懷詩》“埃來排哉”爲韻(《三國詩》5/5)之類都是。但是直到晉宋時期這兩部字還是分得比較清楚。在晉代,只有陸機、李充、潘尼有幾個通押的例子;在宋代,只有鮑照通押的次數稍多,其他的人多不通押。由此可以證明這兩部的讀音從三國到晉宋在大部分的方言裏都不相同,從鮑照以後才漸漸成爲一類,齊梁以下就沒有區別了。于海晏的《韻譜》不曾注意到這一點,從三國時候起就定爲一類是不妥當的。

另外還有一個很繁瑣的問題,即本部的齊韻字和支部齊韻字的分合問題。

依照兩漢分韻的情形來看,脂支兩部都有齊韻字,兩者分配的情形是這樣的:

脂部　平聲“齊黎妻氏犀鵜荑稽鷖梯迷泥睽”等字。

　　　上聲“薺醴禮體濟底弟啓米陛”等字。

　　　去聲“戾棣詣惠翳計”等字。

支部　平聲“啼蹄隄奚嘶溪圭麑攜”等字。

　　　去聲“帝遞系繫麗儷”等字。

這兩類字在兩漢時期分別很嚴,很少通押。只有揚雄、枚乘、班固、崔駰文有幾個例外(見《兩漢詩文韻譜》支、脂兩部的合韻譜)。

到三國時期,脂支兩部的齊韻字仍然有分別。我們看到在這一時期的作品裏支部的齊韻字和脂部的齊韻字都是跟本部其他字押韻的最多;支部齊韻字獨用的沒有,跟脂部齊韻字押韻的也沒有。由此可知脂支兩部的齊韻字還不是一類。

在晉宋時期,脂部分爲脂皆兩部,齊韻字歸屬於皆部①。在晉代皆部的齊韻字跟皆部本部的皆、灰、咍三韻字相押的較多,支部的齊韻字跟支部本部的支、佳兩韻字相押的較多。但支部齊韻字跟皆部齊韻字在一起押韻的極少。支部齊韻字同皆部的皆、灰、咍三韻相押的,有潘岳、左思、張協、陶潛;皆部齊韻字同支部支、佳兩韻相押的有成公綏、左思、陶潛,但皆部齊韻的上聲字絕不與支部上聲字通押。從這種情形來看,在晉代,皆部同支部的齊韻字大部分的作家還是有分別的。儘管潘岳、左思、張協、陶潛、成公綏等人有些例外,然而就材料論材料,我們還不能說這兩類齊韻字各處方言已經普遍地合爲一類了。

可是到宋代情形就完全不同了。我們很明顯地看到上面所說的支部的齊

---

① 它的去聲字從三國時起轉入祭部。

韻字在宋代没有一個和支部的支佳兩韻字押韻的例子,皆部的齊韻字也是如此;反之,支部的齊韻字倒跟皆部的齊韻字或皆韻字在一起押韻,像何承天、顏延之、謝靈運、謝惠連、荀昶、謝莊、鮑照等人都是如此。由此可以肯定地説:支部的齊韻字到宋代完全併入皆部齊韻一類,支部不再有齊韻字了。這裏還需要特别指出的是謝莊、鮑照兩個人齊韻已經開始有一些獨用的例子,這正是齊梁以後齊韻獨成一部的先聲。

總結上面的討論,從三國到晉代,之、哈、脂、皆、支幾部的演變可以列表如下:

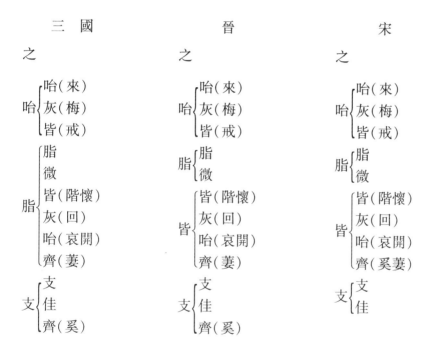

祭部　泰部

兩漢時候祭部包括祭泰夬廢怪霽幾類字,到三國時代分爲祭泰兩部。祭部包括祭霽兩韻和怪韻的"屆"字,泰部包括泰夬廢三韻和怪韻的"介芥"二字。

在兩漢的時候祭部和相承的入聲月部不大混用,但是在三國的時候祭泰兩部和相承的入聲屑曷兩部通押的次數很多。入聲的屑部包括屑薛月點四韻,曷部包括曷末兩韻。祭部同屑部相押,泰部同曷部相押,很少相混。由此也可以證明祭泰分爲兩部是正確的。

　　晉宋時期祭泰兩部有分跟三國時期一樣。不過晉代的作家用韻並不十分整齊,不但祭泰有合韻,而且祭部還跟脂部、皆部、咍部的去聲字合韻;泰部也是如此,只是沒有祭部那樣多罷了。脂皆咍跟祭泰押韻的有以下這些字:

與祭部通押{
　脂部　穗 2① 摯器遺懿墜
　皆部　内昧概 2 愛 2 對續
　咍部　代 3
}

與泰部通押{
　脂部　氣 2 昧
　皆部　昧愛綷
　咍部　戒
}

　　從表面上看,通押的範圍比較廣泛,可是從下面的統計數字來看,祭泰與其他各部分開獨立成爲兩部還是很明顯的:

本部字相押{
　祭 21 祭霽 27 霽 0
　泰 32 泰夬 16 泰廢 4 泰怪(介)4 泰夬廢 2 夬 0 廢 0
}

兩部字相押{
　泰祭 19 泰脂 3 泰皆 3 泰咍 1
　祭脂 6 祭皆 4 祭咍 3
}

　　這些數字裏沒有包括複雜合韻的例子在内,因爲那只是特殊的單個例子,並不能給我們什麽啓示。僅從上面的統計情況來看,就可以知道祭泰兩部的獨立性了。這兩部與入聲屑曷兩部的關係很密,去入通押的例子還很多。另外,在晉宋時期祭部内增加了"計替"二字。"計"字在三國時期屬於質部,現在都轉爲祭部字了。

支　部

　　支部在東漢時期包括支、佳、齊(奚)三類字,到魏晉時期還是如此,直到宋代的時候,這一部的齊韻字才和皆部的齊韻字合併,這在前面已經說過了。

　　本部佳韻字不多,但在魏晉宋時期始終與支韻字在一起押韻,沒有獨用的例子。

　　平聲:

　　王粲《神女賦》:移垂笄釵離宜(《後漢文》90/5 上)

　　繁欽《定情詩》:離釵(《三國詩》3/13)

　　曹植《桂之樹行》:佳涯蝸(《三國詩》2/7)

_____

① 字後的數碼表示見到的次數。

傅玄《吴楚歌》：佳崖（《晉詩》2/2 下）

夏侯湛《雀釵賦》：釵奇規（《晉文》68/3 下）

無名氏《子夜夏歌長樂佳》：離佳（《晉詩》8/8 下）佳隨（8/9 上）

顏延之《皇太子釋奠會作》：儀街馳猗（《宋詩》2/5 上）

顏延之《赭白馬賦》：儀街螭奇羈馳枝離（《宋文》38/3 上）

上聲：

張協《七命》：伎豕弛擺（《晉文》85/10 上）

潘尼《釣賦》：技解（《晉文》94/3 上）

鮑照《園葵賦》：委灑靡解（《宋文》46/5 上）

去聲：

曹植《魏文帝誄》：義儷瑞地規柴帝（《三國文》19/6 下）

傅玄《明堂饗神歌》：懈帝（《晉詩》1/2 下）

這裏面"釵佳街擺解懈"都是佳韻字。"涯崖差"《廣韻》支佳兩韻兼收，"灑"字紙蟹兩韻兼收。魏晉宋時期都跟支韻字在一起押韻。

下面要討論的是"帝麗系係繫羿遰掕睨隸地"一類字在魏晉宋時期的轉變。這一類字除"地"字是《廣韻》至韻字以外，都是霽韻字。按照東漢音，只有"隸"字屬於脂部，其餘都屬於支部。但是在魏晉宋時期這些字略有變化，簡單來說，在魏晉的作品中"系遰"二字都與祭部字一起押韻。如：

曹植《少昊畫贊》：裔世系制（《三國文》17/5）

傅玄《元日朝會賦》：系制會（《晉文》45/2 下）

夏侯湛《觀飛鳥賦》：逝勢遰（《晉文》68/6）

"隸"字，在晉代的作品裏都跟支部字在一起押韻。如：

孫惠《維車賦》：地濟帝隸（《晉文》115/8 下）

郭璞《山海經青鳥圖贊》：憩隸地（《晉文》122/7 上）

郭璞《元皇帝哀策文》：被義隸寄地（《晉文》123/13 下）

這裏值得注意的是"地"字在晉宋時代有跟祭部字押韻的例子，又有跟脂部字押韻的例子。如：

傅玄《朝廟樂章·文皇統百揆》：大地邁衛世（《晉詩》1/13 下）

孫綽《望海賦》：緯地匱（《晉文》61/3 上）

謝莊《宋孝武帝哀策文》：筮衛裔地世翳蒂（《宋文》35/10 上）

鮑照《詠史》：利位次轡至地媚棄（《宋詩》4/19 上）

　　鮑照《冬日》：次地異棄利媚稚至（《宋詩》4/26下）

由此可知"地"字的讀音已經開始有變化，到齊梁以後就歸入脂部了。這是一個很清楚的演變過程。

　　上面我們還提到"帝麗繋掜羿睨"等字，這些字在魏晉時期都屬於支部。"羿"字從开聲，开聲清人講周秦古韻的書都列爲脂韻字。案魏王粲《神女賦》以"移垂笄釵離宜"爲韻（《後漢文》90/5上），"笄"也是從开聲的字，王粲既然用"笄"字與支部字押韻，可證從开聲的羿字當在支部。"帝麗繋"等字在宋人的韻文裏没有作韻脚的。在上文討論皆部的時候已經説過宋代支部只包括支、佳兩韻字而没有齊韻字，齊韻的去聲"帝麗繋"等字可能與皆部齊韻的去聲字都轉入祭部。

歌　部

　　東漢時期歌部包括歌戈麻三韻字，魏晉宋時期也是如此。惟有"車"字一般都是和魚部字押韻，和歌部字押韻的就很少了。魚部的"野"字從晉代以後幾乎全跟本部字押韻，不再跟魚部發生關係①。

　　又本部麻韻一類的上去二聲字在晉宋時期大多數的作家都是獨用的，同歌戈兩類的上去二聲合用的很少；這正是演變成齊梁以下歌麻分爲兩部的開始。

　　另外，晉人劉謐之《下也賦》裏曾經用到一個"蟆"字和"靴化"二字押韻。《説文》説："蟆，蝦蟆也。""蝦蟆"是一個語詞。"蟆"從莫得聲，而讀爲麻韻的聲音，與《切韻》相合。這可能是受"蝦"字的影響，同化爲一類的音②。

魚　部

　　東漢音的魚部包括魚模虞侯四韻字，到魏晉宋時期，侯韻字分出與幽部的尤幽兩韻字合爲一部，所以魚部僅僅包括魚模虞三韻。在魏晉的時候雖然還有人和侯韻字通押，可是到劉宋的時候就很少了。魚侯之分爲兩部，這是三國以後跟東漢音很大的不同。

　　魏晉宋時期這一部的魚模虞三類字多數的作家是通用不分的，而有的作家模類與魚虞兩類分用，有的作家甚至於魚和虞也分用。前者如魏劉楨、阮瑀、應璩、嵇康，晉陸機、陸雲、張協、庾闡，宋劉義恭、謝惠連等；後者如晉薛瑩、束晳、陸機、陸雲、鄭豐，宋劉義恭、謝惠連等；他們大體都分别得很細。所舉的這些人

---

① 　晉代只有潘岳《離合詩》（《晉詩》4/3上）一個例外。
② 　在西漢以上"蝦蟆"是魚部的複音詞。

都是可以從他們的作品裏看得出分別來的,必然是甲乙兩類的材料都有,從甲和甲類字在一起用、乙和乙類字在一起用的事實來決定他們對於這兩類字是分用的;如果一個作家僅有甲類字在一起用的材料,而没有相對的乙類字在一起用的材料,那就很難決定甲乙兩類是否分用。這個原則很重要,凡是只有片面材料的,我們都不舉。

　　從上面所説的這種事實可以想到韻的分合與作家審音的精粗有關,可是其中也會有方音不同的問題在内。例如陸機、陸雲詩文的押韻在各部裏比同時代一般的人都寬泛,但是這一部模魚虞三類分用很嚴格,這絶不是一件偶然的事,這就是一個方音的問題。應當另做討論。

侯　部

　　這一部包括侯尤幽三韻字。侯韻在兩漢時期大多數作家都跟魚部字在一起押韻,尤幽兩韻則屬幽部。到了三國時期幽部的豪肴宵蕭四類字歸入宵部,尤幽兩類與少數的侯韻字就與從魚部分化出來的侯類歸併成一部了。這是一個很大的變動。同時兩漢時期之部所有的尤侯兩類字,如“尤謀罘郵否有友右婦裒富母歆”等字在魏晉時期也轉入本部。這一部直到齊梁以後仍舊没有什麽變動。

宵　部

　　宵部是由東漢幽宵兩部所有的兩類豪肴宵蕭四韻字合併而成的。三國時期這一部字用的較少,但是從曹植的作品裏可以清楚地看到這兩類不同來源的字是合用不分的。到晉宋時期也是如此。不過有一些人,如張華、潘尼、庾闡、王韶之、謝惠連、鮑照等,豪肴和宵蕭分用,這就是齊梁以後宵蕭獨成一部的前趨。

入聲韻

屋部　沃部

　　魏晉時期屋沃分爲兩部,猶如東冬分爲兩部,入聲韻的分類與陽聲韻的分類完全是一致的。這兩部所包括的字類跟兩漢没有很大的出入,只是沃部在晉代的時候略與兩漢三國不同。兩漢時期職部内的屋韻字,如“服福伏或”等,是不大同沃部字押韻的,三國時候稍有改變,但不顯著,到了晉代,這一類字就都轉爲沃部字了。“沃”字本不屬本部,而屬藥部,見木華《海賦》(《晉文》105/7上)和夏侯湛《雷賦》(《晉文》68/1下)。這裏爲便於瞭解,采用《廣韻》韻目名稱,稱爲沃部。王念孫稱爲毒部。

晉代屋部包括三類字：

屋　"谷木獨鹿族速屋瀆縠"等字。

燭　"俗欲曲燭束足玉綠辱局屬蜀"等字。

覺　"角岳剝濁璞琢握殼"等字。

沃部包括五類字：

a {
屋　"復六逐菊淑竹目肉宿築蕭"等字。
屋　"服福伏輻牧鬱或"等字。
}

b {
沃　"毒篤告督鵠酷"等字。
覺　"學覺"。
錫　"迪戚覿寂"。
}

在沃部五類裏，一般的情形是 a 組屋韻兩類合用，b 組沃覺錫三類合用；a、b 兩組通用的不多。如束皙、陸機、陸雲、左思、郭璞的作品都是如此。從與別部合韻的情形來看，a 組與職屋兩部的細音字相押（即職屋燭三韻字），b 組與藥屋兩部的洪音字相押（即鐸覺兩韻字）。由這兩種情形可知 a、b 兩組聲音的洪細不同。

以上是就晉代來講的。到了宋代，屋沃兩部合爲一部，不再有什麼區別，這與陽聲東冬合爲一部也是一致的。由此可知歷史上音韻的演變在不同的階段裏是有規律的。宋代屋沃合用，而"戚覿寂"一類錫韻字則轉入錫部，而藥部的"朔濯樂駁邈"等一類覺韻字都轉入本部。這也與晉代不同。

藥部　錫部

兩漢音與魚部相承的入聲鐸部和與宵部相承的入聲藥部是分用的，到了魏晉時期，兩部合爲一部，現在稱爲藥部。這一部包括以下幾類字：

鐸　樂鑿		鐸　作落錯鄂惡薄霍郭
藥　藥龠躍虐爵弱		藥　若
覺　駁邈濯		陌　白伯赫客格宅澤逆戟
錫　激溺的檄		昔　昔石尺炙席奕射夕籍繹
		麥　獲

左邊四類就是兩漢音的藥部字，右邊五類就是兩漢音的鐸部字。在三國時期藥部的"弱躍"和鐸部通押，已經表現出這兩部相混的趨向，到了晉朝，大多數作家都合用不分，所以把它歸爲一部。不過，仍舊有保持藥鐸兩部分別的，如潘

岳、陸機、陸雲、張載、殷允等人的作品表現得特別清楚。同時,還有另外一種現象,就是陌昔兩類字獨用。如傅玄、束皙、張華、張載、潘岳等人分別最嚴。藥鐸有分是方音的特殊現象,陌昔兩類獨用是演變到劉宋時期歸入錫部的前趨。

　　説到錫部,魏晉時期包括錫(歷)昔(易)麥三類字:

　　　錫　"歷績敵析擊錫狄壁滴覓僻寂惕"等字。

　　　昔　"辟益跡易適役積赤璧刺"等字。

　　　麥　"策責隔厄冊翩脈蹟謫"等字。

這跟兩漢音完全相同。但是到劉宋時期就不然了,不但錫部跟魏晉有不同,而且藥部也有不同。宋代的藥部僅僅包括藥鐸兩韻。晉代藥部的覺韻字已轉入屋部,鐸韻的陌麥昔錫四韻字都併入錫部。這樣就同《切韻》的分韻系統逐漸接近了。

職部　德部

　　兩漢音職部包括職、德、屋(服)、麥(革)四類字,到三國時期分爲職德兩部,職部包括職屋(服)兩類字,德部包括德麥(革)兩類字。晉宋時期職德仍分爲兩部,惟職部只包括職韻一類字,屋韻一類字在晉代轉入沃部,在宋代歸入屋部,與三國時期小有不同。

質部　没部　物部

　　兩漢音質部包括的字類很多,有質術櫛迄物没屑(結)薛(設)點(八)九類。到三國時期這一部的變動很大,凡是屑薛點三類的字一律轉入屑部,和屑部的屑(潔)薛(列)點(察)等三類合爲一部。(兩漢音的月部,三國時分爲屑曷兩部,此歸屑部。)其餘質術櫛迄物没六類爲一部。現在仍稱之爲質部,但内容與兩漢並不完全相同。這質部之内的没韻字,在三國時期用作韻脚的不多,而現象却很錯綜。我們見到的例子有下面六個:

　　1. 曹操《塘上行》:没卒(倉卒)別對

　　2. 曹植《死牛詩》:骨突窟泄

　　3. 曹植《七啓》:没逮

　　4. 陳琳《飲馬長城窟行》:窟骨卒(兵卒)

　　5. 徐幹《馳射賦》:忽八越發

　　6. 郭遐叔《贈嵇康》:忽夕歲越邁結怛

這裏只有第 4 是没韻獨用的例子,1、3 都跟脂部去聲字押韻,2、5、6 都跟屑部或祭部字押韻。從這裏透露出一點消息,即没韻字和相承的陰聲韻脂部仍然有關係,但是已經有獨立成爲一部的趨向。于海晏《韻譜》裏没有收第 1 個例子,他按照 2、5、6 的押韻情形把没韻字歸在“曷末黠鎋屑薛”一類(見原書《魏晉宋譜》),尚欠斟酌。

到了晉代,没韻脱離質部獨立,質部只包括質術櫛迄物五韻,這跟陽聲韻真魂在晉代分爲兩部是相應的。等到宋代,物韻一類又脱離質術櫛而獨立①,如顔延之《應詔燕曲水作詩》以“物黻屈拂”爲韻(《宋詩》2/4 下),謝惠連《隴西行》以“屈黻”爲韻(《宋詩》3/19 下),都是物韻字獨用的例子②。雖然僅有這樣兩個例子,可是宋代作品中質術櫛通押的例子很多,而不曾摻雜一個物韻字在内,據此也可以證明物韻與質術櫛三韻有不同。宋代質物分爲兩部正與陽聲韻真文分爲兩部相應。

至於没韻一類字晉代從質部分出獨立以後,到劉宋時没韻却與屑部的月韻字合成一部,不見有獨用的例子了,這又是一種新的演變。這一種新的演變也恰恰與同時代陽聲韻元魂痕在一起押韻的現象相應。

總結上文所説跟陽聲韻相對照,可以列爲下表:

三　國	晉	宋
真:質	真:質	真:質
	魂:没	元魂:月没
		文:物

屑部　曷部

兩漢音與祭部相承的入聲是月部,月部包括曷末鎋屑(潔)薛(列)月黠(察)幾類字。三國時期這一部字分化爲兩部:曷末鎋爲一部,屑薛月黠爲一部。前一部我們稱之爲曷部,後一部我們稱之爲屑部。屑部的不僅包括兩漢音月部的屑(潔)薛(列)黠(察)三類字,而且包括兩漢音質部的屑(結)薛(設)黠(八)三類字。

屑曷兩部的分别,除在押韻上表現出兩部分用以外③,在與其他入聲韻和

---

① 迄韻字未見。
② 物韻字獨用,晉孫綽已經如此。見《答許詢》詩。
③ 偶有少數例外。

陰聲通押的關係上也可以看得出來：

（1）屑部跟陰聲韻祭部通押的較多，曷部跟泰韻通押的較多。

（2）屑部可以跟泰部合韻，曷部很少跟祭部合韻。

（3）屑部可以跟質部合韻，曷部絕不跟質部合韻。

這都是很明白的區劃。

屑曷分爲兩部，在晉宋的時候也是如此。兩部的字類，晉代和三國時期相同，宋代屑部的月韻字與沒韻字同用，獨成一部，不跟屑薛等韻字相押，已有改變。

這裏還要説明的是鎋韻字。鎋韻字在三國時期的韻文裏沒有用作韻脚的，晉代的時候只有潘尼《贈陸機》詩中曾用"鎋"字和"秣閭渴"三字押韻(《晉詩》4/7上)，除此再沒有了。宋代也沒有人用鎋韻字作韻脚，所以我們只能憑仗這一個例子把鎋韻歸屬於曷部。

| 緝部　合部 |

緝合兩韻在兩漢時期是一部，到魏晉宋時期緝韻獨成一部，不與合韻相混。合韻字，三國時只嵇康《卜疑》以"德合"爲韻一見(三國文47/5上)，晉和北魏合韻字完全獨用，所以現在分爲緝合兩部。

| 盍部　葉部 |

盍葉怗洽狎業乏七韻，在魏晉宋時期分爲兩部，盍韻爲一部，葉怗洽狎業乏爲一部。前一部稱爲盍部，後一部稱爲葉部。盍部字很少，僅有晉范堅《蠟燈賦》以"榻蠟闔"三字押韻。

葉部中葉怗兩韻字較多，洽狎業乏四韻字較少。洽韻在兩漢音屬緝部，魏晉時沒有人用作韻脚，惟劉宋時期顏延之、謝靈運的作品裏用到"洽狹"二字和葉怗兩韻字押韻，所以現在歸入葉部。

狎韻字僅見於三國時期《李鱗甲諺》，以"狎甲"爲韻(《三國詩》6/4上)，雖然是獨用例子，但是由於跟它相承的銜韻字在三國時期也還沒有獨用的例子，所以只可歸入葉部。東漢時張衡《西京賦》云"披紅葩之狎獵"，"狎獵"是疊韻詞，"獵"是葉韻字，"狎獵"屬於同部。

餘　論

以上是魏晉宋以及北魏幾個時期詩文韻部分合的概況。我們雖然把魏晉宋二百七十年作爲音韻演變史中的一個時期來看待,但是由於在一個時期内的時代先後不同,語音也迭有變化,所以必須把魏晉宋分開叙述,以見其嬗變之跡,上與兩漢銜接,下與齊梁銜接,這對於瞭解前後時代韻部讀音的變遷會更有幫助。

　　魏晉宋這一個時期作家很多,詩文押韻的情況也很複雜,要確定韻類的分合,只能從普遍性着眼;有些特殊的現象,其中也許有方音的問題,當另作討論。分別韻部,有些容易定,有些不容易定。譬如有兩類字,是一部呢,還是兩部呢?主要看作家們是分用的多,還是合用的多,以作家的多少和用韻分合的比例與次數來定。如果多數例子有分別,只有少數例子通用,那自然要分兩部。不過,有時我們單憑兩類字分用與合用例子的多寡還不行,還要看看一個時代内多數的主要作家用韻的情況如何。如果這些作家既有分用的,也有合用的,而且合用的次數並不太少,這樣,我們就要進一步考慮了。例如上面所定的宵部包括豪肴宵蕭四韻字,在魏晉時代豪肴與宵蕭分用的例子很多,但是多數的作家還都有合用的例子。分用的是他們,合用的也是他們。在魏有邯鄲淳、曹植、何晏、嵇康;在晉有成公綏、傅玄、皇甫謐、荀勖、夏侯湛、孫楚、潘岳、左九嬪、陸機、陸雲、左思、曹攄、摯虞、王廙、郭璞、張協、曹毗、王胡之、袁宏、王彪之、孫綽、郗曇、王凝之、陶潛等人。甚至於有的人如郭璞、陶潛合用的例子比分用的還多。因此,只得把豪肴宵蕭作爲一部看待。我們單單依靠分用與合用的比例數字來確定部類的分合是不夠的,有時不能不注意到分用與合用的都是哪些作家,根據其中主要作家押韻的普遍情形來定。

　　還有,語音的演變是漸變的,不是突變的。在漸變之中,韻部或韻字就有分化,有合併。如兩漢音的之部在魏晉裏分爲之咍兩部,祭部分爲祭泰兩部;之幽兩部的尤侯韻字合爲侯部,質月兩部的屑薛韻字合爲屑部等等。這種變革都是有一定的條件的。元音的改變是最主要的原因。根據前面所列的魏晉宋時期韻部表可以看出從兩漢音到魏晉宋音陽聲韻與入聲韻的關係逐步接近,而陰聲韻與入聲韻的關係逐漸疏遠,這與陰聲韻韻尾的轉化和元音的改變有很大的關係。在陰聲韻裏除脂部一部分去聲字和祭泰兩部字有同入聲韻字相押的例子以外,其他各部都不與入聲字相押,則其他各部沒有與入聲相對的輔音韻尾可知。脂部一部分去聲字同入聲質部字相押,祭泰兩部字同入聲屑部曷部字相押,除元音相同或相近以外,這類陰聲韻部的韻母可能仍有輔音性的韻尾存在(如-d之類),或者在聲調上還有與入聲相近的關係,所以得以通押。這種情形到齊梁以後就比較少見了。至於陰陽入三聲各部讀音演變的細節,在這裏就不細説了。別有韻譜,今不具録。

（1948 年稿,1981 年重訂）

5. 齊梁陳隋時期詩文韻部研究

總　説

　　齊梁陳隋時期一共有一百三十九年(479—617)，這一個時期，包括北齊、北周在内，韻文押韻的部類比前代劉宋時期更加細密。我們知道，劉宋時期韻部的類別，已經跟《切韻》以“音類相從”分韻的系統幾乎完全相同①，而且已很少有《切韻》書中一韻的字分屬兩部的現象，這是從兩漢分韻爲二十七部起，經過魏晉不斷演變而逐漸接近隋唐韻書分韻系統最明顯的表現②。到了齊梁以後，一百多年之間，陰陽入三聲的分類又都有變動，其中陰聲韻的變動尤其大。例如皆哈兩部合爲一部，脂微兩韻分爲兩部，歌戈與麻不同用，魚與模虞不同用，豪肴宵蕭四韻分爲三部，豪爲一部，肴爲一部，宵蕭爲一部等，都與劉宋時期不同。這些不同，都表明齊梁以後爲另外一個時期，跟劉宋以前有別。同時，我們也可以看出，這一個時期内韻部的分類跟《切韻》的分韻更加接近了。

　　現在把這一個時期内韻部的分類寫出來，並且跟劉宋時期韻部的類別做一個比較：

阴聲韻

宋	齊梁東隋	宋	齊梁東隋
1 之	1 脂（脂之）	7 支 { 支 / 佳	8 支
2 脂 { 脂 / 微	2 微		9 佳
3 哈 { 哈 / 灰	3 哈（哈灰）	8 歌 { 歌戈 / 麻	10 歌（歌戈）
4 皆 { 哈 / 灰 / 皆 / 齊	4 皆		11 麻
	5 齊	9 魚 { 魚 / 模虞	12 魚
5 泰（泰廢）	6 泰（泰廢）		13 模（模虞）
6 祭（祭霽）	7 祭（祭霽）	10 侯（尤侯幽）	14 尤（尤侯幽）
		11 宵 { 豪 / 肴 / 宵 / 蕭	15 豪
			16 肴
			17 蕭（蕭宵）

---

① 例如東冬鍾江四韻爲一類，魚虞模三韻爲一類，《切韻》都分別排在一起。“音類相從”的説法見王國維《觀堂集林》卷八《李舟切韻考》。

② 詳細情形參看附録4《魏晉宋時期詩文韻部的演變》一文。

陽聲韻

宋	齊梁陳隋
1 東 {東, 冬, 鍾, 江}	1 東 / 2 鍾（冬鍾）/ 3 江
2 陽（陽唐）	4 陽（陽唐）
3 庚（庚耕清青）	5 庚（青韻有很多人是獨用的）
4 蒸	6 蒸
5 登	7 登
6 真 {真諄, 臻}	8 真（真諄臻殷）
7 文 {殷, 文}	9 文
8 魂 {元, 痕魂}	10 元（元魂痕）
9 先 {先仙, 山}	11 先（先仙）/ 12 山
10 寒 {删, 寒桓}	13 删 / 14 寒（寒桓）
11 侵	15 侵
12 覃	16 覃
13 談	17 談
14 鹽	18 鹽（鹽添）
	19 （嚴凡）

入聲韻

宋	齊梁陳隋
1 屋 {屋, 沃, 燭, 覺}	1 屋 / 2 燭（沃燭）/ 3 覺
2 藥（藥鐸）	4 藥（藥鐸）
3 錫（陌麥昔錫）	5 陌（陌麦昔錫）
4 職	6 職
5 德	7 德
6 質 {質術, 櫛}	8 質（質術櫛迄）
7 物 {（迄）, 物}	9 物
8 没 {月, 没}	10 月（月没）
9 屑 {屑薛, 點①}	11 屑（屑薛）/ 12 點
10 曷 {（鎋）, 曷末}	13 （鎋）/ 14 曷（曷末）
11 緝	15 緝
12 合	16 合
13 （盍）	17 （盍）
14 葉 {葉怗, 洽, （ ）}	18 葉（葉怗）/ 19 業（業乏）

　　從上面的比較我們可以很清楚地看到,齊梁以下韻部的分類跟劉宋時期有很多不同,其中最顯著的是二等韻大部分獨立成爲一部。如江韻、山韻、删韻、皆韻、佳韻、麻韻②、肴韻、覺韻、點韻等都是。屬於《切韻》中的二等韻,只有庚韻③、耕韻、臻韻、夬韻、咸韻、銜韻這幾韻沒有獨立。咸銜兩韻因爲韻字太少,還不能看出其獨立性;夬韻雖然在詩中沒有看見例字,可是劉勰《文心雕龍·檄移》贊曾

---

① 點韻在《切韻》中是和删韻相承的,但在晉宋時期,點韻與屑薛爲一部。
② 麻韻兼有二三等字。
③ 庚韻兼有二三等字。

用"話敗薑邁"四字爲韻,這都是夬韻字,推想夬韻可能也是獨成一類的。二等韻的分用,是齊梁陳隋時期最大的特點。

這一個時期的作家用韻非常謹嚴。根據上面所列韻部分類表來看,大體都跟《切韻》分韻的系統一致。《切韻》中的二等重韻,如山刪、佳皆之類固然分用,就是一等重韻,如東冬、咍泰、覃談、屋沃、合盍之類,也都分立爲二。據此可知,《切韻》分韻很細,確實是有實際語音作根據的。

另外,從上面的分類表來看,陽聲韻和入聲韻相承的類別也對照得非常整齊,凡陽聲韻中兩韻通用的,其相承的入聲韻亦必通用,這跟《切韻》分別韻類的情形也完全相合。所不同的是:

(1)同一攝內的一等韻和三等韻通押,如冬鍾、陽唐、元魂、模虞、尤侯、沃燭、藥鐸、月沒之類都是。

(2)三等韻和四等韻通押,如先仙、鹽添、祭霽、宵蕭、葉怗、屑薛之類都是。

(3)痕魂不分,咍灰不分[①]。殷(欣)韻或跟真韻押韻,或跟文韻押韻,沒有獨立爲一類。

(4)支脂之微四韻,在南齊的時候一般是分用的,到梁陳時期脂之兩韻通用不分,《廣韻》脂韻"追衰誰綏蕤推"等少數合口字都歸屬於微韻一類。

(5)真臻不分,庚耕清青多數人不分,陌麥昔錫不分,尤侯幽不分。

這五項,都是跟《切韻》不同的地方。由這些不同的地方,我們正好可以窺見當時語音的真象。例如,韻書中把聲音相近的幾韻排在一起,僅僅是平列的,到底其中哪兩韻聲音最相近,仍然不易確定;現在就可以從押韻的情形來判斷了,因爲凡是同爲一部在一起押韻的必然聲音最近。《切韻》東冬鍾江四韻是比次在一起的,魚虞模三韻是比次在一起的,根據韻文的押韻,我們就可以知道冬鍾兩韻聲音最近,虞模兩韻聲音最近。還有陽唐、尤侯也是一等韻跟三等韻通押,其主要元音一定是相同的。這些單從韻書上是不容易知道的。推而廣之,三等韻跟四等韻通押,它們的主要元音也可能相近或相同。至於止攝脂之兩韻合用,流攝尤幽兩韻合用,梗攝庚清合用,跟顧野王原本《玉篇》的韻類系統相符合[②],都值得我們注意。

另外,我們知道,《切韻》分韻爲一百九十三韻:平聲五十四韻,上聲五十一

---

① 《廣韻》中分開合兩類爲兩韻的,如真諄、寒桓、歌戈、質術、曷末之類,《切韻》都沒有分,這一個時期的韻文也是在一起合用的。

② 參看拙著《問學集》中《篆隸萬象名義中之原本玉篇音系》一文。

韻,去聲五十六韻,入聲三十二韻。其中韻類的分合是陸法言和劉臻、顔之推、魏澹、盧思道、李若、蕭該、辛德源、薛道衡等人共同擬定的。九人之中有韻文流傳到現在的,有劉臻、顔之推、魏澹、盧思道、薛道衡幾家。他們用韻的類別並没有《切韻》分別得那樣細。例如庚清同用、元魂痕同用、先仙同用、尤侯同用、脂之同用、月没同用之類,都跟梁陳時期的作家相同。從這一點我們可以瞭解《切韻》是專門注重審音的書,儘管文章裏兩韻通用,而韻書裏必須嚴辨同異。所以陸法言《切韻序》説:"欲廣文路,自可清濁皆通;若賞知音,即須輕重有異。"這就是陸法言著《切韻》的基本精神。

　　在齊梁時期的韻文裏,謝朓、沈約審音最細,用韻最嚴,例如支脂之微四韻分用、魚虞模三韻分用①、豪韻獨用、肴韻獨用、青韻獨用、合韻獨用等等,完全與《切韻》相同。這是很重要的一種史實,足以幫助我們瞭解《切韻》。值得特別提到的是劉勰的《文心雕龍》。《文心雕龍》共五十篇,每篇末尾都有八句贊語,而且都是押韻的。他特別喜歡用仄聲韻,分韻非常嚴格。其中支脂微分用,齊佳分用,夬怪分用,歌麻分用,豪肴分用,尤幽分用,蒸登分用,侵覃談分用;東韻、寒韻、仙韻、德韻、黠韻、緝韻、合韻等也都獨用②,都跟《切韻》相符,若合一契。由此可知,齊梁人分韻的類別與《切韻》的編排是相應的。

　　我們還認爲齊梁人用韻日趨嚴整也是一時的風氣。這種風氣逐漸由南方傳到北方,所以北齊、北周時代北方的作家用韻也跟南人相近。

分　論

陽聲韻

| 東部　　鍾部 |

　　《廣韻》東冬鍾江四韻在劉宋時代是完全通用的,到南齊的時候,除江韻字少用外,其餘三韻有分別爲兩部的趨勢,即東韻爲一部,冬鍾兩韻爲一部。不過,作家之中,像謝超宗、王僧虔、王儉、謝朓、孔稚珪等人,東鍾兩部還有合用的例子;但是到了梁代以後,除江淹以外,大都分別得很清楚;北齊、北周、陳、隋各家也是如此。

---

① 舉平以賅上去。
② 説"分用"是有互相對照的例子,説"獨用"是只有單獨用的例子。《文心雕龍》中也有一些兩韻同用的例子,如虞模同用、灰咍同用、殷文同用、元魂同用、庚清同用、鹽添同用、葉怗同用、業乏同用之類,跟當時文人用韻的情況相同。

　　這裏需要討論的是江韻。江韻從梁代以後作爲韻脚的例子比較少,押韻的現象也錯綜不一。現在先舉出實例來看①:

梁:

江　　淹　　《齊太祖高皇帝誄》:公終邦風(《梁文》39/7 上)

　　　　　　《江上之山賦》:江峰重(《梁文》33/2 下)

　　　　　　《麗色賦》:雙容尨邦(《梁文》33/4 上)

　　　　　　《哀千里賦》:江重(《梁文》33/7 下)

　　　　　　《雜三言》:從重峰窗(《梁文》34/9 下)

虞　　義　　《贈何潩之》:良邦裳陽(《梁詩》12/8 下)

紀少瑜　　《月中飛螢》:窗雙(《梁詩》12/21 上)

蕭　　統　　《七契》:邦封從(《梁文》20/4 上)

蕭　　綱　　《秋晚》:江窗缸(《梁詩》21/10 下)

北齊:

陸　　邛　　《郊廟歌辭·高明樂》:從恭雍邦(《北齊詩》1 下)

　　　　　　《郊廟歌辭·登歌樂》:用降(《北齊詩》5 上)

北周:

庾　　信　　《柳遐墓誌銘》:陽張章江(《北周文》17/4 下)

　　　　　　《送衛王南征》:降江(《周詩》26 上)

　　　　　　《代人傷往》之一:鴦雙(《周詩》28 下)

無名氏　　《于公歌》:雙公(《周詩》2/29 上)

陳:

徐　　陵　　《鴛鴦賦》:雙鴦(《陳文》6/1 下)

　　　　　　《傅大士碑》:像丈朗往講(《陳文》11/12 上)

陳叔寶　　《同平南弟元日思歸》:黃湯方鏘長香江湘(《陳詩》1/7 上)

隋:

釋真觀　　《夢賦》:昌楊雙囊梁房堂鏘芳(《隋文》34/56)

從上面這些例子可以看出,江韻獨用的例子不多,在梁代和北齊的時候,大部分跟冬鍾兩韻合用,到北周陳隋之間,大部分跟陽唐兩韻合用,這是很顯著的變化。

---

① 字下加圈的是江韻平聲字或上聲字。

陽部　庚部

　　陽部包括陽唐兩韻,庚部包括庚耕清青四韻。陽唐兩韻在齊梁陳隋時期是通用不分的,這跟魏晉宋時期相同。所不同的是,晉宋時期如成公綏、傅玄、張華、張載、左思、顏延之等,有時還用庚部的“明衡京兄横英”一類的字跟陽唐韻字在一起押韻,而到齊梁以後這種情形就很少了。

　　至於庚耕清青四韻,在魏晉宋時期一般都是通用的,沒有絲毫的分野,只有宋代謝莊一個人青韻獨用,不與庚清兩韻相混。到齊梁以後,雖然大多數的作家庚耕清青四韻仍然通用,但是也略有差異,需要加以説明:

　　(1)青韻從謝莊獨用以後,齊梁陳一百年之間,王儉、謝朓、江淹、沈約、陶弘景、蕭洽、徐君倩、何遜、蕭子雲、劉孝威、徐陵、王褒、庾信等人的作品中也都分用。其中表現得最清楚、最嚴格的是劉孝威、徐陵、王褒三個人。其餘諸家,青韻獨用的例子也很多。這些作家的詩章固然青韻獨用,辭賦碑銘亦復如是。例如:

　　　　王　儉　《齊高帝哀策文》:經坰形庭

　　　　謝　朓　《酬德賦》:迥艇溟鼎並婷

　　　　沈　約　《彌陀佛銘》:形靈冥齡

　　　　　　　　《金庭館碑》:庭星欞青

　　　　蕭子雲　《玄圃園講賦》:渟溟迥艇

　　　　劉孝威　《妾薄命篇》:庭陘屏坰亭冥形

　　　　徐　陵　《太極殿銘》:屏欞銘經廷

　　　　王　褒　《從軍行》之一:經亭陘涇形星青邢銘庭屏

　　　　庾　信　《哀江南賦》:涇陘亭螢青

　　　　　　　　《豆盧公碑》:涇星靈亭銘

　　　　　　　　《鄭常墓誌》:星經亭星

這裏面謝朓的《酬德賦》連用六個青韻上聲字,劉孝威的《妾薄命篇》連用七個青韻字,王褒的《從軍行》連用十一個青韻字,絕不會是偶然的現象,這表明青韻跟其他三韻的讀音有不同。

　　(2)齊梁陳隋一個時期内庚部字相押的例子很多,除青韻常常獨用外,庚清兩韻分別獨用的非常少,幾乎都是庚清通押的。作家中庚清同用而不雜耕青兩韻字的,有謝朓、范雲、任昉、王僧孺、何遜、虞羲、裴子野、王筠、劉孝綽、劉孝威、劉令嫻、蕭子顯、蕭子雲、庾肩吾、戴暠、陰鏗、徐陵、王褒、顏之推、張正見、周弘正、周弘讓、褚玠、孫萬壽等人。由此可見,庚清兩韻音近,而與青稍遠。

(3)耕韻字押韻的,有"萌莖鶯箏甍爭"等字,這些字獨用的例子很少,一般都跟庚清兩韻在一起押韻。例如:

王　　儉　《靈丘竹賦》:榮萌英

江　　淹　《渡西塞》:榮鳴橫英情生莖經

沈　　約　《會圃臨春風》:莖鶯甍

吳　　均　《詠燈》:莖屏輕生

蕭　　繹　《玄覽賦》:生貞榮名箏

江　　總　《梅花落》:甍鶯

陳叔寶　《三婦艷》:箏聲楹爭

　　　　　《洛陽道》:京生甍迎名

　　　　　《東飛伯勞歌》:鶯迎

陽　　慎　《祀麓山廟》:靈平鳴城行明鶯清輕

陳子良　《上越國公楊素》:英情瓊名衡楹纓甍盈并征兵城旌精鯨鳴平
　　　　　　甍聲生明卿榮輕

這些例子裏,耕韻獨用的只有江總《梅花落》一例,其餘都跟庚清兩韻相押,單獨跟青韻相押的一個也沒有。由此可知,耕與庚清音相近,與青稍遠。

有了上面分析的結果,再同庚部四韻的入聲陌麥昔錫四韻對照來看,也是平入相應的。另外,我們也看到,與耕韻相對的入聲麥韻,雖然一般都跟陌昔兩韻相押,但是也有獨用的。例如王僧孺《何生姬人有怨》以"隔脈"爲韻,王筠《昭明太子哀策文》以"嘖畫册核"爲韻,這對於我們瞭解《切韻》耕韻不與庚韻合爲一韻,也不無啓示。

蒸部　登部

《廣韻》蒸登兩韻,從魏晉起即開始分用,齊梁以下完全相同。惟一可以指出的是:在前一個時期内沒有看到有去聲字在一起押韻的例子,而這一個時期内已經有了,如《文心雕龍》中《神思篇》贊以"孕應興勝"爲韻,《事類篇》贊以"亙鄧贈懵"爲韻;但是一直沒有上聲的例子。

真部　文部

《廣韻》真諄臻文欣五韻,在劉宋時期分爲真文兩部:真部包括真諄臻三韻,文部包括文欣兩韻①。齊梁以下,這兩部大體與劉宋時期相同。現在所要討論的是欣韻的歸類。欣韻在《切韻》中稱殷韻。殷韻劉宋時期屬於文部是毫無問題的,顏延之和鮑照的作品表現得很清楚。但是到齊梁以後就不然了。殷韻字本來就少,獨用的例子尤其少。只有梁王僧孺《爲何庫部蓄妓擬藨蕉之句》以"近隱槿"爲韻,三個字都是上聲隱韻字。齊梁陳隋時期的作家用韻很不一致,或跟文韻相押,或跟真諄兩韻相押。如:

與文韻通押的:

謝超宗　《永祚樂》:文殷雲薰芬氳

朱　異　《還東田宅》:文群紛雲芬氳分曛耘勤君

顏之推　《觀我生賦》:殷群軍

盧思道　《升天行》:群君文雲垠氳聞紛

陸　卬　《郊廟歌辭·食舉樂》:君垠群雲薰氳

與真諄兩韻通押的:

謝超宗　《郊廟歌辭·青帝歌》:親垠

石道慧　《離合詩》:欣晨

江　淹　《擬古·謝惠連贈別》:勤人濱辰陳

沈　約　《需雅》:珍薪陳神垠

陶弘景　《告游篇》:因欣身賓津

徐　陵　《戲書應令》:勤春人塵新巾身

庾　信　《哀江南賦》:綸勤臣真人

王　褒　《從軍行》:人津身筋辛臣春貧

蕭　愨　《春庭晚望》:隱笋近盡

從以上諸例來看,殷韻字跟真諄兩韻相押的較多,而跟文韻相押的較少,這很可能是齊梁以後方音上有了轉變,所以跟劉宋時期不同。

再從其他方面的材料來看,真殷也多不分。例如"斤筋"兩個字都是殷韻字,《萬象名義》"斤"音居闇反,"筋"音居銀反,"闇銀"兩個字都是真韻字。《萬象名義》的反切是取自陳顧野王的原本《玉篇》,足見顧野王不分真殷。又隋曹憲的《廣雅音》內真殷兩韻字也常常互切,即如上面所説的"闇"字見於《廣雅·釋訓》,曹憲音"闇"爲魚斤反,以"斤"切"闇",正是真殷不分的例子,恰恰

---

① 《切韻》韻目欣韻作殷韻,《廣韻》避諱改爲欣韻。

可以證明曹憲音與顧野王音相同。進而言之,這種真殷不分的現象在當時(陳隋間)可能相當普遍,也就是唐以後的韻文真殷通押的前驅。

元　部

　　這一部包括《廣韻》元魂痕三韻。元韻跟魂痕兩韻在一起押韻是從劉宋時期開始的,到齊梁以後三韻仍然混用,合爲一部。從這一點可以證明:《切韻》把元魂痕比次在一起,不把元韻與先仙同列,是有實際語音的根據的。

　　在此以外,我們還可以看到兩種現象:

　　(1)元韻的上聲字獨用的居多,魂痕兩韻的上聲字與元韻上聲字同用僅見於庾信的詩文。

　　(2)庾信詩文中有時用先部字和元魂兩韻在一起押韻,尤其同元韻相押的較多。如:

　　　　《登歌》:牷樽原(《周詩》)

　　　　《哀江南賦》:冤言屯門船(《北周文》)

　　　　《尉遲氏墓誌》:原園門魂年言

　　　　《華林園馬射賦》:菀坂轉遠

　　　　《小園賦》:晚遠轉坂渾

　　　　《羅氏墓誌》:田年捐原

　　　　《喜晴》:建販傳憲堰怨辯獻巽寸悶萬(《周詩》)

由這種現象我們可以瞭解,在庾信的語音中元韻不但接近魂痕,而且也跟先部的先仙兩韻相近。

先部　山部

　　《廣韻》先仙山三韻,在劉宋時期是完全通用的,到齊梁時期,先仙兩韻仍然合用,而山韻趨向於獨立,不與先仙相混。齊代的作家王儉和謝朓對於這兩類分別極嚴,就是很明顯的例證。到了梁代,只有江淹、沈約、吳均幾個人混用,特別是江淹,三韻完全合用;其餘的作家很少用山韻字作韻脚,大都用先仙兩韻字相押。這一點與晉宋時期完全不同。

　　晉宋時期的作品中,山韻字出現的次數非常多,幾乎每一個作家都多次用山韻字同先仙兩韻字在一起押韻;但是到了齊梁以後全然改觀,足證這時山韻字跟先仙兩韻字的讀音頗有不同,因此,把山韻分出獨立爲一部。與此相同的是,劉宋時期寒部的删韻字在梁以後也獨立爲一部,不與寒桓兩韻同用。山删兩韻的分立,正是唐代山删兩韻通押前所經過的一個階段①。由此,我們也可以瞭解陸法言編《切韻》之所以把删山分爲兩韻,並且以"寒删山先仙"爲次的道理了。

删部　寒部

《廣韻》寒桓删三韻,在劉宋以前是混用不分的,到齊梁以後,除江淹、吳均照舊外,其他作家都把寒桓作爲一類用,把删韻作爲一類用,直到陳隋都是如此,只有庾信偶爾把這兩類相押,那是特殊的現象。《切韻》寒桓總爲一韻,唐代韻書開始分爲兩韻,那只是分別開口、合口而已,主要元音當無不同。

侵部　覃部　談部　鹽部

《廣韻》閉口九韻,在晉宋時期内侵覃談三韻各爲一部,鹽添兩韻爲一部;九韻之中惟有咸銜嚴凡四韻字較少,難以定其分合。到了齊梁陳隋時期仍然如此。現在根據入聲業乏兩韻獨用的情形來推斷,嚴凡兩韻或許與鹽添不同;但是從韻文押韻的例子來看,嚴凡咸三韻字都跟鹽添兩韻字相押,所以只可附於鹽部;銜韻如"衫嵌"二字跟覃韻相押,止可附於覃部。

陰聲韻

脂部　微部

《廣韻》脂微兩韻,在晉代通用不分,到劉宋時期才開始有分化爲兩韻的趨向,到齊梁以後脂韻就很少同微韻合用了。即使有合用的,也只限於"追衰誰綏蕤推"幾個舌音齒音的合口字;這幾個合口字,在《廣韻》雖屬於脂韻,但不同脂韻的"姿眉私夷悲龜帷"等字押韻,而跟微韻字押韻,推想這幾個字的讀音已跟微韻相同,那麼,也就不能算爲脂微合韻了。這一點,王力先生在《南北朝詩人用韻考》裏已經明白指出。至於脂韻去聲的舌音齒音字,如"醉帥遂墜懟"等字,雖然也有同微韻去聲通押的例子,但是沒有什麼顯著的變動,我們還不能下任何結論。北周庾信的作品中脂微兩部的去聲字普遍通押,那只是一種個別的現象。脂韻在齊梁以後不同微韻爲一部,正是一種新的變化。

另外還有一種新的變化,就是脂韻和之韻合爲一部。脂之兩韻通押,在劉宋時期謝靈運的作品裏已經有了這種現象,到齊梁時期便普遍起來,只有謝朓、沈約二人分別最嚴。如:

---

① 唐代山删兩韻通用是很普遍的情形。我們可以舉一個簡單的例子,如王昌齡《出塞》:"秦時明月漢時關,萬里長征人未還;若使龍城飛將在,不教胡馬度陰山。""關還"是删韻字,"山"是山韻字,正是删山通用的例子。

謝　　朓　《詠邯鄲才人》:埤眉悲姿私(脂韻)

　　　　　　《在郡臥病》:兹時藅辭甋持絲期嗤(之韻)

　　　　　　《始之宣城郡》:理史子祀士齒恥裏浗市里趾始(之韻上聲)

　　　　　　《酬德賦》:己巳杞枲沚子恥理(之韻上聲)

　　　　　　《三日侍華光殿曲水宴》:位備彎肆(脂韻去聲)

沈　　約　《和竟陵王抄書》:期兹詩疑滋詞輜芝嗤(之韻)

　　　　　　《郊居賦》:怡基芝砅持嬉兹時(之韻)

　　　　　　《忱威》:兕水雉指失軌(脂韻上聲)

　　　　　　《郊居賦》:璲器肆崇地至涙(脂韻去聲)

　　　　　　《彌勒贊》:二地彎器位墜至貳媚秘邃備懿(脂韻去聲)

這些例子當中,有多到十幾個韻字的,可是沒有一例是脂之相押的。不過,由齊梁下至陳隋,除沈、謝二人以外,其他所有的作家都是脂之合用的。

　　脂之合爲一部,我們從韻文以外的材料也可以得到證明。例如顧野王原本《玉篇》和曹憲《廣雅音》都有很多例證。

　　　　《廣韻》脂韻字:咨(《玉篇》子辭反)①、脂(諸時反)、夷(餘之反)、饑(羈治反)、仳(《廣雅·釋詁》曹憲音鼻之反)②、胵(《廣雅·釋器》曹憲音齒之反)、鴟(《廣雅·釋鳥》曹憲音齒之反)

　　　　《廣韻》旨韻字:雉(《玉篇》除理反)、比(俾似反)

　　　　《廣韻》至韻字:至(《玉篇》之異反)、示(時志反)、貳(如志反)

　　　　《廣韻》之韻字:辭(《玉篇》似咨反)、治(除饑反)

這些都是脂之相通的例子,足與韻文押韻相印證。

｜哈部　皆部｜

　　《廣韻》哈灰皆三韻字,在兩漢時期分在脂之兩部,"哀回階"一類字屬於脂部。"來杯戒"一類字屬於之部。魏晉宋時期仍然有分別。從宋末鮑照開始才合用不分,到齊代就完全合爲一類了。這是比較大的變化。可是從齊代哈灰皆併爲一部以後,皆韻又逐漸分出,不與哈灰同用,於是又分成兩部:哈部包括哈灰兩韻,皆部只有皆韻一韻。由梁代起直至陳隋都是如此。這就與《切韻》的分韻極其相近了。不過皆部在詩文用韻中沒有上聲字,也很少有去聲字獨用的

---

① 《玉篇》反切根據《篆隸萬象名義》摘記。

② 曹憲《廣雅音》不僅脂之合爲一韻,支韻也跟脂之相混。

例子①。像"界戒"等字在齊梁時期跟祭霽兩韻相押,到陳隋時期則跟泰韻相押,還没有《切韻》分别得那樣整齊。

泰部　祭部

　　晉宋時期,泰部包括泰夬廢三韻,祭部包括祭霽兩韻。齊梁以下,祭霽仍爲一部,泰爲一部。惟詩文用韻中很少有夬韻字,只有《文心雕龍·檄移》贊以"話敗薉邁"四字爲韻,似乎夬韻已經獨立爲一部。

　　至於廢韻,所見例字極少,只有下面三個例子:

　　梁:

　　　蕭　綱　《七勵》:肺菜繪綷(菜綷,哈部字;繪,泰部字)

　　北周:

　　　庾　信　《傷心賦》:載愛碎刈(載愛碎,都是哈部字)

　　　無名氏　《陸乂歌》:對乂(對,哈部字)

這三個例子都不是獨用的例子,只可根據晉宋時期的情況把廢韻歸屬於泰部。

齊　部

　　在晉宋之間,《廣韻》齊韻字是跟皆灰哈三韻字在一起押韻的,從謝莊、鮑照二人起已經獨用,到齊梁陳隋一個時期,齊韻自成一部,作家中很少跟皆灰哈三部押韻。這一部有平上二聲字,去聲字一律跟祭韻同用,没有區分。

支部　佳部

　　劉宋時期,支佳兩韻是在一起押韻的,到了齊梁陳隋一個時期,佳韻獨成一類,不與支韻相押,因此分爲兩部。佳韻字比較少,而且詩文用韻裏未見去聲字,可能因爲韻窄,所以大家都不大用。《文心雕龍·詮賦》贊曾以"派畫隘睥"四字押韻,這都是佳韻的去聲;由此可以推想佳韻在當時確實有它的獨立性,劉勰這個例子值得我們注意。

歌部　麻部

　　《廣韻》歌戈麻三韻,在魏晉宋時期完全合用,惟有麻韻的上去二聲字在晉宋時期大部分的作品裏是獨用的,演變到齊梁的時候,麻韻平聲字也完全獨用了,所以要分爲歌麻兩部。歌部包括《廣韻》歌戈兩韻,由齊梁直至陳隋都合用不分,《切韻》歌戈總爲一韻,與這一時期押韻的情形相合。

---

① 惟見劉勰《文心雕龍·諧隱》贊以"愆讁誠壞"四字爲韻。

魚部　模部

在魏晉宋一個時期内的作家一般都是魚虞模三韻通用的,到齊梁以後,魚韻即獨成一部,而模虞兩韻爲一部,這與劉宋以前大不一樣。儘管作家中也有兩部合用的,在謝超宗、江淹、蕭統、蕭綱、蕭繹、張纘、沈炯等人的作品裏都可以看到,但是以魚虞兩韻通押者多,魚模兩韻相通的就很少。

就模部模虞兩韻來説,一般是通用不分的,不過也有幾家模虞分用。表現最明顯的,有沈約、吳均、何遜、張纘、顧野王、牛弘幾家,其中以沈約分別最爲嚴格。現在舉沈約、何遜兩家爲例:

　　沈　　約　《賢首山》:徒狐都胡塗烏逋酺吳(模韻)
　　　　　　　《少年新婚》:嫗朱軀珠毹膚敷隅駒趨夫(虞韻)
　　　　　　　《郊居賦》:區株娛朱隅衢跗(虞韻)
　　　　　　　《郊居賦》:武主宇縷膴豎(虞韻上聲)
　　　　　　　《宿東園》:路步互故露顧免素暮度(模韻去聲)
　　何　　遜　《秋夕嘆白髮》:扶殊隅珠軀須廡隅愉樞株毹嵎(虞韻)
　　　　　　　《宿南洲浦》:苦浦五鼓莽土(模韻上聲)

從這裏我們可以瞭解:《切韻》分模虞爲兩韻,在讀音上是有分別的。

尤　部

這一部包括《廣韻》尤侯幽三韻字,從魏晉時代起就通用不分,直到陳隋,毫無變動。《切韻》尤侯幽雖然分爲三韻,但在齊梁陳隋的韻文裏侯幽兩韻很少有獨用的例子。《文心雕龍·封禪》贊以“休彪幽虯”四字爲韻,可以算是幽韻字獨用。“休”,《廣韻》入尤韻,音許尤切,別有“烋”字入幽韻,音香幽切,訓“美也,福禄也”。《封禪》贊曰“封勒帝勣,對越天休”,“休”與“烋”同義。不過在顧野王的《玉篇》裏尤幽兩韻仍是不分的。例如“幽”音於稠反,“樛”音居愁反,“稠愁”都是尤韻字,以“稠”切“幽”,以“愁”切“樛”,正是尤幽不分的例證。幽韻,等韻家雖列爲四等韻,但依照韻書反切系統仍然屬於三等韻。

豪部　肴部　蕭部

《廣韻》豪肴宵蕭四韻,在魏晉宋一個時期内大多數的作家都是通用不分的,但到齊梁陳隋時期,豪韻爲一部,肴韻爲一部,宵蕭兩韻爲一部,共分三部。這三部分別較嚴,通用的情形極少。

入聲韻

屋部　燭部　覺部

《廣韻》屋沃燭覺四韻,魏晉時期分爲屋沃兩部,截然不混;到劉宋時期四韻通用,才合爲一部。等到齊梁時期又分爲三部:屋韻爲一部,燭韻爲一部,覺韻爲一部。至於沃韻字,在齊梁時期没有作爲韻字的,在陳隋時期只有三個例子:

北周:

　　庾　信　《哀江南賦》:覆鹿犢酷睦軸熟屋哭

隋:

　　虞世基　《元冊太子哀策文》:屬玉縟沃

　　釋真觀　《夢賦》:惑毒德賊克則得國匍肋冒[1]告

這三個例子,第一例"酷"字跟屋韻字相押,第二例"沃"字跟燭韻字相押,第三例有"毒告"二字跟德韻字相押;沃韻的歸屬類别似乎很難決定,但是我們按照平聲冬韻與鍾韻爲一部的情形來對比,自然可以確定沃韻當屬於燭部了。

藥部　陌部　職部　德部

藥部包括《廣韻》藥鐸兩韻,陌部包括陌麥昔錫四韻,職部是職韻,德部是德韻。這四部的分類,從劉宋時期起就劃分得很清楚,跟《切韻》以音類相從的分韻系統是一致的,直到齊梁陳隋都没有什麼變動。這裏需要説明兩點:

(1)覺部覺韻與藥部字的關係:

在前面已經説過,江韻字在陳隋之間常常跟陽部字通押。現在我們看到,江韻的入聲覺韻字從梁代起也常常跟陽部的入聲藥部字通押,平入是相對應的;不過覺韻字和藥部字關係最密的是藥部的鐸韻字,而不是藥韻字。

例如:

梁:

　　蕭　綱　《海賦》:鑿礴博濁壑漠(濁,覺部字;其他是鐸韻字)

北周:

　　庾　信　《和張侍中述懷》:剥角落壑鶴渥寞鑊殼籜洛索藥繳諾托亳藿
　　　　　　　　　　　　　　薄獲樂涸朔雹濁鵲橐數廓(字下加圈的是覺韻字,藥繳鵲是藥韻字,其他是鐸韻字)

---

[1]　"冒"字讀爲入聲,見《廣韻》德韻,音莫北切。

《哀江南賦》：樂學落角樂略索鶴濁（字下加圈的是覺韻字，略是藥韻字，其他是鐸韻字）

由此可以確定，覺韻字的讀音與鐸韻相近。

（2）陌部陌麥昔錫四韻相押的關係：

a. 陌麥昔錫四韻一般都是通用的。四韻之中，除昔韻有獨用者外，陌昔兩韻多在一起押韻，這跟平聲庚清兩韻常在一起押韻是一致的。

b. 錫韻和昔韻相押的較多，但是也有獨用的例子：

梁：

　　裴子野　《湘東王善政碑》：績迪

　　何　遜　《閨怨》：壁滴

　　王　筠　《餞臨川王》：戚檄

　　蕭　綱　《楚妃嘆》：寂壁戚滴

陳：

　　陳叔寶　《宴宣猷室》：擊敵

這些，與平聲青韻有獨用例是相應的。

c. 麥韻除與陌昔兩韻通押外，也有獨用的例子，如：

梁：

　　王僧孺　《何生姬人有怨》：隔脈

　　王　筠　《昭明太子哀策文》：睛畫冊核

由以上所述可以推想，《切韻》分陌麥爲兩韻，在聲音上是有分別的。

> 質部　物部

質部包括《廣韻》質術櫛迄四韻。質術櫛三韻通用，與平聲眞諄臻三韻通用正相同。平聲眞臻兩韻是一類，其相對的入聲質櫛兩韻在韻文的押韻裏也是一類。還有，在顧野王的《玉篇》裏"瑟"音所昵反，"虱"音所乙反，都是以三等質韻字作櫛韻字的切語，也表明質櫛聲音相同。

至於迄韻，在齊梁陳隋時期內沒有獨用的例子，僅見隋皇甫毗《玉泉寺碑》以"律訖出畢實"爲韻，迄韻的"訖"字與質術兩韻字相押。所以把迄韻歸入質部。在曹憲《廣雅音》裏迄韻字大都用三等韻的"乙"字作切語。例如《廣雅·釋詁三》"疙"音居乙、魚乙二反[①]，"扢"音居乙反，《廣雅·釋訓》"圪"音五乙

----

① 據王念孫《廣雅疏證》本。

反。由此可知,陳隋之間有的方音(如江都)質迄兩韻音同。

此外要説明的是,在齊梁時期有的作家以質部字與脂部去聲字"孿位器懿寐匱焠瘁"等相押,如齊王融、王思遠,梁江淹、蕭衍、徐勉、王筠等人,都有這種情況,據此推測,當時有些方言脂部可能還有某種韻味存在。可是到陳隋時期就很少有這種現象了。

跟質部音近的有物部。物韻字一般都跟質術兩韻相押,僅僅有一個與月部相押的例子,就是江淹《悼室人》的第二首以"鬱拂物忽慰"爲韻①。根據平聲真文兩部分韻的情形來看,質物兩韻一定也有不同,因此分爲兩部。

月部　屑部

月部包括《廣韻》月没兩韻,屑部包括屑薛兩韻,這與相對的平聲韻元部和先部是相應的。屑部在劉宋時期包括屑薛黠三韻,到齊梁以後黠韻字獨立,就很少有跟屑薛押韻的了。只有齊陸厥《奉答内兄希政》以"絶札轍别"爲韻(《齊詩》4/6 下),任昉《王貴嬪哀策文》以"哲殺缺翳"爲韻(《梁文》44/4 下),陳張君祖《贈沙門竺法頵》以"劫悦閉滅穴察潔"爲韻(《陳詩》4/12 上):即僅此三例中黠與屑薛通用。這與前一個時期頗有不同。

又前一個時期内屑薛兩韻往往與去聲祭霽兩韻通押,在齊梁時期還很普遍,可是陳隋時期就很少見了。另外,月部字在齊梁時期有些作家用來跟咍部的去聲字和泰部的廢韻字相押,也是到陳隋時期就少見了。這樣,《切韻》的四聲分韻的系統也就完全形成了。

月屑雖然分爲兩部,但是兩部字通押的情形還有。從梁代的江淹直到北周的庾信、隋朝的柳𩩙的作品裏都有這種例子,發展到唐代,月没兩韻就常常跟屑薛兩韻在一起押韻了。

黠部　曷部

黠韻字如"察拔八札殺黠"等,在晉宋時期都是跟屑薛兩韻相押,到齊梁以後開始獨立成爲一部。如何遜《答江革》以"札拔"爲韻(《梁詩》9/6 上),蕭子雲《贈吳均》以"黠拔殺察"爲韻(《梁詩》10/5 上),還有《文心雕龍·書記》贊以"札訥②拔察"爲韻,都是黠韻獨用的例子。不過,黠韻的字並不太多,如"滑"字,從劉宋以至齊梁都是屬於月部的。宋謝靈運《嶺表賦》以"越闕月滑"爲韻,梁蕭

---

① "慰"音"鬱"。
② 訥,《廣韻》收在没韻,音内骨切,但黠韻女滑切有"𦜋"字,訓"言逆下"。

衍《江南弄·遊女曲》以"滑月闕"爲韻,是其例。

緝部	合部	葉部	業部

　　這是很整齊的四部,緝合兩韻各爲一部,葉怗兩韻爲一部,業乏兩韻爲一部。四部的韻字以業部字最少,合部次之。但是四部没有一個互相通押的例子,所以分別最爲清楚。如果跟相對的平聲韻對照起來看,談咸銜三韻的入聲字未見。談韻是獨成一部的,推想它的入聲盍韻也應當自成一部。惟有咸銜兩韻的屬類我們知道的還不够清楚,它們的入聲(洽狎二韻)究竟如何,還難以確定。

(1948 年)